EXPOSITION UNIVERSELLE DE 1900

COLONIES ET PAYS DE PROTECTORAT

M. CHARLES-ROUX
Ancien Député,
Délégué des Ministères des Affaires Étrangères et des Colonies
à l'Exposition de 1900.

M. Marcel SAINT-GERMAIN
Sénateur,
Directeur, Adjoint au Délégué.

M. Ivan BROUSSAIS	M. Victor MOREL
Sous-Directeur de l'Exposition Coloniale de 1900.	Secrétaire Général de l'Exposition Coloniale de 1900.

M. Frédéric BASSET
Chef de Cabinet du Délégué.

COMMISSARIAT SPÉCIAL DU DAHOMEY
ET DÉPENDANCES

M. M. BÉRAUD	M. L. BRUNET
Commissaire.	Commissaire-adjoint.
M. L. SIFFERT	M. L. GIETHLEN
Architecte.	Secrétaire.

Docteur E. BINET
Médecin.

LE DAHOMEY

MACON, PROTAT FRÈRES, IMPRIMEURS.

EXPOSITION UNIVERSELLE DE 1900 — LES COLONIES FRANÇAISES

Dahomey et Dépendances

HISTORIQUE GÉNÉRAL — ORGANISATION — ADMINISTRATION
ETHNOGRAPHIE — PRODUCTIONS — AGRICULTURE — COMMERCE

PAR

L. BRUNET,

Délégué du Dahomey et dépendances à l'Exposition Universelle de 1900.

ET

Louis GIETHLEN

PARIS
Augustin CHALLAMEL, Éditeur
17, Rue Jacob, 17
—
1900

AVANT-PROPOS

Quoique la conquête du Dahomey ne date que de quelques années, ce pays a pris depuis l'occupation française un développement et une vitalité extraordinaires.

Ces résultats merveilleux sont non seulement dus aux richesses naturelles du sol, mais aussi à l'intelligente administration des pays placés sous notre protectorat et surtout à l'habileté et à l'activité de leur éminent Gouverneur.

Nous avons donc pensé que le Dahomey méritait une large part dans les ouvrages publiés à l'occasion de l'Exposition Universelle, et nous nous sommes efforcés, dans les pages qui vont suivre, d'intéresser le public à notre nouvelle Colonie et de faire apprécier à nos compatriotes tous les éléments de fortune de ces contrées nouvellement ouvertes à notre commerce.

Les mœurs et coutumes bizarres, parfois même barbares, des diverses peuplades qui les habitent, ont été relatées avec un soin tout particulier, car sous l'influence de notre civilisation elles ne tendront qu'à se modifier de plus en plus pour bientôt disparaître.

Pour notre rédaction, nous avons compulsé attentivement tous les documents publiés jusqu'ici sur le Dahomey, tant par nos missionnaires et nos explorateurs que par nos officiers et *nos négociants; nous avons utilisé aussi les renseignements officiels mis à notre disposition par M. le gouverneur Victor Ballot. Ce travail servira, nous l'espérons, les intérêts de la colonisation en attirant sur les riches territoires décrits de nombreux et entreprenants colons, de même qu'il engagera le commerce français à s'occuper davantage de notre belle colonie du Dahomey.*

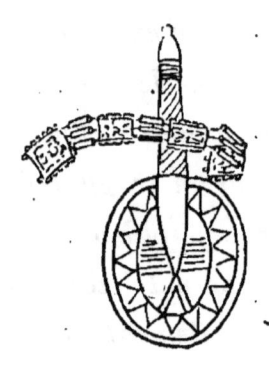

M. Victor Liotard

Gouverneur du Dahomey et Dépendances.

(Phot. E. Pirou.)

Le 20 septembre 1900 M. Liotard a été désigné pour le gouvernement du Dahomey et dépendances.

Après les périodes de conquête, de pacification et d'organisation, brillamment dirigées par le général Dodds et M. Ballot, l'importante tâche d'assurer le développement économique de la Colonie est confiée à un homme qui a fait ses preuves en maintes circonstances.

Le champ d'action qui s'ouvre à l'activité du nouveau gouverneur est considérable ; l'établissement de la voie ferrée exigera la mise en valeur d'immenses territoires et créera un très grand mouvement d'affaires qu'il faudra diriger.

Le palmier à huile donnera toujours sa prodigieuse production, mais il sera nécessaire de faire autre chose.

M. Liotard connaît à merveille les cultures qui conviennent au Dahomey, et, sous son administration, le caoutchouc notamment, deviendra la seconde richesse de la Colonie.

Explorateur énergique, excellent administrateur et diplomate habile, M. Liotard a montré qu'il était tout cela depuis qu'il est entré dans la carrière coloniale ; le passé répond de l'avenir. L'œuvre accomplie par M. Liotard, en Afrique, est connue de tous ; nous ne ferons que résumer les services du nouveau gouverneur du Dahomey.

M. Liotard, Victor-Théophile, est un enfant de nos colonies, né à Chandernagor, le 17 juillet 1858.

En 1883, après de brillantes études, il débute comme pharmacien de la Marine et fait, en cette qualité, des séjours successifs à la Guadeloupe, à la Guyane, au Soudan français et au Gabon.

M. Liotard devint ensuite un des principaux collaborateurs de M. de Brazza qui l'envoya, en 1891, en mission d'exploration sur l'Oubangui.

Cette mission, en dehors de son but primitif, a surtout consisté à établir l'influence française fortement combattue par les belges qui avaient envahi nos territoires au nord du M'Bomou. Le résultat politique de la mission fut le traité du 14 août, réglant définitivement nos frontières au cours du M'Bomou, jusqu'à ses sources.

La même année, M. Liotard est nommé Commissaire du Gouvernement sur l'Oubangui, puis Gouverneur de 4ᵉ classe et chargé d'occuper effectivement les territoires situés au nord du M'Bonou.

L'Oubangui organisé, M. Liotard put songer à mettre à exécution le grand projet qu'il avait conçu depuis longtemps : de l'Atlantique à la Mer Rouge.

Il se mit courageusement à l'œuvre pour en assurer la réussite et préparer la marche des français vers le Bar-el-Ghazal et le Nil, dans le but de relier notre colonie du Congo à la côte de Somalis.

Prenant le M'Bonou comme base, M. Liotard entre dans le Bar-el-Ghazal, presque seul, employant les moyens les plus pacifiques et, grâce à son énergie et à sa patience, parvient à s'installer à Dem-Ziber, à 1.500 kilomètres de Bangui et à 700 kilomètres seulement de Fachoda.

A Dem-Ziber, M. Liotard, par son seul ascendant moral, conquiert et s'attache les Dinkas, considérés jusqu'alors comme irréductibles ; il gagne rapidement les sympathies des sultans, ses voisins, et son influence s'étend sur toutes les régions environnantes. Le moment est venu de continuer la marche en avant, mais le Commissaire du Gouvernement dans le Haut-Oubangui ne dispose que de très modestes ressources, et de plus forts effectifs sont nécessaires pour mener à bien l'exécution de son projet. C'est seulement en 1896 qu'il obtient un renfort de deux cents tirailleurs, commandés par le capitaine Marchand.

Avant l'arrivée de la colonne Marchand, destinée à franchir l'espace qui sépare Dem-Ziber du Nil, M. Liotard, aidé de l'Administrateur Bobichon, son dévoué collaborateur, réunit à Bangui près de quatre mille charges, une flottille de deux cents pirogues et de très nombreux porteurs.

Quand Marchand le rejoint, en 1897, M. Liotard le fait partir par les voies fluviales jusqu'à Tamboura, sur le Soueh.

C'est dans ce poste, créé en 1896 par M. Liotard, qu'il fait parvenir, par M. Bobichon, et remet définitivement à Marchand les innombrables charges de la colonne, sa flottille, composée de chalands et du « Faidherbe ».

Marchand se met alors en route et, après les péripéties que l'on connaît, arrive à Fachoda le 10 juillet 1898.

M. Liotard qui voit le succès de sa mission et la réussite de son projet assurés, se décide alors à rentrer en France après un séjour de cinq ans dans l'Oubangui.

M. Liotard est Gouverneur de 3ᵉ classe et Officier de la Légion d'honneur depuis 1898.

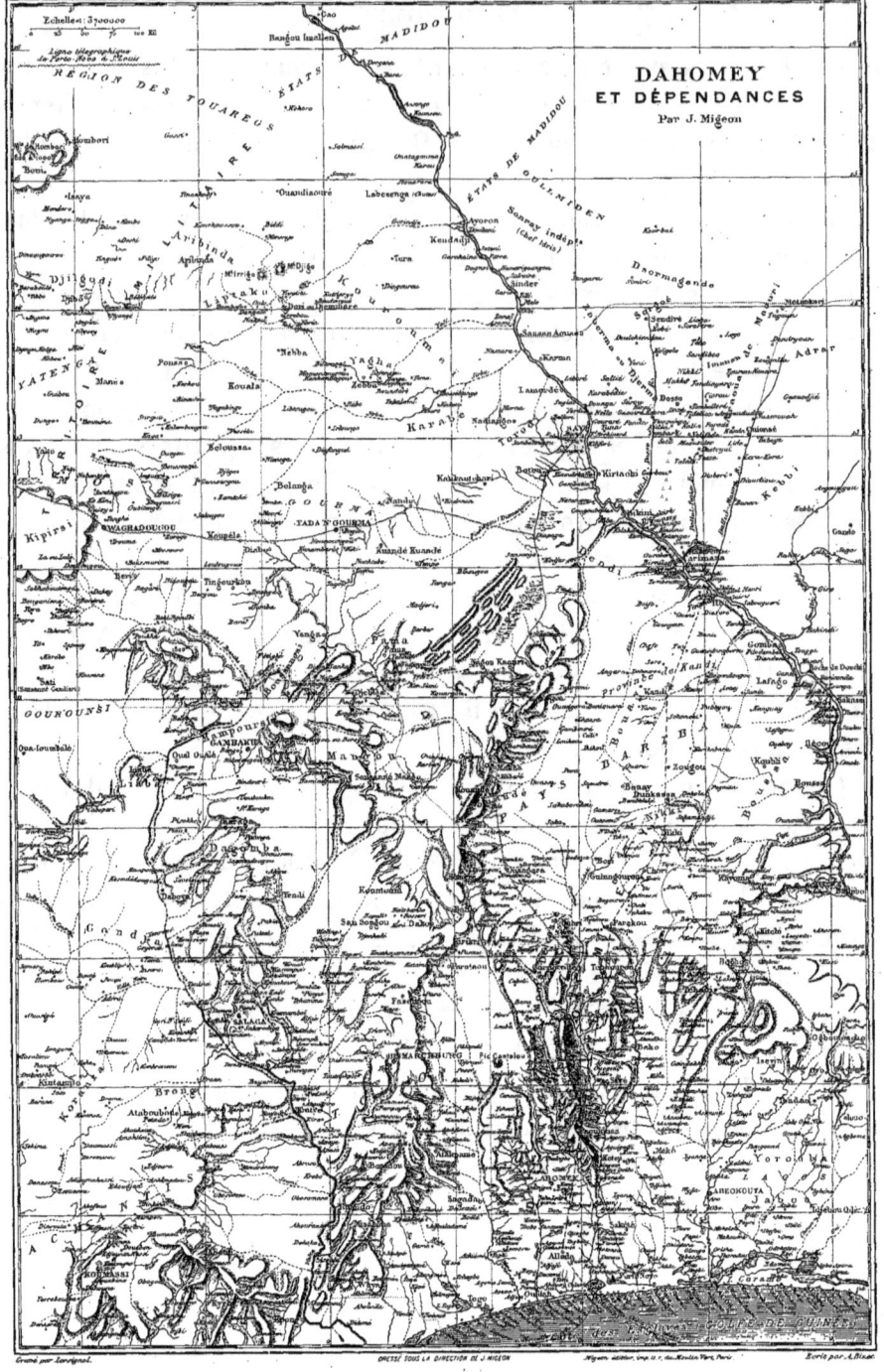

LE DAHOMEY

CHAPITRE PREMIER

GÉOGRAPHIE DU DAHOMEY

SOMMAIRE

La Côte des Esclaves et le Dahomey. — Situation géographique du Dahomey et limites. — Aspect de la côte. — La barre. — Passage de la barre. — Le wharf de Kotonou. — Physionomie générale du pays. — Les lagunes et leur formation. — Hydrographie. — Orographie. — Géologie. — Routes et voies de communication. — Chemins de fer. — Lignes télégraphiques. — Climatologie. — Saisons. — Température. — Pluies. — Vents. — L'harmattan. — Tornades. — Maladies du pays. — Le ver de Guinée. — La puce chique. — Population. — Villes principales du Dahomey. — Postes militaires.

La Côte des Esclaves et le Dahomey.

Le littoral de la Guinée a reçu des premiers voyageurs européens diverses dénominations qui le divisent en quatre parties distinctes, et il prend, tour à tour, depuis la frontière sud-est de la Colonie anglaise de Sierra-Leone, les noms de : *Côte des graines* (ou du *Poivre* ou de *Malaguette*), jusqu'au cap des Palmes; de *Côte d'Ivoire* (ou des Dents), jusqu'à la rivière de Grand-Bassam; de *Côte de l'Or* (ou *Côte d'Or*), jusqu'au cap Saint-Paul, et de *Côte des Esclaves* jusqu'au golfe de Bénin proprement dit.

Cette Côte des Esclaves est tristement célèbre par le trafic infâme des nègres que l'on y pratiquait jadis ; c'est là que les marchands d'esclaves allaient s'approvisionner de préférence, d'où son nom sinistre.

C'est cette côte qui forme la limite méridionale de nos possessions du Dahomey ; elle est baignée par la partie de l'Océan Atlantique dénommée Golfe de Guinée ou de Bénin.

Situation géographique du Dahomey et limites.

La colonie française du Dahomey et dépendances se trouve à cheval sur le méridien de Paris, entre 0° 41 ouest et 0° 26 de longitude est.

Elle se présente tout d'abord, jusqu'au 9° degré de latitude nord, sous la forme d'un vaste rectangle de 125 kilomètres de largeur et dont les petits côtés font face au nord et au sud ; elle est limitée à l'est par la colonie anglaise de Lagos, et à l'ouest par la colonie allemande du Togo. A partir du 9° degré, le territoire du Dahomey s'élargit à droite, il s'étend à l'est jusqu'à la rive droite du Niger, et à l'ouest il se relie, par le Gourma et le Mossi, à nos possessions du Soudan et du Sénégal.

Sa frontière orientale a été fixée, entre la mer et le 9° degré, par l'arrangement franco-anglais du 11 août 1889 et la délimitation de 1895 ; la convention du 14 juin 1898 a tracé la limite entre le 9° degré et le Niger (à 16 kilomètres en amont de Guiris) ; sa frontière occidentale a été définitivement établie par la convention franco-allemande du 27 juillet 1897, entre la mer et le 11° degré, qui sépare (du sud de Pama à la Volta Noire) les possessions françaises des territoires allemands du Togo et des territoires anglais de la Côte d'Or.

Les régions soudanaises du Dahomey ont été rattachées au gouvernement général de l'Afrique occidentale à Saint-Louis, par décret du 17 octobre 1899.

BAS-NIGER

En outre, par l'article VIII de la convention de 1898, la France a pris à bail, moyennant une rente annuelle de 1 fr. à payer à l'Angleterre, deux terrains d'une superficie de 10 à 50 hectares situés sur le Niger, l'un près de Badjibo, l'autre sur l'une des embouchures.

Ces concessions serviront au transbordement des marchandises transitant par le Niger.

Aspect de la Côte.

A Côte des Esclaves offre une physionomie particulière.

Vue du large, elle est d'une désespérante monotonie ; c'est une longue bande de sable jaunâtre, sans la moindre découpure, et dont la direction est presque rectiligne.

La côte est partout basse et plate ; l'œil n'aperçoit dans le lointain aucune trace de colline. Seuls quelques palétuviers rabougris et de maigres bouquets de cocotiers se détachent çà et là sur le fond jaune de la rive.

L'Océan capricieux, qui la ronge constamment sur certains points, y amoncelle parfois sur d'autres des étendues considérables de sables.

L'accumulation et l'entraînement de ces sables sont dus à la violence des vents, à la quantité des pluies et à une foule d'autres causes, mais surtout à la force des deux grands courants qui existent dans le golfe de Guinée.

Le premier, dit *équatorial*, vient des Antilles, et, après avoir suivi les côtes du Sénégal, va se briser dans le fond du golfe à Fernando-Pô.

Il est *superficiel* et dure toute l'année ; sa vitesse est variable suivant les saisons. Il longe la côte du Dahomey, allant de l'ouest à l'est d'une façon continue, et rend ainsi impraticable aux voiliers le louvoyage de l'est à l'ouest pour remonter cette côte.

Le second courant est *sous-marin* et se nomme le *contre-équatorial*. Il arrive du Pacifique par le détroit de Magellan et le sud du Brésil, et, coupant l'Atlantique, rencontre le continent africain à la hauteur d'Angola. Cet obstacle le fait dévier, et, remontant vers le nord, en sens inverse de l'*équatorial*, il quitte la côte au cap des Palmes pour reprendre le large.

Ces deux courants longent la Côte des Esclaves pour suivre, l'un dessus l'autre dessous, une direction contraire. Pendant les mois de juillet-août-septembre et octobre, le *contre-équatorial* l'emporte sur l'*équatorial*, et l'on voit alors le courant descendre est-ouest.

La forme rectiligne du littoral dahoméen est due à l'influence du courant équatorial qui, agissant à peu près toute l'année et avec force dans la même direction de l'ouest à l'est, comble les enfoncements, efface les promontoires et tend constamment à égaliser cette interminable plage de sable fin, qui offre une si faible résistance à l'action perpétuelle des flots.

A peu de distance de la terre, une ligne blanche et écumeuse indique la situation de la *barre* qui bruit sans discontinuer.

La barre.

La côte du Dahomey est loin d'être facile à atteindre; la mer, toujours agitée, se précipite sur la plage avec plus ou moins de violence et y forme une succession de vagues qu'on a surnommée la *barre*.

C'est un phénomène assez commun sur toute la côte d'Afrique, mais il est redoutable seulement sur le littoral de Guinée.

Le passage de la barre est toujours périlleux, même pour les indigènes les plus expérimentés, mais il est surtout difficile pour les navires qui veulent pénétrer dans les rivières; il exige un beau temps, un vent favorable et des sondages continuels.

Les causes directes de la barre sont difficiles à préciser; les courants et les vents ont évidemment une grande influence sur sa formation et sa violence. La preuve, c'est qu'aux débouchés des fleuves dans la mer, leurs eaux se précipitant avec violence éloignent les courants de la côte ou les coupent à leurs embouchures.

De même, lorsque les eaux sont refoulées dans le lit des fleuves par la marée montante, la barre reparaît peu après pour devenir aussi mauvaise que sur le reste du littoral.

C'est pendant les mois de juillet-août-septembre, lorsque le courant contre-équatorial entraîne les eaux vers l'ouest, que la barre est le plus dangereuse.

Les vents agissent aussi fortement sur la barre; elle augmente ou diminue selon l'impétuosité avec laquelle ils soufflent. Le vent de terre ou vent du nord la fait tomber, et c'est quand il règne qu'elle se franchit le plus facilement.

Le phénomène de la barre est curieux à observer.

Lorsqu'on voit de terre ses vagues, semblables à des montagnes d'eau, s'avancer calmes et majestueuses vers la côte, l'idée qu'évoque alors la barre est celle de l'Océan qui va déborder pour tout engloutir sur le rivage. Le spectacle est grandiose et imposant à contempler et ne s'oublie jamais.

Voici l'origine que l'on s'accorde à donner à la formation de la barre.

Les vents du sud-ouest qui règnent pendant neuf mois de l'année dans le golfe de Guinée y seraient attirés par la raréfaction de l'air, due à l'influence des rayons solaires répercutés par les sables brûlants du vaste continent africain.

Sous leur action incessante, l'Océan se creuse en longues ondulations qui grossissent peu à peu en se dirigeant vers la côte, et cette grande houle de l'Atlantique, n'ayant pas rencontré d'obstacles depuis les terres australes, vient se heurter perpendiculairement à la côte sablonneuse dont la déclivité vers la haute mer est presque insensible.

Les lames gigantesques, dont quelques-unes atteignent 40 à 50 pieds de hauteur, sont arrêtées brusquement à leur base par le peu de profondeur de la mer, tandis que leur partie supérieure, obéissant à l'impulsion reçue et continuant sans obstacle sa course furieuse, se roule en énormes volutes qui viennent déferler sur la plage avec un bruit terrible. Les flots se brisent et retombent en bouillonnant avec fracas, étalant sur le sable une eau écumeuse qui se retire avec une rapidité inouïe. Le choc a lieu avec d'autant plus de violence que le ressac vient se joindre à l'obstacle formé par la côte pour interrompre l'élan des lames.

Les vagues forment ainsi, en rebondissant, trois lignes de brisants, à peu près également espacées, et dont la première est à 300 mètres environ du rivage ; elles se poursuivent les unes les autres, et souvent les vagues de l'arrière passent par-dessus les premières, tellement leur élan est irrésistible.

Les trois lignes de brisants ainsi formées sont séparées par des vallées ondulées peuplées de requins.

La distance entre les lames est de 60 à 80 mètres, et l'intervalle de temps qui s'écoule entre l'arrivée des groupes de trois vagues varie de 10 à 25 secondes, selon la force du vent; on le nomme *embellie*. Les vagues, à leur formation, ont de 5 à 15 mètres de hauteur, selon l'état de la barre.

C'est sur la côte du Dahomey que la barre est la plus dangereuse. Elle s'atténue sur les autres points du golfe, et diminue au fur et à mesure que l'on se dirige soit à l'est, soit à l'ouest.

Dans le silence des nuits tropicales, la barre s'entend comme un roulement lointain et continu de tonnerre jusqu'à plusieurs lieues dans l'intérieur.

Tel est le phénomène en lui-même.

Passage de la barre.

Le mouillage des navires sur la Côte des Esclaves est assez sûr. A la sortie de la barre, on trouve des fonds de sable de 8 à 15 mètres; les vapeurs mouillent ordinairement à 200 mètres du troisième brisant, et les voiliers un peu plus au large.

Mais les gros bâtiments ne peuvent franchir les brisants, et ils communiquent avec la côte au moyen d'embarcations spéciales (surf-boats) montées par de vigoureux rameurs indigènes, nageurs émérites et piroguiers expérimentés, que l'on recrute à la Côte d'Ivoire (Accra ou Cape-Coast) et à la Côte de Krou, près du cap des Palmes.

Ce sont habituellement des Minas, qui, pour un modeste salaire, risquent journellement leur vie dans ce dangereux métier.

Les Européens qui font le commerce de la Côte les engagent à l'année, car les Dahoméens et les Porto-Noviens ont peur de la barre et n'ont aucune notion de navigation, même sur les lagunes de leur pays.

Les Minas sont groupés par équipes ou *compagnies*; chaque équipe laisse son cuisinier et son féticheur à terre.

On alloue à chaque homme 30 francs par mois, plus la ration de riz. On leur distribue, en outre, du tafia de traite, une bouteille par homme et par jour, une bouteille par voyage pour tout le monde et une gratification d'une bouteille par trois voyages effectués sans accident, c'est-à-dire lorsque aucun colis n'est tombé à la mer.

Seize voyages sont le maximum qu'on puisse atteindre en une journée de barre belle.

Les Minas sont généralement peu vêtus; leur chevelure, enduite de gomme, est relevée au moyen de ficelles, en plusieurs mèches raides qui, avec leurs dents blanches, leurs gencives rouges et leur face d'ébène, leur donnent un aspect diabolique.

Les *surf-boats* sont des sortes de grandes baleinières renforcées par des couples en fer. Leur équipage se compose de 12 à 16 hommes, plus l'homme de barre qui est armé d'un aviron de queue (godille) en guise de gouvernail.

Ces hommes sont assis en amazone sur le bord de leur embarcation, et, munis de courtes pagayes à trois pointes, ils nagent en cadence avec un ensemble parfait.

Chaque fois qu'ils plongent la palette dans les flots, ils font une profonde inspiration, et, en se relevant, ils expirent bruyamment et en mesure, en faisant passer l'air entre leurs dents entr'ouvertes, et produisent ainsi un sifflement prolongé.

Dans les moments périlleux, ils s'excitent mutuellement en poussant de grands cris.

Le passage de la barre étant toujours dangereux, ils obéissent ponctuellement au moindre signe du pilote qui se tient debout sur l'arrière et dirige la manœuvre.

Entre le navire et la première volute, tout marche à peu près bien, si l'on a l'estomac solide; le barreur, l'œil fixé sur

(*Phot. de M. l'Administrateur Beurdeley*).

Passage de la barre.

les signaux que lui fait de terre le féticheur, personnage inséparable des équipes de Minas, se maintient debout à la lame, prend son temps et avertit brusquement, par un cri guttural, ses pagayeurs qu'il est temps de franchir la volute; le surf-boat part alors avec la vitesse d'un boulet de canon, monte sur le dos de la lame, fait un plongeon de 3 ou 4 mètres, et, si les dispositions ont été bien prises, l'embarcation se trouve complètement inondée mais intacte dans un espace relativement calme.

C'est généralement après ce premier rouleau de houle que les Minas profitent de l'effarement de leurs passagers pour les rançonner en leur laissant entrevoir que, faute par eux de donner de bonne grâce un petit cadeau, la pirogue pourrait bien chavirer à la prochaine lame.

Cette perspective est, d'ailleurs, rendue peu rassurante par l'apparition, çà et là, de nageoires dorsales triangulaires qui ne disent rien de bon ; les passagers s'exécutent donc assez facilement ; seuls, quelques gens à l'esprit mal fait, pourraient présenter en guise d'argent le canon de leur revolver et faire comprendre au patron de la pirogue de quelle monnaie il sera payé à la moindre velléité de naufrage.

La deuxième volute franchie sans accident, on aborde aussitôt la troisième, et, au moment d'atterrir, les derniers rouleaux poussent l'embarcation avec une rapidité vertigineuse sur la plage.

Dès que la quille de la pirogue touche le sable, toutes les pagayes sont vivement lancées à terre, les noirs se jettent à l'eau, poussent l'embarcation au sec, si elle n'a pas fait panache en abordant, et, saisissant rapidement dans leurs bras huileux les passagers par la ceinture, les déposent avec déférence à terre, mouillés, moulus et contents d'en avoir fini avec une traversée si mouvementée. Il arrive souvent, surtout dans la mauvaise saison, qu'une lame vient balayer la pirogue et tremper entièrement les malheureux passagers. Mais peu importe, on leur donne une pièce de monnaie et tout le monde se trouve heureux.

Généralement, l'obstacle est plus facile à franchir lorsqu'on vient de terre que lorsque l'on veut débarquer.

Quand les noirs veulent passer la barre, ils roulent leur pirogue sur le sable jusqu'au bord de l'eau, la placent sur le revers de la dune, droite à la vague, et la font entrer dans la mer par secousses successives, profitant chaque fois de l'arrivée de lames qui s'étendent sur la plage en formant une écume bouillonnante.

Enfin, la pirogue est mise à l'eau, et l'équipage s'embarque prestement, pendant que le féticheur, debout sur le rivage, cherche à calmer le démon de la barre par des gestes et des invocations. Il suit la pirogue des yeux tout en poussant des hurlements et lançant des imprécations aux génies de la mer. Quand le danger est écarté, ce brave ivrogne se couche à côté de ses idoles et arrose de tafia les morceaux de bois et de fer fichés dans le sable, barbouillés de sang de coq et d'huile de palme, qui figurent les emblèmes des Neptunes dahoméens.

Mais revenons à notre pilote qui, immobile, attend l'embellie. Il guette l'instant propice pour sortir de la barre avec les meilleures chances ; aussi la pirogue reste-t-elle souvent stationnaire pendant quelques minutes en dedans de la barre, laissant passer les lames sous sa quille, à mesure qu'elles se présentent. Puis tout à coup, à un indice particulier, le pilote, reconnaissant un moment favorable, pousse un cri et toutes les pagayes frappent violemment les ondes furieuses. Les noirs, animés par leurs exclamations inarticulées, font des efforts si vigoureux qu'ils paraissent surhumains. Pendant ce temps, le pilote, debout et regardant la haute mer, donne des ordres, en même temps qu'il fait des gestes de la main droite, comme pour calmer lui aussi les vagues frémissantes. Dès que la barre est passée, les noirs lèvent leurs pagayes en l'air, puis se mettent à ramer de la façon tranquille et cadencée qui leur est habituelle.

Le péril naturel qu'offrent les éléments est compliqué par la présence d'une quantité considérable de requins.

Ces terribles squales pullulent dans la barre, et, en cas d'accident, on risque fort d'être leur proie. Si une pirogue prête le flanc dans une fausse manœuvre, si elle chavire, si elle prend l'eau, les noirs qui la montent se sauvent à la nage, mais il en manque presque toujours un à l'appel en arrivant à terre ; s'il en réchappe, il reste horriblement mutilé par les requins voraces.

Ces requins se tiendraient, paraît-il, dans une espèce de canal creusé dans le sous-marin par les rouleaux de la barre, canal très rapproché de la plage et la suivant parallèlement.

Certains capitaines de navire distribuent à chaque pirogue des cartouches de dynamite qui, en éclatant, effraient ou blessent les requins.

C'est donc un dangereux métier que celui de passeur de barre, et il est impressionnant de voir les nègres se jouer, dans leurs frêles embarcations, des colères de la nature et en triompher à force de courage et d'adresse.

Mais, malgré toutes les précautions prises et l'expérience de leurs équipages, les pirogues chavirent fréquemment tellement les lames sont violentes.

Les factoreries évaluent à 5 % du total de l'envoi les pertes causées en marchandises par le passage de la barre.

A ces pertes, il faut ajouter celle des navires naufragés qui, jetés dans les brisants, sont irrévocablement perdus et mis en pièces en un clin d'œil lorsqu'ils sont entraînés par la barre. Un vapeur même ne peut se sauver que s'il est sous pression.

Lorsqu'après plusieurs tentatives, une barque a chaviré, et si les noirs refusent de charger, le navire n'a plus que la ressource de communiquer avec la côte au moyen de signaux (un jeu de pavillons pendant le jour, des fusées d'artifice pendant la nuit).

Depuis quelques années, ces difficultés d'atterrissage ont

été surmontées par la construction d'un wharf à Kotonou, point de débarquement habituel de notre colonie.

Le wharf de Kotonou.

Pour éviter les difficultés du débarquement en pirogues, l'Administration des Colonies a fait entreprendre à Kotonou, au mois de décembre 1891, la construction d'un wharf.

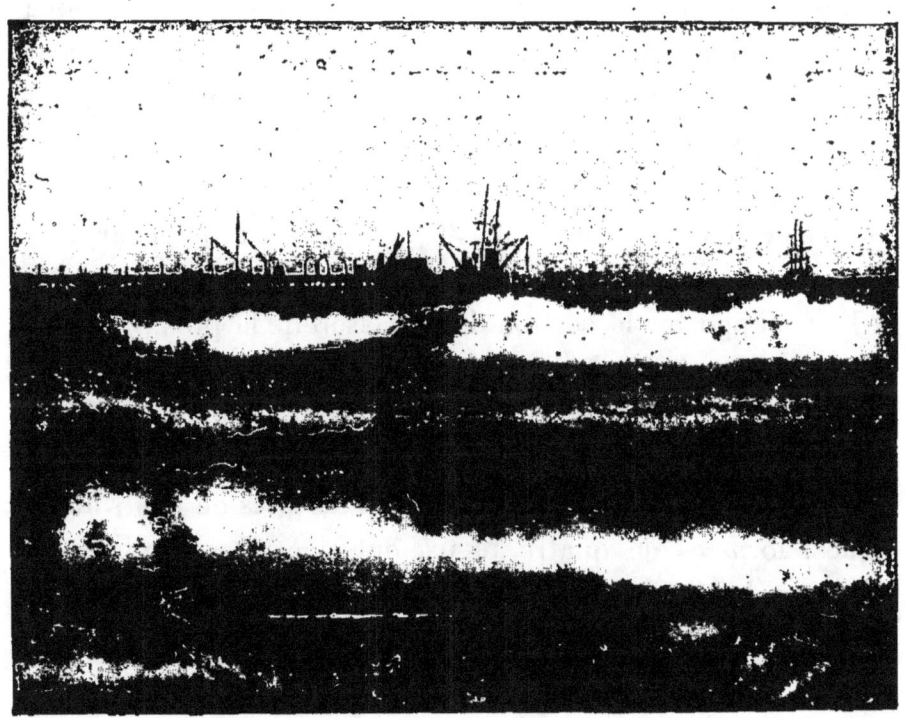

(*Phot. de M. le Capitaine Guérin*).

La barre et le wharf de Kotonou.

C'est un magnifique appontement en fer, d'une longueur totale de 280 mètres ; il s'avance dans la mer jusqu'à 212 mètres de la côte et arrive, par conséquent, en avant de la barre.

C'est une solide jetée sur laquelle la mer a peu de prise; lorsqu'on la parcourt on voit passer sous ses pieds d'immenses volutes d'eau salée qui se brisent avec éclat entre les piliers de l'appontement.

MM. Daydé et Pillé, ingénieurs-constructeurs à Creil (Oise), se sont chargés de l'exécution de ce wharf gigantesque.

Il a fallu six mois aux ouvriers de l'entreprise pour mettre à terre leurs matériaux et installer cet ouvrage hardi sur des sables roulés par des vagues constamment en mouvement.

Les diverses pièces de fer, fixées à des flotteurs insubmersibles, étaient halées du navire à la plage à l'aide d'amarres disposées en va-et-vient. Huit cents tonnes de matériel furent ainsi débarquées sans accident.

Le wharf se divise en deux parties : la passerelle, de 236 mètres de longueur sur 5 m. 30 de largeur, et le débarcadère mesurant 44 mètres de longueur sur 12 mètres de largeur.

Pour supporter la section de la passerelle la plus proche de la côte (136 mètres de longueur) on s'est contenté de palées simples formées de deux pieux, distants de 8 mètres les uns des autres; mais, à partir de cet endroit, on a dû employer un système de palées doubles, rappelant les piles de ponts métalliques, formées de quatre pieux entrelacés; ces piles sont espacées de 16 mètres.

Le plancher de la passerelle supporte deux voies de chemin de fer de 80 centimètres d'écartement; celui du débarcadère a quatre voies et est desservi par quatre grues tournantes.

Les pieux que l'on a employés pour la fondation de l'ouvrage sont en acier plein de 14 centimètres de diamètre; ils sont munis à leur extrémité inférieure d'une large vis en fonte de fer. Au moyen d'une bigue s'appuyant sur la partie du travail déjà faite, on présentait le pieu en place, et, pour le visser, on garnissait sa tête d'un tambour horizontal. Autour de ce tambour s'enroulait une corde qu'il suffisait de tirer à l'aide de treuils pour faire pivoter le pieu sur lui-même et le visser jusqu'au refus dans le sable compact et les bancs de coraux qui forment le fond de la mer en cet endroit. Une fois ces pieux placés, on les réunissait par des entretoises et un système de contreventement.

Destiné surtout au commerce, le wharf a été inauguré par la Guerre; le personnel et le matériel ont passé sans encombre par cette base d'opérations d'un nouveau genre.

La construction du wharf a coûté 900.000 francs environ.

C'est une société française qui l'exploite; son siège social est à Kotonou.

Les capitaux ont été entièrement fournis par elle, la Colonie n'ayant à sa charge qu'une garantie éventuelle d'intérêts de 50.000 francs.

L'État n'a donc pas eu un centime à débourser dans la construction du wharf.

Le wharf a été ouvert au commerce le 7 mars 1893.

Kotonou n'étant pas une rade, les bateaux y roulent toute l'année bord sur bord, soulevés par de fortes lames de fond.

C'est pour cette raison que la houle empêche les navires d'accoster le wharf; les passagers et les marchandises sont toujours transbordés du navire sur les embarcations légères des Minas, que remorquent parfois une chaloupe à vapeur. Mais ces embarcations vont débarquer leur chargement sur le wharf et y sont hissées elles-mêmes le soir au moyen de grues et de porte-manteaux installés sur l'appontement.

Pour débarquer, les gens aventureux et avides d'émotion aiment toujours le passage de la barre; mais lorsqu'au moment de quitter le bord on les revêt, par précaution, d'une ceinture de sauvetage, les plus résolus réfléchissent et préfèrent souvent prendre le chemin du wharf.

Les embarcations du bord conduisent alors les passagers au pied d'un escalier métallique, s'y cramponnent comme elles le peuvent au moyen de leurs gaffes, montent et descendent avec la houle, et, si les voyageurs savent bien choisir leur moment pour s'élancer, si la chance les favorise, ils peuvent espérer arriver sur la plateforme du wharf sans avoir pris plus d'un demi-bain.

Cet escalier, tout casse-cou qu'il soit, est malheureusement inabordable les trois quarts du temps, et les passagers en sont réduits à grimper comme ils peuvent le long d'une corde à nœuds ou d'une échelle de corde pour se hisser sur le tablier.

Les dames et les infirmes ont, comme dernière ressource, le panier qui sert alternativement au débarquement des vivres et du charbon, moyen plus facile, mais qui les expose, dans les premiers moments de leur ascension, à des contacts aussi brutaux qu'inattendus avec le bordage de l'embarcation soulevée par la lame.

Malgré ces légers inconvénients, le wharf de Kotonou a déjà rendu d'appréciables services; les débarquements, autrefois lents et dangereux, sont aujourd'hui plus faciles et rapides.

Physionomie générale du pays.

La configuration générale du terrain du Dahomey est celle d'un gigantesque plan incliné vers la mer, mesurant entre le littoral et le 9e degré 50.000 kilomètres carrés.

Les bords de l'Ouémé.

Avec son arrière-pays, la superficie totale de la colonie est d'environ 500.000 kilomètres carrés.

On subdivise le territoire en quatre zones très distinctes les unes des autres, allant du sud au nord.

Le Dahomey.

La première zone est formée par cette bande de sable mouvant qui court parallèlement à la côte, et dont la largeur entre les lagunes qu'elle borde d'un côté et l'Océan qui la baigne de l'autre varie entre 50 mètres et 5 kilomètres. Sa végétation est rare, rabougrie, son aspect désolé. C'est celle que l'on aperçoit du large lorsqu'on se trouve très rapproché de la côte.

La deuxième zone offre un aspect beaucoup plus riant. C'est la terre ferme proprement dite. Le terrain argileux a remplacé les sables, et, à des plaines de verdure, entremêlées de végétation par bouquets, succèdent à perte de vue des forêts de palmiers à huile et de roniers.

Le voisinage des cours d'eau et des lagunes est bordé de marécages qui dégagent pendant la saison sèche des émanations putrides provenant de matières végétales en décomposition, mais que l'harmattan vient heureusement chasser alors, en purifiant l'atmosphère.

Cette région s'étend sur une étendue de 35 à 40 kilomètres.

Dans la troisième zone, qui a une étendue à peu près semblable, se montrent les premiers accidents de terrain; les marécages et les prairies naturelles sont remplacés par des collines et des mamelons couverts d'une haute végétation. C'est au nord de cette région que l'on entre dans les grandes forêts.

La quatrième zone comprend les premières ramifications des montagnes de Kong, la région des plateaux et des forêts vierges, peuplée encore de grands fauves.

Ces hauts plateaux du partage des eaux du Niger sont pierreux et recouverts d'une herbe maigre, avec, çà et là, quelques bouquets d'arbustes rabougris, ce qui leur donne pendant la saison sèche un aspect désolé.

C'est dans ces régions extrêmes de la colonie que se trouve

le *Gourma*, contrée fertile, absolument délaissée par ses habitants, encore primitifs et sauvages, qui ne font pas de commerce et se contentent de cultiver tout juste ce qui est nécessaire à leur subsistance.

Les lagunes et leur formation.

La mer, qui bat incessamment le littoral, franchit parfois le bourrelet de sable formant côte dont l'épaisseur est, en certains endroits, très faible, et avec l'aide de cours d'eau venus de l'intérieur, forme des lagunes qui, du Volta au Niger, courent parallèlement au rivage sur de très grandes longueurs.

Cette longue ligne de lagunes est navigable pour les petits vapeurs ; leurs bords sont en général inaccessibles.

Les principales lagunes du Dahomey sont :

La lagune de Porto-Novo (long. 20 kilom.), prolongement de la lagune de Lagos, communiquant, par le canal de Toché, avec le lac Nokoué ou Denham (long. 27 kilom.), qui se déverse dans la mer par le canal de Kotonou.

Au delà d'un isthme de 6 kilomètres, lagune de Whydah (long. 40 kilom.) et lagune de Grand-Popo (15 kilom.), se réunissant aux lagunes du Togoland.

Ces lagunes s'élargissent en certains endroits pour former de vastes nappes d'eau dont quelques-unes, par leur étendue de plusieurs kilomètres, ont mérité le nom de lacs.

La largeur moyenne des lagunes du Bénin varie entre 30 et 200 mètres. En face de Porto-Novo, elle est de 1.720 mètres ; c'est sa plus grande largeur en dehors des lacs. Sa plus grande profondeur est de 6 mètres et sa plus petite de 1 mètre. Le moment des plus hautes eaux est fin septembre ; celui des plus basses, fin mars.

Par endroits, de nombreuses îles flottantes rendent précaire la navigation dans les passes étroites, mais des corvées, fournies par les villages lacustres voisins, sont constamment occupées à les dégager.

Les lagunes reçoivent tous les cours d'eau qui descendent de l'intérieur vers la mer.

La plupart des villes commerciales sont situées sur les lagunes ou ont un débouché sur elles.

La formation de ces lagunes résulte de l'empiètement continuel du continent sur l'Océan dont les vagues ont accumulé du sable sur les bancs de madrépores, base du sous-sol de la côte actuelle; ainsi s'est formée à la longue cette bande de terrain très étroite qui constitue aujourd'hui le littoral.

Dès que cette bande exista, les eaux des rivières n'eurent plus d'écoulement vers la mer et inondèrent les plaines basses qui formaient l'ancienne côte. Peu à peu les charriages de ces mêmes rivières apportèrent un commencement de végétation; les marécages et les lagunes en furent la conséquence.

Le travail des rivières continue toujours. Tous les ans, quand les pluies ont grossi leurs eaux, elles soulèvent le sol sur la rive, dans les contrées de l'intérieur, en détachent des parties plus ou moins considérables et les charrient vers la côte. On voit alors des masses d'herbes et d'arbustes descendre le cours de la lagune, sous forme d'îles flottantes, et aller s'ajouter aux autres herbes qui forment ainsi de vastes plaines marécageuses.

Autrefois la lagune se continuait partout sans interruption, mais aujourd'hui, par suite de charriages et d'atterrissements successifs, il y a solution de continuité à Godomé (6 kilom.) et à Kotonou (500 mètres). Ce dernier barrage, qui empêche les eaux du lac Denham de rejoindre l'Océan, s'est ouvert en 1887 sous la pression considérable de l'énorme masse d'eau du lac, et à un tel point que l'Émeraude, petite canonnière française, pénétra par cette passe dans la lagune de Porto-Novo, au grand désappointement des féticheurs dahoméens.

Sous l'action des sables accumulés par le ressac, l'ouverture s'est refermée trois mois après. Mais en novembre 1893, elle s'ouvrit de nouveau d'elle-même sous la poussée des eaux subitement grossies à la suite de pluies exceptionnelles, puis se referma peu après.

Le niveau des lagunes est plus élevé que celui de la mer; pendant la saison des pluies, la différence est de 1 mètre à 1 mètre 50; elle est seulement de 60 centimètres pendant la saison sèche. Il en résulte, à la marée basse, deux courants coulant en sens inverse l'un de l'autre, avec une vitesse moyenne de deux à trois milles à l'heure. Le premier, qui se dirige vers l'est, est sensiblement diminué et disparaît même entièrement lorsque la bouche de Kotonou est accidentellement ouverte.

L'aspect des rives de la lagune varie suivant la région traversée : du côté de Lagos, ce sont d'immenses forêts de palmiers, tandis que, depuis Porto-Novo jusqu'à Porto-Segouro (Togoland), on ne voit que hautes herbes, papyrus et palétuviers.

L'eau de la lagune du Bénin est potable si la bande de terrain qui la sépare de la mer a assez de largeur; dans le cas contraire, les infiltrations d'eau salée la rendent saumâtre. Il en est de même à toutes les bouches faisant communiquer la lagune avec la mer; la marée montante arrête son courant et permet ainsi aux eaux du golfe de s'y mélanger.

Hydrographie.

Les principaux cours d'eau qui arrosent le Dahomey sont, de l'est à l'ouest :

L'*Adjara*, qui se jette dans la lagune de Porto-Novo et sépare le royaume de Porto-Novo des possessions anglaises ;

L'*Ouémé*, qui traverse tout le nord du Dahomey et qui constitue la seule voie commerciale et stratégique pour pénétrer dans l'intérieur du pays ; les grandes pirogues le remontent jusqu'au 8e degré pendant les hautes eaux. Il reçoit à gauche l'*Ocpara* ou *Nanou* et se partage en amont d'*Affamé* pour former le *Zoumé* ou *rivière de Sô*. Ce cours d'eau se jette dans le lac Nokoué ; il reçoit du nord le *Han* alimenté par une foule de petits affluents dont le *Koto* a été l'un des premiers connus. L'Ouémé reçoit sur sa rive droite le *Zou*, accessible aux canonnières, et qui reçoit lui-même, à gauche, l'*Agbado*. Plus au nord, l'Ouémé reçoit aussi à droite l'*Odouo* et le *Térou* ;

Le *Kouffo*, qui prend sa source dans les montagnes des Mahis et qui forme le lac *Ahémé* ;

Le *Mono*, navigable jusqu'au barrage de Togodo, à 80 kilomètres dans l'intérieur, et dont le cours supérieur appartient au Togo allemand.

L'Ouémé et le Kouffo servent de déversoirs à un immense marais appelé *Lama* ou *Cô*, qui ne mesure pas moins de 40 kilomètres de longueur de l'ouest à l'est, sur une largeur de 10 à 15 kilomètres du nord au sud. Pendant huit mois de l'année, ce marais est complètement à sec.

Ces rivières ne sont navigables que sur une faible partie de leur cours ; toutes se déversent dans les lagunes, ainsi qu'une foule de grands et petits ruisseaux.

Le rivage formant une digue aux eaux venues de l'intérieur ne laisse aux rivières dahoméennes que quatre issues vers l'Océan ; l'une située à l'est de Grand-Popo, à un endroit appelé la Bouche-du-Roi ; la seconde à Lagos ; la troisième à l'est de Léké (Bénin), et quelquefois à Kotonou.

Outre ces grands débouchés, les lagunes communiquent

avec la mer par de nombreux petits cours d'eau qui se frayent un passage à travers les basses terres au moment des hautes eaux.

Il existe aussi à l'intérieur du pays de petits lacs ou marais qui grossissent au moment des pluies et trouvent des débouchés pour venir grossir le cours de la lagune. Sans la légère inclinaison du terrain, il serait malsain d'habiter la contrée.

Les rivières du Dahomey, torrentueuses à leur source, ont à leur embouchure un courant très faible, ce qui explique la formation des lagunes.

Comme le débit des eaux de l'intérieur n'est pas constant, on ne peut espérer pouvoir creuser dans la lagune un port capable d'abriter des navires d'un certain tonnage, ainsi que l'ont fait les Anglais à Lagos.

Les grandes étendues d'eau qui se trouvent dans le Dahomey produisent dans leur voisinage des infiltrations souterraines qui s'étendent fort avant dans les terres.

Dans l'intérieur du pays il y a de nombreuses sources naturelles.

Les indigènes obtiennent leur eau en creusant des puits à deux mètres dans la première zone, à quatre ou six mètres dans la seconde et à douze ou quinze mètres dans la troisième.

L'eau se rencontre partout, mais à des profondeurs variables, suivant les couches du terrain, et elle repose toujours sur un banc rocheux.

Malgré leur pente très faible, les cours d'eau du Dahomey seraient d'excellentes voies de communication, s'ils n'étaient coupés, à la saison sèche, par des seuils sablonneux dans le sud, rocheux dans le nord; mais l'emploi des dragues et des explosifs améliorera certainement leur navigabilité.

Orographie.

L'orographie de nos possessions du Dahomey n'est pas compliquée. Elle ne comporte que quelques plateaux peu élevés situés dans l'intérieur (Allada, Savé) et des monts isolés comme le pic Cantoulou, les monts Managboua, Aguigadji, Gbaouté, Zoglobo, etc... dont l'altitude ne dépasse pas 600 mètres.

En dehors de ces monticules, le sol, sablonneux ou marécageux, est entièrement plat. C'est seulement à partir de Cana que le terrain se relève, devient onduleux, puis montagneux.

Au nord du plateau d'Abomey (105 mètres d'altitude), le pays s'ondule sensiblement et l'on trouve des mamelons d'une certaine élévation, dans la région des forêts. La plaine se relève alors par une succession de gradins jusqu'au pied de la dent du Fita, des fines dentelures des montagnes des Dhassas, des monts d'Agbassa ou Delcassé, et des masses plus imposantes des monts de l'Atacora dans le pays des Mahis, dernière ramification des montagnes de Kong, qui constituent en cette région le rebord du plateau central de l'Afrique et qui forment la ligne de partage des eaux entre le bassin du moyen Niger et les cours d'eau qui vont se jeter dans le golfe du Bénin.

En résumé, on ne rencontre au Dahomey d'élévation importante que vers le 8e degré

Géologie.

La géologie du Dahomey n'est encore guère connue, car il était difficile de faire des recherches sous l'administration indigène. Son véritable littoral ne se rencontre qu'au pied des

(Phot. de M. l'Administrateur Beurdeley).

Paysage de la banlieue de Porto-Novo.

hauteurs de Cana; au sud, ce sont des cordons successifs de dunes accumulées par le vent et la mer, recouvertes plus tard d'une couche d'humus et dans lesquelles on ne rencontre pendant 80 kilomètres ni une pierre, ni un gravier; le sable d'origine pélagienne et l'argile fortement colorée en rouge par des sels de fer constituent le sol (capitaine Fonssagrives).

Le pays se divise en deux régions : le Bas-Dahomey et le Haut-Dahomey.

Le Bas-Dahomey est le Dahomey maritime, c'est le pays des palmiers à huile et il s'étend jusqu'aux environs d'Abomey.

Tous les territoires au-dessus du 9e degré forment le Haut-Dahomey.

Le sol du Bas-Dahomey peut se diviser en deux zones.

La première zone est couverte d'une couche de sable de près de 2 mètres d'épaisseur sous lequel on trouve de l'humus végétal. Sur les bords des lagunes et des cours d'eau, le sable est mélangé à des alluvions de différente composition, suivant les endroits.

Le sable n'existe plus dans la deuxième zone et est remplacé par de l'argile jusqu'à une profondeur de 5 à 6 mètres. Cette couche durcit tellement au moment des fortes chaleurs que les végétaux indigènes seuls arrivent à la percer; au-dessous de cette argile se trouve de l'humus gras très propre à l'agriculture. Le bord des fleuves est toujours très limoneux et par suite très fertile. Dans la couche inférieure on trouve encore de la terre végétale mélangée de sable, de coquillages et de calcaires décomposés, mais on ne trouve ni une pierre, ni un gravier dans cette zone.

La terre glaise ne se trouve plus dans le Haut-Dahomey, mais la décomposition des feuilles d'arbres produit l'humus qui y forme la couche superficielle; en dessous on trouve encore du sable et des calcaires, et, en troisième lieu, des roches sédimentaires argileuses avec traces de porphyre, de quartz, de marne, de grès rouge, de granit, de schiste, de conglomérats ferrugineux, etc..., qui y affleurent par place.

Telle est la composition des vallées au nord d'Abomey.

Les terres de cette région sont généralement riches en potasse, mais peu favorisées en chaux et en acide phosphorique.

Les cailloux se rencontrent seulement à près de 100 kilomètres du littoral.

Un sondage assez profond du sous-sol a été opéré en 1892 à Goho, près d'Abomey, sous la direction de M. le capitaine Fonssagrives ; ce sondage a fait découvrir d'abord un banc épais d'argile rouge, puis une couche de sable très micacé de couleur pourpre, puis un gisement important de kaolin pur et enfin un autre lit de sable violet très meuble.

Comme ressources minières, le Dahomey doit posséder les mêmes richesses minérales que les pays voisins dont il a la même configuration.

Plusieurs voyageurs croient à l'existence de mines de houille au Dahomey ; de minerais de fer dans le nord et à l'or d'alluvions dans le sable des rivières.

L'avenir nous confirmera le fait.

On trouve au Dahomey une pierre météorique que les indigènes appellent *Ochoumaré* (pierre du ciel), et avec laquelle ils font des bijoux.

Routes et voies de communication.

La question des voies de communication a été envisagée d'une manière toute spéciale, sur l'initiative de l'administration locale, par les pouvoirs publics.

Il existe une route bien aménagée de Whydah à Nikki par Carnotville ; elle passe par Savi, Tori, Allada, Ouagbo, Zobodomé, Cana, Goho, Abomey, etc... Elle se bifurque à Goho, en avant d'Abomey, pour Cotopa, Dohoué, Allagba, et Kpomé ; elle se dirige aussi d'Abomey par Locossou, Allahé jusqu'à la rivière Zou.

Dans toutes les autres régions du pays des chemins routiers fort nombreux sillonnent la colonie et sont entretenus par les indigènes des villages ; leur largeur qui est loin d'être uniforme dépasse rarement 2 mètres.

Les transactions entre la côte et l'intérieur se font par des pirogues circulant sur les vastes réseaux de lagunes et les nombreux cours d'eau.

C'est pour cette raison qu'il est question de faire communiquer la lagune de Whydah avec celle de Porto-Novo.

Comme il n'y a au Dahomey ni voitures, ni bêtes de somme, les indigènes opèrent seuls tous les transports sur leur tête, lentement, péniblement ; leur charge moyenne est de 25 kilog.

Lorsque les Européens et les gros personnages dahoméens veulent se déplacer, ils se font porter en hamac par les membres d'une corporation spéciale appelés « hamacaires ».

Des services réguliers de paquebots assurent la communication avec la France deux fois par mois, et avec les colonies anglaises voisines, une fois par semaine.

Chemins de fer.

Un chemin de fer de pénétration projeté entre Kotonou et le Niger français est en voie de construction.

Une mission dirigée par le commandant du génie Guyon a été chargée du tracé de ce chemin de fer.

La ligne suivra l'itinéraire suivant : Allada, Toffo, Cana,

Atchéribé, Paouignan, Savé, Kilibo, Tchaourou, Parakou, Nikki, Dounkassa, Kandi et Madécali, où elle atteindra le Niger.

La voie ferrée aura une longueur totale de 700 kilomètres, de la côte au Niger.

Le tracé définitif est étudié sur un parcours de 180 kilomètres jusqu'à Atchéribé, et la reconnaissance du terrain a été faite jusqu'à Tchaourou.

Whydah sera relié à la ligne principale par un embranchement de 14 kilomètres de longueur.

Les travaux sur place doivent commencer le 1er mai 1900 ; leur durée sera d'environ dix ans.

Le tracé ne comportant que des terrassements très faibles et des ouvrages d'art de peu d'importance dans ce pays plat dont la pente est de 1 °/₀₀ jusqu'à Abomey, la plate-forme du chemin de fer sera rapidement prête.

Les terrassements seront exécutés par des corvées rétribuées, fournies par les chefs indigènes et dirigées par les officiers, sous-officiers et sapeurs du Génie. On estime à 2.200 le nombre de noirs qui sera employé à l'entreprise.

Cette première amorce du chemin de fer de pénétration (180 kilomètres) sera construite par la Colonie sur ses propres ressources, sans contracter d'emprunt, sans rien demander à la métropole que son appui moral.

On a estimé le prix de revient de la ligne à 65.000 francs par kilomètre, ce qui, pour la longueur totale, fera une dépense de 45 millions environ.

C'est à M. Ballot, Gouverneur, que le Dahomey devra l'établissement de sa première voie ferrée, qui permettra à bref délai à la Colonie de décupler sa production agricole.

Outre que le chemin de fer sera très utile pour l'exploitation du Haut Dahomey, il le sera aussi pour les Européens anémiés qui, en quelques heures, pourront aller se remettre de leurs fatigues dans les régions salubres du nord, dépourvues de fièvre, et s'épargner ainsi un retour onéreux en Europe.

Lignes télégraphiques.

Une ligne télégraphique terrestre relie tous les postes de la colonie (de Kotonou par Porto-Novo à Abomey, Ouessé, Carnotville, Djougou, Kouandé, Konkobiri, Diapaga, Pama, Matiacouali, Fada N'Gourma, Diapaga, Botou et Say) et met le Dahomey, par le Soudan, en relation avec Bammako et le Sénégal.

Des câbles télégraphiques sous-marins relient la colonie par Kotonou à Accra (Côte d'Or) et à Sao-Thomé et Libreville (Gabon).

C'est le 1er novembre 1886 que le West African Telegraph C° a installé le câble de Kotonou.

Climatologie.

Le climat du Dahomey, quoique chaud et humide, est assez supportable pour l'Européen, à la condition toutefois qu'il observe rigoureusement les précautions d'hygiène indispensables dans toute contrée tropicale. Non pas que la chaleur y soit excessive, mais elle est constante et impressionne fortement l'organisme ; de plus, l'atmosphère est constamment chargée d'électricité.

Les mois les plus chauds de l'année sont : décembre, janvier et février.

Chaque nuit il tombe une rosée abondante, qui se transforme parfois en une pluie fine.

En arrivant sur un sol surchauffé dans la journée par les rayons d'un soleil tropical, cette humidité se vaporise en une buée visible le matin au lever du soleil ; l'air est alors opaque, et l'on distingue difficilement les objets, même à une faible distance devant soi.

Mais ce brouillard est de courte durée, car le vent du nord ou harmattan vient peu après le dissiper pour rendre aux couches d'air une transparence qui augmente encore la chaleur.

Saisons.

De même que la plupart des contrées équatoriales et tropicales de l'Afrique, la Guinée est soumise à deux saisons principales : la *saison sèche* et la *saison des pluies*.

Cependant il existe entre chacune d'elles deux saisons intermédiaires que l'on appelle : *petite saison sèche* et *petite saison des pluies*.

Au point de vue des saisons, l'année peut se diviser ainsi :

Petite saison des pluies.	Du 15 Septembre au commencement de Décembre.	Petites pluies fines fréquentes. — Rares orages.
Grande saison sèche.	Commencement de Décembre au 15 Mars.	Fortes chaleurs. — Basses eaux. — Mer calme. — Harmattan. — Belles barres.

Grande saison des pluies.	Du 15 Mars au 15 Juillet.	Chaleurs. — Barres difficiles. — Pluies torrentielles. — Tornades. — Débordement des rivières.
Petite saison sèche.	Du 15 Juillet au 15 Septembre.	Pluies fines et fréquentes. — Hautes eaux. Barres assez bonnes.

La saison la plus favorable à la santé est la grande saison sèche, car l'harmattan refroidit et purifie alors l'atmosphère.

L'état sanitaire est mauvais au commencement de la saison des pluies, très mauvais après les grandes pluies.

En Guinée l'équinoxe y est perpétuel; pendant toute l'année les jours n'ont entre eux aucune différence notable. Il fait jour de 5 heures et demie du matin à 6 heures du soir; la transition du jour à la nuit est brusque et sans crépuscule.

Pendant les mois d'octobre, novembre et décembre on remarque sur le ciel de nombreux bolides.

En somme, six mois de pluies et six mois de sécheresse, heureusement répartis en deux périodes alternantes; disposition éminemment favorable pour les travaux agricoles, car elle permet de faire deux récoltes par an. Mais en tout temps, les travaux pénibles au dehors sont impraticables pour la race blanche, qui doit employer des travailleurs nègres.

Température.

La moyenne de la température est de 26 à 28°; le thermomètre oscille entre 18 et 35°; pendant la journée, la chaleur est supportable, grâce aux brises de la mer qui, durant neuf mois de l'année, viennent de la partie sud-ouest. Quand elles manquent on étouffe.

Les écarts de température entre la nuit et le jour ne sont

habituellement que de 3 à 4°; quand l'harmattan souffle ils atteignent de 8 à 9° centigrades.

Pendant les trois autres mois (décembre, janvier et février) la température est accablante. Pendant l'harmattan, le thermomètre monte jusqu'à 43°.

En tous temps, la nuit, on respire l'air de terre, mais il est mauvais parce que, passant sur les marais, il emporte avec lui les miasmes putrides qui s'en exhalent.

Les nuits sont toujours fraîches.

Pluies.

Pendant la saison sèche, le ciel est sans nuage; en temps ordinaire, la sécheresse du sol est tempérée le matin par d'abondantes rosées.

Dans la petite saison des pluies, on compte mensuellement une moyenne de dix à quinze pluies, d'une durée de trois à quatre heures; le ciel est alors peu couvert et les nuages disparaissent instantanément.

La fin de cette saison est parfois marquée par quelques orages.

Durant la grosse saison des pluies, le soleil n'apparaît parfois que quelques courts instants dans une semaine.

Les pluies durent souvent plusieurs jours sans discontinuer; le ciel est alors gris d'ardoise, l'atmosphère humide, la terre détrempée.

On remarque, pendant la grosse saison des pluies, que la lune est maintes fois entourée d'un halo.

La hauteur d'eau de pluie annuelle est de 0 m. 90.

Pendant l'hiver la grêle tombe aussi quelquefois, mais elle fond aussitôt qu'elle a touché terre.

Types krowmen.

Vents.

Les vents qui soufflent sur la côte des Esclaves sont désignés sous le nom de *brise de terre* et *brise du large*.

Pendant la saison sèche, l'une et l'autre soufflent alternativement pendant une durée égale.

La brise de terre qui vient du nord, et parfois du nord-ouest, apparaît vers minuit et dure jusqu'à neuf heures du matin. Elle est chaude et humide et accompagnée ordinairement de myriades de moustiques.

La brise du large, qui vient le plus souvent du sud-ouest, souffle pendant une moyenne de sept heures par jour, pendant les mois d'avril, mai, juin et juillet; elle cesse dans le cours de l'après-midi.

En août, septembre, octobre et novembre, ce vent dure quelquefois toute la nuit. En décembre, janvier, février et une partie de mars, il fait place, du lever du soleil à midi, à *l'harmattan* ou vent qui sèche.

Comme il y a entre les deux vents une différence de 8 à 9° centigrades, la transition est fort brusque et la fin des nuits toujours froide.

L'harmattan.

C'est un vent mi-froid, mi-chaud, qui souffle surtout en décembre, janvier et février. Il va du nord-est au sud-ouest.

Pendant l'époque où il souffle, il alterne avec la brise de terre.

L'harmattan apparaît généralement de très grand matin et disparaît vers le milieu de la journée; il persiste souvent de deux à six jours.

Desséché par les sables du Sahara, puis refroidi par l'humidité ambiante de certaines contrées du Niger, il chasse devant lui des tourbillons de sable.

Son approche est annoncée par un épais brouillard de poussière qui, jusqu'à 10 ou 11 heures, cache les rayons du soleil.

Sous son influence, les lagunes se dessèchent et baissent avec une rapidité remarquable, les eaux stagnantes disparaissent complètement, car, sauf quelques orages, il ne pleut jamais à l'époque de l'harmattan.

Dans l'intérieur des maisons, l'on entend craquer les portes, les fenêtres et les bambous; les feuilles des arbres se crispent et tombent comme grillées; les lèvres se dessèchent ainsi que la bouche et la gorge. Une soif intolérable tourmente sans cesse, la peau se gerce, et pourtant c'est la meilleure saison pour l'Européen.

Pendant l'hivernage, l'harmattan est chargé de brumes malsaines, mais, dès que les pluies ont cessé, il devient si sec et si froid que la température descend en quelques heures de 26 à 17°.

L'harmattan est chassé par des brises de sud-ouest, dont la fraîcheur est d'autant plus sensible que le corps, étant desséché, en est devenu bien plus impressionnable.

Par suite de ces variations du vent, on a vu des nègres grelotter par 25° au-dessus de zéro.

Tornades.

Pendant la saison des grandes pluies, en avril et en mai surtout, on a les plus mauvaises barres et aussi ces ouragans terribles appelés *tornades*.

Ce nom indique suffisamment le mouvement giratoire du vent et des nuages, qui, dans leur fureur, reviennent souvent à leur point de départ, après avoir fait un tour complet de l'horizon.

Avant l'orage, l'air est lourd, la chaleur accablante; le ciel est pur, mais vers le nord-est un point noir apparaît. Il grossit rapidement en tournant, le vent se déchaîne avec violence, la pluie tombe à torrents, accompagnée de coups de tonnerre, et de nombreux éclairs sillonnent l'espace.

Rien ne résiste à la fureur de l'ouragan; des toitures de maisons sont emportées à plusieurs centaines de mètres; des arbres séculaires sont abattus par la force du vent; les forêts frémissent sous la tempête, et, par places, il se creuse de profonds ravins. Bref, c'est un bouleversement complet de la nature. Heureusement que la durée de la tornade n'est que de quelques minutes à peine, car autrement les dégâts seraient incalculables.

Quand un calme réparateur vient succéder à la tourmente, le ciel est plus clair, l'air plus frais et plus agréable, on respire plus à l'aise; enfin, on goûte un repos dont on avait grand besoin.

Ces terribles phénomènes de la nature produisent toujours sur les populations superstitieuses du Dahomey une impression profonde.

Maladies du pays.

A Côte des Esclaves est un peu plus salubre que ses voisines; c'est celle où l'Européen résiste plus facilement aux atteintes du climat, mais les mêmes soins sont nécessaires aussi bien à Porto-Novo qu'à Grand-Bassam.

Le paludisme est la grande maladie des Européens; les fièvres y règnent à l'état endémique, surtout à la côte, dans le voisinage des lagunes. Ces affections présentent généralement un caractère assez bénin, mais à la longue elles peuvent se transformer en fièvres bilieuses ou fièvres hématuriques bilieuses, d'un caractère très pernicieux.

Dans le premier cas, une hygiène rigoureuse et des soins attentifs suffisent ; dans le second, le seul remède est le renvoi du malade en Europe.

Les Européens sont, du reste, contraints de venir demander de temps en temps à l'air natal la réparation de leurs forces épuisées, car, au bout de quelques années de séjour, leur sang s'est appauvri et l'anémie les consume. Le teint jaunâtre que prend l'Européen révèle son état anémique ; son estomac s'affaiblit, son caractère s'aigrit, toutefois il résiste.

La fièvre paludéenne se combat généralement comme la fièvre intermittente, au moyen du sulfate de quinine. Dans le Haut-Dahomey, où l'atmosphère n'est plus chargée d'humidité, la fièvre paludéenne devient rare.

Dans les postes français, on trouve facilement les médicaments nécessaires à combattre les maladies ordinaires de la contrée.

Les cas de dysenterie sont rares, mais ils présentent un caractère de gravité exceptionnel ; l'anémie, provenant de l'inertie digestive, de l'influence climatérique ou des pertes sudorales, est le mal auquel tous les Européens sont en proie.

L'insolation fait aussi quelques victimes, mais dans ce pays de forêts ce cas est généralement le résultat d'une imprudence.

Les refroidissements sont à craindre, quoique rares, mais ils sont difficiles à guérir complètement.

La phtisie fait de nombreuses victimes chez les indigènes qui font un usage immodéré de l'alcool.

Le grand degré hygrométrique de l'atmosphère prédispose aux rhumatismes. C'est une affection très fréquente aussi bien chez les blancs que chez les noirs.

La petite vérole fait, de temps en temps, son apparition

parmi les indigènes; mais elle est assez bénigne, malgré le peu de précautions prises pour éviter sa propagation; elle n'est du reste pas très contagieuse pour le blanc.

Les ulcères ne sont pas rares, surtout aux membres inférieurs; l'éléphantiasis est très commun, surtout aux chevilles.

Les maladies les plus communes sont celles de la peau : le psoriasis, l'eczéma, l'herpès circiné, se montrent fréquemment; les bourbouilles sont constantes.

La gale atteint indigènes et Européens; la transmission se produit par le contact, mais au lieu d'envahir le corps entier, la maladie se localise presque toujours sur le pied, la main, les bras, les jambes et rarement le tronc.

La lèpre est également assez commune chez les noirs, qui ont des remèdes spéciaux pour la guérir; seulement après guérison les endroits attaqués restent roses, la peau ne s'y colorant plus.

Il y a aussi en Guinée la *maladie du sommeil*, qui provient de l'inflammation de l'enveloppe cérébrale. Le patient est sous le poids d'une somnolence que rien ne dissipe; il répond quand on l'appelle, mais sans sortir de sa torpeur. L'issue est toujours fatale.

Dans les pays chauds, beaucoup de blessures, même légères, sont accompagnées du tétanos et suivies de mort; aussi faut-il prendre beaucoup de précautions et se servir d'antiseptiques pour le lavage des plaies.

Le ver de Guinée et la puce chique.

Parmi les parasites qui indisposent fortement les habitants du Dahomey, il faut citer le ver de Guinée et la puce chique.

Le ver de Guinée.

Ce nématoïde appelé *dragonneau*, filaire de Médine et ver

de Guinée, faisait, il y a quelques années, de grands ravages dans la population de la Côte ; son germe se trouve dans l'eau, mais l'usage de filtres le fait disparaître. Ce ver est plat, sa longueur est d'environ 1 m. 50, sa largeur de $5^{m}/^{m}$ et son épaisseur de $1^{m}/^{m}$.

Il peut se développer sur toutes les parties du corps, mais il préfère surtout les jambes. Quelquefois il est solitaire, mais souvent on est attaqué par plusieurs vers à la fois.

Leur présence cause de vives souffrances, et si l'on néglige les soins la gangrène peut s'en suivre.

On admet que ce parasite existe dans la lagune et qu'il pénètre à travers la peau nue des membres inférieurs des noirs qui traversent l'eau.

Pour s'en débarrasser, on le tire avec précaution pour ne pas le briser et on l'enroule peu à peu sur une baguette en bois qui reste à l'extérieur de la plaie.

Les noirs appliquent aussi sur la plaie un mélange de verre et de charbon pilés, ou bien de l'huile de palme et quelques herbes caustiques, ou encore un onguent avec du savon, de l'huile de palme et diverses feuilles que leur indiquent leurs médecins indigènes.

La puce chique.

La maladie spéciale occasionnée par la *puce chique* débute par l'enflure des mains, des pieds et des jambes.

Cet insecte, qui a été importé depuis peu au Dahomey, est originaire du Brésil ; il est gros comme une puce ordinaire, il se tient dans les hautes herbes et s'implante dans la peau, de préférence sous l'ongle des orteils. Il traverse les étoffes, surtout les coutures, mais ne pénètre pas à travers les chaussures de cuir.

Dès qu'une légère démangeaison indique sa présence dans

les pieds, il faut aussitôt saisir la puce et l'enlever sans tarder, car elle n'a encore que les mandibules introduites sous la peau.

Si l'extraction n'est plus possible, le chatouillement fait place à une douleur aiguë et la présence de l'insecte ne se décèle plus que par un point oblong et noirâtre. Il faut alors pratiquer *l'échiquage*, si l'on ne veut risquer des désordres qui amènent souvent des érysipèles et parfois même la gangrène et le tétanos.

Les indigènes sont fort habiles dans cette opération qui se fait au moyen d'une aiguille ; on pique la peau à côté du point noirâtre, on passe la pointe de l'aiguille sous l'insecte qu'on enlève sans brusquerie, en une seule fois autant que possible. On panse ensuite la plaie avec un peu d'alcool camphré.

Mais si l'insecte est une femelle, le cas est plus grave, car il se renferme dans une poche où il pondra, au bout de deux jours, une moyenne de 150 à 200 œufs.

Au bout de cinq jours l'abdomen de la puce a atteint la grosseur d'un petit pois. Les œufs éclosent après le dixième jour et l'on a alors deux cents insectes qui vous dévorent la chair des pieds. Pour les extirper, il faut avoir recours au bistouri et au nitrate d'argent (pierre infernale).

Les chiques attaquent non seulement l'homme mais aussi les animaux domestiques.

Population.

Le Dahomey est habité par plusieurs races autochtones et une race étrangère conquérante ; toutes sont du type nègre.

Les races conquises sont :

1° Les Yoroubas, comprenant les Egbas, les Eyos ou Ohios, les Hollis, les Décamiens et quelques autres ; on les appelle également Nagos, du nom de la langue qui leur est commune. C'est une population dense, paisible, commerçante, dont le principal centre est Porto-Novo ;

2° Les Minas, établis sur la côte à Agoué et à Whydah ; ils sont depuis longtemps en contact avec les Européens, et leur civilisation est plus avancée que celle de leurs voisins ;

3° Les Ouatchis, entre Whydah et Allada, les Eoués, entre Allada et Abomey et les Djédjis au nord de Kotonou ;

4° Les Mahis, les Dhassas, les Schabé, les Gambaris, les Zougou, les Baribas, les Kodokolis et les Bokos qui peuplent le Haut-Dahomey.

A cette population si variée, il faut ajouter aussi des groupes de Peulhs pasteurs et des confédérations de marchands haoussas qui séjournent au nord, dans l'Ouangara et sur les bords du Niger.

Les Fons ou Dahoméens, de nature belliqueuse, forment le peuple conquérant qui a englobé toutes les peuplades voisines, tout en évitant de se mélanger avec les vaincus.

Il n'a pas encore été possible d'évaluer exactement le chiffre de la population des divers États placés sous notre protectorat, dans le golfe du Bénin.

Les derniers recensements ont donné 150.000 habitants pour le royaume de Porto-Novo et ses dépendances, 51.000 habitants pour les Popos, et 400.000 habitants pour le Dahomey proprement dit.

La population des territoires du Haut-Dahomey, du 9e au 14e degré de latitude nord, est d'environ 500.000 habitants.

Villes principales du Dahomey.

Le point de débarquement au Dahomey est *Kotonou* (ou lagune morte). C'est un village noir d'environ 1.000 habitants, assis sur la plage sablonneuse qui a remplacé le chenal par lequel le Denham (grand lac) communiquait avec la mer. Il sert simplement de port à Porto-Novo ; ce n'est qu'un point de transit où l'on ne trouve que les entrepôts des maisons européennes établies à Porto-Novo, quelques baraquements, l'hôtel de la Compagnie du câble, un blockhauss en maçonnerie et de nombreuses masures européennes habitées par l'Administration et les agents des factoreries.

Dix-huit milles séparent Kotonou de Porto-Novo. On s'y rend par la lagune en passant entre divers villages lacustres tels que *Avansori* (1.500 habitants), *Afotonou* (3.000 habitants), *Ganvi* et *So* (4 à 500 habitants) habités par des pêcheurs qui sont venus s'y réfugier pour éviter les poursuites des soldats dahoméens auxquels les fétiches défendent de passer l'eau pour guerroyer.

On laisse à droite le village de *Kétonou*, village assez commerçant, et, après une traversée d'une dizaine de kilomètres sur les eaux tranquilles du lac Denham (du nom d'un marin anglais qui en a établi la carte en 1845), on débouche par les passes du Zoumé, de Toché et d'Aguégué dans la lagune de Porto-Novo, qui fait communiquer l'Ouémé avec la bouche de Lagos.

Le trajet en pirogue ne dure que de cinq à six heures.

Porto-Novo (Port-Neuf des Portugais ou Assen, ou Adjaché

des Noirs) est le chef-lieu de la Colonie du Dahomey et dépendances. Sa population est de 50.000 habitants. C'est une ville qui s'est bien développée sous l'influence européenne et qui dispute à Lagos le commerce avec les districts de l'intérieur.

Elle est bâtie en amphithéâtre, à une altitude de 20 mètres au-dessus du niveau de la mer. Son étendue est longue et étroite.

Dans le quartier européen on remarque l'hôtel du gouverneur, le palais du roi Toffa dont c'est la capitale, les factoreries Régis, Voigt and C°, Holt et Welsh. Kœnigsdorf, la mission catholique, la maison des Sœurs, les casernements de la troupe, l'hôpital militaire, les hôtels du Secrétariat général, de la Direction des Affaires politiques et de la Douane.

Les palmiers, les fromagers, les manguiers, les bananiers, les flamboyants y forment d'épais bosquets, et les maisons blanches des Européens s'y détachent d'une façon ravissante sur le fond sombre de la verdure, le rouge brique du sol et le bleu du ciel et de l'eau.

Le quartier indigène n'a rien de remarquable avec ses huttes en terre.

De l'autre côté de la lagune, se trouvent les cases du village de *Ouéta* cachées dans l'ombre de hauts palmiers.

A l'ouest de Kotonou, à une distance de 9 ou 10 kilomètres, on trouve *Godomey-plage* ou Jakin. De là une route en mauvais état mène à *Godomey-ville* distant de 7 kilomètres au nord. Sa population est de 5.000 habitants et son altitude de 5 mètres au-dessus du niveau de la mer. La ville communique avec le lac Nokoué par un chenal qui est à sec pendant une partie de l'année.

Godomey-plage est encore un entrepôt de marchandises des maisons Fabre et Régis.

Si de Godomey à Whydah l'on suit la plage, on rencontre, après avoir parcouru une dizaine de kilomètres (la moitié de la distance), la ville d'Avrékété (5.000 habitants) puis on arrive à Whydah.

Whydah ou *Juda*, Ajuda ou Gléhoué (maison des champs), 20.000 habitants, est la deuxième ville du Dahomey. La ville proprement dite est à 5 kilomètres de la mer. Pour y arriver on traverse le village de Zoumbodji et la lagune. La distance d'Abomey est d'environ 160 kilomètres.

Whydah-plage comporte les trois forts anglais, portugais et français. C'est le port le plus important de la colonie ; son mouillage à six cents mètres de la barre est assez sûr.

De Whydah à *Grand-Popo* (Pla en indigène) le voyage se fait en pirogue par la lagune ; la distance est d'environ 35 kilomètres. Une partie de la bourgade est située sur la mer, l'autre appelée Salt-Pound-Havy est sur la lagune. 2.000 habitants) ; rade sûre pour les navires.

De là, on se rend à *Agoué* ou *Ajigo* dont la distance est de 22 kilomètres (5.000 habitants), Mission catholique.

Les autres villes importantes situées dans l'intérieur, sont, au nord de Godomey, *Abomey-Calavi*, la troisième ville du Dahomey par son importance ; elle est presque située sur le lac Denham, à une altitude de 22 mètres.

A 15 kilomètres au nord de Whydah, sur la route d'Abomey, *Savi*, l'ancienne capitale du royaume de Juda. C'est une ville bien déchue dont la population n'est plus que de 4.000 habitants.

Allada (10.000 habitants) est la capitale du royaume de ce nom ou d'Ardres. C'est une ville peu prospère, remarquable seulement par ses plantations de palmiers.

Toffo, sur un magnifique plateau.

Agrimey, au delà du marais de Cò.

Quartier des factoreries à Porto-Novo.

Cana, ou Calmina, la ville sainte du Dahomey, qui renferme les tombeaux des rois. C'est un bourg peu important de 10.000 habitants. Trois lieues seulement le séparent d'Abomey, la capitale du royaume, à laquelle le relie une route très belle.

Abomey, ou Agbomé, la capitale actuelle du royaume (40.000 habitants) est située sur un plateau à 100 mètres au-dessus du niveau de la mer. Une immense enceinte de terre l'entoure ; le seul monument digne d'attention est le palais du roi qui a environ 3 kilomètres de périmètre.

La population d'Abomey est très variable, suivant que le roi l'habite ou qu'il va résider à *Agony*, ville de 20.000 habitants, située sur l'Ouémé, à 25 kilomètres au nord-est d'Abomey.

Les autres centres importants de la colonie sont :

Sakété, au nord de Kotonou ;
Toune, sur la frontière du Togo ;
Djalloukou, au nord d'Abomey ;
Savalou, au nord de Djalloukou ;
Zagnanado, près de l'Ouémé, à hauteur d'Abomey ;
Kétou, sur la frontière du Lagos ;
Ouessé, dans le nord ;
Parakou, Séméré, Ouangara, Carnotville, Nikki, Kandy, Carimama, Madékaly, Say, Fada N'Gourma, etc., etc.

Postes militaires.

Les postes militaires de la colonie sont actuellement ceux d'Agoué, de Grand-Popo, de Wyhdah, sur la côte ; d'Allada, Abomey, Zagnanado, Kétou, Savalou, Dadjo, Carnotville, Bassila, Ouari, Parakou, Chori, Konkobiri, Botou, Fada, Zougou, Kandy, Carimama et Say dans l'intérieur.

Tous ces postes sont occupés par des détachements de tirailleurs haoussas et de gardes indigènes recrutés dans la colonie.

C'est en mars 1890 que fut organisée la garde indigène, recrutée parmi les Européens et les indigènes résidant sur le territoire français du Bénin.

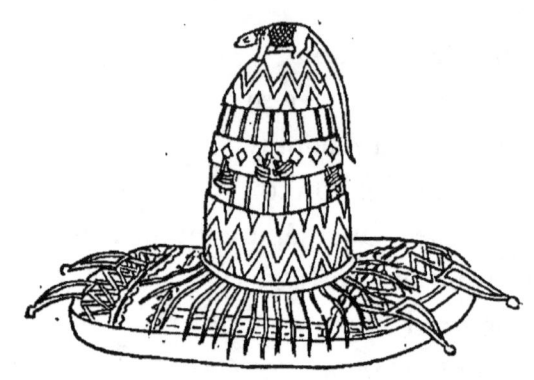

Phot. de M. l'Administrateur Beurdeley

Le prince Ymavô, ancien ministre de Béhanzin, entouré d'une partie de ses femmes et de ses enfants.

CHAPITRE II

HISTOIRE DU DAHOMEY

SOMMAIRE

Les origines du Dahomey. — Les rois de Dahomey. — Leur règne. — Histoire de Porto-Novo. — Historique des autres États composant le Dahomey. — Relations du Dahomey avec la France et les puissances européennes. — Traité du 1er juillet 1851. — Traité du 19 mai 1868. — Traité du 19 avril 1878. — Les événements de 1890 et les origines de la guerre.

Les origines du Dahomey.

L'histoire de nos possessions du Dahomey est encore assez obscure. Tout ce qu'on peut dire d'une manière précise, c'est qu'au XVIe siècle ces contrées étaient divisées en plusieurs États, désignés sous les noms de :

1º Sur le littoral, les royaumes de Juda (capitale Savi) et de Jackin ;

2º Le royaume d'Ardres ou d'Allada (capitale Allada), touchant à la côte par Godomé et Kotonou ;

3º Et plus au nord, le pays d'Assem, le royaume de Cana ou Calmina, habité par les Fons, le pays des Eyos.

Ces divers États étaient limités : à l'ouest, par le petit pays des Popos, les royaumes des Fantis et des Achantis ; à l'est, par les Eyos et la partie orientale du royaume d'Ardres, le royaume de Badagry, etc.

Tous ces minuscules États disparurent absorbés peu à peu

par les conquêtes du petit peuple guerrier voisin, les Fons ou Dahoméens.

Il est fort difficile de rétablir l'histoire séparée de ces pays, sur lesquels on ne possède aucun document; il faut s'en tenir aux indications données par les anciens de la famille royale, gardiens-nés de la tradition.

Les Fons ou Foys, ou Fouins ou Dahoméens, venus du Nord, croit-on, formaient, au commencement du xviie siècle, un peuple guerrier et discipliné qui était redouté de tous ses voisins. Il rentrait toujours de ses expéditions avec de nombreux prisonniers et un riche butin. Des négriers espagnols ou portugais lui donnèrent quelques notions d'art militaire qui lui facilitèrent l'annexion de toutes les populations du littoral ou de l'intérieur, incapables de lui résister et terrorisées à l'avance.

En 1610, le roi des Fons s'appelait Dan ; sous son administration le pays était devenu riche et florissant.

A cette époque, Koppon, le dernier roi d'Ardres ou d'Allada, mourut, laissant trois fils. Chacun voulant recueillir la succession de son père, il en résulta une guerre acharnée d'où le frère cadet, Méji, sortit victorieux et resta seul maître du royaume.

Le plus jeune, Atéagbalin, se réfugia, après sa défaite, sur l'autre rive de l'Ouémé, et fonda avec ses partisans Ajaché, baptisé aussi Grand-Ardres, et, plus tard, Porto-Novo par les Portugais.

L'aîné, Aho Tacodonou, traversa le Lama pour aller demander asile au roi de Cana, nommé Dan, qui lui permit de s'installer au nord de sa capitale, où il fonda Agbo-mé, mot à mot : *dans l'enceinte*. Ce fut le berceau du Dahomey proprement dit.

Aho vécut d'abord en très bonne intelligence avec les Fons, mais, remuant, ambitieux, il exigeait fréquemment des agrandissements de terrain du roi de Cana. Il faut dire qu'une nombreuse population était venue peu à peu se grouper autour de lui.

A la fin, fatigué de cet insatiable solliciteur, Dan lui fit demander « s'il allait faire construire des cases jusque sur son ventre ». Vexé de cette boutade, Aho refoula sur le moment ses rancunes, car il n'était pas encore assez fort pour l'exécution des projets qu'il avait conçus, et pour la réalisation desquels il s'allia secrètement avec tous les Fons qui étaient mécontents de leur roi.

Quand il se crut sûr de vaincre, il rassembla ses guerriers et tomba à l'improviste sur son bienfaiteur qui, malgré des prodiges de valeur, fut battu et fait prisonnier.

Amené à Agbo-mé, Dan fut décapité et son corps jeté dans les fondations du palais que le nouveau chef des Fons se faisait alors construire.

Ce palais fut appelé *Danhomé*, mot à mot : *ventre de Dan*.

Par la suite, la contrée entière prit cette dénomination, et l'usage modifia à la longue la prononciation des noms primitifs dont on fit Abomey et Dahomey.

Après ces exploits, Aho fut reconnu roi des Fons sous le titre de Dako.

Il fut le chef de la dynastie dahoméenne.

Les rois de Dahomey. — Leur règne.

Dako Tacodonou (1620-1640).

Continuellement en lutte avec ses voisins, il fait de ses sujets un peuple qui convoite toutes les richesses des peuples voisins.

Il enseigne à ses guerriers des ruses peu honnêtes pour suppléer à l'infériorité du nombre; l'attaque nocturne, par la surprise, permettant de faire des prisonniers sans coup férir; l'incendie qui jette le désordre et chasse les habitants, enfin le pillage qui rapporte plus de butin qu'une victoire par les armes.

Il eut pour successeur son fils

Ouébadjia ou *Adahounzo* (1640-1655), qui établit les abominables coutumes des sacrifices humains, seule trace saillante de son règne.

Puis vinrent successivement :

Aho ou *Adanzou* Ier (1655-1679).

Il continue la politique belliqueuse de ses prédécesseurs et annexe à son territoire plusieurs petits États indépendants ou tributaires des royaumes d'Ardres et de Cana qui bordaient le pays des Fons.

En 1661, il fait la conquête du royaume de Cana ou Calmina.

Dans toutes ces expéditions, les prisonniers étaient impitoyablement mis à mort s'ils refusaient d'opter pour le vainqueur et de grossir son armée.

A la mort d'Aho, le pays des Fons avait triplé son territoire, qui était alors limitrophe du royaume d'Ardres.

Le règne de son fils, *Akaba* ou *Ouibéga* ou encore *Vibagée* (1679-1708), fut nul comme progrès de territoire. C'était un

Le prince Koudokoué
Ancien ministre des finances de Béhanzin.

monarque indolent et apathique, qui se borna à conserver intact le royaume que lui avaient légué ses ancêtres.

Le seul événement marquant de cette époque fut l'expédition tentée par le roi de Juda, secondé par les Français du fort de Juda, contre les Popos, mais ces derniers battirent leurs agresseurs et nos compatriotes furent contraints de se retirer (1695).

Akaba mourut empoisonné par un de ses serviteurs, et fut remplacé par *Agadjia*, neveu d'Aho.

Dossou Agadjia ou *Goudja-Troudo* ou *Agbaja* (1708-1729).

Ce fut un grand roi et un grand conquérant dont le règne fut l'époque la plus brillante du Dahomey. Ses nombreuses conquêtes le font surnommer l'Alexandre Noir; il étendit son autorité jusqu'à la mer et commença les guerres contre les Nagos.

Après quelques années passées en préparatifs de campagne, les Fons envahirent le royaume d'Ardres (1723), qui était riche et puissant. La lutte dura longtemps et fut meurtrière de part et d'autre, mais l'avantage resta aux Dahoméens qui s'annexèrent le territoire. Allada et Agaché (Porto-Novo) étaient prises.

Deux ans se passèrent à réorganiser l'armée qui était grossie de tous les nouveaux effectifs.

Devenu voisin du royaume de Juda, le roi Agadjia le convoita.

Le pays était très prospère, et les négociants européens y possédaient des forts qui étaient en même temps des comptoirs très commerçants.

En 1727, il exigea, du roi de Juda, une redevance annuelle considérable ainsi que le libre passage pour aller trafiquer à la côte.

Refusant d'être son tributaire, le roi de Juda retourna, en guise de réponse, à son aimable voisin, la tête seule de son émissaire.

Pour venger cet éclatant outrage, Agadjia fit envahir le territoire de Juda qu'il transforma sous peu en un monceau de ruines fumantes. Le roi, les principaux chefs et 4.000 habitants sont passés par les armes, après avoir subi de cruelles tortures. Les villes de Savi et de Juda sont saccagées et brûlées (1727).

Les comptoirs européens ne sont pas épargnés, et les blancs doivent chercher un refuge dans les forts en terre de la plage.

Le Dahomey est borné maintenant au sud par la mer.

Pour échapper aux désastres d'une guerre, le petit royaume de Jacquin, qui est menacé par le Dahomey, se hâte de se soumettre; néanmoins la ville est brûlée et ses habitants sont massacrés (1729).

Le cruel Agadjia meurt au moment où il songeait à conquérir les Popos.

Togbouessou ou *Bossa-Ahadi* (1729-1732).

Roi nul. On prétend qu'il avait l'habitude de faire couper le nez de ses ennemis.

Mpengla ou *Kpingoula* (1732-1737).

Rien ne signale son règne.

Il tenta sans résultat une expédition contre les montagnards Mahis, au nord du Dahomey.

Agonglou ou *Hadée-Ganglo* ou *Angongoulo* dit Anizo-Sédozo (1737-1774).

Petit-fils d'Agadjia, il était paresseux et nonchalant, ce qui lui valut le surnom de *Fatigué*. Aussi est-ce sous sa domination que le Dahomey se vit infliger sa première défaite.

En 1738, les Ayos ou Eyos firent irruption au Dahomey. Rien ne put leur résister. Le peuple dahoméen entier lutta contre l'envahisseur et fit une résistance désespérée.

Les Eyos furent repoussés deux fois, mais leur nombre augmentait sans cesse, malgré les pertes considérables qu'ils avaient éprouvées.

Devant leur impuissance à arrêter la marche de l'ennemi et pour éviter de laisser des prisonniers entre ses mains, les Dahoméens battirent nuitamment en retraite, pour se réfugier dans des retraites inconnues des Eyos.

Après avoir brûlé Abomey, Calmina et d'autres villes encore, ceux-ci se retirèrent pour revenir l'année suivante recommencer leurs déprédations.

Las de combattre, Agonglou dut entrer en arrangement avec l'ennemi, et le Dahomey s'engagea à lui payer annuellement un tribut considérable.

A peine débarrassé des Eyos, et quoique vaincu, le roi Agonglou voulut soumettre le pays des Mahis à son influence en le faisant gouverner par un de ses favoris.

Mais les Mahis, voulant rester indépendants, refusèrent et la guerre éclata. Elle fut sanglante et longue et dura vingt ans. La victoire, longtemps indécise, resta pourtant au Dahomey, mais il ne put annexer le territoire des Mahis au sien, son triomphe n'étant pas suffisant. Les deux ennemis conclurent ensemble, en 1772, un traité de paix qui dura de longues années.

Tout en poursuivant ses luttes avec les Mahis, Agonglou eut encore à combattre maintes fois les habitants de Juda révoltés par sa cruauté et son injustice, et auxquels étaient venus se joindre ceux des Popos.

Cette révolte commune occasionna peu de mal aux Dahoméens et prit fin en 1743. Les rebelles prisonniers subirent de cruelles représailles qui assurèrent pour longtemps la tranquillité du pays.

Les Popos, battus également et ayant perdu tout espoir,

signèrent en 1772, avec le Dahomey, une paix qui ne fut jamais rompue.

Agonglou mourut le 17 mai 1774, et eut comme successeur : *Adanzou* II (1774-1789).

Dès son avènement, ce roi reconstitua son armée, car il était résolu à s'affranchir du tribut imposé par les Eyos. Pour se venger des dégâts qu'ils avaient commis quelques années auparavant au Dahomey, il envahit subitement leur territoire. Nullement préparés, les Eyos furent battus dans chaque rencontre et demandèrent à traiter. Le tribut annuel payé depuis vingt-sept ans par le Dahomey fut supprimé, et la paix conclue en 1777.

Ce fut le seul service qu'Adanzou II rendit à son pays.

Vinouhiou et *Ebomi* régnèrent de 1789 à 1803, mais rien ne signala leur passage au pouvoir.

Adonozan ou *Adandosan* (1803-1818), fut le premier roi qui assista lui-même aux batailles livrées par ses peuples.

Ce fut un prince cruel, voluptueux et sanguinaire.

Les Dahoméens rougissent de le compter au nombre de leurs rois, car le sang qu'il fit verser inutilement marque son règne d'une tache indélébile.

Il était constamment ivre et gouvernait très mal ses sujets.

Les sacrifices humains absorbaient tous les captifs de la guerre, et les négriers, n'y trouvant plus leur compte, la traite devenait presque impossible.

Fatigué des cruautés de son roi, le peuple se souleva en 1818, et proclama à sa place son frère Ghézo, surnommé Dada, c'est-à-dire le Bon.

Ce dernier s'était lié d'amitié avec un métis brésilien, trafiquant d'esclaves, nommé Francisco Félix da Souza, dont il fit son conseil dès qu'il fut au pouvoir.

A la suite de son abdication forcée, Adonozan se retira dans un pays voisin avec ses femmes, ses enfants et ses serviteurs.

Ghezo ou *Ghêzou* (1818-1858).

Ce roi fut très populaire et son règne fut prospère pour le Dahomey. Il encouragea les traitants étrangers et leur facilita leur commerce.

La rade de Juda (Gléhoué) qui, depuis, s'est appelée Whydah, était fréquentée par des navires de tous les pavillons, et bientôt la ville devint, en même temps qu'un grand centre commercial, la deuxième capitale du Dahomey. Un grand nombre de Brésiliens étaient venus s'y établir, et le roi reconnaissant envers son favori et conseiller Francisco da Souza, le nomma vice-roi de Whydah, c'est-à-dire yevogan ou chef des blancs, qu'il gouverna aux lieu et place des autorités indigènes.

Ses compatriotes l'appelèrent le *Chacha*, nom qui fut transmis à ses successeurs.

Grâce à son pouvoir illimité, Francisco da Souza acquit rapidement une belle fortune. Ses bonnes relations avec le roi durèrent de longues années, mais, à la fin, Ghézo, jaloux de la puissance de son ami, le ruina presque entièrement en lui empruntant des fonds et lui retirant le privilège d'être l'intermédiaire entre lui et les commerçants.

Le chacha fut tellement affecté de sa disgrâce qu'il en mourut en 1849. On prétend même qu'il aurait été empoisonné.

Le principal événement du règne de Ghézo, fut la création du corps des Amazones, milice féminine qui devait lui servir de garde du corps, mais qui combattit plus tard avec le reste des troupes.

Voulant devenir un grand conquérant comme son illustre ancêtre Agadjia, il attaqua, vers 1830, la peuplade guerrière des Achantis, ses voisins à l'ouest, mais ses troupes furent piteusement battues et ne renouvelèrent plus leur tentative.

Sous le règne de Ghézo, les relations avec la France, interrompues depuis 1797, furent reprises. En 1851, il conclut avec nous un traité de commerce et d'amitié (1ᵉʳ juillet).

Vers la fin de la même année, il déclara la guerre aux Egbas (habitants du territoire d'Abéokouta, dans le Yorouba) et, à la tête de 30.000 guerriers, dont 8.000 Amazones, l'armée dahoméenne arriva après quelques succès sous les murs d'Abéokouta dont elle fit le siège. L'assaut était donné, et déjà les Egbas pliaient de toutes parts, lorsque honteux de se voir battus par des femmes, ils se ruèrent dans un effort désespéré à une nouvelle attaque contre l'ennemi, qu'ils réussirent à obliger à une prompte retraite, qui se transforma en une désastreuse déroute (1852).

En 1854, Ghézo marche contre les Mahis, encore insoumis en partie, et leur enlève un grand territoire situé au nord d'Abomey. Leurs habitants se réfugient à Agoué, au delà de la lagune.

Ainsi que ses prédécesseurs l'avaient fait depuis deux siècles, le roi envoyait chaque année piller les contrées voisines, pour se procurer les prisonniers nécessaires à la traite et aux coutumes, cérémonies annuelles pendant lesquelles on massacrait tous les captifs.

Ces petites expéditions avaient ordinairement lieu de février à avril, lorsque les basses eaux permettent la traversée à gué des cours d'eau, car la tradition interdit aux Dahoméens de franchir l'eau pour guerroyer.

A la mort de Francisco da Souza, son fils aîné Isidoro fut nommé chacha de Whydah. Il remplit ses fonctions avec beaucoup d'autorité et de prestige, malgré le peu de fortune qui lui restait.

C'est lui qui, rêvant de faire de Whydah une possession portugaise, invita le gouverneur portugais des îles San-Thomé et du Prince à venir passer un mois à terre. À son départ de Whydah, le gouverneur José Marquez fit réoccuper militairement le fort portugais depuis longtemps abandonné, et le chacha fut nommé gouverneur du fort, avec le grade honoraire de lieutenant-colonel d'infanterie de marine.

Peu après, il renforça la garnison du fort par une milice composée de noirs brésiliens et d'indigènes et équipée par ses soins.

Sa mort fut aussi subite que celle de son père (1858).

Ghézo mourut la même année, pendant une épidémie de petite vérole, au moment où il venait d'abdiquer en faveur de son fils, le prince Badohoun ou Badou qui monta sur le trône sous le nom de Glé-Glé.

Ce dernier, qui avait un culte particulier pour la mémoire de son père, lui fit faire des funérailles splendides, où ni le sang humain, ni les richesses ne furent épargnés ; des milliers de prisonniers furent sacrifiés en l'honneur du roi défunt, tellement est aveugle le respect du peuple dahoméen envers ses souverains

Glé-Glé ou *Glélé*, dit *Kini-Kini*, le lion des lions (1858-1889).

Glé-Glé fut un homme supérieur qui témoignait toujours du désir de s'instruire. Fort de sa valeur, il se laissa, beaucoup moins que son père, dominer par le troisième chacha qu'il venait de nommer à Whydah.

Avant Glé-Glé, le chacha traitait toujours seul avec les blancs, sans passer par les chefs indigènes, mais quelques Européens ayant refusé de s'incliner devant son autorité parce qu'il était mulâtre, s'adressèrent directement au roi. Celui-ci, qui ne se dérangeait pas pour si peu, renvoyait les blancs à ses *cabécères* (chefs). Par la suite, les autorités nègres prirent de plus en plus d'influence au détriment des chachas ; mais tous s'accordaient bien pour harceler les négociants de la côte.

Sous Glé-Glé, le rôle politique des vice-rois de Whydah fut donc bien amoindri, néanmoins les chachas menèrent encore de nombreuses intrigues.

La première entreprise de Glé-Glé fut de chercher à venger l'échec éprouvé par son père à Abéokouta, dans le pays des Egbas, six ans auparavant. Pour cette campagne qu'il voulait rendre décisive, il se prépara secrètement pendant plusieurs années. Il fut prêt en janvier 1860.

Il marcha d'abord sur Ichaga, petit pays voisin qui s'était tourné contre son père lors de la retraite de son armée. La vengeance fut cruelle. Le roi et tous les habitants furent faits prisonniers et vendus à prix d'or à une caravane de négriers en quête d'esclaves ; aucun d'eux ne revit jamais le pays. Les villages furent détruits, les récoltes brûlées, les palmiers coupés.

Après cette première victoire, le vainqueur retourna au Dahomey pour poursuivre ses préparatifs de guerre contre Abéokouta.

En 1863, Glé-Glé, à la tête d'une armée formidable, reprend la marche sur cette capitale ; après avoir tout ravagé sur son passage, il arrive sous les murs de la ville. Ayant vainement attendu dans la plaine l'attaque de ses ennemis qu'il défiait journellement, et la famine décimant son armée, il tenta l'assaut qui fut repoussé avec perte.

Pour attirer leurs ennemis hors de la ville, les Dahoméens feignirent alors une retraite précipitée. Les Egbas se mirent à leur poursuite, mais, arrivés dans un endroit propice, les fuyards firent volte-face et infligèrent aux Egbas des pertes nombreuses. Cependant la victoire ne fut pour aucun parti, et les agresseurs durent battre en retraite, en abandonnant 3.000 prisonniers entre les mains des Egbas.

Presque tous ces captifs furent rachetés et ramenés au

Dahomey peu après. Dans ce but, Glé-Glé, outre les ressources pécuniaires de son royaume, avait même emprunté de l'argent aux Européens, auxquels il le remboursa intégralement dans la suite.

Depuis quelques années, la Côte des Esclaves était de plus en plus visitée par les Européens. Le roi recevait souvent des officiers, des voyageurs et des commerçants; en échange des gros présents qu'ils lui apportaient, Glé-Glé les retenait souvent dans sa capitale plus longtemps qu'ils n'auraient désiré, et comme distraction les invitait à assister à quelques sacrifices humains.

En 1868, le roi de Dahomey signe avec la France un traité par lequel il lui concède le territoire de Kotonou.

Malgré son dédain pour les blancs, le roi Glé-Glé vécut longtemps en bonne harmonie avec les puissances européennes; gonflé d'orgueil et ignorant de leurs forces, il considérait leurs souverains comme des égaux heureux d'entretenir des relations avec le noble descendant de la dynastie dahoméenne.

Mais en 1876, un premier conflit éclata entre le Dahomey et l'Angleterre.

Un Brésilien, Jacinto da Costa Santos, avait rendu comme cabécère de grands services à la maison anglaise Swansea and C°; en récompense, celle-ci l'avait aidé à se faire une belle fortune et le protégeait. Jaloux de sa situation, tous les négociants ainsi que la famille du chacha s'efforcèrent de le noircir dans l'esprit du roi, sous prétexte qu'il tenait des propos insultants à son adresse.

Accusé d'avoir refusé de vendre au prince héritier Kondo une qualité spéciale de tissu qu'il ne possédait même pas, il vit ses marchandises confisquées au nom du roi et une amende de deux mille francs de notre monnaie lui fut infligée.

M. Tunbool, agent de M. M. Swansea, s'interposa vainement auprès des cabécères en déclarant que Jacinto n'était qu'un commissionnaire et que toutes les marchandises déposées chez lui appartenaient à la maison qu'il représentait. Mais les autorités dahoméennes ne voulurent rien restituer, et, comme M. Tunbool les menaçait de faire intervenir le commodore commandant la station navale de l'Atlantique sud, il fut lui-même insulté et arrêté.

Comprenant un peu tard qu'ils avaient commis une maladresse, les cabécères le relâchèrent aussitôt en lui faisant des excuses.

Mais une plainte avait déjà été adressée par M. Tunbool au gouvernement britannique, et, quelques jours après, le 9 octobre 1876, un cuirassé anglais mouillait en rade de Whydah.

Un officier supérieur descendit à terre pour faire une enquête sur place, et tous les négociants certifièrent par leur signature la véracité des faits rapportés par M. Tunbool. Il signifia ensuite aux autorités indigènes qu'en raison de l'insulte grave faite à un sujet anglais, le commodore Hutte infligeait au roi de Dahomey une amende de 300 punchons d'huile de palme (gros fûts de 600 litres). Comme le roi refusa de payer, l'Angleterre ordonna le blocus de la côte, jusqu'au paiement intégral de l'amende.

Ce blocus dura sept mois et fut très préjudiciable aux maisons de commerce qui envoyèrent message sur message au roi, mais sans résultat. « Si les Européens souffrent de ce qui se passe, disait-il, c'est à eux à vider la question . »

Le blocus ne fut levé que le jour où, las d'attendre l'intervention du gouvernement français qu'ils avaient en vain sollicitée, les commerçants français de Whydah eurent avancé eux-mêmes, au nom du roi, 200 punchons d'huile (mai 1877).

Mais cette huile n'arriva jamais en Angleterre, car au large du cap des Palmes le navire sombra dans un ouragan.

Aussitôt après le départ des Anglais, Glé-Glé se souvint qu'il avait à se venger des négociants qui avaient signé le procès-verbal du commodore. Tous furent condamnés à la prison ou à l'amende.

En 1878, le roi du Dahomey ratifia avec la France le traité de 1851 ; une clause y fut ajoutée, dispensant les Européens de se rendre chaque année dans la capitale, au moment des coutumes, pour assister au spectacle écœurant des sacrifices humains.

En 1883, mourait le quatrième chacha qui fut remplacé par Julian Félix da Souza ; malgré sa moralité plus que douteuse, ce dernier parvint néanmoins à gagner la confiance du roi.

Avec lui, le commerce des esclaves prospéra comme par le passé, et, dans un but d'intérêt, il s'occupa fort des affaires des maisons européennes.

Par son habileté, il regagna peu à peu l'influence que ses prédécesseurs avaient perdue, et, sur ses pressantes instances, Glé-Glé oublia l'indépendance qui lui était si chère pour accepter le protectorat du Portugal.

Le traité fut signé en 1885.

Mais, avant de pousser plus loin l'histoire du royaume du Dahomey, il importe de remonter à l'origine du royaume voisin de Porto-Novo.

Histoire de Porto-Novo.

La ville de Porto-Novo, capitale du petit État nègre du même nom, s'appelait Ajaché au xviie siècle, mais on l'appelait aussi Grand-Ardres, pour la distinguer d'Allada ou Petit-Ardres, qui n'eut, du reste, jamais son importance.

Les rois d'Ardres habitaient à Allada, mais après l'annexion de leur royaume à celui des Fons, en 1724, les membres de la famille régnante ne furent plus que les princes-gouverneurs d'Allada.

Entourés de gens dévoués au Dahomey et constamment surveillés, les princes d'Allada durent renoncer à toute tentative de rébellion envers leurs suzerains et ne purent jamais recouvrer leur indépendance.

De même, les rois de Porto-Novo, quoique chefs souverains de ce royaume, restèrent, à cause de leur origine commune et de leur parenté avec les monarques dahoméens, subordonnés à eux par une sorte de lien de vassalité.

Aussi l'histoire du royaume de Porto-Novo est-elle confondue avec celle du Dahomey jusque vers 1840, époque à laquelle le pays chercha à s'affranchir du joug dahoméen.

N'étant pas assez forts pour se révolter ouvertement, les princes d'Allada devaient chercher un appui solide parmi leurs voisins pour arriver à l'indépendance, mais ce moyen ne leur souriait que médiocrement, car ils risquaient fort de ne changer que de maîtres, dans le cas où les Dahoméens auraient été défaits, par des voisins puissants, comme les Yoroubas, par exemple.

Le seul moyen qui leur parut pratique fut donc de demander le protectorat d'une puissance européenne.

De cette façon, ils assuraient l'indépendance de leur pays

vis-à-vis des peuplades indigènes voisines, et ils avaient tout bénéfice à commercer avec les blancs.

Mais ils restaient indécis sur le choix de la puissance à laquelle ils se confieraient.

Comme les Portugais ambitionnaient fortement alors le protectorat du Dahomey, Porto-Novo serait retombé sous l'autorité des rois d'Abomey, en cas de réussite.

Il ne restait donc à choisir qu'entre la France et l'Angleterre, les seules nations connues sur la côte.

Mais l'opinion des différents rois de Porto-Novo était très partagée à ce sujet.

En 1843, le roi Méji, séduit par les propositions alléchantes de l'Angleterre, demande son protectorat, mais il meurt en 1846, avant que rien n'ait pu être conclu.

Son successeur Sodji (1846-1864) est, au contraire, hostile aux Anglais et sollicite à plusieurs reprises le protectorat de la France. Mais notre gouvernement ne fit pas grand cas des désirs de ce prince et Sodji attendit longtemps une réponse à ses demandes.

En 1861, les Anglais, après avoir acheté au roi Docimo la ville de Lagos, à l'embouchure de l'Ogoun, essayèrent de s'emparer de la même façon de Porto-Novo, mais, furieux de la résistance que faisait Sodji à leurs propositions, ils bombardent sa capitale le 23 avril 1861.

Pour se prémunir dans l'avenir contre les Anglais, Sodji fait un nouvel appel à la France qui consent enfin à lui accorder son protectorat (février 1863).

C'est M. Brossard de Corbigny, capitaine de vaisseau, qui régla la question en mai 1864. Les Anglais cessent immédiatement leur politique d'annexion et tout rentre dans l'ordre.

Mais le successeur de Sodji, le roi Mecpon (1864-1872) est favorable aux Anglais, et, à force de protester contre nous et de réclamer son indépendance, il finit par obtenir du gouvernement français l'annulation de son protectorat.

Après bien des ennuis et des tracasseries, l'amiral Laffont de Ladébat reçoit l'ordre d'abandonner Porto-Novo le 23 décembre 1864 ; la France [ne voyait pas encore dans l'avenir de gros avantages à posséder ce point.

En 1865 et 1867, les Anglais poursuivent leurs tentatives sur Porto-Novo, où ils cherchent à s'imposer par la peur ou par tout autre moyen. Cette fois ce n'est plus le roi, mais la population entière qui s'oppose énergiquement à leur venue. Ce n'est qu'en 1868 qu'ils cessent enfin d'inquiéter Porto-Novo.

Le roi Mésé (1872-1875) succède à Mecpon.

Il est remplacé en 1875 sur le trône par Toffa Houenon Baba Dassy, dit le Doux, fils de Sodji qui, comme son père, demande à maintes reprises et en vain le protectorat de la France.

Par un décret du Président de la République, rendu le 14 avril 1882, et proclamé à Porto-Novo le 25 juillet 1883, la France établit définitivement son protectorat sur ce royaume nègre.

En 1885, pour donner au roi Toffa quelque prestige, la France accrédite un représentant officiel auprès de lui.

Pendant ces alternatives de protectorat anglais et français, les rois du Dahomey observaient avec calme toutes ces petites tentatives de leurs vassaux de Porto-Novo, qu'ils ne considéraient pas encore comme dangereuses.

Mais, fort de notre protection, Toffa cherche querelle sur querelle à son cousin Glé-Glé, le roi d'Abomey.

Celui-ci, sous prétexte que le roi de Porto-Novo négligeait de lui payer les redevances en bétail, récoltes, esclaves et produits du pays qu'il lui devait annuellement, ordonne, en imitation de ses prédécesseurs, de fréquentes incursions sur le territoire porto-novien.

De 1850 à 1889, quatorze expéditions furent ainsi dirigées contre le royaume de Porto-Novo; soixante villes ou villages

Ago-li-Agbo   Toffa   Gi-Gla
Roi d'Abomey.   Roi de Porto-Novo.   Roi d'Allada.

furent incendiés et pillés; environ 2.700 habitants moururent en combattant et 7.300 furent emmenés en captivité et réduits en esclavage.

Ces attaques répétées contre notre protégé furent, en grande partie, cause de notre intervention armée, ainsi que nous le verrons plus loin.

Historique des autres États composant le Dahomey.

L'historique des autres petits États ou royaumes composant le Dahomey actuel est peu connu et ne mérite pas de mention particulière, sauf cependant pour la petite république d'Agoué (Ajigo, en langue du pays).

La fondation d'Agoué remonte seulement à l'année 1821.

A cette époque, un certain Comlagan, chef de Petit-Popo, fut chassé de son pays par les habitants révoltés ; il vint s'établir avec ses partisans sur la langue de terre qui sépare la mer de la lagune, à l'endroit où se trouve Agoué, et fonda un petit État qui a soutenu plusieurs fois son indépendance les armes à la main.

Les divers cabécères qui se sont succédé dans le gouvernement d'Agoué, sont, après Comlagan, son fils Catraé, puis Agounou, cousin de Comlagan.

Sous le règne de Toyi (1835-1844) l'événement le plus notable est l'arrivée, en 1835, d'esclaves libérés venus du Brésil avec des habitudes chrétiennes.

D'autres vinrent encore plus tard.

Kodjo-Dahoménou succède au précédent de 1844 à 1846.

Après lui, vinrent :

Hauto-Tona (1846-1858) ;

Coumin-Aguidi (1858-1873 ; et
Atahounlé.

Le règne de Coumin-Aguidi, le cabécère d'Agoué, est le plus mémorable.

L'avènement de ce chef froissa l'amour-propre de Pédro-Codjo, nègre influent qui avait acquis une assez belle fortune au Brésil.

Très ambitieux, il comptait régner à Agoué, mais, lorsqu'il se vit déçu dans ses espérances, il s'enferma chez lui et ouvrit le feu sur la ville dans le but de détrôner le cabécère élu.

Il ne put réussir dans son audacieux projet et se réfugia à Petit-Popo, d'où il dirigea contre Agoué des attaques multipliées à l'aide de bandes mercenaires.

Agoué résista avec avantage derrière ses remparts de cactus. Une fois elle fut brûlée, mais elle se releva aussitôt et ne quitta pas la défensive.

Grâce à la généreuse intervention de M. Borghéro, premier supérieur et fondateur de la mission catholique à la Côte des Esclaves, les hostilités entre les deux pays prirent fin en février 1863. Elles ne se renouvelèrent pas depuis.

La population d'Agoué fut décimée en 1873 par la variole ; sur 6.000 habitants, 1.500 furent victimes du fléau.

Déjà en janvier 1852, la ville fut éprouvée par le feu. Toutes les cases furent détruites moins trois. On a conservé à ce désastre le nom d'incendie de Marcellina, nom d'une femme chez qui le sinistre s'est déclaré.

Le port d'Agoué est un des meilleurs mouillages de la côte ; le commerce et l'agriculture sont les sources de la richesse du pays.

Agoué est le siège d'une mission catholique qui y possède une belle église.

La population se compose, en grande partie de Nagos, de

Malais ou Musulmans et de Mahis, débris d'une peuplade vaincue par les Dahoméens et dont les survivants vinrent chercher asile à Agoué. Leurs fétiches et leurs féticheurs y ont depuis droit de cité.

Ces diverses races occupent des quartiers spéciaux.

Sous l'autorité d'un chef qui se donne le titre de roi, Agoué est une véritable république, où chacun a sa part d'influence dans les affaires.

Les délibérations importantes d'intérêt général ont lieu sur la place publique, devant l'assemblée du peuple (abbé Pierre Bouche).

Relations du Dahomey avec la France et les puissances européennes.

Les relations de commerce des Européens avec les peuples du Bénin remontent à une époque assez reculée.

Dès le xive siècle, les Dieppois, les Gênois et les Portugais naviguèrent dans les parages de la Côte des Esclaves et y installèrent des factoreries.

En 1670, d'Elbée, commissaire de la marine française, vint rendre visite au roi d'Ardres : c'était à l'époque où les Dahoméens ou Fons avaient déjà commencé la conquête du pays. Néanmoins le roi d'Ardres fit à l'envoyé du roi de France une brillante réception, et, à son retour en Europe, d'Elbée est accompagné par un ambassadeur, Mattéo Lopez, cabécère, qui fut reçu à Versailles, le 16 décembre 1670, en audience solennelle.

Notre commerce était alors représenté par la Compagnie des Indes occidentales, qui avait été créée par un édit de Louis XIII, du 31 octobre 1626. Elle dura jusqu'à la fin du xviiie siècle, fut remplacée par la Compagnie du Sénégal et, plus tard, par les maisons Régis et Fabre, de Marseille.

Au nom du roi son maître, Matteo Lopez promit à la Compagnie des Indes aide et protection pour les Français, auxquels il assurait dans son pays la prééminence commerciale.

En principe, les Français s'établirent à Savi, mais dans la suite, pour être à proximité de la mer, ils occupèrent et bâtirent un fort à Whydah (Gléhoué).

Les Anglais et les Portugais ne vinrent que longtemps après eux sur la côte et chaque puissance y éleva également un fort.

Les trois forts étaient situés très près l'un de l'autre, à trois milles du rivage et entre deux lagunes et l'intérieur du pays.

Ces forts étaient destinés à protéger les Européens et leur commerce contre les tentatives de pillage des noirs.

Autour d'eux vinrent bientôt s'établir des indigènes attirés surtout par le trafic des esclaves que l'on échangeait contre des marchandises d'Europe.

Il en résulta que chaque fort devint le centre d'un quartier distinct appelé Salam ; les noirs qui les habitent encore aujourd'hui descendent en grande partie des anciens esclaves de chaque comptoir respectif.

Les fondations du fort français de Whydah furent jetées en 1671 par le commissaire d'Elbée sur l'ordre de Colbert ; il fut baptisé *fort royal Saint-Louis de Grégoy.*

Il se composait de quatre bastions reliés par des courtines sans chemin couvert; un ouvrage en demi-lune protégeait la porte devant laquelle était jeté un pont-levis. Un fossé profond entourait le tout. L'armement du fort était d'une quarantaine de canons; sa garnison de vingt soldats européens et d'une trentaine d'esclaves bambaras exercés au maniement des armes.

Quatre corps de bâtiments construits en briques formaient à l'intérieur une grande place d'armes carrée et comprenaient les logements pour les officiers de la Compagnie des Indes et la garnison, les magasins à esclaves et à marchandises. Au centre de la cour intérieure se dressait une chapelle surmontée d'un beffroi avec sa cloche.

Le directeur du fort français tenait le premier rang dans les cérémonies officielles et marchait avant ses collègues anglais et portugais.

Le gouvernement français entretint des troupes jusqu'en 1797 dans le fort, époque à laquelle il fut évacué pour des raisons d'économie. Sa garnison était alors de 207 noirs, sans compter ceux du Salam.

Mais le drapeau français ne cessa jamais d'y flotter, et sa garde en fut confiée à quelques indigènes dont l'un d'eux prit le titre de *commandant du fort français*. Ce titre fut transmis à ses descendants qui le conservèrent jusqu'en 1841, et qui toujours prirent leur rôle au sérieux.

A partir de cette date, et pour mieux consacrer ses droits, la France prit le soin de confier les fonctions consulaires à l'un de ses commerçants résidant à Whydah.

Le gros trafic était alors représenté sur la côte par la maison Victor Régis, de Marseille; plus tard, la maison Cyprien Fabre vint également s'établir au Dahomey.

Ces deux maisons créèrent l'industrie des huiles de palme.

Leurs agents de commerce remplirent successivement les fonctions d'agent consulaire de France ; aussi devaient-ils jouer plus tard un rôle important dans les événements qui ont amené la conquête du pays.

En 1842, le fort français de Whydah fut cédé à la maison Régis pour son commerce, à la condition qu'elle l'entretiendrait et qu'elle le rendrait à l'État s'il en avait besoin un jour. Le dernier de ses commandants indigènes, Titi, fut par suite relégué au rôle de gardien.

Ce fort conserve encore l'aspect qu'il avait autrefois.

Le fort anglais fut vendu à une maison allemande qui s'empressa de combler les fossés, de détruire les bastions et d'approprier ses diverses constructions à son commerce.

C'est aujourd'hui la factorerie Goedelt, de Hambourg.

Du fort portugais il n'en reste plus que des traces.

Les négociants français de la côte entretinrent toujours les meilleurs rapports avec les rois d'Abomey.

C'est grâce à l'entremise de M. Lartigues, agent de la maison Régis, qui était l'ami intime du roi, que la consécration de nos droits sur le territoire de Whydah fut solennellement reconnue le 1ᵉʳ juillet 1851, par le traité d'amitié et de commerce suivant, conclu entre la France et le Dahomey.

CONVENTION ENTRE LE PRÉSIDENT DE LA RÉPUBLIQUE FRANÇAISE ET LE ROI DE DAHOMEY (1ᵉʳ juillet 1851).

Entre M. *Bouet*, lieutenant de vaisseau, envoyé du gouvernement français près le roi de Dahomey, agissant au nom du Président de la République française, d'une part ;

Et Ghézo, roi du Dahomey, d'autre part,

Il a été convenu ce qui suit :

Sa Majesté, le roi de Dahomey, voulant resserrer les liens d'amitié qui unissent depuis des siècles sa nation à la nation française, a conclu le traité qui suit avec l'officier chargé des pleins pouvoirs de M. le Président de la République française.

Art. 1er. — Moyennant les droits et coutumes usités jusqu'à ce jour et stipulés dans l'article ci-après, le roi de Dahomey assure toute protection et liberté de commerce aux Français qui viendront s'établir dans son royaume; les Français, de leur côté, se conformeront aux usages établis dans le pays.

Art. 2. — Tout navire débarquant une cargaison entière payera comme droit d'ancrage, savoir :

Quarante piastres de cauris blancs;
Vingt-huit pièces de marchandises;
Cinq fusils;
Cinq barils de poudre;
Soixante gallons d'eau-de-vie;

S'il ne décharge que moitié, il ne payera que moitié; s'il ne décharge rien, il ne payera rien, même en prenant à terre un chargement complet de marchandises du pays.

Art. 3. — Si une autre nation obtenait, par un traité particulier, une diminution de droits quelconque, le roi accorderait sur le champ les mêmes faveurs aux Français.

Art. 4. — Désirant prouver au gouvernement français toute sa bonne volonté pour ouvrir aux négociants étrangers de nouvelles branches de commerce, le roi promet sa protection toute particulière au trafic de l'huile de palme, des arachides et autres produits des contrées placées sous ses ordres.

Art. 5. — En cas de naufrage d'un navire français sur les côtes du Dahomey, le roi fera porter tous les soins possibles au sauvetage des hommes, du navire et de la cargaison; une indemnité conforme aux usages du pays sera payée aux sauveteurs.

Art. 6. — Les gens dits du Salam français de Whydah, prétendant avoir seuls droit aux travaux des factoreries françaises, leurs salaires seront fixés par une convention spéciale, quelle que soit la nature de ces travaux; par réciprocité, le roi fera punir sévèrement tout homme du Salam qui refuserait de travailler sans prétexte valable.

Art. 7. — Le roi s'engage à réprimer avec sévérité la fraude de l'huile de palme, laquelle fraude peut porter un préjudice notable à cette industrie naissante.

Art. 8. — Il ne sera plus permis à des agents subalternes, tels que les *déciméros*[1] d'arrêter la traite de l'huile de palme, comme ils l'ont fait parfois sous le moindre prétexte. Le roi jugera seul si elle doit l'être, ou au moins le gouverneur ou yavoghan de Whydah, et, conformément aux anciens usages, les traitants seront prévenus des motifs de cette défense.

Art. 9. — Pour conserver l'intégrité du territoire appartenant au fort français, tous les murs ou bâtiments construits en dedans de la distance réservée (13 brasses à partir du revers extérieur des fossés d'enceinte) seront abattus immédiatement et il sera fait défense par le roi d'en construire de nouveaux.

Art. 10 — Le roi prend l'engagement de donner toute sa protection aux missionnaires français qui viendraient s'établir dans ses États, de leur laisser l'entière liberté de leur culte et de favoriser leurs efforts pour l'instruction de ses sujets.

M. le Président de la République française, voulant reconnaître de son côté les bons offices et la protection accordée aux Français par Sa Majesté le roi de Dahomey, saisira toutes les occasions de lui en prouver sa satisfaction en lui adressant le plus souvent possible des officiers investis de sa confiance.

Fait double à Abomey, le 1er juillet 1851.

Pour le Président :
L'officier français en mission,
Signé : A. BOUET.

(S. M. le roi de Dahomey ne sachant pas signer a fait une croix).

Jusqu'en 1861, aucun incident ne survint au Dahomey. A cette époque, l'île de Lagos venait d'être cédée à l'Angleterre qui la convoitait depuis longtemps. Mais, non contents de cette cession, les Anglais cherchent encore à acheter Porto-Novo au roi Soudji. Ce dernier répond à leurs propositions en élevant des prétentions sur Badagry.

---

1. Douaniers indigènes chargés de percevoir un droit du dixième sur la valeur des marchandises achetées.

Aussitôt des navires de guerre anglais viennent s'embosser à hauteur de Porto-Novo et bombardent la ville le 23 avril 1861, ainsi qu'il est dit plus haut.

Soudji effrayé, réclame la protection de la France qui lui fut accordée en février 1863, et, le 7 mai de l'année suivante

(*Phot. de M. l'Administrateur Beurdeley.*)

Gi-Gla, roi d'Allada.

le *Dialmath*, entrant en lagune, allait mouiller en face du terrain concédé par le roi pour l'installation du protectorat.

Notre protection s'étendait sur un territoire de 45 kilomètres environ de superficie, limité à l'est par les établissements anglais de Lagos ; à l'ouest, par le royaume du Dahomey, et, au nord, par plusieurs petits États plus ou moins indépendants de cette dernière contrée.

Mais les commerçants anglais de Lagos, voyant que, par le fait de notre occupation de Porto-Novo, une partie du commerce de la région allait leur échapper, se plaignirent si vivement que le commandant de la division navale britannique, sans s'inquiéter des traités déjà conclus, vint bloquer la ville et la menaça d'un second bombardement.

Il voulait ainsi empêcher les communications avec Kotonou, et obliger le commerce français à passer par Lagos..

Nous avions alors heureusement, à Porto-Novo, un agent consulaire fort énergique, M. Béraud, dont les protestations troublèrent le commodore anglais. Ses bâtiments se retirèrent, et des indemnités furent accordées à divers négociants français qui avaient été lésés.

Napoléon III, voulant sans doute se concilier le cabinet de Saint-James, céda à la colonie de Lagos la bande littorale qui s'étendait de la rivière Addo à la lagune de Corodou.

Mais, en décembre 1864, laissé sans organisation, sans ressources, notre protectorat de Porto-Novo cessa bientôt de fonctionner, et le contre-amiral Laffont de Ladébat crut alors devoir faire évacuer le pays.

Quelques mois auparavant, en 1864, le roi du Dahomey nous avait cédé, en échange de la protection que nous lui accordions, le village de Kotonou, avec une bande de plage de 6 kilomètres de profondeur. C'était le seul point pouvant servir de port à nos établissements de Porto-Novo.

Mais cette cession avait été faite verbalement, au cours d'une visite que firent à Abomey le capitaine de vaisseau Devaux, chef d'état-major du contre-amiral Laffont de Ladébat, et M. Daumas, vice-consul de France à Porto-Novo. Il était important de la ratifier par un traité écrit régulier.

Il fut passé à Whydah, le 19 mai 1868.

En voici la teneur :

TRAITÉ DU 19 MAI 1868

Cession à la France du territoire de Kotonou.

L'an mil huit cent soixante-huit, le dix-neuf du mois de mai, les soussignés Jean-Baptiste Bonnaud, agent vice-consul de France au Dahomey et à Porto-Novo, assisté de Pierre Delay, négociant français à Whydah, et de Daba, yavoghan-gouverneur de Whydah, agissant au nom et par les ordres du roi de Dahomey, assisté de Chautadon, grand cabécère de Whydah, en présence de tous leurs moces[1], des envoyés ordinaires et extraordinaires du roi de Dahomey et des moces des grands cabécères du royaume absents de Whydah, se sont réunis dans la maison du Yavoghan, siège du gouvernement du roi de Dahomey à Whydah, à l'effet de convenir de ce qui suit :

Le Yavoghan ayant pris la parole s'est exprimé ainsi :

« Le roi de Dahomey, dans son désir de donner une preuve d'amitié à S. M. l'empereur des Français, et reconnaître les relations amicales qui ont existé de tout temps entre la France et le Dahomey, avait, vers la fin de l'année 1864, fait cession à la France de la plage de Kotonou. Le 9 mars dernier, il a envoyé à Whydah un messager spécial nommé Kokopé, porteur de son bâton royal, à l'effet de renouveler cette cession entre les mains du vice-consul de France, avec toute la solennité en usage dans le Dahomey.

« Dans ces circonstances, il a été jugé nécessaire tant par le roi de Dahomey que par le vice-consul de France, qu'un acte écrit constatât la confirmation de la cession faite antérieurement par le roi de Dahomey de la plage de Kotonou et l'acceptation par la France de cette cession.

« L'agent vice-consul a répondu au nom du gouvernement de l'Empereur, en exprimant toute sa gratitude au roi de Dahomey pour cette nouvelle preuve d'amitié.

« Il a ajouté qu'il acceptait cette cession dans la pensée qu'elle favoriserait l'extension des relations commerciales existant entre les deux pays et serait ainsi profitable à tous les deux ; mais que et quel que fût le désir du roi de Dahomey de voir Kotonou occupé militairement par la France, le gouvernement de l'Empereur n'avait

---

1. Domestiques de confiance.

pas cru devoir, jusqu'à présent, réaliser cette occupation et qu'il ne la réaliserait qu'autant que cela conviendrait à ses intérêts ; que, jusqu'à ce moment, rien ne devait être changé à l'état de choses actuel, en ce qui concerne les indigènes du pays et la perception des droits de douane.

Le yavoghan, les grands cabécères, les envoyés du roi de Dahomey et les moces présents de tous les grands cabécères du royaume, ayant manifesté leur adhésion aux paroles prononcées par M. l'Agent vice-consul, les articles suivants ont été rédigés d'un commun accord entre toutes les parties contractantes.

Art. 1. — Le roi de Dahomey, en confirmation de la cession faite antérieurement, déclare céder gratuitement à S. M. l'Empereur des Français le territoire de Kotonou avec tous les droits qui lui appartiennent sur ce territoire, sans aucune exception ni réserve et suivant les limites qui vont être déterminées :

Au sud, par la mer ; à l'est, par la limite naturelle des deux royaumes de Dahomey et de Porto-Novo ; à l'ouest, à une distance de 6 kilomètres de la factorerie Régis aîné, sise à Kotonou, sur le bord de la mer ; au nord, à une distance de 6 kilomètres de la mer, mesurés perpendiculairement à la direction du rivage.

Art. 2. — Les autorités établies par le roi de Dahomey à Kotonou continueront d'administrer le territoire actuellement cédé, jusqu'à ce que la France en ait pris effectivement possession.

Rien ne sera changé à l'état des choses existant actuellement ; les impôts et les droits de douane continueront comme par le passé à être perçus au profit du roi de Dahomey.

Art. 3. — Le présent traité sera soumis à l'approbation du gouvernement de S. M. l'empereur des Français, mais la cession du territoire de Kotonou est considérée d'ores et déjà comme définitive et irrévocable, sauf la non ratification du présent traité par l'Empereur des Français.

Fait et signé par les parties contractantes à Whydah, les jour, mois et an que dessus.

Ont signé : BONNAUD, agent consulaire
de France à Whydah.

DABA, yévoghan.

Pendant que nous traitions avec le Dahomey, notre influence s'étendait aussi sur divers comptoirs de la Côte des Esclaves; c'est ainsi que nous acquérions successivement Grand-Popo (Pla) que les Minas nous vendent en 1857; Petit-Popo en 1864; Agoué (Ajigo) et Porto-Seguro en 1868.

Mais de ces possessions nous ne conservâmes que Grand-Popo et Agoué, sur lesquelles la France affirma officiellement son protectorat le 19 juillet 1883.

Petit-Popo et Porto-Seguro furent, le 24 décembre suivant, cédées à l'Allemagne, en échange de quelques points du littoral sur les Rivières du Sud.

A la suite du conflit survenu entre le Dahomey et l'Angleterre (voir : règne de Glé-Glé) et qui avait provoqué une intervention de notre part, M. Paul Serval, capitaine de frégate, et chef d'état-major de l'amiral commandant en chef de la division navale de l'Atlantique sud, reçut mission de négocier un nouveau traité avec le Dahomey. Par suite des grands sacrifices que les négociants français s'étaient imposés pour tirer le roi de sa fâcheuse situation, Glé-Glé accueillit favorablement la demande de la France et consentit à une nouvelle convention aux termes de laquelle il renonçait aux droits de douane sur Kotonou.

Ce fut le traité du 19 avril 1878.

TRAITÉ PASSÉ ENTRE LA FRANCE ET LE DAHOMEY

Cession de Kotonou.

Au nom de la République française,

Entre le capitaine de frégate Paul Serval, chef d'état-major du contre-amiral Allemand, commandant en chef de la division navale de l'Atlantique sud, au nom du Président de la République française, d'une part;

Et le yavoghan de Whydah et le cabécère Chautadon, au nom de

Sa Majesté Glé-Glé, roi de Dahomey, lequel a préalablement pris connaissance du projet de traité et lui a donné son approbation, d'autre part,

Il a été convenu ce qui suit :

Art. 1. — La paix et l'amitié qui règnent et n'ont cessé de régner entre la France et le Dahomey, depuis le traité de 1868, sont confirmées par la présente convention, qui a pour objet d'élargir les bases de l'accord entre les deux pays.

Art. 2. — Les sujets français auront plein droit de s'établir dans tous les ports et villes faisant partie des possessions de S. M. Glé-Glé, et d'y commercer librement, d'y occuper et posséder des propriétés, maisons et magasins pour l'exercice de leur industrie ; ils jouiront de la plus entière et de la plus complète sécurité de la part du roi du Dahomey, de ses agents et de son peuple.

Art. 3. — Les sujets français, résidant ou commerçant dans le Dahomey, recevront une protection spéciale pour l'exercice plein et entier de leurs diverses occupations, de la part de tous les sujets de S. M. Glé-Glé et des étrangers résidant au Dahomey.

Il leur sera permis d'arborer sur leurs maisons et factoreries le drapeau du Dahomey seul ou associé au pavillon français, et le roi Glé-Glé s'engage à faire connaître à ses sujets et à tous les étrangers qui habitent ses domaines, qu'ils aient à respecter les personnes et les propriétés des Français, sous peine d'un sévère châtiment.

Art. 4. — Les sujets français jouiront, pour l'admission et la circulation des marchandises et produits introduits par eux et par leurs soins au Dahomey, du traitement de la nation la plus favorisée.

Art. 5. — Aucun sujet français ne pourra désormais être tenu d'assister à aucune coutume du royaume de Dahomey où seraient faits des sacrifices humains.

Art. 6. — Toutes les servitudes imposées aux Français résidant au Dahomey, et particulièrement aux habitants de Whydah, sont et demeurent supprimées.

Art. 7. — En confirmation de la cession faite antérieurement, S. M. le roi Glé-Glé abandonne en toute souveraineté à la France le territoire de Kotonou avec tous les droits qui lui appartiennent, sans aucune exception ni réserve et suivant les limites déterminées :

Au sud, par la mer ;

A l'est, par la limite actuelle des deux royaumes de Porto-Novo et de Dahomey ;

A l'ouest, à une distance de 6 kilomètres de la factorerie Régis aîné, sise à Kotonou sur le bord de la mer ;

Au nord, à une distance de 6 kilomètres de la mer, mesurée perpendiculairement à la direction du rivage.

Fait à Whydah, en double expédition, le 19 avril 1878.

Signé : P. SERVAL.

Suivent les marques du yévoghan de Whydah et du cabécère Chautadon et les signatures des témoins :

> B. COLONNA DE LECCA, agent en chef de Régis aîné et Cie
> FRANCISCO F. SOUZA (chacha),
> G. FERRAT, lieutenant de vaisseau, commandant le *Bruat*.

Pendant une dizaine d'années, aucun incident ne trouble le pays et aucune difficulté ne surgit quant à l'application des clauses de ce document.

C'est sans opposition, qu'en septembre 1885, on mettait une petite garnison à Kotonou, en même temps que l'on installait quelques miliciens à Porto-Novo, pour protéger notre résident, M. le colonel d'infanterie de marine Disnematin-Dorat, ainsi que nos nationaux.

Cette prise de possession des pays soumis à notre protectorat était la conséquence de l'acte général de Berlin du 26 février 1885 qui, dans son article 35, stipulait l'occupation effective des établissements de la côte d'Afrique.

Nos droits sur la Côte des Esclaves ne furent contestés qu'en 1865 par les Anglais à Porto-Novo et en 1885 par les Portugais.

Chef de village de la banlieue de Porto-Novo.

Après que Glé-Glé eut accepté le protectorat du Portugal, le pavillon de cette nation fut hissé sur les points principaux du littoral, Whydah, Godomé et Kotonou. La garnison du fort portugais de Whydah fut renforcée, et, comme son premier prédécesseur, le chacha en fut nommé lieutenant-colonel gouverneur.

Mais le 10 septembre 1885, M. Roget, lieutenant d'infanterie de marine, notre résident à Porto-Novo, proteste énergiquement contre le déploiement du pavillon portugais à Kotonou, en invoquant la teneur des traités de 1868 et 1878.

Pour sa justification, le Portugal prétexte n'avoir pas connaissance de ces traités et que le territoire de Kotonou se trouvait bien compris sur sa convention avec le Dahomey. Mais l'affaire s'arrangea vite, les Portugais se retirèrent et le pavillon français fut hissé pour la première fois à Kotonou le 14 septembre 1885, car nous avions négligé de le faire après la signature du premier traité.

A partir de ce moment, toutes les nations s'accordèrent à reconnaître notre suzeraineté sur toute la côte, entre Lagos et les établissements allemands du Togo.

Mais la convention que le roi de Dahomey avait signée avec le Portugal devait donner lieu à bien des désaccords. Ce traité, extorqué au roi par le chacha qui trompa adroitement en cette circonstance les deux parties contractantes, donnait aux Portugais des droits importants sur le Dahomey ; il leur accordait l'administration des villes du littoral et une foule de concessions au désavantage de Glé-Glé.

Les fonctions d'interprète officiel du chacha ainsi que d'intermédiaire pour la signature du traité, lui permirent de tromper les uns sur le compte des autres. Il sut persuader aux Portugais que le roi consentait aux moindres détails contenus dans le traité, et il fit croire à Glé-Glé que le pavillon portugais arboré sur la côte n'était qu'un insigne de commerce.

Il espérait bien avoir le temps de mettre sa personne et ses biens à l'abri du danger, avant que les Portugais réclamassent l'exécution des clauses épineuses de leur traité. Le traité fut donc conclu et le chacha toucha, pour son habile intervention, une forte commission.

Tout alla bien entre le Dahomey et le Portugal jusqu'en 1887, époque à laquelle le gouverneur général de San-Thomé vint solliciter une entrevue avec le roi afin de régler avec lui des points importants du traité. Mais Glé-Glé ne daigna pas le recevoir et le fit attendre près de trois mois à Whydah.

Pour excuser son maître, Julian da Souza prétextait toujours que le roi était malade ou à la guerre, chaque fois que le gouverneur de San-Thomé demandait une audience.

De son côté, Glé-Glé crut ce que le chacha voulait bien lui raconter au sujet de la visite inattendue du gouverneur portugais.

Ce fonctionnaire partit fort mécontent, et alla rendre compte à Lisbonne de l'accueil qu'il avait reçu au Dahomey.

En mars 1887, une mission portugaise vint demander à Abomey des explications au roi sur sa conduite.

Retenu à Whydah par ordre du roi, le chacha ne put l'accompagner et c'est ainsi que sa duperie fut découverte.

Le roi, qui avait ses projets, ajourna sa réponse au Portugal, et congédia la mission qui s'éloigna assez satisfaite de son entrevue. Glé-Glé méditait une punition sévère pour son conseiller, qu'après un assez long intervalle et pour un motif futile il fit demander à Abomey, comme cela lui arrivait fréquemment.

Croyant avoir endormi la méfiance du roi, le chacha partit très confiant, en grande pompe, mais il ne reparut plus jamais à Whydah et personne ne sut jamais ce qu'il devint, même les Portugais qui le réclamèrent au titre de lieutenant-colonel honoraire de leur infanterie de marine. On suppose qu'il mourut empoisonné dans sa prison.

Il en fut de même de tous les membres de sa famille, qui furent peu à peu attirés dans la capitale par de prétendus messages de Julian et qui disparurent également. Tous les biens de cette famille furent confisqués par le roi, leurs amis ou protégés tombèrent en disgrâce, et c'est ainsi que finit le cinquième et dernier des chachas de Whydah.

Dès que le roi se fut vengé, il avisa le gouvernement portugais que son représentant à Whydah l'avait trompé d'une façon indigne, et que jamais il n'avait accepté ni accepterait le protectorat d'aucune nation européenne.

Il reconnaissait bien aux Européens le droit de déployer leur drapeau sur le littoral, en vue de leur commerce, mais si le traité qu'on lui avait fait signer en 1885 contenait autre chose, il le considérait comme nul. Il ajoutait que le chacha avait été sévèrement puni pour avoir osé outrepasser ses droits.

Comprenant un peu tard qu'il avait été joué, et les frais de garnison et de protectorat étant une charge inutile pour la colonie de San-Thomé, le cabinet de Lisbonne notifia à la fin de la même année (1887) aux puissances européennes, que le Portugal retirait son protectorat des côtes du Dahomey.

Après l'Angleterre et le Portugal, ce fut la France qui eut maille à partir avec le roi Glé-Glé.

Sous l'influence de notre protectorat de 1882 qui peu à peu se changea en colonie, Porto-Novo prenait de plus en plus d'importance ; son roi Toffa, très dévoué à notre cause, favorisait de son mieux nos intérêts.

Malheureusement nos résidents manquèrent toujours de moyens ; nos établissements de Porto-Novo et de Kotonou, rattachés depuis le 4 mai 1879 à l'administration du Gabon, confiée elle-même à un capitaine de frégate, furent ensuite réunis le 16 juin 1886 à la colonie du Sénégal, et confondus avec les Rivières du Sud, dont le lieutenant-gouverneur résidait à Gorée, *sous le nom de Sénégal et dépendances.*

Le Sénégal n'aida pas plus Porto-Novo que le Gabon ; le décret du 1er août 1889 sépara nos établissements du Bénin du Sénégal, et ce ne fut guère qu'à partir de cette date que notre petite colonie commença à se développer.

Le 1er janvier 1890, les Rivières du Sud et les établissements de la Côte de Guinée formèrent un groupe de colonies possédant une certaine autonomie et placées sous l'autorité d'un lieutenant-gouverneur.

Plus tard, enfin, le 10 mars 1893, un décret sépara le Dahomey de la Guinée française proprement dite, pour lui donner une autonomie complète.

Entre 1886 et 1889, Porto-Novo eut de fréquentes querelles avec les Anglais qui violaient les traités, pour occuper sur son territoire une foule de points dans le but de ruiner son commerce.

Porto-Novo se trouva peu à peu bloqué par les Anglais qui avaient même l'intention d'y imposer des droits. Quelques coups de feu furent échangés parfois entre nos tirailleurs sénégalais et les haoussas anglais, mais la situation ne se modifia point pendant fort longtemps, malgré les nombreuses protestations de nos résidents aux gouverneurs de Lagos.

L'ordre ne fut définitivement rétabli entre les Anglais et nous que par la convention signée en janvier 1890, et par laquelle nous renoncions à toute tentative sur le territoire voisin d'Abéokouta ; de son côté, l'Angleterre s'engageait à ne pas entraver notre intervention au Dahomey.

Mais, avant cet arrangement avec les Anglais, le royaume de Porto-Novo devait avoir la guerre avec le Dahomey.

Femmes allant à la corvée d'eau.

Les événements de 1890 et les origines de la guerre.

Au début de l'année 1889, il fut question à Porto-Novo d'établir des droits d'importation à Kotonou et en échange de ces droits perçus jusque là par le roi de Dahomey, le gouvernement français songeait à lui servir une rente à titre d'indemnité.

Après des explications non satisfaisantes reçues par le roi de M. Bontemps, agent consulaire de France à Whydah, Glé-Glé fit savoir à M. le baron de Beeckman, alors résident par intérim à Porto-Novo, qu'il s'opposait à l'imposition par la France de droits à Kotonou, qu'il refusait d'accepter quoi que ce fût en échange; il menaçait de fermer les factoreries, d'arrêter le commerce si on ne lui donnait pas satisfaction; finalement, il ne reconnaissait pas la validité du traité de 1878 et nous sommait d'avoir à renoncer, non seulement à l'occupation de Kotonou, mais encore à notre protectorat sur le royaume de Porto-Novo.

Aucune réponse ne fut faite à cette lettre.

Considérant, sans doute, notre silence comme une faiblesse, le roi du Dahomey réitéra ses sommations et ses menaces en mars 1889; puis, pour les appuyer, réunit son armée et marcha sur le Nord du royaume de Porto-Novo dont il détruisit les villages de Dano et d'Ida.

Pressé par les circonstances et surtout par les commerçants affolés à l'idée que l'armée dahoméenne pouvait venir attaquer Porto-Novo, notre résident se décida, le 4 avril, à demander du secours à l'amiral Brown de Colstoun, commandant en chef de la division navale de l'Atlantique. Une compagnie de débarquement fournie par l'*Aréthuse* et le *Sané*, descend à Porto-Novo et la tranquillité fut facilement rétablie.

Les Dahoméens s'étaient repliés sur l'Ouémé peu après leur incursion.

Pendant que leurs bandes dévastaient le Nord du territoire de Porto-Novo, le représentant de Glé-Glé, à Kotonou, mandait à la cour de justice (Gore) les gérants des factoreries et le chef de la station télégraphique. Il les y faisait rester debout, tête nue,

(Phot. de M. l'Adm. Beurdeley.)

Princesse Bodjia
Fille du Roi d'Abomey.

devant la populace menaçante, les sommait de reconnaître l'autorité du roi et de payer les droits de douane comme par le passé, sous peine de voir leurs maisons fermées et d'être chassés du territoire de Kotonou.

De son côté, Glé-Glé faisait fermer les factoreries françaises de Whydah et annonçait à notre administrateur de Porto-Novo que ceux qui avaient signé le traité de 1878 avaient payé de leur tête cet acte de rébellion contre l'autorité royale, mais il n'en était rien.

Au mois de septembre 1889, les religieuses françaises de Whydah furent expulsées par les autorités dahoméennes, et durent se réfugier chez le résident de France à Agoué. Un missionnaire, le Père Dorgère, subit le même sort, tandis qu'un Hollandais qui se trouvait avec notre compatriote, et que les Dahoméens prenaient pour un Allemand, ne fut pas inquiété. Cela démontra bien que c'était à la nationalité et non à la religion des expulsés que l'on en voulait.

Ces religieux purent rentrer à Whydah vers la fin d'octobre.

M. de Beeckman venait d'être remplacé par le docteur Tautain, qui ne réussit pas plus que son prédécesseur à changer le triste état politique de la colonie ; seulement il sut imposer sa volonté à Toffa, qui perdit de sa puissance.

Sur ces entrefaites, Glé-Glé avait écrit une lettre de protestation au Président de la République, en même temps qu'il sollicitait l'intervention du Portugal. Mais cette puissance ne daigna même pas lui répondre.

Enfin en novembre, M. Bayol, lieutenant-gouverneur des Rivières du Sud, fut envoyé en mission à Abomey par M. Étienne, sous-secrétaire d'État des colonies. Il était chargé de demander des explications au roi du Dahomey sur ses actes déloyaux et l'entretenir au sujet de Kotonou. Il se mit en route le 16 novembre, et arriva à Abomey le 21. Son secrétaire, M. Angot, et M. X. Béraud, interprète, l'accompagnaient, ainsi qu'une ambassade envoyée au devant de lui par Glé-Glé.

Les instructions données à M. Bayol étaient toutes pacifiques, et, malgré la gravité des attentats commis par le monarque noir, notre ambassadeur était porteur de nombreux cadeaux pour Glé-Glé. Il espérait que l'appât d'une forte rente déciderait le roi à reconnaître les traités conclus en 1868 et 1878 ; mais il n'en fut rien.

Le roi Glé-Glé et son fils, le prince héritier Kondo, ne consentirent à aucune des propositions du représentant de la France, et, tout en lui rendant beaucoup d'honneurs ainsi qu'à ses compagnons, ils eurent plutôt l'air de se moquer d'eux. Dans leurs réponses violentes et insolentes, ils demandaient sans cesse la tête du roi Toffa et l'évacuation de Kotonou.

A toutes les propositions de M. Bayol, ils opposèrent un refus catégorique, et nos compatriotes craignirent bien souvent d'être retenus prisonniers par leurs entêtés adversaires.

C'était l'époque des fêtes annuelles qui devaient inaugurer les grandes coutumes du Dahomey.

Sachant combien les cruautés répugnent aux Européens, Glé-Glé força plusieurs fois M. Bayol à assister à des sacrifices humains. Pour nous narguer plus complètement, c'étaient précisément des gens de Porto-Novo, faits prisonniers dans la dernière campagne, que l'on immolait devant lui.

Écœuré de ce spectacle, M. Bayol tomba gravement malade le 6 décembre et resta alité pendant quinze jours.

Comme Glé-Glé était malade aussi à ce moment et, qu'en raison de son âge (75 ans), un dénouement fatal était possible, M. Bayol, dans la crainte que la superstition du peuple ne vienne à accuser les blancs de cette mort et pour éviter que les jours des membres de la mission ne soient en danger, jugea prudent de hâter les négociations qu'il continua avec le prince héritier.

Mais pour pouvoir quitter Abomey, il lui fallait auparavant apposer sa signature au bas des volontés que lui dicterait le roi dans une lettre au Président de la République. Il était dit dans ce document que les chefs de Porto-Novo sont vassaux du Dahomey, que les navires français ne devaient pas circuler dans les eaux de l'Ouémé, que la France était gouvernée par des jeunes gens et qu'elle devait abolir la République. Tout ce qui s'était passé de mal entre les deux pays venait du manque d'un roi sur le trône de France, et que son père engageait fortement les Français à rappeler un descendant de leurs anciens souverains, afin que les deux nations puissent bien vivre d'accord.

M. Bayol apposa sa signature au bas de cette singulière pièce, et, dès le lendemain, il s'empressait de quitter Abomey ; il était temps, car deux jours après, Glé-Glé mourait après trente et un ans de règne (décembre 1889). Les gens indulgents attribuèrent sa mort à l'alcoolisme, mais ceux plus au courant des secrets de la cour d'Abomey prétendirent qu'elle fut le résultat des soins que son fils lui prodiguait. Ce dernier n'a du reste jamais protesté contre cette accusation.

Après une marche rapide, la mission rentrait saine et sauve à Kotonou, le 31 décembre au soir.

Le prince Kondo succéda à son père sur le trône du Dahomey, sous le nom de Gbedâssé (Behanzin) dit *le requin*.

Béhanzin (1889-1893).

Dès son arrivée au pouvoir, Béhanzin se prépara à une action énergique contre nous, en réunissant de nombreux contingents et en faisant maltraiter nos tirailleurs par les autorités de Kotonou.

Il était urgent de prendre une décision immédiate. M. Bayol adressa au sous-secrétaire d'État aux colonies un rapport énergique sur les incidents de sa mission et sur ces nouveaux faits, et, puisqu'il était impossible de conserver nos traités par la persuasion, il proposait au gouvernement de les défendre par la force.

L'expédition fut décidée, mais par suite de l'hostilité marquée du Parlement pour les expéditions coloniales, le ministère n'obtint que le vote d'une somme insuffisante. On ne voulait qu'une petite expédition peu coûteuse, et toute idée d'offensive devait être repoussée de notre part.

On devait se borner à assurer la protection des établissements européens tant sur la côte que dans l'intérieur.

Mais M. Bayol ne pouvant répondre de la sécurité de nos possessions avec les troupes dont il disposait, il lui fut envoyé des renforts du Sénégal. Deux compagnies de tirailleurs sénégalais et quatre canons de 4 de montagne arrivèrent dans le courant de janvier 1890 et commencement de février.

Le chef de bataillon Terrillon fut désigné pour prendre le commandement du corps expéditionnaire, et vint se mettre à la disposition du lieutenant-gouverneur.

Les bâtiments de la flotte devaient appuyer les opérations des troupes de terre, mais en évitant strictement tout débarquement de marins, en raison de leur faible effectif.

On estimait que la campagne ne devait durer qu'un mois au plus et que les frais de l'expédition pourraient être couverts par les revenus des douanes du littoral, ainsi que par la contribution de guerre dont on frapperait le Dahomey.

L'objectif de l'expédition était d'abord l'occupation définitive de Kotonou, puis l'enlèvement de Whydah, Avrékété, Godomey et Abomey-Calavi.

Telles sont les causes de la guerre que nous dûmes entreprendre avec le Dahomey pour le contraindre au respect de nos traités et de nos nationaux ; elle se termina en 1893 par la conquête du pays et la déchéance du roi Béhanzin.

Le chapitre suivant résume les faits militaires de la période de conquête.

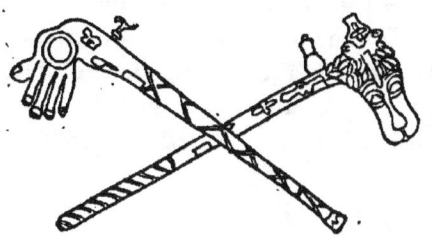

Général DODDS (ALFRED-AMÉDÉE)

INSPECTEUR GÉNÉRAL DE L'INFANTERIE DE MARINE

né à Saint-Louis-du-Sénégal, le 6 février 1842.

Grades et Commandements successifs. — Sorti de Saint-Cyr en 1864 dans l'arme de l'infanterie de marine. — Lieutenant en 1867. — Capitaine en 1869. — Chef de bataillon en 1878. — Lieutenant-colonel en 1883. — Colonel en 1887. — Commandant supérieur des troupes du Sénégal de 1888 à 1891. — Commandant du corps expéditionnaire du Dahomey en 1892-1893-1894. — Général de brigade en 1892. — Commandant en Chef des troupes du Tonkin en 1896-1897. — Commandant de la 2e brigade d'infanterie de marine à Brest en 1898. — Général de Division le 12 août 1899.

Campagnes, Citations et Blessures. — Ile de la Réunion : Blessé et cité à l'ordre du jour lors des troubles de 1869. — Guerre contre l'Allemagne (1870-1871) : Armées du Rhin, de la Loire et de l'Est. — Au Sénégal (1883). — Expédition du Cayor. — Au Tonkin de 1886 à 1887. — Au Sénégal (1891). — Expédition du Fouta-Djallon. — Conquête du Dahomey (1892-1893-1894). — Au Tonkin (1896-1897).

Légion d'honneur. — Chevalier en 1870. — Officier en 1883. — Commandeur en 1891. — Grand-Officier de la Légion d'honneur le 14 décembre 1892.

LE CONQUÉRANT DU DAHOMEY

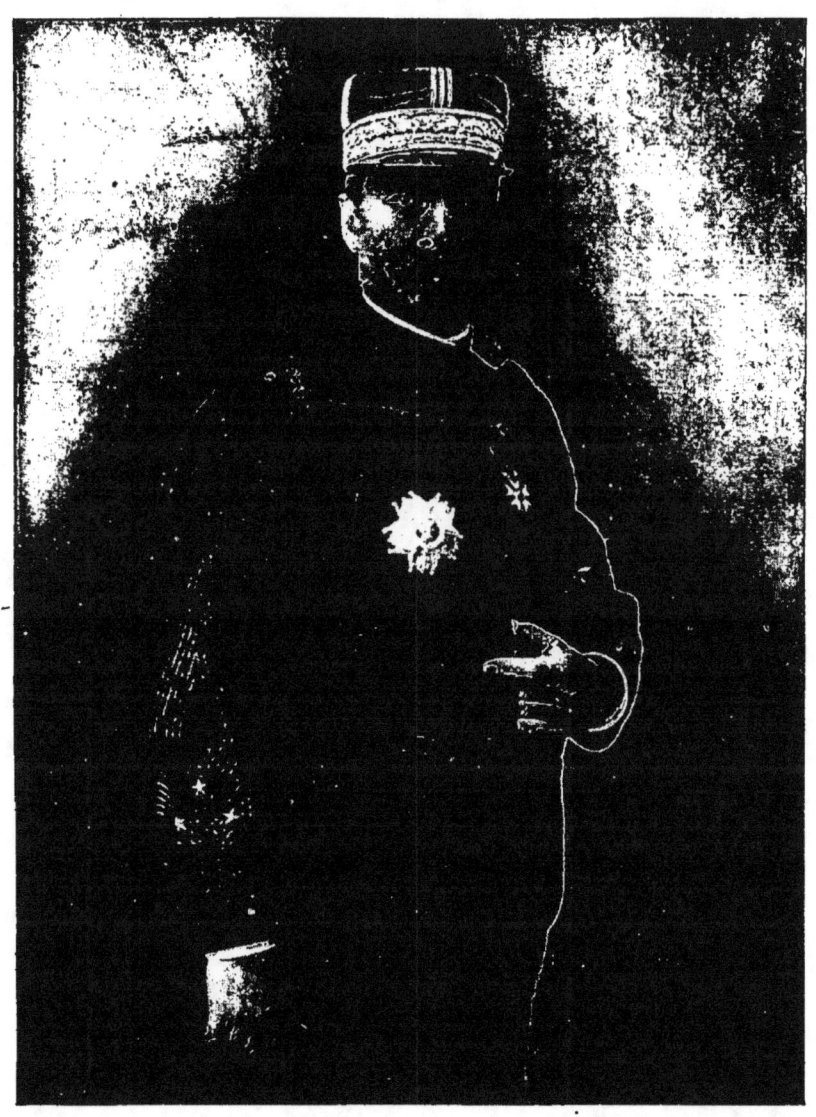

(Phot. Braun, Clément et Cie, Paris.)

M. le Général A. Dodds.

CHAPITRE III

LA CONQUÊTE DU DAHOMEY

SOMMAIRE

L'armée dahoméenne. — 1re expédition du Dahomey (1890). — Arrangement du 3 octobre 1890 (1892). — 2e expédition du Dahomey (1892). — Prise d'Abomey. — 3e expédition du Dahomey (1893 à 1894). — Capture de Béhanzin.

L'armée dahoméenne.

De tous temps le Dahomey a passé pour avoir une organisation militaire remarquable, quand ce n'était en réalité qu'un peuple d'audacieux pillards, habitués au vol et au brigandage. Cette réputation guerrière lui vient surtout des négriers qui étaient enchantés de trouver rapidement, sur les divers points de la côte, les milliers d'esclaves nécessaires à la traite et qu'ils chargeaient à destination de l'Amérique. Ces malheureux provenaient des prisonniers faits annuellement dans les razzia qu'au moment des saisons sèches le roi faisait exécuter régulièrement parmi les populations voisines, paisibles et inoffensives, quoique braves et fortes. Mais dès que les eaux remontaient dans les fleuves, les bandits s'empressaient de regagner leur territoire, protégé naturellement par ces mêmes cours d'eau.

Au Dahomey, l'armée proprement dite se composait des *troupes régulières permanentes* et des *contingents de réserve*, réunis seulement au moment et selon les besoins des expéditions projetées.

Ces troupes étaient recrutées aussi bien chez les femmes que parmi les hommes.

1° ARMÉE RÉGULIÈRE

Dans l'armée régulière qui servait en temps de paix, les hommes portaient le nom de *soflimatas* et les femmes d'*amazones*. Ces corps formaient la garde du roi, et on y incorporait les esclaves du roi, les prisonniers de guerre, les volontaires et les pires sujets de la population du royaume. Aussi possédaient-ils tout ce qu'il fallait pour réussir dans le brigandage.

Les amazones étaient recrutées parmi les filles de la nation, les prisonnières faites à la guerre, les femmes coupables d'adultère ou d'autres crimes. On les habituait au maniement des armes et aux plus fatigants exercices ; elles étaient vouées au célibat sous les peines les plus sévères, et le roi seul pouvait, exceptionnellement, les donner en mariage à ses guerriers les plus méritants.

Leur beauté est loin d'être ce que dit la légende ; avec leur aspect hommasse, ce n'étaient que de noires viragos très féroces et d'une bravoure sans égale. Par l'éducation toute virile qui leur était donnée, elles formaient l'élite de l'armée dahoméenne.

Les soldats obéissaient par petits groupes à des cabécères qui dépendaient eux-mêmes des grands cabécères commandant l'armée ; ils avaient, en outre, en sous-ordre de petits gradés correspondant à nos sous-officiers et caporaux.

Les chefs des amazones étaient choisies parmi les femmes les plus âgées ou les plus vaillantes à la guerre.

Contrairement à ce que l'on pourrait croire, les amazones combattaient à pied, le cheval étant presque inconnu au Dahomey, et elles n'étaient pas obligées de se brûler le sein droit, comme on l'exigeait de leurs sœurs dans l'antiquité.

Les troupes régulières étaient maintenues dans un état d'entraînement continuel, fanatisées qu'elles étaient par le roi et les féticheurs.

Elles restaient toujours groupées autour de la capitale, et leurs chefs les tenaient constamment prêtes à entrer en campagne.

2° ARMÉE DE RÉSERVE

Les contingents de réserve étaient constitués par tous les hommes et femmes valides qui, sur un simple appel du roi, quittaient leurs villages pour prendre les armes.

Le service était obligatoire; tout homme qui pouvait tenir un fusil était soldat, et toute femme de seconde ligne était employée au transport des vivres et des munitions, quand elle ne prenait pas part au combat.

Il ne restait dans les villages déserts que les vieillards exemptés du service militaire par leur âge.

Ces troupes de réserve étaient encadrées dans les troupes régulières qu'elles étaient loin de valoir.

Leur concentration avait entièrement lieu à Abomey, où elles se livraient pendant plusieurs jours à des exercices préparatoires de combat.

En temps de paix, les bandes dahoméennes portaient un semblant d'uniforme; en temps de guerre la levée en masse était vêtue à sa guise. Les guerriers étaient couverts d'amulettes pour se préserver des balles ennemies.

Les amazones avaient pour costume un pantalon bleu court arrivant aux genoux, et une petite jupe qui le couvrait en grande partie. Un morceau d'étoffe bleu ou gris leur couvrait les épaules et la poitrine; il était maintenu à la taille par une cartouchière tenant lieu de ceinture.

La tactique dahoméenne a toujours été basée sur l'instinct du pillage qui domine chez le Dahoméen; elle consiste à s'assurer le succès par surprise et avec le moins de danger possible. Quand la surprise était éventée et qu'il fallait combattre en rase campagne, ces bandes de brigands montraient cependant un courage féroce.

Les guerres avaient lieu sans déclaration préalable. Dès que les rois avaient besoin d'argent ou de prisonniers et que le moment des basses eaux était proche, ils donnaient l'ordre de mobilisation au *Mingan* ou ministre de la guerre qui le transmettait au moyen de messagers dans toutes les parties du royaume. En peu de jours les hordes dahoméennes étaient sur pied; elles tombaient alors à l'improviste sur leurs malheureux voisins, inconscients de l'attaque et du danger; elles razziaient les villes et les villages sans défense, incendiaient les cases en se retirant, emmenaient en esclavage les prisonniers tombés en leur pouvoir, et qui servaient à la traite ou de victimes pour les grandes coutumes d'Abomey.

De retour dans la capitale, le roi distribuait à ses chefs et à ses soldats des cadeaux pris sur le butin pour récompenser leur courage et leur bravoure. Puis, les guerriers se livraient à des pantomimes et à des danses accompagnées de chants pour célébrer leur victoire.

Au moment de notre guerre avec le Dahomey, l'armée avec sa réserve était forte d'environ 12.000 à 15.000 guerriers.

Les hommes formaient 14 régiments d'un effectif de 800 soldats chaque, et les amazones étaient divisées en 3 brigades de 1.000 combattantes chacune.

Chaque brigade comportait des espingolières, des chasseresses d'éléphants armées de couteaux, des coupeuses de têtes munies de gigantesques rasoirs, des archères armées d'arcs et de flèches empoisonnées, mais surtout des mousquetaires munies de fusils à pierre.

Les femmes de la réserve portaient une petite massue destinée à frapper l'ennemi aux jambes pour l'empêcher de fuir; elles étaient, en outre, munies de cordelettes pour garrotter les captifs, et de sacs pour rapporter les têtes coupées sur le champ de bataille et pour lesquelles le roi leur allouait une prime.

Ces régiments possédaient des drapeaux immenses et en grande quantité. Ils étaient ordinairement à fond blanc et portaient en application des armes, des animaux et des sujets macabres; quelques-uns étaient ornés de mâchoires humaines cliquetant au vent.

Les chefs ou cabécères portaient la hache, insigne du commandement.

L'armement de l'infanterie était très varié et parcourait toute la série des armes portatives, depuis le fusil à pierre jusqu'aux systèmes les plus récents et les plus perfectionnés : Snider, Winchester, Chassepot, Spencer, Werndl, Peabody, Malinncher, Martini, etc...

L'artillerie était traînée à la bricole; elle se composait de pièces de différents modèles très modernes.

Le service des ambulances fonctionnait également : seulement au lieu de brancardiers, on traînait les blessés sur le sol, jusqu'à ce qu'ils fussent en sûreté. Inutile de dire que la plupart moururent des suites du voyage fait en des conditions si peu confortables.

On juge par les renseignements qui précèdent que nos adversaires n'étaient pas à mépriser ; ils possédaient des fusils à tir rapide et étaient décidés à combattre jusqu'à la mort, pour laquelle ils témoignaient un profond dédain. Leur nombre était, de plus, supérieur au chiffre des forces françaises envoyées au Bénin.

Une autre difficulté aussi de la campagne, était que nous ignorions complètement la topographie de l'intérieur du pays, en dehors des villes du littoral et des bords de l'Ouémé.

Première expédition du Dahomey (1890).

Composition de la colonne expéditionnaire.

Ainsi qu'il a été dit au chapitre précédent, le *Sané* arrive le 13 février à Kotonou avec 80 tirailleurs gabonais ; l'*Ariège* débarque, le 20, le commandant Terrillon, deux compagnies de tirailleurs sénégalais et un détachement d'artillerie.

A la date de ce jour, l'effectif de la colonne expéditionnaire était donc le suivant :

A KOTONOU

État-major. — MM. Terrillon, chef de bataillon commandant la colonne ; Septans, capitaine d'état-major ; Collombier, lieutenant adjoint ; Dodart, médecin de 2ᵉ classe.

Troupes. — 2ᵉ Cⁱᵉ de tirailleurs sénégalais : Capitaine Lemoine, lieutenant Huillard, sous-lieutenant Tiffon, sous-lieutenant indigène, Suleymann-Diencq. — 9 sous-officiers et 109 soldats.

M. V. Ballot.   Général Dodds.

Officiers de la colonne expéditionnaire.

4ᵉ Cⁱᵉ de tirailleurs sénégalais : Capitaine Pansier, lieutenant Lagaspie, sous-lieutenant Mousset, sous-lieutenant indigène Yoro-Cumba. — 10 sous-officiers et 111 soldats.

Une section de la 10ᵉ Cⁱᵉ de tirailleurs sénégalais : Sous-lieutenant Szymanski. — 1 sous-officier et 24 soldats.

Cⁱᵉ de tirailleurs gabonais : Capitaine Oudard, lieutenant

Compérat, sous-lieutenant Toumané-Aï-Sta. — 6 sous-officiers et 60 soldats.

Un détachement des 25ᵉ et 26ᵉ batteries d'artillerie de marine : 1 sous-officier, 1 artificier et 10 artilleurs.

A PORTO-NOVO

3 sections de la 10ᵉ Cⁱᵉ de tirailleurs sénégalais : capitaine Arnoux, médecin de 2ᵉ classe Roux. — 5 sous-officiers et 121 soldats dont 8 artilleurs et 3 infirmiers.

A AGOUÉ

Un détachement de la 10ᵉ Cⁱᵉ de tirailleurs sénégalais : Un sous-officier et 9 hommes.

A GRAND-POPO

Un détachement de la 10ᵉ Cⁱᵉ de tirailleurs sénégalais : Sous-lieutenant Martineau et 12 hommes.

Soit un effectif total de 19 officiers, 34 sous-officiers et 458 soldats européens et indigènes, répartis en 4 postes.

En rade, croisait le *Sané*, commandé par le capitaine de vaisseau Fournier.

L'armement des différents postes était le suivant :

Porto-Novo. — 4 canons de 4 rayés de montagne, approvisionnés à 65 coups par pièce, et 56.000 cartouches modèle 1874.

Grand-Popo. — 5.000 cartouches modèle 1874.

Agoué. — 4.000 cartouches modèle 1874.

Les troupes furent logées à Porto-Novo, sous les hangars et dans les magasins des factoreries Régis et Fabre. Les vivres et les munitions étaient, au fur et à mesure de leur mise à terre, placés tant bien que mal sous des abris.

On aurait voulu pouvoir tenter une marche sur Whydah, mais en raison du faible effectif des forces, on dut se borner à garder Kotonou.

Résumé des opérations militaires.

21 février. — Combat de Kotonou. — Les agorigans (gens notables) de Kotonou ayant fait des remontrances insolentes sur le débarquement de nos troupes et sur l'inhumation de deux soldats français, sont arrêtés et envoyés à Porto-Novo. Quelques heures après, une de nos reconnaissances est attaquée dans le village indigène et s'en empare.

Les habitants s'enfuient avec tout ce qu'ils peuvent emporter. Nous avons 5 blessés et les Dahoméens nous laissent 15 cadavres entre les mains.

22 février. — Un emplacement est débroussaillé au nord du village pour l'édification d'un fort.

23 février. — Appuyés par des réguliers dahoméens, les gens de Kotonou tentent de reprendre leur village; ils sont repoussés avec de nombreuses pertes et refoulés dans la forêt voisine. De notre côté, 3 blessés.

A la suite de cette attaque, le village est incendié et rasé, les factoreries sont mises en état de défense ainsi que le poste de Kotonou.

24 février. — Pour se venger de la prise de Kotonou, Béhanzin fait enlever et conduire, enchaînés par le cou, à Abomey, les missionnaires et les négociants français de Whydah (MM. Bontemps, agent consulaire; les Pères Dorgère et Van de Pavord; Legrand, Chaudoin, Piétri, Denley, Heuzé et Tooris, agents de factoreries.)

A Porto-Novo, le roi Toffa propose de mettre à mort les otages dahoméens, mais M. Bayol s'y oppose énergiquement, car le massacre des agorigans eût impitoyablement entraîné celui des blancs. Ceux-ci furent échangés trois mois après avec les Dahoméens.

Prévoyant que l'ennemi ne se tiendrait pas pour battu et estimant ses forces insuffisantes, M. Bayol câblait au gouvernement de lui envoyer des renforts.

En attendant, Kotonou étant particulièrement menacé, le commandant Terrillon s'ingéniait à le mettre à l'abri d'un coup de main et à renforcer la garnison. Il fit venir de Porto-Novo le capitaine Septans avec 4 artilleurs, 2 pièces de 4 rayées de montagne, 22 gardes civils armés du fusil modèle 1874 et 300 auxiliaires du roi Toffa munis de fusils à pierre; ces derniers, couards et paresseux, ne furent jamais d'aucune utilité.

M. Victor Ballot, alors résident de France à Porto-Novo (depuis le 16 juin 1887) et l'administrateur Librecht d'Albéca arrivèrent en même temps à Kotonou. La direction des services administratifs du corps expéditionnaire fut confiée par le résident à M. d'Albéca.

La construction du fort et les travaux de mise en état de défense de la place sont poussés activement; on accumule partout abatis sur abatis.

25 février. — Le croiseur le *Sané* et la chaloupe l'*Émeraude* mouillés dans la lagune, couvrent d'obus les bois situés au nord et à l'ouest de Kotonou et où d'importants rassemblements ennemis se massaient nuitamment.

1er mars. — Reconnaissance de Zogbo. — Les troupes dahoméennes étant signalées comme se concentrant à Abomey-Galavi, à 24 kilomètres au nord-ouest de Kotonou, une reconnaissance, forte de 3 compagnies et appuyée de 3 pièces de canon, est envoyée de grand matin au village de Zogbo à 6 kilomètres de Kotonou, sur le lac Denham. Une grêle de balles tirées à bout portant surprit l'avant-garde de nos troupes à l'entrée du village qui paraissait tout d'abord abandonné ; deux miliciens furent tués raide. Au bruit de la fusillade, les tirailleurs sénégalais accourent et luttent presque corps à corps, mais, après quelques feux de salve bien ajustés, le terrain est nettoyé, le village est enlevé au pas de course et l'ennemi rejeté jusqu'à 600 mètres au delà. Mais bientôt il tente un retour offensif que nos artilleurs répriment énergiquement. Après un combat terrible où l'ennemi s'est montré très acharné, il fuit enfin dans toutes les directions. Il était 10 heures du matin, et nos troupes se préparaient à manger un repas froid lorsque l'ennemi aborde à nouveau les quatre faces du carré français. Après une demi-heure de lutte il est repoussé définitivement avec 300 hommes hors de combat. Grâce à sa maladresse, nous n'avons eu que deux tués et deux blessés. Il est vrai que nous n'avions encore lutté jusqu'ici qu'avec les contingents des villes et villages voisins de la côte. Mais bientôt nous allions avoir à soutenir le choc des réguliers dahoméens qui se concentraient à Allada où la présence du roi était même signalée.

2 mars. — Journée calme. — Le *Sané* en profite pour explorer rapidement la côte. A Grand-Popo, le commandant Fournier apprend par un espion que l'attaque de Kotonou était imminente. Il y revient en toute hâte pour coopérer par mer à la défense de la place.

De son côté, le capitaine Arnoux, commandant le poste de Porto-Novo, signalait aussi des mouvements de réguliers à 40 kilomètres au nord de la ville.

3 mars. — En raison de sa lâcheté la compagnie mixte, formée par les auxiliaires du roi Toffa, est licenciée et désarmée immédiatement. — Les gardes civils seuls conservent leurs armes.

4 mars. — Attaque de Kotonou. Dans la nuit du 3 au 4 mars, vers 5 heures du matin, après une épouvantable tornade, une attaque furieuse fut dirigée sur Kotonou. — Profitant de l'orage et des ténèbres, les Dahoméens avaient pu s'avancer sous bois et parvenir jusqu'auprès de nos lignes qu'ils espéraient bien surprendre, mais le lieutenant Compérat veillait avec une section, dans un fortin inachevé situé à l'extrémité nord de Kotonou. Dès qu'il perçut des bruits suspects et qu'il vit des ombres ramper au pied de la palissade, à quelques mètres de lui, il fait aussitôt exécuter un feu de salve nourri qui balaie les abords du poste. Une foule hurlante lui riposte par un feu roulant et se lance à l'assaut du fortin. C'est le signal de l'attaque générale. L'ennemi, fort d'environ 6.000 hommes, attaque tous les postes à la fois. L'un d'eux est même surpris et enlevé, plusieurs de ses défenseurs sont tués et décapités. Guerriers et amazones s'élancent de tous côtés sur Kotonou, écartent les palanques et, à travers les interstices, engagent les canons de leurs fusils pour tirer plus sûrement. Ils se font tuer à coups de baïonnette, le sang ruisselle, et les cadavres s'entassent sur les cadavres.

Le lieutenant Compérat, quoique atteint de trois blessures, est sublime de sang-froid et d'énergie. — Il a déjà 3 tués et 8 blessés sur les 19 hommes de son poste, lorsque heureusement les compagnies placées en réserve viennent le dégager et rejeter l'ennemi sous les feux du *Sané*.

Pendant quatre heures, l'armée dahoméenne renouvelle ainsi ses attaques infructueuses. Nos pièces d'artillerie vomissent la mitraille, trouant sans cesse les masses profondes des réguliers.

A 9 h. 1/2 seulement l'ennemi disparaît en laissant 127 cadavres dans Kotonou, dont 7 amazones, et en couvrant la plaine et les bois voisins de ses morts. Ses pertes s'élevaient à 600 morts, dont la colonelle des amazones, l'apologan d'Allada, et au moins 1.200 blessés. De notre côté nous avions 8 tués et 26 blessés plus ou moins grièvement.

La journée avait été chaude et dégoûta les Dahoméens de toute tentative ultérieure sur Kotonou. Après sa défaite, Béhanzin se retira dans les marais de la Lama avec ses amazones, en laissant le reste de son armée à Godomey qu'il fortifia.

A partir de ce moment, les Dahoméens renoncèrent à la lutte en terrain découvert pour reprendre la guerre d'embuscade dont ils étaient coutumiers, et que favorisaient si bien la végétation inextricable du pays et leur parfaite connaissance des lieux.

Du 5 au 15 mars les travaux de défense de Kotonou furent mieux organisés. Jusqu'à l'arrivée de nouveaux renforts demandés au Sénégal par M. Bayol, la vie fut des plus pénibles pour les 220 hommes de la garnison; surtout que le tiers de l'effectif était de garde la nuit. De nouvelles lignes d'abatis et des réseaux de fils de fer sont placés en avant du front de défense; des fougasses sont installées en plusieurs endroits, mais l'ennemi n'osa plus renouveler son attaque.

6 mars. — La 10ᵉ compagnie de tirailleurs sénégalais quitte Kotonou pour aller renforcer la garnison de Porto-Novo menacée par 2.000 Dahoméens campés à Badao.

La chaloupe-canonnière l'*Émeraude* va mouiller dans le lac Denham devant Abomey-Calavi et le bombarde. Quelques cases sont brûlées.

7 mars. — Vers les 3 heures du matin, le *Sané* couvre d'obus les bois situés à l'est de Kotonou où des rassemblements ennemis avaient été signalés la veille par nos espions.

10 mars. — M. Bayol reçoit les instructions suivantes de M. Étienne, sous-secrétaire d'État aux colonies :

« Contentez-vous d'occuper Whydah, de faire le blocus de
« la côte jusqu'à la signature d'un traité de paix reconnaissant
« nos droits sur le territoire de Kotonou et le protectorat de
« Porto-Novo, et contenant une clause par laquelle le roi
« renoncerait formellement aux sacrifices humains. Évitez
« tout entraînement pouvant amener une expédition sérieuse
« qui serait difficilement acceptée par le Parlement et par
« l'opinion publique. »

M. Bayol répond : Qu'avec les renforts attendus on pouvait forcer le Dahomey à traiter; que, sans s'avancer dans l'intérieur, il était possible d'occuper Whydah et d'isoler le Dahomey par le blocus; que le commandant Terrillon admettait cette solution, mais qu'il serait préférable de détruire Abomey, pour arriver à un prompt résultat.

11 mars. — Le croiseur *Kerguelen* arrive du Gabon en rade de Kotonou.

13 mars. — Nouveau bombardement d'Abomey-Calavi par l'*Émeraude*.

Nouvelle dépêche de l'Administration des Colonies disant que le gouvernement s'était formellement prononcé contre une marche sur Abomey et contre toute autre opération engageant une expédition. On devait se borner à l'occupation de Whydah et à la conclusion aussi prompte que possible d'un traité confirmant nos droits antérieurs, avec indemnités pour nos nationaux et pour les étrangers qui auraient subi des préjudices par suite des hostilités.

16 mars. — Arrivée de l'*Ardent*, aviso venant du Sénégal avec 100 hommes de la 29e compagnie d'infanterie de marine, commandés par MM. Tourai, capitaine, et Tassard, lieutenant.

17 mars.— Nouveaux essais de bombardement sur Abomey-Calavi.

L'attaque de Porto-Novo étant jugée imminente, la 2e compagnie de tirailleurs (capitaine Lemoine) y est envoyée.

19 mars. — Une armée ennemie étant signalée comme se concentrant à Godomé, le *Sané* arrive sur rade et envoie quelques obus sur Godomé-Ville; une quinzaine d'habitants sont tués.

Retour à Kotonou de la compagnie Lemoine, devenue inutile à Porto-Novo, par suite du retrait des forces dahoméennes sur Allada.

(Phot. de M. l'Admin. Beurdeley.)

En Hamac.

20 mars. — Arrivée à Kotonou de l'aviso Le *Brandon* amenant aussi des renforts du Sénégal.

21 mars. — Pour donner de l'air à la Place et recueillir des indications sur le terrain et sur la position de l'ennemi, le commandant Terrillon fait exécuter par une partie de la garnison de Kotonou une reconnaissance sur le chemin de Godomey-Ville. Cette reconnaissance est soutenue par l'aviso *Ardent* qui envoie quelques projectiles de hotchkiss sur des rassemblements postés en avant de Godomey-Plage. Mais dès les premiers coups, ces groupes se dispersent et la reconnaissance effectue son retour sans autre incident.

23 mars. — Nouvelle reconnaissance sans résultat sur Godomey-Ville ; elle est appuyée par la chaloupe l'*Émeraude* qui doit s'embosser devant le village de Zobbo.

Une violente tornade surprend la petite colonne, mais l'absence de l'ennemi est constatée dans un rayon de 8 kilomètres au moins autour de Kotonou.

25 mars. — Le résident de France ayant signalé que l'ennemi se serait rapproché de nos positions pour occuper fortement la ligne Avansouri-Zobbo-Godomey-Ville-Godomey-Plage, une reconnaissance importante est ordonnée sur ce dernier point. Le croiseur *Kerguelen* doit l'appuyer, en se tenant à une faible distance de la côte.

L'avant-garde surprend, en arrivant aux factoreries Régis et Fabre, quelques soldats dahoméens qui les occupent. L'un d'eux est fait prisonnier ; interrogé, il déclare qu'il n'y a aucun ennemi dans les environs.

Après une grande halte de deux heures, le commandant Terrillon dirige une partie de la reconnaissance sur le chemin de Godomey-Ville. M. Piétri, de la maison Régis, lui sert de guide. A un kilomètre environ au nord de Godomey-Plage, nos éclaireurs signalent un campement de 300 à 400 Dahoméens. La marche est reprise avec prudence, de temps à autre des feux de salve sont exécutés dans les fourrés bordant le chemin suivi.

Vers les 2 heures de l'après-midi, on traverse une lagune et une clairière, pour s'engager sous bois. L'avant-garde était passée sans rien signaler, lorsqu'une vive fusillade, partie d'un fourré épais situé sur la droite, arrive sur le gros de la colonne, presque à bout portant. Nos troupes forment aussitôt le carré dans la clairière, et ripostent énergiquement par des salves répétées au feu de l'ennemi embusqué dans les bois voisins.

Après une demi-heure d'attente, l'adversaire n'ayant fait aucun retour offensif, la reconnaissance se retire sur Godomey-Plage. De là son artillerie lança quelques obus dans la direction de la ville, et, à 4 heures du soir, la colonne reprenait la route de Kotonou.

Dans ce court engagement avec un millier de guerriers dahoméens formant les avant-postes de l'armée réunie à Allada, nous avons eu 2 officiers blessés grièvement (MM. Tiffon et Birama-Ndam, sous-lieutenants), 3 tués et 9 blessés, dont 2 moururent des suites de leurs blessures.

L'ennemi avait eu 72 hommes hors de combat.

26 mars. — Par suite des succès de nos armes, les craintes des Européens restés à Whydah ne firent qu'augmenter, et ils réclamaient avec insistance l'occupation du fort de Whydah par nos troupes. C'était bien ce que voulait tenter le commandant Terrillon. Mais pour donner le change à l'ennemi et pour attirer une partie de ses forces dans le Décamey, pays situé au nord-ouest de Porto-Novo, il simula une attaque par l'Ouémé. A cet effet il envoya à Porto-Novo le peloton de tirailleurs gabonais, la 4ᵉ compagnie de tirailleurs sénégalais et un peloton de la 2ᵉ avec une section de 4 de montagne.

28 mars. — Cette colonne, augmentée d'une partie de la garnison de Porto-Novo, se met en marche le 28, remorquée par l'*Émeraude*. Trois heures après elle débarque à Késonou, et par la rive gauche de l'Ouémé marche sur les villages du

Décamey pour y attaquer l'ennemi qui s'y est retranché. On s'avance avec prudence dans un pays extrêmement difficile, coupé de clairières et de fourrés marécageux.

Les endroits douteux sont fouillés par des feux de salve.

On traverse Modo-Topa et l'on arrive à Dangbo. Deux villages ennemis sont signalés à 1.200 mètres plus au nord, on les bombarde pendant quelques instants, puis l'on marche avec précaution sur l'un d'eux en sondant chaque broussaille ; quelques coups de feu accueillent l'avant-garde ; plusieurs villages sont ainsi traversés, mais ils paraissent tous abandonnés. L'ennemi est partout invisible. Pour le débusquer, le commandant Terrillon fait incendier les cases en ordonnant aux troupes de se replier au fur et à mesure. Une vive fusillade part alors de tous côtés, l'ennemi est partout : sur les arbres, dans les fourrés et dans les maisons.

En traversant Mitro, le capitaine Oudard, des Gabonais, qui veut pénétrer dans une case qui lui paraît inhabitée, est frappé à mort d'une balle au ventre.

Des feux de salve sont d'abord envoyés dans toutes les directions, et nos soldats délogent l'ennemi à la baïonnette ; secondés par l'artillerie, ils ont vite contraint les Dahoméens à la fuite. Tous les villages ne formant plus maintenant que d'immenses brasiers, la retraite est ordonnée.

La chaleur est suffocante, le sous-lieutenant Mousset tombe foudroyé par une insolation. A midi la colonne atteignait Dangbo, sans avoir revu l'ennemi ; le soir elle s'installait au bivouac à Késonou.

L'*Émeraude* dans l'après-midi avait bombardé les villages de Gléony et de Doncauly, habités par les gens du chef de Décamey, l'un des généraux de Béhanzin.

29 mars. — A 4 heures du matin, la reconnaissance embarque dans des pirogues remorquées par l'*Émeraude*, et remonte l'Ouémé; elle traverse le village de Dannou et s'arrête à 1 kilomètre en amont du village de Gobbo pour tenir en respect ses habitants hostiles.

Pendant ce temps l'artillerie avec son soutien allait prendre position à 1.800 mètres du village d'Azouicé, au nord-est de Gobbo. Ce village était défendu par 1.200 guerriers solidement retranchés derrière un marigot vaseux. Après vingt-cinq minutes d'un feu violent sur les positions adverses, l'ennemi affolé fuit dans toutes les directions sans même chercher à se défendre. La petite colonne rallia ensuite Dannou, et, dans l'après-midi, l'*Emeraude* remorqua les troupes pour le retour. En route la 10e compagnie est jetée à terre pour châtier successivement les villages rebelles de Doncauly et de Gléony qui sont incendiés.

A 10 heures du soir, les troupes rentraient à Porto-Novo.

Cette reconnaissance eut pour résultat d'inspirer une terreur salutaire aux gens du Décamey, et de fortifier la confiance des fidèles du roi Toffa. Quelques jours après l'armée dahoméenne se retira plus au nord, et les indigènes de plusieurs villages vinrent faire leur soumission. En les renvoyant dans leurs foyers, le commandant du corps expéditionnaire leur annonça que bientôt les Français allaient pousser plus loin encore leurs excursions, jusqu'au delà de Fanvié. Telles n'étaient pas alors ses intentions, mais il espérait ainsi attirer les forces dahoméennes sur l'Ouémé afin de dégager Whydah.

31 mars. — Le vapeur *Ville-de-Maranhao*, des Chargeurs-Réunis, débarque à Kotonou la 30e compagnie du 2e régiment d'infanterie de marine (50 hommes) commandée par le lieutenant Grand, et 75 disciplinaires blancs des colonies avec 5 officiers (capitaine Pérez).

L'effectif total du corps expéditionnaire se trouve ainsi

porté, morts et blessés déduits, à 14 officiers blancs et 6 officiers indigènes encadrant 400 tirailleurs sénégalais, 295 soldats d'infanterie de marine, et 16 artilleurs, avec 4 pièces de 4 rayées de montagne.

Sur rade croisent le *Sané*, le *Kerguelen* et l'aviso l'*Ardent*.

Le 31 mars au soir, le commandant Terrillon rentre à Kotonou avec toutes les troupes disponibles pour préparer sa marche sur Whydah.

Le même jour une dépêche lui annonçait sa nomination au grade de lieutenant-colonel, mais, en raison des difficultés survenues entre lui et le lieutenant-gouverneur dans la direction des opérations, on le remplaçait à la tête du corps expéditionnaire par le lieutenant-colonel Klipfel.

Avril 1890. — Les opérations sur Whydah sont activement préparées dans les premiers jours d'avril. Les fortifications de Kotonou furent complétées ; un nouveau fort, le fort Compérat, y fut élevé.

4 avril. — Une nouvelle démonstration est opérée sur l'Ouémé par l'*Émeraude*, et un détachement d'infanterie de marine. Quelques villages sont encore bombardés et les habitants viennent offrir leur soumission au roi Toffa.

5 avril. — M. le lieutenant-gouverneur Bayol est rappelé au Sénégal, et M. le capitaine de vaisseau Fournier, commandant le *Sané*, est investi provisoirement de tous ses pouvoirs.

Le lieutenant-colonel Terrillon est maintenu à la tête du corps expéditionnaire.

La marche sur Whydah est contremandée, mais le blocus de la côte est décidé, afin d'empêcher les Allemands, qui excitaient secrètement le Dahomey, à lui procurer des armes et des munitions.

Le blocus est signifié aux puissances et la croisière est renforcée de la *Naïade*, portant pavillon de l'amiral Cavelier de Cuverville, du croiseur le *Roland* et de l'aviso la *Mésange*.

Les nouvelles instructions du Gouvernement se bornent à l'occupation solide de Kotonou et Porto-Novo sans s'engager dans une lutte à l'intérieur.

Le lieutenant-colonel Terrillon, d'accord avec le commandant Fournier, arrêtait les mesures à prendre pour répondre aux vues nouvelles du Ministre de la Marine, et demandait un nouveau renfort ainsi qu'un supplément de munitions.

8. avril. — Le lieutenant-colonel Terrillon est frappé d'insolation et est en sérieux danger de mort, mais, grâce à sa robuste constitution, il est sur pied quelques jours après et reprend la direction des opérations de terre.

Bientôt un renfort de 150 hommes de la 29ᵉ compagnie d'infanterie de marine débarque. L'artillerie est également renforcée ; son effectif est alors d'un officier, 30 hommes et 12 pièces de montagne.

La saison des pluies est commencée, et le nombre des officiers et soldats européens malades augmente de jour en jour.

Il ne faut donc plus songer pour le moment à une expédition sérieuse dans l'intérieur du Dahomey.

Cependant Béhanzin est loin de vouloir renoncer à la lutte, car les mouvements de ses contingents sont signalés sur plusieurs points à la fois. Afin de maintenir le contact, des reconnaissances sont jugées nécessaires.

10 avril. — 57 Gabonais commandés par le sous-lieutenant indigène Toumané-Aïssa, s'embarquent sur l'*Ariège* pour aller renforcer le poste de Grand-Popo, menacé par 1200 Dahoméens. Des munitions et des armes sont envoyées au sous-lieutenant Martineau, commandant le poste, pour armer tous les Européens civils.

15 avril. — L'*Émeraude*, ayant à son bord le chef d'état-major Septans, se rend dans le lac Denham pour bombarder Abomey-Calavi et Zobbo, reconstruits et occupés par les avant-postes ennemis.

16 avril. — Un mouvement en avant des Dahoméens campés dans la lagune de Badao étant signalé par le résident de France, l'*Émeraude* repart avec un détachement de 100 tirailleurs pour remonter l'Ouémé et bombarder Dogla dont les habitants viennent de faire défection; elle devait pousser ensuite à Dannou, point extrême de la navigation pendant la saison sèche.

Le soir même, la reconnaissance faisait retour à Kotonou, rapportant des nouvelles assez graves.

Béhanzin accusait Toffa de tout ce qui était arrivé; il lui faut Porto-Novo et la tête de son roi. Toute l'armée dahoméenne est sur pied, et une partie s'avance sur Porto-Novo dont la défense n'est pas organisée et qui n'a qu'une faible garnison.

Heureusement que le roi Toffa a de nombreux espions qui le renseignent jour par jour sur ce qui se passe dans les environs. Il peut ainsi tenir le résident au courant.

Le 16 avril, les Dahoméens avaient franchi l'Ouémé et se trouvaient à environ 30 kilomètres de Porto-Novo; bientôt ils seront dans la ville même.

Le lieutenant-colonel Terrillon prend alors ses dispositions pour dégager la capitale de notre allié.

Il arrive lui-même à Porto-Novo avec la 4ᵉ compagnie de tirailleurs, un peloton de la 2ᵉ, et 75 disciplinaires qu'il joint à la garnison. Il fait activer les travaux de défense de la place. L'*Émeraude* fait sans cesse la navette entre les deux postes pour le transport des troupes et du matériel.

19 avril. — Un poste de 20 gardes civils, établi à 20 kilomètres au nord-est de Porto-Novo, est attaqué et doit se replier avec quelques pertes.

La situation s'aggrave d'heure en heure ; l'armée du Dahomey ne se trouve plus qu'à 12 kilomètres du village de Bedji, où Béhanzin est venu la rejoindre avec son corps d'amazones.

Dans la matinée, le capitaine Arnoux, commandant le poste, avait reconnu les positions de l'ennemi occupées par des forces considérables.

Le doute n'était plus permis, les Dahoméens cernaient bien Porto-Novo après avoir passé le fleuve en amont de Fanvié.

Le temps pressait et il fallait à tout prix arrêter la marche de l'ennemi. L'action fut décidée pour le lendemain.

M. Ballot, résident de France, qui montrait dans toutes les circonstances graves une fermeté inébranlable et un grand courage personnel, mit à la disposition de la colonne 350 guerriers du roi Toffa, armés de fusils à pierre, afin de l'éclairer dans sa marche.

20 avril. — Combat d'Atchoupa. La colonne, forte de 350 soldats réguliers avec 4 canons, se met en marche vers les 6 heures du matin dans la direction d'Adjagan, vers l'ouest ; elle est commandée par le lieutenant-colonel Terrillon en personne, ayant à ses côtés M. Victor Ballot, résident de France.

Le recrutement des porteurs avait été difficultueux, car les Porto-Noviens pris de panique s'étaient enfuis, les Dahoméens étant venus dans la nuit à 4 kilomètres de Porto-Novo, où ils avaient brûlé des fermes et massacré quelques habitants.

En cours de route, on apprend que le roi du Dahomey marchait sur Porto-Novo avec 6.000 guerriers et 2.000 amazones.

La rencontre des deux armées devait donc avoir lieu à quelques kilomètres de la ville.

Après deux heures de marche, la colonne arrive au marché d'Adjagan, où elle trouve quelques cadavres de Porto-Noviens fraîchement décapités ; l'ennemi n'est donc pas loin.

Le Dahomey.

A ce point, elle est rejointe par les guerriers du roi Toffa, escortés de leurs féticheurs, qui la dépassent bientôt pour éclairer sa marche.

On s'avance avec grande précaution ; bientôt les Toffanis reçoivent des coups de fusil, mais ils s'enfuient dans toutes les directions. La compagnie Arnoux arrête l'ennemi par des salves bien ajustées, pendant que le gros de la colonne forme le carré, les auxiliaires au centre et les canons aux angles.

Pendant deux heures, les quatre faces du carré sont attaquées par des nuées de Dahoméens qui s'avancent jusqu'à 200 mètres de nos soldats, malgré les feux de salve des Lebel et la mitraille qui font de larges éclaircies dans les rangs ennemis.

Plusieurs mouvements tournants sont repoussés avec succès.

Cependant le temps s'écoule, les munitions s'épuisent et l'ardeur des Dahoméens ne se ralentit pas. De plus, la chaleur était forte et l'ennemi tentait de couper notre ligne de retraite sur Porto-Novo qui, d'après les derniers renseignements reçus, était menacé par un corps de 2.000 guerriers.

Le lieutenant-colonel Terrillon se retira donc lentement en conservant la formation en carré. Mais l'ennemi poursuit cette poignée d'hommes avec acharnement, et la marche continue au milieu d'une grêle de balles ; les amazones montrent le plus de furie et plusieurs viennent se faire tuer sur les baïonnettes.

Nos soldats sont superbes d'entrain et de sang-froid, ils font quelques pas et s'arrêtent pour exécuter leurs feux.

Les auxiliaires indigènes dont on voulait se servir pour protéger les flancs, tirent sans viser, poussent de grands cris et se débandent dans le plus grand désordre.

Arrivée en vue du marché d'Adjagan, la colonne s'arrête ; les pièces sont mises en batterie et tirent sans relâche sur l'adversaire, qui ne tarde pas à se retirer ainsi que le corps de diversion qui occupait Adjagan.

A 10 heures, les derniers coups de feu étaient tirés, et peu après les divers détachements de la colonne reprenaient leurs postes de combat à Porto-Novo.

Grâce à sa discipline et aussi à son armement, une petite troupe de 350 hommes lutta sans trêve pendant plusieurs

Phot. de M. l'Admin. Beurdeley.)

Tam-tam devant le fort français à Whydah.

heures contre 12.000 Dahoméens, chiffre donné par les prisonniers.

Nos pertes étaient sérieuses : nous avions 8 auxiliaires tués et 37 blessés dont 20 guerriers de Toffa ; le capitaine Arnoux et le sous-lieutenant Szymanski avaient été légèrement atteints, et M. le résident Ballot eut son casque traversé par une balle. Les Dahoméens ne comptaient pas moins de 1.500 à 2.000 morts et autant de blessés, et le corps des amazones avait particulièrement souffert.

Béhanzin, qui dirigeait la lutte, fut plusieurs fois obligé de changer de place à cause du grand nombre de balles qui sifflaient autour de lui.

Le combat d'Atchoupa fut le dernier de cette courte mais pénible campagne; il en fut aussi le plus glorieux.

L'ennemi démoralisé se retira au nord de Bedgi, en ne laissant devant Porto-Novo que des avant-postes.

Quelques jours après, la garnison fit une nouvelle sortie dans la direction de l'ennemi, mais il ne donna pas signe de vie. Peu après, l'armée dahoméenne avait repassé l'Ouémé.

21 avril. — 30 hommes d'infanterie de marine débarquent à Kotonou.

Comme, en raison de la saison des pluies, la campagne contre Béhanzin ne pouvait être continuée, on organisa sérieusement la défense de Porto-Novo. Une ceinture de forts remplaça les murailles tombant en ruines par suite de l'incurie du roi Toffa. Mais pour tout le monde l'expédition contre le Dahomey restait inachevée.

A la suite du combat d'Atchoupa, le commandant Fournier demanda de nouveaux renforts au Ministre de la Marine, non pour l'offensive mais pour la défensive. Nous avions perdu en quinze jours le cinquième de l'effectif du corps expéditionnaire. Il ajoutait que pour obtenir la paix, il était indispensable de marcher sur Abomey, après avoir occupé au préalable Whydah-Plage et Whydah-Ville.

Le commandant supérieur estimait qu'il lui faudrait 1.500 tirailleurs sénégalais et 1.500 hommes de troupes blanches, avec de l'artillerie, des moyens de transport et de nombreux porteurs noirs. Il était nécessaire aussi d'envoyer un transport-hôpital à Kotonou, et un transport-aviso qui serait attaché à la division navale.

Pour permettre au corps d'occupation de se défendre avec certitude, le ministre envoya 100 tirailleurs par le *Roland*, 50 disciplinaires par la *Mésange* et fit armer un transport pour porter une compagnie de fusiliers marins, des approvisionnements et des munitions. Il autorisait aussi la *Naïade* à mettre sa compagnie de débarquement à terre.

28 avril. — Pour montrer au roi Béhanzin que nous étions toujours prêts à combattre, le commandant Fournier fait tirer quelques obus sur Whydah.

L'effet de cette menace fut prompt; dès le lendemain les autorités de la ville dépêchaient des messagers à Béhanzin pour les sauver du bombardement, et faisaient parvenir au commandant supérieur des lettres promettant de s'employer à la conclusion de la paix.

1er mai. — Le lieutenant-colonel Terrillon est relevé de son commandement pour cause de santé et remplacé par le lieutenant-colonel Klipfel.

3 mai. — On apprend que les otages français retenus à Abomey sont mis en liberté sous la menace du bombardement de Whydah.

5 mai. — Ils sont de retour à Whydah, et le 8 ils arrivent à Kotonou. A part les souffrances de la route, causées par les chaînes qui les liaient, ils furent assez bien traités pendant leur captivité.

Quelques jours après, les agorigans de Kotonou sont également mis en liberté.

Quoique les hostilités fussent suspendues en fait, les pourparlers pour la conclusion d'un traité de paix n'aboutissaient pas. Les émissaires que le commandant Fournier avait envoyés pour faire connaître ses propositions à Béhanzin étaient retenus à Abomey comme otages.

11 mai. — Pendant la nuit, une faible attaque des Dahoméens est tentée contre les retranchements de Kotonou. Mais la garnison, secondée par les projections électriques du *Roland* et de la *Naiade*, repousse rapidement l'ennemi.

L'amiral de Cuverville, revenu à Kotonou avec 450 soldats et marins, pour aboutir le plus tôt possible à une solution pacifique de l'incident du Dahomey, insiste auprès du Gouvernement pour l'occupation de Whydah et la marche sur Abomey.

Il ajoutait que Béhanzin continuait ses massacres d'esclaves et venait d'enlever un millier d'habitants à Abéokouta pour les sacrifices humains.

Le 2 juillet, l'amiral se plaignit au Ministre de la Marine de la mauvaise foi du roi de Dahomey qui proclamait que la France lui a demandé pardon, et qui cherchait uniquement à gagner du temps pour reformer son armée et s'approvisionner d'armes et de poudre.

Tout en continuant les négociations qui lui étaient imposées par le Gouvernement, l'amiral prenait néanmoins des mesures, en vue d'une prochaine reprise des hostilités, en s'assurant le concours de 2.000 guerriers egbas.

Une détente en faveur de la paix s'étant produite dans l'entourage royal, le P. Dorgère qui, pendant sa captivité, s'était créé des relations avec les autorités dahoméennes, fut à la fin d'août chargé d'aller réclamer à Abomey la mise en liberté des envoyés du commandant Fournier et de négocier avec Béhanzin.

Les 35 envoyés du commandant Fournier furent bien délivrés, mais Béhanzin demandait une indemnité de 1.500 livres sterling pour Kotonou et refusait de reconnaître notre protectorat sur Kotonou.

Le blocus de la côte avait été levé, mais comme les négociations traînaient toujours en longueur, le commandant en chef va s'embosser devant Whydah avec la *Naïade* et donne vingt-quatre heures aux Dahoméens pour signer un arrangement sous peine de bombardement.

L'effet de cette menace fut des plus heureux, car le 3 octobre l'arrangement suivant était signé :

ARRANGEMENT CONCLU ENTRE LA FRANCE ET LE DAHOMEY

le 3 octobre 1890.

En vue de prévenir les malentendus qui ont amené entre la France et le Dahomey un état d'hostilité préjudiciable aux intérêts des deux pays,

Nous, soussignés :

Aladaka Do-de-dji, messager du roi,

Assisté de :

Cussugan, faisant fonctions de yévoghan,

Zizidoque, Zonouhoucon, cabécères, Ainadou, trésorier de la Gore,

Désignés par S. M. le roi Béhanzin Ahy Djeri,

Et le capitaine de vaisseau de Montesquiou Fezensac, commandant le croiseur le *Roland* ;

Le capitaine d'artillerie Decœur,

Désignés par le contre-amiral Cavelier de Cuverville, commandant en chef les forces de terre et de mer, faisant fonctions de gouverneur dans le golfe de Bénin, agissant au nom du gouvernement français.

Avons arrêté, d'un commun accord, l'arrangement suivant, qui laisse intacts tous les traités ou conventions antérieurement conclus entre la France et le Dahomey :

Art. 1er. — Le roi de Dahomey s'engage à respecter le protectorat français du royaume de Porto-Novo et à s'abstenir de toute incursion sur les territoires faisant partie de ce protectorat.

Il reconnaît à la France le droit d'occuper indéfiniment Kotonou.

Art. 2. — La France exercera son action auprès du roi de Porto-Novo pour qu'aucune cause légitime de plainte ne soit donnée à l'avenir au roi de Dahomey.

A titre de compensation pour l'occupation de Kotonou, il sera versé annuellement par la France une somme qui ne pourra, en aucun cas, dépasser 20.000 francs (or ou argent).

Le blocus sera levé et le présent arrangement entrera en vigueur à compter du jour de l'échange des signatures. Toutefois, cet arrangement ne deviendra définitif qu'après avoir été soumis à la ratification du gouvernement français.

Fait à Whydah, le 3 octobre 1890.

    Signé : Aladaka Do-de-Dji, Cussugan,
      Zizidoque, Zonouhoucon, Ainadou.

        Les témoins :
      Signé : Candido Rodriguez,
        Alexandre.

Signé : H. Decœur, capitaine d'artillerie,
 Y. de Montesquiou, capitaine de vaisseau, commandant le croiseur le *Roland*.

Les témoins :
Signé : d'Ambrières, aspirant de 1re classe,
 Dorgère, supérieur de la mission catholique de Whydah.

Vu :
Le Contre-Amiral commandant en chef les forces de terre et de mer, faisant fonctions de gouverneur,
 Signé : Cavelier de Cuverville.

Ce traité qui ne fut signé qu'à contre-cœur par l'amiral de Cuverville, donna lieu à de sérieuses critiques par ses nombreuses défectuosités. En effet, il permettait à Béhanzin de répandre partout que la France lui avait demandé pardon, lui payait un tribut, et de se procurer avec notre argent, armes et munitions pour la guerre prochaine.

Pour être valable, il fallait à ce traité la ratification de la Chambre, qui discuta la question dans sa séance du

28 novembre 1891. Comme le Dahomey aurait dû nous indemniser au lieu de tirer avantage de l'expédition, la Chambre refusa de ratifier le traité, en laissant au Conseil des ministres le soin de lui donner la sanction la plus conforme à nos intérêts dans le golfe du Bénin.

Il était impossible qu'une nation comme la France traitât dans de pareilles conditions avec des nègres qui nous avaient toujours provoqués.

Par les 20.000 francs qui devaient annuellement être payés à Béhanzin pour l'occupation de Kotonou, cette clause constituait aussi un recul sur le traité du 19 avril 1878 qui nous donnait ce port en toute propriété.

Si encore il avait été exécuté loyalement, mais en le signant Béhanzin avait la résolution bien arrêtée de ne pas l'observer ; son but était de gagner du temps pour compléter son approvisionnement en armes et munitions, avec l'aide d'un certain nombre de maisons de commerce de Whydah, qui avaient fait des commandes en Europe.

L'arrangement de 1890 fut violé comme celui de 1878 et la France mise en demeure de le faire respecter.

C'est ainsi que fut amenée la deuxième expédition du Dahomey en 1892.

Deuxième expédition du Dahomey (1892)

Dès que le roi du Dahomey eut touché sa première annuité, il s'empressa de revenir piller et saccager les territoires du roi de Porto-Novo, notre allié.

En septembre 1891, ses troupes envahirent les villages Ouatchis des environs d'Athiémé, et, en mars 1892, les villages de l'Ouémé dépendant de Porto-Novo.

Mars, avril et mai se passèrent en alertes continuelles, chaque jour on s'attendait à l'irruption de Béhanzin sur la capitale. Le commandant Riou fit des prodiges d'activité pour la mise en état de défense de la colonie.

M. Victor Ballot avait définitivement succédé à M. Bayol comme lieutenant-gouverneur des Établissements du Bénin, depuis le 23 décembre 1891. Actif, dévoué, ferme et conciliant à la fois, il avait su conquérir les sympathies et l'affection de tous pendant la première campagne.

Le 27 mars, M. Ballot s'embarqua sur la canonnière *La Topaze* avec le chef de bataillon Riou, commandant des troupes, pour aller se rendre compte par lui-même de ce qui se passait dans le Bas-Ouémé, où trois villages venaient d'être détruits sur les bords du fleuve par les guerriers de Béhanzin. Accueilli près de Donkoli par le feu de 400 Dahoméens armés de fusils à tir rapide, il fut obligé de se défendre ; cette agression constituait un *casus belli* à la suite duquel il n'y avait plus qu'à agir.

Le colonel Dodds, de l'infanterie de marine, fut mis à la tête de la 2ᵉ expédition chargée de punir celui qui, ne se contentant pas de la violation des traités, y avait ajouté des lettres insolentes à l'adresse de la France. Le commandement supérieur des Établissements français du Bénin lui fut confié, avec pleins pouvoirs civils et militaires.

Le colonel Dodds débarqua à Kotonou le 28 mai 1892, et le lendemain, M. Ballay, gouverneur de Konakry, dont dépendait antérieurement le Bénin, lui fit la remise de ses pouvoirs.

Poste de douanes d'Adjara.
Près la frontière anglaise de Lagos.

Les forces disponibles que le colonel trouva au Bénin se composaient de 780 hommes de troupes noires, deux compagnies de tirailleurs haoussas, trois compagnies de sénégalais et d'un détachement d'artillerie.

Ces forces furent successivement augmentées par l'envoi d'une compagnie de marche d'infanterie de marine, d'une batterie d'artillerie, d'une compagnie de tirailleurs et de trois compagnies de volontaires sénégalais.

Une flottille composée des canonnières *Émeraude* et *Topaze* se tenait dans la lagune de Kotonou, et en rade stationnaient deux avisos (*Héron* et *Brandon*) et deux croiseurs (le *Sané* et le *Talisman*).

Ces forces étaient suffisantes pour la défense des points occupés par nous, mais étaient trop faibles pour permettre une action sérieuse à distance.

L'ennemi disposait, de son côté, d'environ 15.000 guerriers dont 8.000 armés de fusils à tir rapide ; ils étaient répartis en plusieurs groupes à Godomey et à Zobbo, en face de Kotonou, à Allada, à Cana où se tenait le roi avec le gros des troupes régulières, et dans le Décamé d'où les Dahoméens menaçaient Porto-Novo et maintenaient les tributaires de ce royaume.

Béhanzin semait partout le bruit qu'il se préparait à marcher contre les Ibadans, population musulmane à l'est d'Abéokouta ; le 5 juin, il envoyait à Porto-Novo, au colonel, une lettre datée de Whydah, et contenant des réclamations insignifiantes. Les porteurs de cette récade avouèrent très naïvement qu'ils étaient venus surtout pour espionner. Ils furent arrêtés et échangés peu après contre les agents français de la maison Fabre, à Whydah, que Béhanzin retenait comme otages.

Quinze jours après, le roi, jetant le masque, déclare que le Décamé lui appartient et que c'est pour cela qu'il a concentré des troupes à Zobbo, à Dogba et ailleurs.

Le colonel se contente de lui répondre qu'il soumettra cette façon de voir au gouvernement, constitue son service de renseignements et noue des relations avec les États voisins du Dahomey.

Comme Béhanzin multipliait ses messages, et prolongeait les pourparlers uniquement dans le but de retarder les opérations et d'attendre l'arrivée des armes et des munitions qu'il avait commandées en Europe, on résolut d'en finir et les opérations commencèrent.

15 juin. — La division navale, renforcée de l'aviso l'*Ardent*, bloque la côte du Dahomey.

26 juin. — Les Dahoméens ripostent en attaquant sur le lac Denham une pirogue montée par des miliciens.

29 et 30 juin. — Ils pillent le village de Gomé, d'où ils emmènent en captivité 10 hommes et 5 femmes.

4 juillet. — En représailles, notre flottille bombarde dans le Décamé quelques villages situés sur l'Ouémé et occupés par les Dahoméens.

A la suite de ces escarmouches, la marche sur Abomey fut décidée et des renforts demandés en ce but. C'était le seul moyen pour arriver à soumettre l'arrogant roi nègre, et le gouvernement l'approuva.

Informé par la presse locale de Lagos et par certains négociants allemands de Petit-Popo, avant même le lieutenant-gouverneur de Porto-Novo, des préparatifs faits contre lui et du vote d'un crédit de 3 millions, Béhanzin essaye de négocier pour gagner du temps, mais en se refusant à donner aucune satisfaction et en occupant Dogba.

On lui avait demandé aussi de rendre les prisonniers porto-noviens faits par le roi du Décamé, Kékédé, et de nous livrer ce dernier qui venait de nous faire défection, mais ce fut en vain.

En attendant l'arrivée des renforts annoncés, le colonel voulut donner de l'air à la garnison de Kotonou, et, en même temps, entretenir Béhanzin dans son idée que notre objectif était Whydah, afin d'y attirer le plus possible de forces dahoméennes.

Une fois l'ennemi expulsé du territoire de Porto-Novo, on marcherait sur le Décamé pour le purger de même des bandes dahoméennes qui l'infestaient. Ces opérations secondaires devaient préparer et faciliter l'opération principale.

9 août. — Les bâtiments de mer, moins le *Sané* en route pour la France, bombardent Whydah et toutes les positions ennemies du littoral.

La flottille, sous les ordres du lieutenant de vaisseau de Fesigny, renforcée de deux canonnières, l'*Opale* et le *Corail* qu'on vient d'acheter, canonne les villages du lac Denham, et notre artillerie de Kotonou couvre de projectiles le camp dahoméen établi devant nos lignes.

En même temps, deux compagnies et demi de tirailleurs, sous les ordres du commandant Stéfani, sortent de Kotonou et se dirigent sur Zobbo. La reconnaissance, égarée sous bois, finit par se trouver en face des forces ennemies établies à Godomey; harcelée par une série d'embuscades, la petite colonne n'en persiste pas moins à gagner Zobbo, où elle arrive avec neuf heures de retard. Le village est brûlé, le camp ennemi est détruit et la reconnaissance rentre le lendemain matin à Kotonou après avoir fait subir à l'ennemi de grosses pertes, tandis qu'elle n'avait que 2 sous-officiers tués et 13 hommes blessés.

Après avoir ainsi déblayé les abords de Kotonou, toutes les troupes disponibles de la garnison sont dirigées sur Porto-Novo, pour constituer la colonne destinée à agir dans le Décamé, afin de dégager nos vassaux de Porto-Novo et tendre la main au millier de guerriers egbas qui nous avaient promis leur concours.

70 Ibadans répondirent seuls à l'appel, et, en raison de leur paresse et de leur couardise, il fallut, dès le commencement des hostilités, les remercier de leurs mauvais et déloyaux services.

La colonne, formée d'une compagnie blanche, de six compagnies noires, avec six pièces de 80 $^m/^m$, deux ambulances, une réserve d'outils et 550 porteurs, quitte Porto-Novo le 17 août avec un convoi de cinq jours de vivres.

On marche péniblement dans une région insalubre, dépourvue de routes, hérissée de forêts et couverte d'une brousse impénétrable, propice aux embuscades. Nos soldats avancent lentement, le fusil d'une main et le coupe-coupe de l'autre.

19 août. — La colonne franchit la rivière, Adjara, arrive à Kouti et, après une courte canonnade, elle renverse les barricades du bois de Takou et s'empare du village.

20 août. — Le colonel avec une fraction de la colonne se porte sur Sakété, point important, afin de décider les indigènes à nous appuyer.

Les commandants Riou et Lasserre, restés à Takou, sont attaqués le même jour par quelques rôdeurs et blessés tous les deux.

21 août. — Reconnaissance au nord d'Akita, occupé par l'ennemi.

22 août. — Le colonel apprend la blessure des chefs des deux groupes qu'il a laissés en arrière, et revient immédiatement à Takou. Chemin faisant il est attaqué à son tour, mais les feux de salve et quelques obus à mitraille l'ont rapidement dégagé.

Le capitaine Bellamy est criblé de grenaille de fer; le sergent Clairin reçoit dix projectiles et 7 autres hommes sont plus ou moins grièvement blessés.

25 août. — Les troupes sont rassemblées à Katagon, dont le roi du Décamé a fui pour aller se réfugier à Békandji, avec le gros de ses forces. Dans sa fuite sur Lagos, il tombe malade et meurt au village de Koddé.

Une partie de nos troupes se rabat vers l'ouest, sur l'Ouémé, que doivent remonter les canonnières et dont on suit la rive gauche jusqu'à Dogba, afin de couper les communications du Décamé avec le Dahomey. Ce mouvement détermine la retraite de l'ennemi qui se retire dans le nord. La soumission du Décamé paraissant assurée, la marche sur Abomey peut maintenant être entreprise.

24 août. — Le *Mytho* et le *San Nicolas* arrivent avec 800 hommes de la légion étrangère, deux escadrons de spahis sénégalais, un détachement du génie et des mulets. En outre, une 3ᵉ compagnie de tirailleurs haoussas doit être créée à l'aide des ressources locales.

L'effectif des présents au Bénin se montait alors à 3.351 hommes, tout compris. La nécessité de garder les points de la côte réduisit à 2.088 hommes, dont 930 indigènes et 76 officiers, le nombre de ceux qui devaient prendre part à la colonne ; comme moyens de transport on avait : les 230 chevaux de la cavalerie, 132 mulets et 2.239 porteurs sujets du roi Toffa, réunis à grand'peine, grâce à l'énergie de M. Ballot.

La défense de la base d'opérations est assurée par les garnisons de Porto-Novo, de Kotonou et de Grand-Popo, où une colonne mobile, forte de deux compagnies indigènes, avec une pièce et sous les ordres du commandant Audéoud, est chargée de nettoyer la région du Mono et de créer une diversion dans l'ouest pour inquiéter Béhanzin.

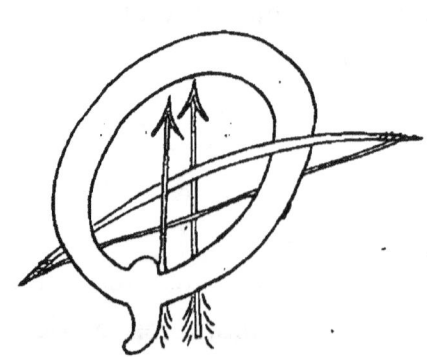

Marche sur Abomey

Pour se rendre de Kotonou ou de Porto-Novo à Abomey, deux routes s'offraient à la colonne.

Celle, plus directe, qui passe au milieu de grandes forêts, traverse Allada et toutes les contrées marécageuses de la Lama; c'est par cette route que les Dahoméens espéraient voir arriver nos troupes.

Mais le colonel Dodds préféra remonter la rive gauche de l'Ouémé, franchir ce fleuve au gué de Tohoué et de ce point se diriger vers le nord-ouest sur Cana.

En s'appuyant au fleuve, les transports d'artillerie, de vivres et de matériel étaient singulièrement facilités; en outre, le pays à traverser, quoique coupé encore de bas-fonds marécageux, était moins insalubre que la région paludéenne à affronter de l'autre côté.

L'évacuation des malades devait aussi s'effectuer dans les meilleures conditions : il était préférable de substituer la douceur d'un trajet fait par eau aux cahots et aux fatigues d'une marche dans un pays dépourvu de bonnes communications.

11 septembre. — Départ de Porto-Novo du colonel et de son état-major, dont le commandant Gonard est le chef. Ils rejoignent la colonne à Kesossa.

14 septembre. — La colonne, sauf la cavalerie, est concentrée à Dogba, au confluent de l'Ouémé et de la lagune de Badao.

Ce point est choisi pour y construire un fort d'appui.

Les derniers renforts arrivés ont remonté le fleuve en pirogues remorquées par les canonnières, ou ont suivi la voie de terre en longeant la rive gauche du fleuve.

L'infanterie est alors divisée en trois groupes, confiés aux commandants Riou, Faurax et Lasserre. Les services auxiliaires se composent d'un parc d'artillerie, d'une ambulance, d'un convoi de vivres et d'une flottille formée par l'*Opale*, le *Corail*, la *Topaze* et l'*Émeraude*.

La colonne était constituée de la façon suivante :

CONSTITUTION DE LA COLONNE

État-major : Lieutenant-colonel Grégoire, commandant en second ; commandant Gonard, chef d'état-major ; capitaine Marmet, officier d'ordonnance du commandant supérieur ; capitaines Trinité-Schillemans, Roget, Lombard ; lieutenants Vuillemot et Ferradini.

1er groupe. — Commandant Riou ; adjudant-major lieutenant Toulouze ; 1re compagnie de légion étrangère, capitaine Battréau, lieutenants Kieffer et Vivier ; 3e compagnie de tirailleurs sénégalais, capitaine Rilba, lieutenants Gelas et Fautrat ; 1re compagnie de Haoussas, capitaine Sauvage, lieutenants Ayrolles et Merienne-Lucas ; 1re section d'artillerie, capitaine Delestre, lieutenant Maron ; ambulance, médecin-major Barthélemy.

2e groupe. — Commandant Faurax ; adjudant-major, capitaine Demartinecourt ; 3e compagnie de légion étrangère, capitaine Drude, lieutenants Farge de Filley, Courtois, Cornetto ; 2e compagnie de légion étrangère, capitaine Jouvelet, lieutenants Varennes, Jacquot et Morin ; 5e compagnie de tirailleurs sénégalais, capitaine Gallenon, lieutenant Lahache et Combes ; 2e section d'artillerie, capitaine Montané, lieutenant Michel ; médecins-majors, Vallois, Piedpremier.

3e groupe. — Commandant Lasserre ; adjudant-major, capitaine Manet ; 4e compagnie de légion étrangère, capitaine Poivre, lieutenants Farail, Morandy, Amelot ; 9e compagnie de tirailleurs sénégalais, capitaine Robard, lieutenants Doué et Marceau; 3⁰ section d'artillerie, lieutenants Jacquin et Merlin; ambulance, médecin-major Thomas.

Troupes hors groupes : aumônier, abbé Vathelet; parc de réserve, capitaine Vallerey; ambulance principale, médecins-majors Rouch et Carrière; convoi administratif, lieutenant

Béhanzin à la Martinique.

Valabrègue; vétérinaire Surjus; services administratifs, sous-commissaire Noguès; compagnie d'infanterie de marine, capitaine Roulland, lieutenants Genest et Badaire.

Cavalerie. — Un escadron de spahis réguliers, capitaine de Fitz-James; un escadron de volontaires, capitaine Crémieu-Foa; sous le commandement supérieur du chef d'escadron Villiers.

Génie. — capitaine Roques et lieutenant Mouneyres.

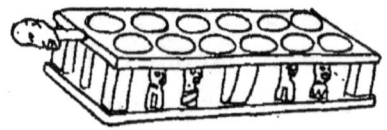

18 septembre. — Reconnaissance sur *Oué*, en remontant la rive droite du fleuve. Le reste de la colonne doit suivre le lendemain. L'ennemi reste invisible.

19 septembre. — Arrivée de la reconnaissance à Zounou, à 15 kilomètres de Dogba.

20 septembre. — Combat de Dogba. — A 5 heures du matin, le camp que l'ennemi croyait faiblement gardé est attaqué par 4.000 Dahoméens, sous le commandement du Bigo, généralissime des troupes de Béhanzin. Malgré la soudaineté de l'attaque, l'élan de l'ennemi est arrêté à vingt pas de nos tranchées par le feu de l'infanterie de marine et celui de nos canonnières. En faisant renforcer une des faces du carré par ses légionnaires, le commandant Faurax est mortellement frappé d'une balle au ventre.

A 8 heures, après un mouvement en avant de notre part, le feu cesse entièrement et l'*Opale* couvre de ses projectiles de Hotschkiss la ligne de retraite des ennemis.

Les Dahoméens laissent 130 morts sur le terrain, après avoir emporté un grand nombre de tués et de blessés.

Avec le commandant Faurax, nous avions perdu aussi le lieutenant Badaire, de l'infanterie de marine, tué au début de l'action, 3 soldats européens tués et 27 blessés dont 7 indigènes, parmi lesquels plusieurs moururent des suites de leurs blessures.

Dans la journée, faute de pouvoir enterrer les nombreux cadavres dahoméens, on les traîna sur d'immenses bûchers, puis on y mit le feu.

23 septembre. — La cavalerie rejoint la colonne, et la marche en avant est reprise le long du fleuve.

27 septembre. — Arrivée de la colonne à Aouandjitomé.

28 septembre. — Le *Corail* et l'*Opale* remontent reconnaître le fleuve jusqu'à Tohoué, ayant chacune à bord un peloton de légionnaires. En face de Gbédé, les canonnières sont accueillies par une forte canonnade et une violente mousqueterie des fantassins ennemis solidement établis sur la rive droite. Au retour de la reconnaissance, nos bâtiments sont de nouveau criblés d'une grêle de balles.

30 septembre. — Arrivée de la colonne à Gbédé. Dans la nuit le bivouac est bombardé par les Dahoméens, mais sans résultat; on ne leur répond même pas.

1ᵉʳ octobre. — Les gués de Tohoué et d'Agony se trouvant fortement défendus, le colonel Dodds renonce à forcer le passage du fleuve, en ces points. Néanmoins des reconnaissances sont envoyées le long du fleuve pour entretenir l'ennemi dans l'idée que le passage du gué aura lieu.

2 octobre. — A la faveur d'un brouillard intense, une partie des troupes franchit sans encombre l'Ouémé à hauteur de Gbédé. Cette fraction s'établit sur la rive droite pour protéger le passage du reste du corps expéditionnaire.

Dans l'après-midi, une reconnaissance pousse vers Poguessa au nord; elle trouve les Dahoméens en force à 1.500 mètres en amont du point de passage de la colonne.

Une patrouille de spahis, conduite par le maréchal-des-logis indigène Samba M'Diaye, pénètre dans le camp dahoméen malgré l'ordre de demeurer sous bois. Le sous-officier est tué et son corps reste aux mains des amazones.

4 octobre. — Combats de Poguessa. — Après avoir créé une tête d'étapes de guerre à Gbédé, le corps expéditionnaire se met en route sur deux colonnes parallèles; l'une suit le long du fleuve, et est protégée par le *Corail* et l'*Opale* qui éclairent la marche; l'autre passe par un sentier découvert et amélioré la veille. En tête de chaque colonne, un groupe de Toffanis dirigés par des soldats du génie, manœuvre le coupe-coupe et fraie un passage à l'artillerie. Après avoir marché 2 kilomètres, nos troupes rencontrent l'ennemi sur le terrain où la reconnaissance du 2 avait combattu. Brusquement, à 20 mètres, un coup de fusil part, suivi d'une fusillade intense; nos soldats se déploient instantanément et ripostent par des feux de salve. Après un violent combat d'environ deux heures, auquel prennent part les canonnières, les 10.000 Dahoméens commandés par Béhanzin disparaissent. A 5 heures du soir la colonne bivouaque près d'Adégon, au confluent du Zou et de l'Ouémé. Nous perdions dans cette affaire 8 tués, dont 2 officiers (capitaine Bellamy et lieutenant Amelot), et 36 blessés dont 3 officiers (commandant Lasserre, lieutenants Ferradini et Bosano). Morts et blessés sont évacués sur Porto-Novo, où plusieurs succombèrent à leurs blessures.

5 et 6 octobre. — Ces journées sont employées à s'ouvrir à travers la brousse un passage vers le Zou. Le 6, vers 3 heures et demie du soir, le commandant Gonard se heurte à Adégon, sur le Zouga, aux avant-postes ennemis installés, au débouché d'un pont de branchages, dans une triple ligne de tranchées-abris. Les corvées et leurs soutiens franchissent la rivière au pas de charge sur le pont qui s'effondre, et s'établissent sur la rive nord.

Les Dahoméens disparaissent, laissant une centaine de cadavres parmi lesquels plusieurs amazones. Nous avions dans cette affaire 6 tués, dont un officier (lieutenant Doué) et 32 blessés dont 4 officiers (commandant Gonard, capitaines Drude et Manet, lieutenant Farail).

7 octobre. — Le reste de la colonne rejoint le groupe du

commandant Gonard et s'installe près d'Adégon, qui constitua, jusqu'à la fin des opérations, une nouvelle tête d'étapes de guerre, et où des magasins de ravitaillement furent établis et approvisionnés par la flottille. Celle-ci fut renforcée d'une chaloupe à vapeur, la *Jeannette*, achetée à la Compagnie Frayssinet, et qui prit le nom d'*Ambre*.

8 octobre. — Arrivée à Poguessa et reconnaissance sur Sabovi où un immense camp dahoméen vient d'être évacué.

10 octobre. — La colonne quitte les bords de l'Ouémé pour s'enfoncer dans l'inconnu. Le pays est couvert d'une épaisse brousse à travers laquelle on se guide à la boussole. Le chemin est ouvert à coups de sabre et de coupe-coupe; la marche sous un soleil ardent est surtout rendue pénible par le manque d'eau. De nombreux fétiches, alignés en rangs serrés, étaient disposés par les Dahoméens le long de l'étroit sentier dans l'espoir qu'ils nous barreront le passage. On campe à Kossupa.

11 octobre. — On marche sur Oumbouémédi malgré une violente tornade qui défonce les chemins, mais qui calme un peu la soif dévorant hommes et bêtes depuis trois jours.

12 octobre. — Combat d'Oumbouémédi. — Le contact est repris avec l'ennemi. Vers 7 heures du matin, nos troupes qui s'avancent sur trois colonnes, sont attaquées par des nuées d'ennemis se servant de balles explosibles. La colonne les arrête net par quelques feux de salve, et se lance en avant, à la baïonnette. Ce combat à l'arme blanche inspire une telle frayeur à l'ennemi que, dans l'après-midi, il n'ose plus se rapprocher autant des faces du carré; bientôt il abandonne le terrain, avec ses morts et ses blessés. Vers 3 heures du soir, on bivouaque en arrière d'une clairière, mais sans eau.

La journée nous a coûté 4 tués et 30 blessés, dont 3 officiers, parmi lesquels le lieutenant Cornetto. La colonne avait brûlé 75.000 cartouches.

13 octobre. — Prise du camp d'Akpa. — La cavalerie va chercher des cartouches à Adégon et la colonne reprend sa marche. Le feu reprend aussitôt et se continue jusqu'au camp ennemi qu'on enlève à la baïonnette. Nos pertes sont de 8 tués et 38 blessés, dont 4 officiers (lieutenants Kieffer, Passaga, Grandmontagne et Anoun-Dialo).

14 octobre. — La colonne marche sur le Koto dont les abords sont défendus par trois lignes de retranchements. La rivière coule de plus dans un fouillis de lianes difficile à franchir. Une attaque de front paraissant impossible, le colonel Dodds cherche à tourner la position en passant par un gué qui devait se trouver à 3 kilomètres vers le nord. Mais l'ennemi s'aperçoit de notre marche de flanc, et ne cesse d'entraver le mouvement par un feu terrible. Notre artillerie ne peut passer et le gué est du reste introuvable. La colonne s'arrête alors dans un fond marécageux, entouré de bois touffus; du haut des palmiers les Dahoméens tirent sur le carré en visant surtout les officiers. On les repousse et l'on déjeune, mais l'ennemi ne cesse de couvrir le camp de projectiles explosibles.

Vers 2 heures de l'après-midi, tous les Dahoméens de Kotopa, après s'être faufilés à travers le bois, réussissent à s'approcher jusqu'à une centaine de mètres de nos canons sans être signalés. Ils allaient se jeter sur nos troupes en repos et sans défiance, quand ils furent découverts par le capitaine Montané qui était grimpé sur un arbre. A vingt pas on tire sur eux à mitraille, on les crible de feux de salve; ils disparaissent sur une face pour venir attaquer les autres faces. Le combat dure ainsi trois longues heures; comme la situation devenait intenable, la colonne, pour ne pas passer la nuit dans un entonnoir reporte son bivouac en arrière, sur la crête qui domine le Koto. Nos troupes passent la nuit sur la rive gauche, à 800 mètres de la rivière et des bois, d'où l'ennemi embusqué continue ses feux.

Ce fut une des plus rudes journées de la campagne, car nos soldats n'avaient pas d'eau et ne s'étaient pas désaltérés depuis Oumbouémédi.

Le capitaine Battréau fut grièvement blessé dans cette affaire.

15 octobre. — Après une nuit épouvantable, les spahis rapportent 34.000 cartouches. Une corvée d'eau, soutenue par la compagnie Sauvage des tirailleurs haoussas, est envoyée le matin à la rivière du Koto pour puiser de l'eau ; elle est accueillie à coups de fusil et les porteurs refluent vers le camp en abandonnant leurs récipients vides. Mais, malgré qu'ils soient débordés par les forces dahoméennes, nos tirailleurs luttent de 8 h. 1/2 à midi, sans vouloir reculer, et quoique ayant subi des pertes importantes. Pour les ramener en arrière, il fallut les faire secourir par un peloton de légionnaires, qui repoussèrent l'ennemi sous bois en le chargeant.

Dans l'après-midi, les Dahoméens attaquent le convoi qui arrivait d'Akpa vers 1 heure. L'artillerie de Kotopa appuie ce retour offensif. Un obus éclate au centre du camp, tue 5 ou 6 porteurs toffanis et affole les autres.

Pour dérouter les artilleurs dahoméens qui ont trop bien repéré leur tir, la colonne se déplace encore pour rétrograder sur le bivouac qu'elle avait le 13 au soir.

La soif devenait insupportable ; depuis la veille à midi, on n'avait pas eu une goutte d'eau, même pour le café. Le capitaine de Fitz-James se dévoue pendant la nuit avec ses spahis pour aller chercher en arrière, au dernier point d'eau rencontré, 1.100 bidons d'une eau bourbeuse que les hommes se disputent avec avidité. Heureusement qu'une tornade, qui menaçait depuis la veille, éclate avec la plus grande intensité, et nos soldats purent étancher enfin leur soif remontant à plus de quarante-huit heures. Ce fut une orgie d'eau. Cette nuit inoubliable de privations fit donner le nom de Camp de la Soif à ces lieux où le corps expéditionnaire avait tant souffert.

Les deux journées du 14 et du 15 octobre nous ont coûté : 9 tués dont le commandant Marmet, et 66 blessés dont 2 officiers (commandant Stéfani, lieutenant d'Urbal).

16 octobre. — Épuisés par les fatigues, les combats et les privations, nos soldats avaient besoin de repos; les ambulances étaient bondées, le convoi administratif vide. Aussi le colonel ramena ses troupes au bivouac situé à l'est d'Akpa, commandant la route d'Abomey et sa propre ligne de ravitaillement. Les blessés et les malades sont évacués sur Adégon où ils arrivent après deux jours de rudes souffrances : 13 d'entre eux et un officier moururent en route.

Du 17 au 19 octobre, repos dans les cantonnements; le Génie creuse cinq puits pour approvisionner d'eau la colonne.

20 octobre. — Le colonel Dodds fait reporter le camp un peu en arrière, sur un terrain moins humide et moins exposé aux coups de l'artillerie. Au moment où le mouvement s'effectuait, les Dahoméens se ruèrent avec furie sur le carré, appuyés par deux mitrailleuses. Repoussé par des feux de salve, l'ennemi se réfugie dans les ruines du village d'Akpa, mais les tirailleurs haoussas le délogent et mettent le village en état de défense. 2 officiers sont blessés : le commandant Villiers et le capitaine Crémieu-Foa, des spahis.

21 octobre. — L'ennemi, s'étant rapproché pendant la nuit, est repoussé par nos patrouilles et se retire définitivement sur Kotopa.

Ces deux affaires nous avaient coûté 2 officiers tués (lieutenants Michel et Toulouze), 10 hommes tués et 35 blessés.

22 octobre. — Le chef de la colonne, avant de tenter de vive force le passage du Koto, attend l'arrivée de renforts qu'il a demandés en même temps qu'il rappelait le commandant Audéoud de Grand-Popo.

La colonne ne comptait plus que 53 officiers et 1.500 hommes.

23 octobre. — Des indigènes, porteurs de drapeaux blancs, s'avancent jusqu'à 500 mètres des faces du camp pour venir solliciter la protection du colonel, mais ils disparaissent peu après.

24 octobre. — Arrivée du commandant Audéoud avec son détachement et deux compagnies venant de Dakar.

L'effectif remonte à 69 officiers et 2.000 hommes. La colonne est fractionnée en quatre groupes au lieu de trois, afin de faciliter la marche en carré et la formation du bivouac. Un gîte d'étapes est créé à Kossoupa et les services de l'arrière sont centralisés entre les mains d'un officier d'état-major.

Malgré que Béhanzin continue à se fortifier, ses parlementaires reviennent pour demander la paix. Comme gage de leur sincérité, le colonel exige l'évacuation des lignes du Koto. Béhanzin refuse et la marche en avant est reprise le 26.

Les convois et bagages restent à Akpa, sous la garde des malingres. Une section d'artillerie est chargée de nettoyer la brousse en avant de Kotopa.

26 octobre. — Après un très court combat, deux lignes de tranchées dahoméennes sont enlevées à la baïonnette, et, à midi, la colonne entre à Kotopa malgré les attaques répétées des réguliers et des amazones.

La marche est reprise à 2 heures pour tenter le passage de la rivière ; à 5 heures le commandant Audéoud la franchit avec une fraction de la colonne, chasse les Dahoméens d'un village et s'installe sur un plateau à 600 mètres au delà du cours d'eau. Le lendemain, le restant de la colonne le rejoint. On croyait avoir franchi le Koto, mais ce n'était que le Han, l'un de ses affluents.

Le soir une tornade éclate et apporte de l'eau à discrétion à nos soldats assoiffés. La journée nous avait coûté 2 tués et 24 blessés, dont le capitaine Demartinécourt.

27 octobre. — Les drapeaux blancs reparaissent et annoncent la visite d'un ministre pour traiter de la paix.

Mais le colonel ayant peu de confiance dans les promesses du roi, prend ses dispositions pour faire repasser le Han et franchir le Koto. — Un combat sanglant a lieu au gué d'Évegui, la rivière est forcée et à 4 heures le bivouac est installé à proximité de Kotopa.

Pertes : 2 tués et 12 blessés, dont les capitaines Combettes et Fonssagrives, de l'infanterie de marine.

Le convoi est ramené d'Akpa dans la nuit. La colonne est maintenant au centre du Dahomey. Cana, la ville sainte, est très proche, et Abomey n'est plus qu'à une vingtaine de kilomètres de la colonne.

28, 29, 30 et 31 octobre. — La colonne est ravitaillée, et les blessés sont évacués. Un poste est créé à Kotopa pour remplacer celui d'Akpa et assurer la communication avec Adégon.

1er novembre. — Une reconnaissance essaie de découvrir le chemin de Cana et revient avec 3 tirailleurs tués.

2 novembre. — Combats d'Ouakon. La marche en avant est reprise, et la colonne tourne la position d'Ouakon solidement fortifiée par l'ennemi. Après trois heures de lutte, nos troupes bivouaquent sous les murs du palais que les Dahoméens viennent d'abandonner.

Dans cette journée, nous avons eu 4 tués (dont le lieutenant Mercier) et 22 blessés (dont le lieutenant Cany).

3 novembre. — A la pointe du jour, les Dahoméens se jettent sur les 4 faces du bivouac et pénètrent dans le palais d'où on les déloge à la baïonnette. Après quatre heures d'un combat acharné, l'ennemi s'enfuit et son artillerie seule continue un instant à tirer. A 10 heures 1/2, le feu avait cessé complètement de part et d'autre. La journée nous coûtait 7 hommes tués et 58 blessés dont le capitaine Roger, le lieutenant Jacquot et le docteur Rouch.

4 novembre. — Béhanzin lance et conduit lui-même les débris de son armée royale ; chasseurs d'éléphants, amazones, prisonniers extraits la veille des cachots d'Abomey, rivalisent de folle énergie pour arrêter la marche de nos troupes ; ils tourbillonnent sous nos balles et s'enfuient bientôt de tous les côtés. Toute la journée le carré est harcelé par les attaques incessantes de l'ennemi, ivre de gin et de fureur. Après une grande halte de quelques heures, l'ennemi est délogé à la baïonnette du palais de Djokoué, et le corps expéditionnaire campe dans les faubourgs de Cana.

Nos pertes étaient de 4 tués, dont le lieutenant Ménou, et 49 blessés, dont les lieutenants Maron, Gay et Mérienne-Lucas.

5 novembre. — Béhanzin se reconnaît vaincu, et, comme gage de son désir de faire la paix, il offre l'entrée libre dans Cana.

6 novembre. — La colonne entre triomphalement dans la ville sainte et va établir son bivouac devant le palais du roi. Nos soldats n'étaient plus qu'à 8 kilomètres d'Abomey.

Du 6 au 15 novembre. — Séjour à Cana, où Béhanzin envoie journellement des propositions de paix. Il acceptait le protectorat, nous cédait le littoral et la rive gauche de l'Ouémé jusqu'à Agony ; il nous remettait 8 canons et 2.000 fusils à tir rapide, abolissait l'esclavage et les sacrifices humains, il indemnisait nos négociants et nous donnait 15 millions pour les frais de guerre; enfin le corps expéditionnaire devait entrer dans Abomey où il laisserait un résident.

En signe de paix il envoyait deux mains en argent qui devaient être croisées si le colonel acceptait ses offres. Mais ce dernier, habitué à la mauvaise foi des noirs, remit à plus tard cette opération symbolique.

Le 11 novembre, les envoyés du roi se trouvèrent en présence de M. Ballot, porteur des instructions du gouvernement : « Nous acceptions tout, mais nous ne devions faire la paix qu'à Abomey ».

« Je ne puis plus lutter, répondit le roi, venez si vous vou-
« lez à Abomey, je ne peux pas vous en empêcher; les portes
« seront ouvertes, mais j'aurai quitté la ville avec tout mon
« peuple ».

Le 13 novembre, une dépêche apporte au colonel sa nomination de général et la joie éclate dans le camp français.

Le 15 novembre, Béhanzin, sommé de rendre ses armes et d'opérer le paiement de la moitié de l'indemnité de guerre, envoie en tout 3 pièces Krupp, une mitrailleuse, 150 fusils, 35.000 francs et au lieu de 3 otages désignés nominativement parmi ses conseillers, il nous adresse deux inconnus; suivant son habitude, le roi cherchait à nous tromper pour gagner du temps. Il évacuait les trésors et les munitions accumulés à Abomey. Peut-être préparait-il la défense de la capitale.

On réexpédie à Béhanzin son envoi en le prévenant que, si le 15 au soir, il n'a pas rendu toutes ses armes, les négociations seront rompues et l'on marchera immédiatement sur Abomey.

16 novembre. — Les ambassadeurs n'ayant plus reparu, la colonne bien reposée se met en marche à 7 heures du matin, en évitant bien soigneusement de suivre la route royale sur laquelle les Dahoméens bien armés et bien retranchés attendaient nos soldats. On fait un crochet par Djibé et Bécon, et à midi on fait la halte sur le revers d'un plateau en vue des premières maisons d'Abomey. A 1 heure, on voit la ville en feu, ainsi que tous les villages environnants. Béhanzin, avant de fuir, a incendié sa capitale avec ses propres palais et les maisons des princes et des chefs, afin de les forcer à le suivre. Les reconnaissances de cavalerie signalent qu'Abomey brûle sur une étendue de 3 kilomètres; à cause de l'incendie qui dure toute la nuit, l'entrée de la ville est renvoyée au lendemain, et les troupes bivouaquent sur place. De nombreux esclaves échappés à Béhanzin arrivent de tous côtés.

17 novembre. — La colonne continue sa marche en carré et pénètre dans les faubourgs d'Abomey; pas un coup de feu, pas un ennemi en vue, tout est désert.

A 4 heures du soir, le corps expéditionnaire campe dans la cour principale du palais royal de Simbodji, sur lequel flottent les couleurs de la France.

Ce palais, seul monument digne d'attention, est enfermé dans une enceinte de murs de 3 kilomètres de pourtour, qui autrefois étaient couronnés de crânes humains. Restent encore en place les tiges de fer qui les soutenaient et quelques débris de ces anciens trophées.

Les ruines fumantes de la ville sont totalement abandonnées. Béhanzin a disparu vers le nord à Vendouté; quelques reconnaissances sont lancées, les jours suivants, à sa poursuite, sans pouvoir le retrouver.

La fuite du roi détermine la soumission de nombreux chefs indigènes.

Le 19 novembre le colonel Grégoire marche sur Vendouté avec 400 fusils, mais Béhanzin se retire sur Atchéribé, à 50 kilomètres au nord d'Abomey.

Le 25, une partie de la colonne se porte dans la vallée du

Kouffo, où elle détruit une prison royale. L'ennemi reste toujours invisible.

A cause des difficultés du ravitaillement et de la baisse des eaux qui aurait rendu impossible l'évacuation par les canonnières si l'on avait tardé encore, le retour fut résolu. Un poste fortifié fut établi au palais de Goho, à dix minutes d'Abomey ; une garnison de 4 compagnies avec 4 pièces de canon y fut laissée sous les ordres du lieutenant-colonel Grégoire, commandant supérieur d'Abomey et des postes de Cana, de Kotopa et de Kossoupa.

Le 26 novembre les troupes rétrogradent sur Adégon, et les canonnières les ramènent à Porto-Novo, où le général arrive lui-même le 30 novembre,

La colonne d'Abomey est dissoute le 1er décembre.

Dans dix-sept combats, en deux mois, elle avait perdu par le feu 11 officiers et 70 hommes tués (dont 33 indigènes), 29 officiers et 411 hommes blessés (dont 216 indigènes).

Décédés par suite des maladies, 173 Européens, 32 indigènes ; quant aux Toffanis ils disparurent par milliers.

La prise d'Abomey eut pour conséquences : l'occupation de Whydah qui eut lieu sans résistance le 3 décembre, celle d'Abomey-Calavi, de Godomé et de Savi, par la suite.

Le 14 décembre Allada se soumet, la ville est occupée quelques jours après et un grand magasin est créé à Ekpé, sur les bords de la Lama.

Le poste de Goho peut dès lors se ravitailler à Whydah.

Le même jour, le général Dodds prononce la déchéance de Béhanzin.

Le 27 décembre, une reconnaissance de 80 hommes est attaquée à Fauri, par plusieurs centaines de Dahoméens qui essayèrent de lui couper la retraite sur Goho. Après six heures de lutte, très meurtrière pour l'ennemi, la petite troupe rentra au poste avec un tué et 8 blessés, parmi lesquels le lieutenant Vailly, que la fièvre devait enlever un mois plus tard.

Mais l'œuvre de pacification commence : les routes sont améliorées, une nouvelle ligne télégraphique est créée entre Kotonou et Whydah, la première avait été établie entre Porto-Novo et Dogba, dès l'ouverture des hostilités.

Le calme renaît partout et les indigènes rentrent peu à peu dans leurs villes ou villages.

La guerre proprement dite est finie.

Des reconnaissances topographiques sillonnent toute la région, au nord de la Lama, et lèvent la carte du pays. Après avoir assuré la pacification et commencé la préparation des opérations ultérieures, dans le cas où Béhanzin ne ferait pas sa soumission, le général Dodds remet le commandement par intérim au colonel Lambinet, et rentré en France au commencement de mai 1893 pour prendre un repos bien mérité. Le gouvernement et la population lui firent un accueil des plus enthousiastes.

Par décret du 14 décembre 1892, le général Dodds fut élevé à la dignité de grand-officier de la Légion d'honneur, et le 7 janvier suivant, M. Victor Ballot fut promu commandeur du même ordre. C'était une juste récompense pour sa brillante collaboration à la conquête du Dahomey.

Avec le colonel Lambinet continue la destruction des bandes de pillards qui tenaient encore la campagne ; les environs d'Abomey sont nettoyés par le colonel Mauduit, des détachements fouillent le Décamé ; du côté du Couffo, le commandant Chmittelin fait la même besogne. Dans une de ces petites expéditions, près de Houansouko, le capitaine Maugin et le lieutenant Aigrot, du bataillon d'Afrique, sont grièvement blessés ; le capitaine meurt des suites de ses blessures (2 mai).

Des postes sont créés à Tori et à Ouagbo.

La région d'Agony reste seule encore insoumise, grâce à son chef qui est le beau-frère de Béhanzin.

Ce dernier s'est réfugié à Atchéribé, sur les bords du Zou ; la famine et la variole déciment ses fidèles, dont le nombre est réduit à 400, et dont beaucoup ne restent dans son entourage que par crainte.

Désespérant de pouvoir reprendre son trône les armes à la main, l'ex-roi renonce à la lutte mais non à la diplomatie et à la ruse. Il fait courir le bruit que la France va lui restituer son royaume et fait appel, par un manifeste, aux puissances européennes. Il offrit la paix à maintes reprises, demanda des entrevues au colonel Lambinet et au colonel Dumas, son successeur, mais se garda bien de se trouver au rendez-vous.

Comme ses émissaires agitaient le pays, il était nécessaire de capturer Béhanzin, et une troisième campagne fut résolue.

Troisième expédition du Dahomey (1893-1894.)

Après un repos de trois mois, le général Dodds s'embarque le 12 août 1893 avec les officiers de son état-major pour retourner au Dahomey.

En débarquant, son premier soin fut d'organiser solidement les services civils afin de pouvoir s'adonner entièrement à la tâche militaire.

La plus grande partie du travail de préparation de la nouvelle expédition avait été faite par le capitaine Privé, chef d'état-major du colonel Dumas; le commandant Taverna, nouveau chef d'état-major, n'eut qu'à modifier les détails du plan de campagne.

Les troupes furent divisées en quatre groupes placés respectivement sous les ordres des commandants Drude, Boutin, Jacomel de Cauvigny et Chmittelin.

Le corps expéditionnaire comprenait en tout 1.724 combattants, se répartissant ainsi :

Général Dodds et son état-major; chef, le commandant Taverna, de l'état-major de l'armée, 4 capitaines, 1 lieutenant.

Colonel Dumas de l'infanterie de marine.

1er groupe. — Commandant Drude du 1er étranger.
    Compagnie Vernier (Légion étrangère).
    — Lemoine (12e Cie sénégalaise).
    — Ligier (4e Cie haoussas).

2e groupe. — Commandant Boutin de l'infanterie de marine.
    Compagnie Brundseaux (Légion étrangère).
    — Ditte (Tirailleurs Sénégalais).
    — de Curzon (Tirailleurs Sénégalais).

Lieutenant-colonel Mauduit, du 1er étranger.

3e groupe. — Commandant Jacomel de Cauvigny, de l'infanterie de marine.
    Compagnie Le Moel.
    — Mounoye.
    — Dessort

4ᵉ groupe. — Commandant Chmittelin.
Compagnie Lamolle (Bataillon d'Afrique) et deux compagnies noires
Service de santé : docteur Henry, médecin de 1ʳᵉ classe.

Effrayé par le retour de son vainqueur, Béhanzin céda aux sollicitations d'un journaliste noir de Lagos et envoya une ambassade à Paris, chargée de demander au président Carnot, l'annulation de sa déchéance prononcée par le général Dodds. Cette démarche lui coûta environ 500.000 francs. Cette malheureuse mission ne fut reçue par personne et ses membres, transis de froid, revinrent à Lagos où ils restèrent jusqu'à la prise de Béhanzin.

Avant de se lancer à la poursuite de l'ex-roi, il était nécessaire de s'assurer si les pays de Décamé et des Ouatchis (entre le Mono et le Couffo) étaient suffisamment sûrs pour ne pas risquer que la colonne pût être inquiétée sur ses derrières. Ce résultat obtenu, la concentration des troupes de la nouvelle colonne est effectuée.

Le 16 septembre, le groupe Drude est à Dogba. Il s'avance à l'est jusqu'à Sakété ; comme le pays est tranquille il veut franchir l'Ouémé pour le remonter jusqu'à hauteur d'Agombo, mais le fleuve est débordé et il doit attendre la flottille. Les groupes Boutin et de Cauvigny sont concentrés à Cotopa. Le groupe Chmittelin constitué par les troupes de Goho quitte Abomey le 7 octobre pour s'établir isolément au nord à Oumbégamé sur la route d'Atchéribé.

La flottille renforcée de l'*Olinda*, du *Marmet* et de la *Mosca*, amène à Dogba les réserves de vivres et de munitions.

Ces dispositions étant prises, le général s'embarque le 13 octobre à Porto-Novo sur l'*Ouémé*, pour aller se mettre à la tête de l'expédition.

Il prend en passant à Dogba le groupe Drude et débarque à Agony, au milieu des manifestations les plus amicales de la population. Les groupes des commandants Boutin, Jacomel de Cauvigny et Chmittelin vinrent le rejoindre à travers le Zou, après avoir surmonté de grandes difficultés.

Le 23 octobre, la concentration des trois groupes à Zagnanado est terminée, pendant que le groupe Chmittelin s'est avancé jusqu'à Yégo.

Béhanzin affolé demande qu'on attende le retour de ses envoyés à Paris. Il lui fut répondu de venir d'abord faire sa soumission, sans condition, puisqu'il n'est plus roi du Dahomey. Comme il a préparé sa fuite par le nord-est vers Lagos, il est décidé que cette route de retraite lui sera coupée. A cet effet, le colonel Dumas, avec le groupe Boutin, part le 25 et se porte vers le nord en longeant l'Ouémé; il se dirige sur Paouignan. Le mouvement en avant est alors prononcé par le reste de la colonne.

Le 28 octobre, le groupe Drude, après de nombreux obstacles, s'installe à Begohonou; il y est rejoint le 3 novembre par le groupe de Cauvigny.

Le même jour, les groupes Drude et Boutin se portent respectivement sur Bododji et sur la Louto; le commandant Chmittelin occupe Abodougnanli.

Le 4 novembre, Béhanzin envoie des émissaires au général, mais leurs offres ne paraissent pas sérieuses.

Un des groupes pousse jusqu'à Gounsoué, tandis que le colonel Dumas arrive à Paouignan par Zoutenou.

L'occupation de ce point ferme aux Dahoméens les routes vers l'Ouémé et le territoire de Lagos.

Les 6, 7 et 8 novembre, les rebelles livrent 476 fusils à tir rapide, 4 canons et des munitions. Des princes et des cabécaires doivent venir faire leur soumission, mais deux ministres seulement se présentent; le général Dodds refuse de les recevoir.

Une compagnie les escorte jusqu'au ruisseau le Paco, à deux heures du camp.

Le 8 novembre, le groupe Drude arrive en ce point, et le colonel Dumas se porte de Paouignan sur Gouvelin, à mi-chemin d'Atchéribé.

La population de cette ville étant affolée par l'arrivée prochaine de la colonne, le général annonce qu'il reprendra sa marche en avant si le 9, au matin, la totalité des princes, des ministres et des chefs n'a pas opéré sa soumission.

Elle a lieu le même jour ; 4 ministres, 8 princes et 20 grands chefs se présentent au camp, et sont tout surpris de n'être pas mis à mort. Le général les rassure et leur dit qu'il ne promet la vie sauve à Béhanzin que s'il se rend sans condition. Mais l'ex-roi n'ose le faire par crainte de perdre la vie, malgré qu'un de ses frères lui ait été envoyé à plusieurs reprises pour l'y décider.

Il se sauve d'Atchéribé pendant la nuit et échappe au colonel Dumas qui y arrive quelques heures plus tard, après avoir dû jeter un pont sur le Paco.

A partir de ce moment, Béhanzin est lâché par tout son entourage. Ses femmes, ses parents, ses ministres, poussés comme un troupeau devant nos colonnes, livrent les armes, les cachettes, se livrent les uns les autres pour entrer en grâce auprès de nous. L'ex-roi se fait battre de buisson en buisson : caché le jour dans la brousse, il voyage la nuit en implorant pour vivre la pitié de ses anciens sujets.

Après sa fuite d'Atchéribé, il s'est réfugié près de Bedavo, avec une centaine de guerriers armés de fusils à répétition. Il se dirige ensuite vers Savalou.

La colonne s'éloignant de plus en plus de son point de

débarquement, et les difficultés de ravitaillement augmentant avec la distance et la perte des mulets du convoi, les troupes sont formées en trois colonnes volantes emportant chacune huit jours de vivres. Le 4ᵉ groupe est chargé de garder le convoi et les pièces d'artillerie devenues inutiles. Ces colonnes volantes se livrent à une véritable chasse à courre, de jour et de nuit, cherchant un ennemi qui se dérobe constamment et qui ne s'arrête jamais.

Le 16 novembre la colonne Boutin se dirige vers Savalou, qu'elle espère atteindre avant les fugitifs. Elle est suivie de la colonne Drude. Le groupe de Cauvigny, avec le général, marche derrière, dans les intervalles, de façon à leur barrer les chemins vers l'est.

On sait que Béhanzin ne cherchera pas à prendre la direction de l'ouest, car les populations musulmanes d'Atakpamé lui sont hostiles et l'arrêteraient, tandis que le roi de Savalou lui paraît plutôt favorable.

Dès l'arrivée des troupes à Savalou, Béhanzin fait un crochet vers l'ouest.

La colonne de Cauvigny se porte de Zoutenou sur Zoun-wei-Hono, Paouignan et Dassa-Togon où elle est le 18 novembre.

Béhanzin paraissant se diriger sur Abomey, la colonne Drude s'attache à sa piste.

Elle arrive le 21 novembre à Badagba où Béhanzin a passé la nuit précédente. Le 24, elle cerne Oumbégamé; le 25, après s'être ravitaillée à Goho, elle reprend la direction de la région du nord-ouest qu'elle fouille en tous sens.

La colonne Boutin descendant de Savalou détruit, le 26, un campement dahoméen sur les bords du Zou; elle se maintient en ce point.

Le 22 novembre, le général quitte Dassa-Togon avec le groupe de Cauvigny en se dirigeant au sud; il passe successivement à Atchéribé, Cassécroulou, Bohoué pour arriver le 3 décembre à Oumbégamé.

Le commandant du 5ᵉ groupe qui opérait jusqu'alors isolément dans la région du Mono, reçoit l'ordre de remonter au nord afin de se relier avec la colonne principale.

Le 29 novembre, Béhanzin est signalé dans la région comprise entre Djidja et Goho; on le serre de près. Tantôt on échange des coups de fusil avec son escorte, tantôt on lui enlève des gens et des bœufs. Il est sur le point d'être pris le 4 décembre; le lieutenant Grandmontagne le voyant détaler sur son unique cheval, lui tire hors de portée cinq coups de revolver. Mais il échappe encore à nos poursuites.

Le 8 décembre, on apprend qu'il continue à descendre vers le sud; nos reconnaissances le suivent et capturent à diverses reprises soit des princes, soit des femmes ou des enfants de Glé-Glé ou de Béhanzin.

Il rebrousse brusquement chemin vers le nord.

Le 11 décembre, le quartier général se transporte d'Oumbégamé à Goho.

Du 12 au 20, les trois colonnes légères fouillent sans résultat les territoires compris entre Abomey, Atchéribé et le Couffo. On apprend seulement que Béhanzin se trouve dans le voisinage de Goho, avec une faible escorte.

L'Ouémé n'étant plus navigable au-dessus de Dogba, Cotopa devient tête d'étapes avec Goho comme annexe. Ces deux points sont reliés par une ligne télégraphique.

Le 21 décembre, le groupe Drude remonte vers Dossa pour se rabattre ensuite vers le sud.

Une autre colonne remonte au nord vers Atchéribé et redescend ensuite jusqu'à la ligne Oumbégamé-Tendji. Des postes sont établis en divers endroits.

Le 29 décembre, on trouve la piste de Béhanzin près de

Lesseni, se dirigeant vers Dossa. Peu après, il est sur le point de quitter Djidja pour se rendre à l'ouest de Dieubatté.

Jusqu'au 15 janvier 1894 on parcourt le pays en tous sens, sans pouvoir mettre la main sur le fugitif. On sait qu'il ne quitte pas la région entre Abomey et Oumbégamé, où les habitants de pure race dahoméenne lui sont entièrement dévoués.

Cette chasse à l'homme qui semblait devoir durer longtemps encore fut cependant fructueuse, car nos reconnaissances avaient ramené peu à peu tous les membres de la famille royale.

Après avoir reçu la soumission des Mahis et des Dhassas, le général revint se fixer à Goho. Il devenait d'ailleurs urgent d'organiser le pays pour mettre fin à l'anarchie et au brigandage qui commençaient à naître. Comme les frères que Béhanzin avait évincés pour usurper le pouvoir ne lui avaient jamais pardonné, et qu'ils ne cachaient pas leur haine à son égard, le général Dodds songea à profiter de cette circonstance pour faire nommer un nouveau roi qui aurait personnellement intérêt à se défaire de son prédécesseur, ou qui l'obligerait à se constituer prisonnier.

Cette proposition ayant obtenu l'approbation des membres de la famille royale, les princes dahoméens entre nos mains furent invités à se choisir un nouveau roi. Le prince Goutchili héritier légitime de Glé-Glé, évincé par ruse par Béhanzin, fut désigné à l'unanimité comme pouvant le mieux tirer le pays de la situation où il se trouvait. Son oncle Topa-Mêlé et sa sœur Yaya Migausi furent le dénicher dans la brousse où il était encore, et l'amenèrent à Goho.

Accepté par le commandant du corps expéditionnaire, Goutchili est proclamé roi sous le nom d'Agoli-Agbo.

La cérémonie du couronnement eut lieu le 15 janvier 1894, sur la place du palais de Simbodji à Abomey, en présence de toutes les troupes formées en carré. Le nouveau monarque est présenté au peuple par le général Dodds qui lui adresse une chaleureuse improvisation. Il reçoit en signe d'investiture un superbe sabre en argent.

Les couleurs françaises sont alors hissées au son du canon et, après un brillant défilé, les troupes regagnèrent leurs cantonnements à Goho. Ce poste fut détruit par un incendie quelques jours après.

Aussitôt couronné, Agoli-Agbo dénonce au général Dodds la retraite de Béhanzin. Il n'y a plus qu'à l'envoyer chercher.

Dans la nuit du 25 au 26 janvier, l'ex-roi se rend sans condition au capitaine d'état-major Privé, dans le village d'Acachacpa.

Cette capture terminait une campagne glorieuse pour nos armes et qui fait le plus grand honneur au général Dodds.

Renié par toute sa famille, qui l'accablait d'injures et lui reprochait avec raison tous les malheurs survenus au Dahomey, Béhanzin fut déporté à la Martinique où il est interné depuis au fort Tartenson, à Fort-de-France. Seules quelques-unes de ses femmes l'ont accompagné en exil.

Ses ministres et quelques cabécères les plus compromis furent transportés au Gabon.

Pendant la première période de son règne, Agoli-Agbo gouverna sagement ses sujets, et son administration ne donna lieu à aucune réprimande de la part du gouvernement français ; mais son arrogance envers nos résidents et ses abus de pouvoir sur ses administrés ne firent que croître avec les années, à un tel point, qu'au mois de janvier 1900, le gouvernement jugea prudent de le destituer.

Aujourd'hui, le souverain dépossédé est interné au Congo où il peut méditer à son aise sur sa royauté éphémère.

Il ne sera pas remplacé sur le trône et les territoires formant le royaume d'Abomey sont divisés en cantons indépendants placés sous l'autorité directe du résident.

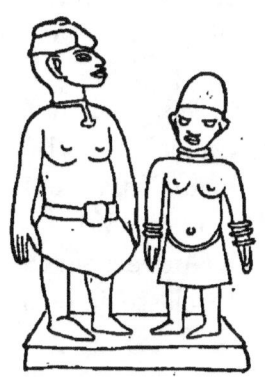

M. BALLOT (Marie-Paul-Victor)

GOUVERNEUR DU DAHOMEY ET DÉPENDANCES

Né le 11 octobre 1855, à Fort-de-France (Martinique).

Services successifs : Entré dans l'Administration coloniale en 1877 comme attaché à la direction des affaires politiques du Sénégal. — Nommé commandant de cercle de 3e classe le 17 août 1878. — Passé à la 2e classe le 21 juin 1880 ; à la 1re classe le 5 janvier 1882. — Directeur adjoint des affaires politiques le 7 juillet 1882. — Directeur titulaire le 27 février 1883. — Nommé commandant particulier des Établissements français du Bénin le 16 juin 1887. — Résident de France à Porto-Novo le 11 juillet 1888. — Lieutenant-gouverneur le 22 décembre 1891. — Gouverneur de 3e classe le 19 novembre 1892. — Gouverneur de 2e classe le 18 janvier 1895. — Gouverneur de 1re classe le 6 juillet 1897.

Campagnes de guerre :

Au Sénégal......
- Expédition dans le Haut Sénégal, 1880.
- Expédition du Cayor, 1881.
- Expédition du Basséa, 1881.
- Expédition du Cayor, 1882.
- Expédition du Fouta, 1883.

Au Dahomey.....
- Campagne de 1890.
- Campagne de 1892-1893.

Légion d'honneur : Chevalier le 28 décembre 1885. — Officier le 12 juillet 1891. — Commandeur le 30 mars 1893.

L'ORGANISATEUR DU DAHOMEY

Phot. L. Peyclit, La Rochelle.

M. le Gouverneur Victor Ballot.

CHAPITRE IV

ORGANISATION DU DAHOMEY

DIVISIONS ADMINISTRATIVES DU PAYS. — GOUVERNEMENT ET ADMINISTRATION. — MISSIONS D'EXPLORATION. — MISSIONS RELIGIEUSES. — MÉDAILLE COMMÉMORATIVE DE L'EXPÉDITION DU DAHOMEY. — MÉDAILLE COLONIALE. — L'ORDRE DE L'ÉTOILE NOIRE DU BÉNIN.

SOMMAIRE

Organisation du Dahomey et divisions administratives du pays. — Gouvernement et administration. — Finances. — Impôts indigènes. — Service du Trésor. — Douanes. — Postes et télégraphes. — Travaux publics. — Flottille. — Ports et rades. — Service de santé. — Justice. — Instruction publique. — Troupes. — Garde indigène. — Police. — Imprimerie du gouvernement. — Missions d'exploration et prise de possession de l'hinterland du Dahomey : 1re Mission du gouverneur Ballot. — Missions du commandant Decœur et du lieutenant Baud. — 2e Mission du gouverneur Ballot. — Mission de l'administrateur principal Alby. — Mission des lieutenants Baud et Vermeersch. — Mission du commandant Toutée. — Missions Bretonnet et Baud. — Soulèvement des Baribas et annexion du royaume de Nikki au Dahomey. — Missions de délimitation du Dahomey : Mission Plé. — Mission Crave. — Mission Toutée. — Historique des missions religieuses : catholiques, protestantes, musulmanes. — Médaille commémorative de l'expédition du Dahomey. — Médaille coloniale. — L'ordre de l'Étoile Noire du Bénin.

Organisation du Dahomey et divisions administratives du pays.

Après la conquête du Dahomey, le général Dodds démembra les immenses territoires du golfe du Bénin pour les diviser, au point de vue politique et administratif, en plusieurs colonies distinctes sous le nom de Dahomey et dépendances. Un décret du 22 juin 1894 confirma cette division.

Nos possessions actuelles du Bénin se composent de :

1º A l'ouest du Couffo, un pays de protectorat : *républiques Minahs* ou confédérations de républiques des Popos, Adjaas et Ouatchis ;

2º A l'est de l'Ouémé, *royaume de Kétou* formé d'une partie du Dahomey et *royaume de Porto-Novo* ;

3º Entre le Couffo et l'Ouémé, les anciens royaumes conquis ou simplement tributaires du Dahomey ont été divisés en plusieurs zones :

A. — Territoires annexés de Whydah, Savi et Kotonou ;

B. — Royaume d'Allada (protectorat) ;

C. — Royaume d'Abomey (protectorat) ;

D. — Confédération des Dhassas (protectorat) ;

E. — Confédération des Mahis (protectorat), capitale Savalou ;

F. — Territoires des Éoués et des Nagos.

4º Des territoires du Haut-Dahomey, divisé en 4 cercles : Cercle du Gourma, cercle de Djougou-Kouandé, cercle du Borgou avec Nikki et Parakou, cercle du Moyen-Niger avec Bouay et Kandi.

Le nouveau roi d'Allada fut couronné le 4 février 1894 par le général Dodds avec le même cérémonial que celui d'Abomey. Ce fut le prince Gigla-Dougbé-Noumaou, descendant de Méji, qui fut investi de l'autorité royale.

Le 13 février, Odon fut proclamé roi de Kétou.

Pour parachever l'organisation du pays, le général Dodds envoya des missions à Kétou, Savalou et jusqu'à Ouessé, pour signer des traités avec les diverses confédérations placées sous notre protectorat.

Toutes reçurent un accueil pacifique.

Le rôle des militaires étant terminé, l'homme le plus à même d'obtenir par son énergie, sa connaissance du pays et des mœurs des habitants, tous les résultats utiles de notre conquête, M. Victor Ballot, fut chargé de continuer l'œuvre si bien commencée. Par décret du 22 juin 1894 il fut nommé gouverneur du Dahomey et de ses dépendances.

Sous son intelligente et sévère administration, la colonie ne fit depuis que prospérer, à un tel point qu'elle s'est développée jusqu'au Niger et qu'avec les seules ressources de son budget elle se suffit depuis longtemps à elle-même.

La paix ne fut jamais troublée et les indigènes eurent toujours à se louer de l'intervention française qui a supprimé les horribles coutumes dont ils étaient victimes depuis des siècles et implanté dans leurs riches pays les bienfaits de notre civilisation.

Gouvernement et administration.

Le gouverneur du Dahomey et dépendances réside à Porto-Novo.

Son action s'étend sur tous les établissements compris entre la colonie anglaise du Lagos et la colonie allemande de Togo, ainsi que sur les territoires de l'intérieur.

Au point de vue administratif, la colonie est divisée en deux régions : le Bas-Dahomey et le Haut-Dahomey.

Un administrateur exerce, dans chaque cercle du Bas-Dahomey, au nom du gouverneur, les fonctions de résident ; il a sous ses ordres les chefs indigènes de cantons et de villages.

Le Haut-Dahomey est administré directement par un résident supérieur qui a autorité sur les administrateurs et résidents du nord de la colonie.

CONSEIL D'ADMINISTRATION

Le conseil d'administration de la colonie se compose :

Du gouverneur, président, assisté d'un secrétaire général qui le remplace en cas d'absence ;

De trois membres choisis parmi les fonctionnaires désignés par le gouverneur ;

De trois membres choisis parmi les habitants notables, français ou indigènes, désignés par le gouverneur pour une période de deux années ;

Trois habitants notables sont en outre désignés par le gouverneur comme membres suppléants pour remplacer, en cas d'absence, les trois habitants notables, membres titulaires.

Un secrétaire-archiviste est attaché au Conseil.

Les fonctionnaires membres du conseil d'administration sont désignés par le gouverneur dans l'ordre de préférence suivant :

1° Le secrétaire général ;

2° Le chef du service des douanes ;

3° Un chef de bureau, magistrat ou administrateur.

Le chef du service de santé, le chef du service des travaux publics et tous autres chefs de service, s'il y a lieu, peuvent siéger au conseil avec voix consultative ; ils peuvent également remplacer, avec voix délibérative, les membres titulaires, en cas d'absence de ceux-ci.

ORGANISATION DU DAHOMEY 179

Tels sont encore le commandant des troupes, le chef des services administratifs, le chef du service du Trésor, des Postes et Télégraphes.

Le secrétariat du gouvernement est divisé en trois sections placées sous l'autorité directe du chef du secrétariat :

1° Section administrative ;

2° Section politique ;

3° Section militaire.

Chacune de ces sections est dirigée par un chef ou sous-chef de bureau assisté de commis titulaires et d'employés auxiliaires, dans la limite des besoins du service.

Pour assurer le bon fonctionnement du service des affaires indigènes, des agents auxiliaires sont, en outre, adjoints aux administrateurs coloniaux afin de les seconder. Ils portent le titre d'adjoints ou de commis des affaires indigènes.

DÉLÉGUÉ AU CONSEIL SUPÉRIEUR DES COLONIES

Le Dahomey est représenté au Conseil supérieur des colonies par un délégué élu par la colonie.

Finances.

Il n'existe au Dahomey qu'un seul budget : le *budget local*; qu'une seule caisse dans les cercles : la *caisse de l'agence spéciale*.

Le budget annuel de la colonie comporte environ 3 millions de francs de recettes, et l'excédent des recettes sur les dépenses a été, pour l'année 1899, de 829.176 francs, qui ont été versés à la caisse de réserve.

Ces ressources sont constituées par le recouvrement des

contributions directes ou indirectes, des droits de patente ou d'ancrage des navires, des produits de la douane, des droits d'enregistrement, de greffe, des produits domaniaux et d'une manière générale des taxes publiques de toute nature.

Parmi ces dernières, il convient de citer particulièrement l'impôt indigène et la taxe de capitation personnelle.

IMPOT INDIGÈNE. — Par arrêté du 1er février 1899 un impôt annuel indigène a été établi, à titre d'essai, dans le cercle de Savalou comprenant les régions de Savalou, des Dhassas, de Paouignan, de Savé et de Carnotville.

Cet impôt a été fixé, pour l'année 1899, à la globale de 30.000 francs. Chaque année le résident de Savalou, en faisant connaître au gouverneur les prévisions du cercle en recettes et dépenses pour l'année suivante, doit indiquer en même temps la répartition du montant de l'impôt à percevoir par région.

Cet impôt indigène est perçu et centralisé par des chefs de région responsables qui viennent en opérer le versement à des époques déterminées à l'agence spéciale de Savalou, en présence et par l'intermédiaire du résident de ce cercle.

L'impôt indigène peut être perçu selon trois modes différents : 1° argent, 2° cauris, 3° bétail et denrées diverses.

Les cauris sont comptés actuellement sur le pied de 7 fr. par sac de 20.000 cauris, soit :

0 fr. 25 pour 700 cauris ;
0 fr. 50 pour 1.400 cauris ;
1 fr. 00 pour 2.800 cauris.

Le bétail est dirigé sur la ferme du service local à Porto-Novo dont il sera parlé dans un autre chapitre ; il est vendu par les soins de l'agent comptable de cet établissement au profit du budget régional de Savalou.

Les denrées diverses sont cédées à titre de subsistances en

nature aux gardes indigènes, hamacaires et porteurs, en déduction de leur solde journalière.

Taxe de capitation. — Un arrêté du 28 juin 1899 établit dans la colonie, au profit du budget local, une taxe de capitation personnelle sur chaque habitant indigène.

Cet impôt est établi sur les bases suivantes :

1° 2 fr. 25 par homme, femme et enfant âgé de plus de dix ans, habitant les villes de Kotonou, Whydah, Grand-Popo, Agoué, Porto-Novo et sa banlieue;

2° 1 fr. 25 par homme, femme et enfant âgé de plus de dix ans habitant les autres localités de la colonie.

La taxe de capitation est perçue par les chefs de villages sous la surveillance des administrateurs, résidents et chefs de poste. Elle est acquittée par eux dans les six premiers mois de l'année. Les versements sont effectués en argent par les chefs eux-mêmes dans les caisses des agents spéciaux sous le contrôle des administrateurs et résidents.

Transitoirement, les populations du cercle de Savalou et des territoires placés sous les ordres du résident supérieur du Haut-Dahomey auront la faculté d'acquitter la taxe de capitation en cauris, caoutchouc, bétail et denrées diverses.

Des demandes de dégrèvement en faveur des indigènes indigents seront adressées annuellement au gouverneur par les administrateurs et résidents.

Ces fonctionnaires sont autorisés également en cas de sécheresse, de famine, ou pour toute autre cause de force majeure, à proposer au chef de la colonie le dégrèvement partiel ou total de la taxe en faveur d'un ou de plusieurs villages.

A titre de remise il est alloué :

1° Aux rois et chefs supérieurs, 0 fr. 25 par habitant des villes capitales et 0 fr. 10 par habitant des autres localités de ces royaumes;

2° Aux chefs des villages relevant de ces rois, 0 fr. 15;

3º Aux chefs des villages indépendants 0 fr. 25 par habitant.

Ces remises ne sont payées aux intéressés qu'après complet recouvrement des rôles.

L'impôt indigène a produit cette année 600.000 fr. : 450.000 fr. pour le Bas-Dahomey et 150.000 fr. pour le Haut-Dahomey et les régions du Niger.

Le service des finances incombe aux agents du Trésor.

Service du Trésor

Un trésorier-payeur assure cet important service.

Il réside à Porto-Novo, et comme il n'a pas de préposé dans la colonie, il est secondé par les agences spéciales créées dans chaque cercle et tenues généralement par le receveur des postes, un interprète, ou un garde principal habitant la région.

Ces agents spéciaux acquittent, au moyen d'une avance du Trésor, les dépenses urgentes sur états visés par l'administrateur de leur cercle, et encaissent toutes les recettes des budgets colonial et local.

Les opérations du trésorier payeur peuvent être contrôlées soit à époque fixe, soit inopinément, par le secrétaire général sur l'ordre du gouverneur.

Les postes pourvus d'agence spéciale sont Porto-Novo, Kotonou, Whydah, Grand-Popo, Athiémé, Abomey, Savalou et Parakou.

L'avance faite à ces agences est variable suivant l'importance des paiements qu'elles peuvent avoir à effectuer : elle est de 6.000 francs à Porto-Novo, de 40.000 francs à Parakou, de 20.000 francs à Kotonou, etc.

L'agence de Porto-Novo n'acquitte que les dépenses uniquement urgentes, telles que paiement de porteurs hamacaires, de piroguiers, etc.

Douanes

Le premier bureau des douanes fut créé à Porto-Novo en avril 1890. Il en existait un à Grand-Popo depuis avril 1887.

Le Gouvernement à Porto-Novo.

Les bureaux de douanes établis actuellement dans la colonie sont par ordre d'importance :

Kotonou, Porto-Novo, Grand-Popo, Whydah, Agoué, Athiémé, Savé, Topli, Apamagbo, Couji, Jounouguy, Vodomé, Agomé-Séva, Adjara et Nokoué.

Le chef du service des douanes a sous ses ordres des agents du cadre métropolitain et des agents du cadre local, soit sédentaires, soit actifs, qui assurent en même temps que la perception des taxes, la surveillance des frontières et la vérification des poids et mesures.

Des interprètes indigènes et des canotiers leur sont adjoints.

Dans la plupart des ports, la douane assure aussi le service de l'agence sanitaire.

Les droits à acquitter par les navires sont ceux de patente et d'ancrage. Ils constituèrent les premiers revenus de la colonie.

Un arrêté du 22 juin 1899 a fixé au Dahomey le tarif des taxes de consommation actuelles, pour les importations dans la colonie. Il n'existe pas de droit à la sortie.

Afin d'éviter au commerce des avances considérables de droits au Trésor, le régime de l'entrepôt fictif fut établi par arrêté du 31 juillet 1898 dans les postes de Kotonou, Whydah et Grand-Popo, conformément aux dispositions adoptées dans la métropole. Les commerçants peuvent ainsi recevoir de très grandes quantités de marchandises qu'ils mettent en entrepôt et dont ils n'acquittent les droits qu'au fur et à mesure de la vente des produits.

Auparavant ils étaient tenus d'acquitter ces droits aussitôt le débarquement des marchandises.

Pour éviter l'importation clandestine d'armes par colis postaux, ces derniers sont remis par le service des postes à celui des douanes qui vérifie leur contenu et lui applique les taxes réglementaires.

Le bureau des douanes de Porto-Novo est chargé de la délivrance des colis pour le nord de la colonie et celui de Kotonou de celle des colis destinés aux localités du littoral.

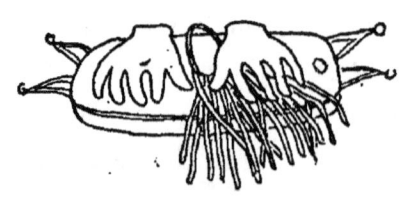

Postes et Télégraphes

SERVICE POSTAL INTÉRIEUR

Ce service est parfaitement organisé ; il est assuré par des fonctionnaires et agents de la métropole et par des agents locaux. Dans les centres où il n'existe pas d'agent des postes, c'est le personnel administratif qui y supplée.

Les bureaux des postes et des télégraphes ouverts au Dahomey sont :

Sur la côte : Kotonou, Abomey-Calavi, Whydah, Grand-Popo, Agoué.

Dans l'intérieur : en se dirigeant vers le nord, Porto-Novo, Dogba, Sagon, Zagnanado, Savalou, Carnotville, Parakou, Djougou, Kouandé, Konkobiri, Diapaga, Matiacouali, Fada-N'Gourma.

Deux agences postales existent à Abomey et à Athiémé.

Un service postal journalier dessert les divers centres du littoral, avec départ de Porto-Novo ; la durée du trajet est de 12 heures pour Kotonou, 12 h. 1/2 de Kotonou à Whydah, 12 heures de Whydah à Grand-Popo, 4 heures de Grand-Popo à Agoué et 1 heure d'Agoué à Illacondji.

Le bureau d'Abomey-Calavi fait l'échange de sa correspondance à Godomey, sur la route de Kotonou à Whydah.

A Illacondji, village frontière, a lieu l'échange des correspondances avec la colonie allemande du Togo.

De Porto-Novo à Kotonou et de Whydah à Grand-Popo le service se fait par la lagune ; le reste du trajet est assuré par des piétons.

La transmission des correspondances postales pour tous les points situés entre la capitale et le Haut Dahomey est assurée trois fois par semaine par un service régulier.

De Porto-Novo à Carnotville le courrier met en moyenne 9 jours, et 19 jours de Carnotville à Fada-N'Gourma.

Entre Parakou et le Niger, le transport des correspondances se fait par des cavaliers choisis parmi les troupes stationnées dans le Haut-Pays.

Les piroguiers et les piétons employés au service des courriers sont recrutés dans le voisinage des localités à desservir.

Il reçoivent une solde mensuelle variable suivant les points.

SERVICE POSTAL EXTÉRIEUR

Le service des courriers entre le Dahomey et l'Europe est assuré ainsi :

Au départ.

1° Le 2 ou le 3 de chaque mois par la Compagnie des Chargeurs-Réunis de Bordeaux (arrivée probable à Bordeaux le 20);

2° Le 23 ou le 24 de chaque mois par la Compagnie Fraissinet de Marseille (arrivée probable à Marseille le 14);

3° Par « Woermann Linie » Via Plymouth quittant Petit-Popo (Togo) le 7 de chaque mois.

A l'arrivée.

1° Le 2 ou le 3 de chaque mois par la Compagnie des Chargeurs-Réunis (départ de Bordeaux le 15);

2° Le 15 de chaque mois par la Compagnie Fraissinet (départ de Marseille le 25);

3° Du 4 au 6 de chaque mois par la voie allemande du Togo.

Quelques correspondances pour l'Europe partent aussi par la voie de Lagos, mais les dates de départ des bateaux de cette ligne étant variables suivant l'intérêt du fret, cette voie est peu empruntée au départ.

Les arrivées « voie Lagos » sont plus importantes que les départs; une grande partie des correspondances à destination du Togo arrivent par Lagos et transitent par le Dahomey.

Le tarif des correspondances postales pour l'intérieur de la colonie est le même que dans la métropole.

Télégraphes.

Le réseau télégraphique du Dahomey a un développement de plus de 1.500 kilomètres.

Il s'étend : 1° de Porto-Novo au Togo par Kotonou, Abomey-Calavi, Whydah, Grand-Popo, Agoué et le Togo;

2° De Porto-Novo à Fada-N'Gourma où il est relié au réseau soudanais. Les bureaux desservis par cette deuxième ligne sont : Dogba, Sagon, Zagnanado, Savalou, Carnotville, avec prolongement sur Parakou (Borgou), Djougou, Kouandé, Konkobiri, Diapaga, Matiacouali et Fada (Gourma).

3° Deux lignes, récemment créées, relient Diapaga à Say (Niger), Parakou au Niger par Nikki et Kandi, Savalou à Whydah par Abomey et Allada.

Enfin, pour assurer la transmission des câblogrammes transitant par la voie terrestre Soudan-Dahomey, il sera nécessaire de doubler la ligne de Fada N'Gourma-Porto-Novo, et de relier le chef-lieu à Lagos par une voie aérienne, de façon à faire bénéficier la colonie des taxes de transit de Lagos, comme elle profite déjà de celles du Togo allemand.

Le prix des câblogrammes via Soudan ne sera plus alors que de 1 fr. 70 par mot; il varie actuellement entre 7 fr. 61 à 7 fr. 95 par mot pour le tarif du câble, suivant que l'on emploie la voie de Bordeaux, de Barcelone ou de Malte; il n'y aura par suite plus de concurrence possible.

Actuellement le Dahomey écoule un grand nombre de transmissions par la voie Soudan-Sénégal.

La taxe télégraphique est fixée à 0 fr. 10 par mot avec minimum de 1 fr. pour les télégrammes circulant au Dahomey. La taxe pour les télégrammes échangés entre le Sénégal, la Guinée française, le Dahomey et la Côte d'Ivoire et réciproquement, est fixée à 0 fr. 20 par mot avec minimum de 1 fr.

La taxe des télégrammes à destination de Togo est fixée à 0 fr. 25 par mot, sans minimum.

TÉLÉPHONES

Le réseau téléphonique est limité actuellement aux seuls bureaux de Porto-Novo, Kotonou, Abomey-Calavi, Whydah, Grand-Popo et Sagon.

La taxe est fixée à 0 fr. 50 par 5 minutes de conversation.

Le réseau téléphonique urbain de la ville de Porto-Novo va recevoir un commencement d'exécution; le matériel est en partie arrivé dans la colonie.

LIGNES SOUS-MARINES

La colonie est reliée par Kotonou à Accra (Côte-d'Or) et à Sao-Thomé et Libreville (Gabon) par le câble sous-marin appartenant à la West African Télégraph Company.

Les câblogrammes à destination de l'étranger sont déposés et taxés aux bureaux télégraphiques de la colonie qui les font parvenir à la station de Kotonou.

COLIS POSTAUX

Le service des colis postaux sans déclaration de valeur et du poids maximum de 5 kilogrammes existe entre la colonie et l'extérieur.

La taxe à payer pour l'affranchissement est de 3 francs, (non compris le droit de timbre).

La limite des dimensions est de 0 m. 60; seuls les colis

fusils peuvent atteindre une longueur maxima de 0 m. 80, mais leur volume ne peut excéder la limite imposée aux autres colis.

Cette limite de volume est de 25 décimètres cubes.

Travaux publics.

Le service des travaux publics de la colonie est dirigé par un conducteur principal, chef de service, secondé par un conducteur de 3e classe, trois commis, un comptable et deux surveillants.

Ce personnel est chargé de la construction et de l'entretien des bâtiments coloniaux, ainsi que des travaux de voirie à effectuer dans le Bas-Dahomey où le terrain est plat et dépourvu d'accidents. Le chef de service a aussi la haute direction de tous les travaux et chantiers de la colonie.

Au point de vue administratif le service des travaux publics est placé dans les attributions du secrétaire général.

Flottille.

Le service local de la colonie possède, depuis le 1er janvier 1896, une flottille composée de « *l'Onyx* », canonnière à faible tirant d'eau du type Yarrow; de « l'*Ambre* », petite chaloupe à marche rapide, et de la « *Mascotte* », ancienne chaloupe de la direction d'artillerie de Kotonou.

Ces chaloupes servent au transport des courriers, des troupes, du personnel et du matériel du service local.

Deux mécaniciens européens sont chargés de la direction et de l'entretien courant de ces chaloupes.

Les grosses réparations sont faites par le service des travaux publics.

La colonie possède également trois dragues qui sont constamment en service dans le lac Nokoué ou dans les chenaux du Toché, d'Awansouri, de Godomey ou d'Abomey-Calavi dont elles améliorent les passes.

Ports et rades.

La police des ports et rades de la colonie est réglementée par un arrêté local du 24 août 1894 qui détermine en même temps les attributions du lieutenant de port de Kotonou.

Ce dernier a sous ses ordres les maîtres de port, patrons et canotiers, et son autorité s'exerce sur les capitaines, maîtres ou patrons des navires du commerce mouillés sur rade.

Il est le maître absolu du port et des rades et aucune manœuvre ne doit s'y faire sans son autorisation.

Service de Santé.

Le service de Santé est dirigé au Dahomey par un médecin principal des colonies.

Les établissements hospitaliers sont entièrement à la charge du service local, ce sont :

1° L'hôpital de Porto-Novo ;
2° L'ambulance de Kotonou ;
3° L'ambulance de Parakou, dans le Haut-Dahomey ;
4° Les ambulances de Whydah et de Grand-Popo.

Le service est assuré dans ces divers postes par des médecins coloniaux assistés d'infirmiers européens et indigènes.

L'hôpital de Porto-Novo seul possède des sœurs hospitalières.

Le prix de la journée d'hôpital est le suivant :

12 fr. pour les officiers ;

8 fr. pour les sous-officiers;

4 fr. pour les soldats.

Le médecin en chef de Porto-Novo est aussi directeur de la Santé; il assure avec ses adjoints, dans leurs résidences respectives, la visite de la patente des navires ainsi que l'observation des règlements de police sanitaire.

Le Secrétariat général à Porto-Novo.

Un comité d'hygiène existe également dans la colonie afin de veiller à l'examen des questions intéressant la salubrité publique.

Dans les ports de Porto-Novo, Kotonou et Grand-Popo est aussi institué un conseil sanitaire composé de fonctionnaires, du médecin et d'habitants notables.

Dans leurs résidences, les médecins sont chargés de la vaccination et de la délivrance des médicaments, sauf cependant à Porto-Novo où se trouve un pharmacien.

Chaque poste de la colonie possède une petite pharmacie dont les approvisionnements sont fréquemment renouvelés, ainsi que des notices résumant les symptômes des principales maladies du pays et la manière de les traiter.

Œuvre des tombes. — Le chef du service de Santé est aussi président du comité de l'Œuvre des tombes au Dahomey.

Fondée depuis le 5 décembre 1890, cette œuvre recueille les souscriptions et dons volontaires faits dans la colonie pour l'entretien des tombes de nos fonctionnaires et soldats, et veille à leur judicieux emploi.

Justice.

Le service de la Justice a été définitivement organisé dans la colonie du Dahomey par le décret en date du 26 juillet 1894.

Deux justices de paix à compétence étendue sont instituées à Porto-Novo et à Whydah.

Les fonctions de juge de paix, de greffier et d'huissier sont remplies par des officiers, fonctionnaires ou agents désignés par le gouverneur.

Les fonctions du ministère public sont remplies par le commissaire de police ou, à défaut, par un fonctionnaire désigné par le gouverneur.

Les greffiers remplissent, en outre des attributs de leur charge, les fonctions de notaire.

Les tribunaux de paix de Porto-Novo et de Whydah connaissent :

1º En premier et dernier ressort de toutes les affaires attribuées aux juges de paix en France, de toutes les actions personnelles et immobilières jusqu'à 100 francs de revenu ;

2° En premier ressort seulement, et à charge d'appel devant le conseil d'appel de toutes les autres affaires.

En matière commerciale, leur compétence est celle des tribunaux de commerce de la métropole.

Indépendamment des fonctions départies aux juges de paix par le code civil, le code de procédure civile et le code de commerce, les juges de paix de Porto-Novo et de Whydah ont les attributions dévolues aux présidents des tribunaux de première instance.

Ils surveillent spécialement l'administration des successions vacantes.

L'appel des jugements rendus par les tribunaux de paix du Dahomey est porté devant un conseil d'appel siégeant au chef-lieu et composé du gouverneur ou de son délégué, président, et de deux assesseurs choisis au commencement de chaque année, par le gouverneur, parmi les fonctionnaires ou officiers en service dans la colonie.

Ce conseil d'appel, constitué en tribunal criminel, connaît des crimes commis sur le territoire de la colonie et de toutes les affaires qui sont déférées en France aux cours d'assises.

Les juges de paix remplissent alors les fonctions de magistrat instructeur.

Les décisions du tribunal criminel ne sont pas sujettes à appel ; elles sont susceptibles seulement de recours en cassation.

Les administrateurs, résidents et chefs de poste sont officiers de police judiciaire, et comme tels ils peuvent procéder à l'arrestation du délinquant en cas de crime ou de flagrant délit et se livrer à l'instruction de l'affaire.

Les juridictions indigènes existant dans la colonie avant

notre occupation sont maintenues, tant pour le jugement des affaires civiles entre indigènes que pour la poursuite des contraventions et délits commis par ceux-ci envers leurs congénères.

Mais les indigènes peuvent toujours saisir de leurs procès les tribunaux français.

Les fonctions d'officier de l'état civil sont remplies au chef-lieu du gouvernement par le secrétaire général, et dans les cercles par les administrateurs, résidents ou chefs de poste.

Des peines disciplinaires peuvent aussi être prononcées par les administrateurs contre les indigènes non citoyens français, mais elles ne peuvent, en aucun cas, excéder huit jours de prison et 50 francs d'amende.

Par décision spéciale du gouverneur, motivée par un rapport de l'administrateur, ces peines disciplinaires peuvent être portées à quinze jours de prison et 100 francs d'amende au maximum.

Ces amendes sont intégralement versées au Trésor.

Instruction publique.

Cette question difficile a été résolue en partie par l'administration locale malgré la superstition et l'inertie des indigènes qui paraissaient rebelles à l'instruction.

Des écoles mixtes de garçons et de filles ont été établies dans les centres importants de la colonie, à Porto-Novo, Kotonou, Whydah, Grand-Popo, Agoué, Abomey-Calavi, Kétou, Abomey, Zagnanado, Parakou et Péréré-Nikki. Chaque poste de la colonie a en outre une petite école française.

Des primes sont attribuées aux interprètes en service dans l'intérieur qui parviennent, avec l'appui des administrateurs et résidents, à réunir un certain nombre d'élèves dans les écoles des postes.

Quoique depuis longtemps nos missionnaires et nos sœurs fussent établis sur la côte des Esclaves, les écoles qu'ils avaient fondées étaient peu fréquentées et, par suite, la langue française peu répandue dans ces contrées. On y parlait seulement

La Douane à Porto-Novo.

l'anglais et un peu de portugais. Cependant aujourd'hui les écoles religieuses commencent à obtenir des résultats satisfaisants ; il est vrai que l'administration ne cesse de les encourager par des subventions en argent et des concessions de toutes sortes. Le Comité de l'Alliance française présidé par M. Victor Ballot, gouverneur, fait fréquemment des dons de livres à toutes les écoles de la colonie.

Ces écoles sont tenues par les Missions catholiques de Lyon ; elles sont bien plus fréquentées que les écoles dirigées par les missions vesleyennes de Londres qui cherchent à leur faire concurrence.

Dans le Nord, au Gourma, les Pères blancs font un vigoureux effort pour combattre la propagande musulmane et propager la langue et l'influence françaises dans toute cette région que nous n'occupons que depuis 1897. Quelques écoles ont déjà été ouvertes par nos interprètes, et tout fait espérer que l'avenir sera fructueux.

A Porto-Novo est instituée une Commission permanente de l'Instruction publique chargée de l'inspection des écoles et de l'étude de toutes les questions pouvant intéresser l'instruction publique au Dahomey.

Troupes.

Les troupes blanches et noires de la Marine qui avaient pris part à la conquête du Dahomey, furent peu à peu rapatriées soit au Sénégal, soit en France, et remplacées dans leurs garnisons par des gardes indigènes de la colonie.

Comme troupes régulières il n'existe actuellement au Dahomey qu'une compagnie de tirailleurs sénégalais, dont le dépôt est au Sénégal.

Cette compagnie comprend 150 hommes placés sous le commandement d'un capitaine qui est en même temps résident du cercle du Moyen-Niger. Il habite Kandi, chef-lieu de la région.

Il a sous ses ordres deux lieutenants dont l'un réside à Dosso, sur la rive gauche du Niger.

Garde indigène du Bénin.

Cette garde, recrutée par voie d'engagements volontaires ou de rengagements, parmi les Européens et les indigènes résidant sur le territoire français du Bénin, est spécialement affectée aux services suivants :

1° Garde des résidences ;
2° Garde des postes de douane ;
3° Garde des prisons ;
4° Garde des édifices publics ;
5° Service des courriers officiels ;
6° Service des renseignements politiques ;
7° Poursuite et arrestation des malfaiteurs ;
8° Escorte de transports par terre et par eau.

C'est une force de police essentiellement civile, complètement entretenue par la colonie et qui est à la disposition des administrateurs et résidents sous la haute autorité du Gouverneur de la colonie.

En cas de guerre ou de rébellion, la garde indigène peut être mobilisée en tout ou partie. Elle passe alors sous les ordres de l'autorité militaire. Un arrêté spécial du gouverneur fixerait alors les cas et les conditions de cette mobilisation.

La garde indigène se compose de 4 compagnies, à effectif variable suivant les besoins et les ressources budgétaires de la colonie.

Ces compagnies sont commandées par des inspecteurs, des gardes principaux, des brigadiers et des sous-brigadiers.

L'uniforme des gardes est copié sur celui des zouaves, sauf que les tresses et soutaches sont vertes au lieu d'être rouges.

La petite tenue comporte une vareuse du modèle de l'infanterie de marine, un pantalon à la turque en coutil gris et la chéchia.

La garde indigène est armée du fusil modèle 1874 transformé.

Police.

La police générale est exercée au Dahomey par un commissaire de police, secondé par quatre adjudants de police européens et indigènes, ayant sous leurs ordres 6 brigadiers, 7 sous-brigadiers et 37 gardes de police indigènes.

Ce personnel est réparti entre les villes de Porto-Novo, Kotonou, Whydah, Grand-Popo et Agoué.

Il est chargé de la police administrative et judiciaire; de la surveillance des cafés, cabarets, débits de boissons; de la voirie et de tout ce qui intéresse la sécurité publique.

Le personnel de la police est placé, sous le rapport du recrutement, de l'administration et de la discipline, dans les attributions du secrétaire général.

Le commissaire de police qui réside à Porto-Novo exerce la police administrative sous les ordres du secrétaire général, et la police judiciaire sous les ordres du juge de paix à compétence étendue.

Les adjudants de police ont les mêmes attributions que le commissaire de police dans les villes où ils exercent; ils sont placés sous l'autorité directe des administrateurs.

Les gradés portent la tenue du cadre de la garde indigène, sauf que le pantalon est bleu foncé; les gardes revêtent une blouse et un pantalon en toile bleue, une calotte rouge.

Ils sont armés d'un sabre-baïonnette avec ceinturon en cuir noir.

Malgré cette faible force de police, il règne une sécurité parfaite au Dahomey, tant au point de vue de la sûreté des personnes qui est absolue, que des vols qui y sont relativement rares. Cet heureux état de choses est dû à l'entente qui règne partout entre la police et les chefs indigènes qui lui prêtent en toutes circonstances un concours dévoué.

Imprimerie du Gouvernement.

Une imprimerie officielle fonctionne à Porto-Novo depuis la fin de l'année 1889. En même temps qu'elle assure le tirage du *Journal Officiel de la Colonie*, dont le premier numéro a paru le 1er janvier 1890, elle établit tous les imprimés nécessaires à l'administration locale et exécute les travaux qui lui sont confiés par les particuliers. Un atelier spécial de reliure lui est annexé.

L'imprimerie est dirigée par un chef d'imprimerie de première classe, secondé par un ouvrier typographe européen et par divers employés indigènes pris sur place et formés par elle.

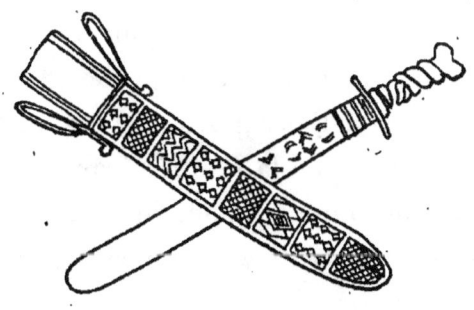

MISSIONS D'EXPLORATION

ET PRISE DE POSSESSION DE L'HINTERLAND DU DAHOMEY

Avant la conquête, le territoire du Dahomey, sauf le littoral, était peu connu. Quelques négociants ou officiers européens étaient bien montés parfois jusqu'à Abomey, sur l'invitation du roi ; d'autres avaient essayé de remonter pendant quelques mill s le cours de l'Ouémé, mais la baisse des eaux et l'hostilité des riverains soumis au Dahomey les obligeaient à rebrousser chemin, sous peine d'être emmenés en captivité dans la capitale.

Après la défaite de Béhanzin, on ne connaissait du pays que les levés topographiques exécutés à la hâte par les officiers du corps expéditionnaire.

A la fin de 1892, le Gouvernement avait songé à confier au capitaine Binger la mission d'explorer l'arrière-pays du Dahomey. M. Binger fit à cette occasion un travail préparatoire des plus intéressants ; mais il était tout désigné pour administrer la colonie de Grand-Bassam qu'une organisation nouvelle avait rendu indépendante de la Guinée française.

Dans le courant de l'année 1893, le commandant Decœur, de l'artillerie de marine, avait commencé à parcourir toute la région du Haut-Mono jusqu'au pays des Baribas, accompagné du lieutenant Baud, de l'infanterie de marine. Mais la saison étant trop avancée, il dut rentrer en France et remettre à l'année suivante la suite de ses explorations.

En juillet 1894, quand M. Ballot eut rejoint son poste de

gouverneur de la colonie, il résolut de remédier à ce manque de renseignements géographiques sur les régions nouvellement conquises qu'il avait à administrer.

D'un autre côté, tout en s'occupant activement de l'organisation et de l'administration de la colonie, M. Victor Ballot ne voulait pas négliger son expansion territoriale, surtout qu'il était urgent de mettre son hinterland sous notre domination, afin de le soustraire aux ardentes convoitises de nos voisins du Togo et de Lagos qui, à l'époque, préparaient la mise en route de deux missions, l'une allemande dirigée par le docteur Gruner, l'autre anglaise commandée par le capitaine Lugard.

Nos rivaux avaient tout intérêt à nous devancer sur le Niger de façon à nous intercepter toute jonction du Dahomey avec le Soudan, et s'ils avaient réussi, le Dahomey n'était plus pour nous qu'une simple enclave côtière, puisque aux termes des dernières conventions passées avec l'Allemagne et l'Angleterre, notre sphère d'influence sur les territoires situés au nord du Dahomey devait s'arrêter au 9º degré.

Mais Anglais et Allemands, en fomentant leur projet, n'avaient pas compté sur la perspicacité du gouverneur.

Avant son départ de Paris, M. Ballot avait arrêté, d'accord avec M. Delcassé, alors ministre des Colonies, le programme des explorations à entreprendre. Il reçut comme instruction formelle du Ministre de devancer, par tous les moyens possibles, nos rivaux qui menaçaient le Gourma et le Borgou, de manière à nous réserver, avec la plus grande étendue de territoire, le libre accès au Niger.

Grâce à l'habileté et à la diligence du gouverneur, la réussite du plan dont le ministre lui avait confié l'exécution eut lieu avec un entier succès. Dans ce but M. Ballot avait préparé à la hâte deux missions, l'une dont il prit le commandement en personne, et l'autre dont il confia la direction au commandant Decœur.

Les deux missions quittèrent Porto-Novo ensemble, mais nous les suivrons l'une après l'autre dans leurs pérégrinations.

Première mission du gouverneur Ballot.
Fondation du poste de Carnotville
(26 août au 28 octobre 1894).

Cette mission se composait de :

MM. le colonel Nény, de l'infanterie de marine, commandant supérieur des troupes ;

Capitaine d'artillerie Mounier, chef du bureau militaire du gouvernement ;

Deville, administrateur colonial ;

Xavier Béraud, interprète principal.

L'escorte était composée de 25 gardes indigènes commandés par l'inspecteur Achille Béraud, et le convoi de 80 porteurs.

La mission s'embarquait le 26 août sur une canonnière remorquant deux grandes pirogues. Il en fut de même pour la mission du commandant Decœur.

Les canonnières arrivèrent le soir même à Dogba, le 27 à

Sagon et le 28 août elles débarquèrent leur personnel et le matériel des deux missions à Ouémétou.

La mission Ballot se dirigea alors sur Zagnanado et Abomey où elle arriva le 29 août, pendant que la mission Decœur restait à Agony. Le 30 elle séjourna dans la capitale, revint le 31 à Zagnanado d'où elle partit le 2 septembre pour les Dhassas et Savé où elle devait se rencontrer avec la mission Decœur le 7 ou le 8 septembre.

La mission du gouverneur coucha le même soir à Gahingon, elle était le 3 à Kétou, où elle fit séjour le 4 ; le 5 elle arriva à Agony-Pao, le 6 à la rivière Ocpala, le 7 à la rivière Bessi, le 8 à Savé où elle retrouve le commandant Decœur avec une partie de sa mission, le reste ayant été dirigé sur Savalou avec le lieutenant Baud pour s'y réapprovisionner.

Le gouverneur reste le 9 à Savé, passe le 10 à Kaboua, le 11 à Kokoro, le 12 à Ouessé, le 13 à Vossa, le 14 à Dadjo où il rejoint de nouveau la mission Decœur.

Laissant dans ce village une partie de son convoi, M. Ballot traverse le 15 la rivière Bido et arrive enfin le 16 septembre dans le village d'Agbassa. En raison de sa situation remarquable et de sa proximité des routes conduisant aux grands centres du Haut-Pays, le gouverneur établit dans ce village notre premier poste d'occupation et lui donna le nom de Carnotville.

Le 17 septembre la mission redescend à Dadjo, le 18 elle franchit l'Ouémé, le 19 elle atteint Diagbalo après avoir traversé l'Odouo, arrive le 20 à Agoua, le 21 à Kokoboa, le 22 à Savalou où M. Mounier, adjoint des affaires indigènes, venait de faire construire en quelques jours la résidence dont il fut le premier titulaire.

La mission séjourne dans ce poste le 23 et en profite pour reconnaître le cours de l'Agbado. Elle en repart le 24 et va coucher sur les bords du Zou.

Le 25 septembre, la mission oblique vers l'ouest et se dirige sur Djalloukou ; elle y arrive le même jour et le roi lui fait un cordial accueil.

Le 26 septembre elle atteint les bords du Kouffo, le 27 elle arrive à Djidja et le 28 à Abomey où elle fait séjour jusqu'au 1er octobre inclus.

Le 2 octobre la mission repart vers l'ouest et arrive à Tado où elle séjourne le 4 octobre. Le 5 elle passe à Toune et campe à Ounbénié, le 6 elle est à Topli, où elle fait séjour le lendemain.

Le 8 la mission est à Affagnon où elle reste un jour, elle reprend sa marche le 10 et arrive le 11 à Agoué sur la côte.

Le gouverneur profite de son séjour pour inspecter les postes de douane de la frontière allemande ; le 14 il se rend à Grand-Popo et y demeure jusqu'au 19 pour régler différentes affaires ; du 20 au 23 il reste à Whydah, en repart le 24 pour Allada, qu'il quitte le 26 pour Abomey-Calavi. Le 27 la mission couchait à Godomey et le 28 elle atteignait Kotonou où l'*Opale* l'attendait pour la transporter à Porto-Novo où elle débarquait le même jour.

Le but de cette première mission du gouverneur était de mettre en route la mission Decœur et de lui assurer sa subsistance par la concentration d'importants approvisionnements de vivres dans les postes de Savalou et de Carnotville.

En même temps, ce voyage permit au gouverneur de se rendre compte de la situation générale des pays nouvellement soumis à notre influence dans le nord de la colonie ; il en profita pour rassurer les populations noires en leur confirmant la chute du tyran d'Abomey, à laquelle personne ne voulait encore croire.

Missions du commandant Decœur et du lieutenant Baud

(*Du 26 août 1894 au 20 mars 1895*).

La mission du commandant Decœur se composait de :

MM. Baud, lieutenant d'infanterie de marine, second ; docteur Danjou, médecin aide-major de 1re classe ; Molex, secrétaire ; de Portzamparc, lieutenant aux tirailleurs haoussas, commandant l'escorte ; Vargoz, sous-lieutenant aux tirailleurs sénégalais ; d'Auriac, inspecteur de la garde indigène. 50 tirailleurs sénégalais, 50 tirailleurs haoussas et 50 gardes indigènes formaient l'escorte.

Le convoi était de 250 porteurs.

Cette mission se mit en route avec la mission Ballot, qu'elle quitta au point de débarquement pour rester à Agony, et qu'elle retrouva successivement à Savé le 8 septembre et à Dadjo le 14, comme il a été dit plus haut.

Pendant son passage à Grand-Popo, au retour de sa mission, M. le gouverneur Ballot avait profité de son séjour pour rendre visite au gouverneur allemand du Togo. Ce dernier lui apprit qu'un officier allemand, M. Polekowski, venait de quitter Petit-Popo le 14 octobre pour se rendre à Misahohé et Krathyé avec 100 miliciens et un convoi important. Cet officier devait attendre dans ce dernier poste l'arrivée du docteur Gruner.

Le but apparent de cette mission était de visiter l'arrière-pays de la colonie allemande, mais son but réel était d'atteindre le Niger entre Gomba et Say.

Le gouverneur avait immédiatement informé le commandant Decœur de la gravité de la situation en lui prescrivant de se hâter.

La mission Decœur était à cette époque (15 octobre) revenue aux environs de Carnotville et perdait un temps précieux dans les environs de Bédou, Blé et de Manigri. C'est avec les chefs de ces villages qu'elle conclut des traités inutiles qui parvinrent à M. Ballot le 24 octobre. Depuis cette époque, le gouverneur fut longtemps sans recevoir aucune nouvelle de la mission.

De Carnotville la mission se dirigea, par Coda et Alafia, sur Sazon, où elle arriva le 19 octobre. Le commandant voulait traiter avec le roi du Gambari, capitale Parakou. Le chef de Sazon fit bon accueil à la mission et parut d'abord assez disposé à signer un traité au nom du roi de Parakou qu'il remplaçait, mais le lendemain il fit des objections et voulut prolonger inutilement les négociations. Le commandant décida de rétrograder vers le sud et de se rendre dans la région de Bassila, ville assez importante qu'assiégeait alors Acpaki, roi de Parakou; il revint à Carnotville par la même route, traversa l'Ouémé et se retrouva le 29 octobre à Manigri.

De ce village il avait l'intention, au lieu de marcher directement sur Nikki, de se diriger sur Kirikri, Aledjo, Séméré et, de ce point, de suivre ensuite la route déjà explorée par Wolf en 1889 jusqu'à Nikki, en passant par Ouangara, Bariéma, Bori, M'Dali, Tébo, Borou, Péréré et Doroukpara.

Le 4 novembre, le commandant Decœur fut mis en présence d'Acpaki et lui proposa de faire un traité de protectorat. Il lui conseilla en même temps de faire avec Bassila une paix honorable, Acpaki ne voulut pas se prononcer de suite, mais, le soir, il alla voir le commandant avec deux de ses conseillers, lui déclara qu'il ne pouvait rentrer à Parakou sans avoir pris Bassila, et signa avec lui un traité de protectorat qui nous donnait l'arrière-pays dahoméen jusqu'à 9° 30′.

Sur ces entrefaites, M. le gouverneur Ballot avait reçu des

renseignements de Lagos, lui signalant la marche vers Nikki du capitaine anglais Lugard, qui avait quitté Ibadan le 5 septembre, se dirigeant vers le pays des Baribas, afin d'y devancer la mission française.

En présence de l'inaction de la mission Decœur, le gouverneur mit immédiatement en route M. Alby, administrateur colonial, chef du service des affaires indigènes du Dahomey,

(Phot. de M. Brot.)

Baribas travaillant au tracé d'une route
entre Parakou et Carnotville.

avec mission de rejoindre par les moyens les plus rapides le commandant Decœur, de le tenir au courant des progrès des Anglais et des Allemands, et surtout de l'inviter à hâter sa marche en avant sur Nikki d'abord, pour y devancer le capitaine Lugard, et ensuite sur le Mossi pour y devancer la mission Gruner.

M. Alby quitta Porto-Novo le 7 novembre 1894 et réussit à informer par lettre M. Decœur de la marche des Anglais sur Nikki. Rejoint à Manigri par le lieutenant Baud, le commandant Decœur et toute la mission se mirent en route le 8 novembre, et passèrent successivement à Kékélé, Pénésoulou, Pélala, Tankoni, Parataou, Alédjo et Séméré où ils arrivèrent le 13 novembre, au lieu de marcher directement et précipitamment sur Nikki, comme l'ordre en avait été donné par le Gouverneur, par l'intermédiaire de M. Alby.

Après avoir traité à Séméré, le Commandant passa à Ouangara, à N'Dali, où il retrouva la tombe de l'explorateur Wolf à laquelle il fit mettre un entourage et une croix, et arriva le 25 novembre à Nikki.

Là, il apprenait que des Anglais arrivant du Niger venaient de séjourner à Nikki ; c'était la mission du capitaine Lugard qui avait devancé la sienne de quelques jours. Mais les Anglais, heureusement, n'avaient pu voir le roi et s'étaient contentés de signer un traité avec l'iman des musulmans.

Néanmoins le commandant Decœur concluait le 26 novembre un traité régulier avec le roi de Nikki ; ce traité plaçait le Borgou sous le protectorat de la France.

Au lieu de continuer sa route vers le Niger, le commandant Decœur crut devoir encore rétrograder sur Carnotville, sous prétexte de réapprovisionner sa colonne. Il arriva dans ce poste le 10 décembre.

A peine était-il parti de Nikki, qu'il rencontrait, arrivant de Porto-Novo et de Carnotville, M. Alby qui venait de parcourir 600 kilomètres en 22 jours. Après s'être ravitaillé à Carnotville, la mission Decœur repartit de cette ville le 19 décembre, pour exécuter la deuxième partie de son programme.

Elle se dirigea directement sur Ouangara, Kouandé et Makka, où elle arriva le 31 décembre.

En cours de route, elle éprouva certaines difficultés avec les chefs des villages de Birni et de Kouandé, qui, trois ans auparavant, avaient fermé les chemins au lieutenant allemand Kling, venu de Salaga pour reprendre la suite de la mission Wolf et pour tenter de ramener à la côte le corps de son compatriote inhumé à M'Dali. Quelques conversations dissipèrent les appréhensions des chefs, et la mission parvint sans encombre à Makka.

Là elle se divisa en deux parties. Le commandant Decœur chargea son second, le lieutenant Baud, de gagner Say sur le Niger par le chemin le plus court. M. Baud avait avec lui le lieutenant Vargoz, 25 Sénégalais et 75 porteurs, emportant 60 jours de vivres. Le commandant se dirigea sur Sansanné-Mango, accompagné du lieutenant Vermeersch, qui venait de remplacer le lieutenant de Portzamparc malade et de M. Molex, en traversant des pays complètement sauvages, où les indigènes sont entièrement nus. Ils ne trouvèrent sur la route que deux agglomérations, Ouavo et Makeri, dont les chefs consentirent à traiter.

A Sansanné-Mango, où la mission arrive le 6 janvier 1895, le chef déclare qu'il avait traité, six mois auparavant, avec un officier indigène de la colonie anglaise de la Côte d'Or, le capitaine Fergusson. Il montra en effet le texte d'un document autographié qui était un simple traité de commerce et d'amitié passé au nom du gouvernement de la reine et dans lequel était insérée une clause en vertu de laquelle le chef s'interdisait de placer son pays sous le protectorat d'aucune puissance européenne.

Le commandant Decœur resta trois jours à Sansanné-Mango qu'il quitta le 9 janvier pour continuer sa route au nord à travers le Gourma, en essayant de distancer le second du docteur Gruner, le lieutenant allemand de Karnap, lancé en avant par son chef. Malheureusement il s'éloignait de Sansanné-

Mango sans avoir traité avec le chef. La mission arriva à Pélélé, premier village du pays de Gourma, dont la capitale Noungou ou Fada N'Gourma est éloignée d'environ 150 kilomètres au nord. Au moment où la mission quittait le village, renvoyant en arrière le docteur Danjou et les malades, on vit arriver le lieutenant allemand de Karnap, parti à la hâte de Sansanné-Mango, où le docteur Gruner, assisté du docteur Dering, était arrivé le soir même du départ du commandant Decœur et avait signé avec le chef un traité plaçant la région sous le protectorat allemand.

Le lieutenant de Karnap, après une entrevue très courtoise avec les membres de la mission française, partit rapidement pour le nord, voulant, grâce à son faible convoi de 20 hommes, arriver à distancer notre mission, obligée à une marche plus lente à cause de ses approvisionnements.

Le lieutenant de Karnap allait vers Say et s'arrêta à Pama, où il signa un traité le 14 janvier. Puis apprenant que le chef de Pama n'était pas le vrai roi du Gourma, il continua sa route au nord sur Nando, qu'il supposait être la capitale de ce pays. Le roi de Nando étant à Kankantchari, il alla l'y trouver, lui fit signer un traité et attendit dans ce village l'arrivée du docteur Gruner. Mais au lieu de son chef, ce fut le commandant Decœur qu'il vit arriver.

Ce dernier, arrivé à Pama quelques heures après le lieutenant de Karnap, reçut du chef du village communication d'un papier que l'officier allemand lui avait remis en lui disant de le communiquer aux « blancs » qui viendraient après lui. Ce papier, écrit en arabe, portait une note écrite en français, disant que le lieutenant de Karnap avait pris possession de Pama au nom de l'empereur d'Allemagne. Mais le commandant Decœur apprit du chef de Pama qu'il n'avait signé ni approuvé aucun traité de protectorat, et, de plus, qu'il n'était qu'un chef de village dépendant du roi résidant à Noungou et qui commande tout le Gourma.

Aussi, pendant que l'officier allemand continuait sa route vers Say, le commandant Decœur, certain que le lieutenant Baud arriverait le premier dans cette ville, se dirigea rapidement vers Noungou; il parcourut en trois jours les 140 kilomètres qui séparent Pama de Noungou, trouva le roi Bantchandé d'autant plus disposé à traiter avec le chef de la mission française, qu'il était menacé sur ses frontières septentrionales par les bandes de notre vieil adversaire Ahmadou, réfugiées dans le Libtako, et qu'il n'ignorait pas que c'étaient les Français qui avaient chassé Ahmadou de Nioro, de Ségou et de Macina.

C'est le 20 janvier 1895 que ce traité fut signé.

Le commandant Decœur quitta Noungou le 23 janvier pour continuer sa route par Nando sur Say. Il continua à traverser le pays de Gourma complètement inconnu, et retrouva à Kankantchafi le lieutenant de Karnap qui attendait ses compagnons venant à petites journées.

Trois heures après l'arrivée de la mission française, l'officier allemand arbora sur la case du chef le pavillon impérial. Le commandant Decœur, s'appuyant sur le traité conclu avec le roi du Gourma, dont font partie les villages parcourus depuis Pélélé par la mission allemande, rédigea une protestation qu'il remit personnellement au lieutenant de Karnap. Celui-ci, en prenant le document, se borna à répondre que toute difficulté serait réglée entre les deux gouvernements. La mission française quitta immédiatement Kankantchari et, au village de Boti, situé à 60 kilomètres au nord-est, le commandant Decœur trouva chez le chef, qui est de race peuhle et complètement indépendant, un traité de protectorat conclu quelques jours auparavant par le lieutenant Baud. Les deux missions se rejoignirent à Say le 31 janvier, soit exactement un mois après leur séparation. Le lieutenant Baud était installé à Say depuis le 25 janvier.

Ce dernier, en quittant Makka, aurait voulu aller au nord-est par la route des caravanes qui aboutit à Ilo, mais ses guides le firent monter beaucoup plus au nord, pour aboutir finalement à Boti et à Say. Après avoir passé ses traités avec les chefs de Kodjar et Sanssarga, villages indépendants placés sur la frontière orientale du Gourma, il laissa à Kodjar le lieutenant Vargoz avec la plus grande partie du matériel.

Il est à remarquer que, dans leur marche, les deux missions françaises ont complètement enserré la mission du lieutenant de Karnap, qui s'est trouvée devancée, au surplus, dans sa marche sur le Niger. Il ne faut pas oublier non plus que l'almany de Say avait, en 1891, signé un traité avec le lieutenant-colonel Monteil, traité qui consacrait tous nos droits sur le Moyen-Niger et qui fut renouvelé par le lieutenant Baud.

Le 4 février, toute la mission quitte Say ; le commandant Decœur descendit la rive droite du Niger, complètement inconnue ; le lieutenant Baud alla à Kodjar retrouver le lieutenant Vargoz et le reste de sa mission, avant de rejoindre le chef de l'expédition.

Des traités furent conclus avec tous les chefs des villages peuhls qui sont situés entre Say et Bikini.

Entre Bikini et Gomba, le pays s'appelle Dendi ; il est riche et très peuplé. Tous les villages sont fortifiés et habités par des populations fétichistes.

Les indigènes furent tout d'abord très tranquilles, mais ils se concentrèrent près du village de Tombouttou, où ils attaquèrent à coups de flèches la mission arrêtée pour prendre son repas. En quelques instants, il y eut deux morts et sept blessés ; la petite troupe était fort heureusement disposée en carré ; quelques feux de salve eurent raison des assaillants, qui prirent la fuite. Le lieutenant Baud, qui passa dans le pays quelques jours après, vit les chefs venir lui faire leur soumission et lui demander, par l'intermédiaire de leur roi, résidant à Mala, de vouloir bien leur accorder un traité. Le commandant Decœur traita de même avec le chef de Ilo.

(*Phot. de M. Brot.*)

Kayoma. — La case du Résident.

De Gomba à Koundji, on retrouve des Peuhls. C'est dans ce dernier village que le lieutenant Baud rejoignit la partie principale de la mission (26 février).

Après Koundji la mission traversa Gébé, puis le pays de Boussa; dans cette ville, la mission apprit le passage récent de M. Ballot, gouverneur, venu de Nikki pour reconnaître le pays situé entre le Bariba et le Niger.

Le commandant Decœur et ses compagnons continuèrent à redescendre la rive droite du grand fleuve, jusqu'à ce qu'ils eussent rencontré une trace de l'occupation anglaise. C'est au village de Léaba qu'ils constatèrent l'existence d'une factorerie de la Royal Niger Company, gérée par un noir de Sierra-Leone.

De Léaba, le commandant Decœur revint à Carnotville en passant par Kayoma et en suivant, à partir de ce village, un itinéraire entièrement nouveau, passant par Beregourou, Seroupara et Chaource, dépendants du chef de Parakou.

Le 20 mars, toute la mission était à Carnotville. Là, conformément aux instructions venues de Paris, le commandant Decœur revint en France, laissant au lieutenant Baud le commandement de la mission, dont l'escorte fut réduite à 50 hommes, placés sous le commandement du lieutenant Vermeersch.

Le commandant Decœur s'est embarqué à Kotonou le 13 avril, après huit mois de voyages ininterrompus, au cours desquels il a relevé 1.200 kilomètres d'itinéraires entièrement nouveaux, notamment le cours du Niger entre Say et Gomba.

Deuxième mission du Gouverneur Ballot à Nikki et au Niger
(Du 13 janvier au 11 mars 1895).

Inquiet à juste titre des progrès des Anglais et des Allemands, désolé de savoir que le commandant Decœur n'était arrivé à Nikki qu'après le capitaine Lugard, M. Ballot résolut de partir lui-même pour le Haut-Pays, afin de suivre de plus près la marche des missions et de pouvoir mieux les diriger et les seconder au besoin.

Le Bas-Dahomey était tranquille. La création des postes permanents de Kétou, Dadjo, Badagba, Agoua et Carnotville, ainsi que l'installation définitive des résidents de Savalou, de Sagon et d'Athiémé avaient prouvé aux indigènes notre intention bien arrêtée d'organiser et de pacifier leur pays.

Rien ne s'opposait donc au départ du gouverneur pour l'extrême nord de la colonie.

M. Ballot partit de Porto-Novo le 27 décembre 1894, et après avoir passé par Abomey-Calavi pour y organiser et mettre en route la mission Toutée qui arrivait de France, il continua sa route sur Abomey, où il parvint le 1er janvier 1895. Il arriva à Savalou le 6 et à Carnotville le 11. Après avoir envoyé des instructions aux missions Decœur, Baud et Toutée, et organisé la mission Alby, dont il sera parlé plus loin, le gouverneur prépara son départ pour Nikki, capitale du Borgou. Il voulait s'assurer par lui-même de l'existence et de la valeur des traités passés par la Compagnie Royale du Niger avec les chefs des provinces du Niger. Il voulait aussi étudier de près le Borgou et le Boussang, pays jusqu'alors inexplorés.

M. Ballot partit de Carnotville le 13 janvier, accompagné, comme lors de son premier voyage, du capitaine Mounier, de l'administrateur Deville et de l'interprète principal Xavier Béraud. Son escorte se composait de 25 tirailleurs sénégalais, commandés par le sous-lieutenant indigène Macodou M' Baye, et de 50 gardes civils, sous les ordres de l'inspecteur Achille Béraud. Deux cents porteurs, recrutés à Porto-Novo et à Abomey, constituaient le convoi.

Le 14 la mission était à Halafia, le 15 à Senou, le 16 à Parakou, le 17 à la rivière Pésida, le 18 à Guinagourou et à Schori, le 19 à Péréré et le 20 à Nikki.

A Nikki, M. Ballot put constater l'existence du traité signé en novembre 1894 par le capitaine Lugard avec l'iman des musulmans de cette ville ; mais le roi lui affirma que cette convention avait été passée à son insu et qu'il refusait de la reconnaître. Le gouverneur obtint du roi un acte authentique désavouant le traité Lugard.

Le 22 janvier, la mission quittait Nikki pour entrer dans le pays inexploré qui de cette ville s'étend jusqu'au Niger.

Le 23, elle passait à Yassikérah et Bétay, le 25 à Kayoma, le 27 à Ouaoua où elle reconnaît le cours de l'Oly, le principal affluent de la rive droite du Niger ; le 29 janvier la mission arrivait à Boussa.

Les chefs des villages du Boussang et du Borgou, que la mission venait de parcourir, pratiquent en grand l'exploitation des caravanes qui osent s'aventurer dans leur pays, et le rançonnage des voyageurs forme le plus clair de leur commerce et de leurs revenus.

Mais grâce à son escorte et à l'énergie de son chef, la mission Ballot put traverser ces pays de bandits, sans avoir été rançonnée et sans avoir eu une seule fois à faire usage de ses armes.

A Boussa, le roi montra à M. Ballot deux traités : l'un du 10 novembre 1885, pour le compte de la « National african Company limited » ; l'autre du 20 janvier 1890, signé par un agent de la « Royal Niger Company ». Ce dernier acte assurait à cette compagnie anglaise le monopole commercial du Boussang.

Après un repos de quelques jours à Boussa, M. Ballot en repart le 31 janvier, en suivant un autre itinéraire qu'à l'aller ; il passe à Zali le 1er février, à Louma le 2, à Goubli le 3, à Galondji le 4, à Yagbassou le 5, à Pagnian et Dékala le 6, à Péhangou le 7, à Sakamandji et à Nikki le 8.

A partir de ce point, la mission reprend la même route qu'à son arrivée ; elle passe le 9 à Sia, le 10 à Ourobérou, le 11 et le 12 elle fait séjour à Schori, le 13 elle passe à Guinagourou, le 14 à Bégourou pour arriver le 15 février à Parakou.

A son passage à Carnotville, le gouverneur envoya chez les Kodokolis le capitaine Mounier, qui signa le 24 février un traité avec le chef de ce pays. En même temps, l'administrateur Deville reçut l'ordre de pousser jusqu'à Kandi où il conclut, le 8 mars, un traité de protectorat avec le chef de cette province du Borgou.

Le 11 mars 1895, le gouverneur rentrait à Porto-Novo.

Les documents géographiques et les rapports politiques que M. Ballot rapporta de sa mission sur les bords du grand fleuve offrirent le plus vif intérêt et furent très appréciés lors du règlement du litige pendant, dans la boucle du Niger, entre les diverses puissances européennes qui prétendaient réserver à leur influence ces régions nouvellement explorées.

On peut en conclure que M. Ballot est, non seulement un gouverneur d'élite, mais encore un explorateur remarquable et qu'il fut l'âme de toutes les explorations françaises de la boucle du Niger.

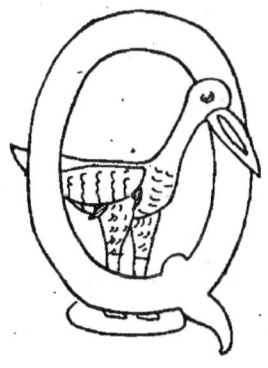

Mission de l'administrateur principal Alby

(Du 15 janvier 1895 au 31 mars 1895).

M. Ballot, craignant que la mission Decœur, insuffisamment renseignée sur la marche des missions anglaise et allemande, n'obtînt pas assez rapidement tous les résultats que l'on espérait, avait résolu de la faire doubler, indépendamment du voyage qu'il ferait lui-même au Niger, par l'administrateur principal Alby, de retour de Nikki au mois de décembre 1894.

Ce dernier devait rechercher le commandant Decœur et le lieutenant Baud dans la direction de Sansanné-Mango, et communiquer au commandant les ordres du Ministre prescrivant son retour à la côte et la remise du commandement de la mission au lieutenant Baud. Il devait ensuite remonter jusqu'à Ouagadougou, capitale du Mossi, et passer un traité avec le chef de ce pays, de manière à relier le Dahomey au Soudan français, en passant par le Kaarga et le Gambakha, et en revenant, si possible, par la capitale du Gourma.

M. Alby repartit de Carnotville le 15 janvier; il avait avec lui 14 gardes indigènes et 50 porteurs. Il passa par Djougou, Ouangara, Birni, Kouandé, où il séjourna du 19 au 21 janvier. Le 27, il arrivait à Sansanné-Mango, mais il n'y retrouva pas le commandant Decœur qui se dirigeait aussi vite que possible sur Say en essayant de distancer le lieutenant de Karnap.

Le capitaine Fergusson avait signé avec le chef de Sansanné-Mango un traité de commerce et d'amitié en août 1894 pour le compte du gouvernement anglais de la Côte d'Or. Dans ce traité, le chef s'engageait à ne conclure aucune autre convention avec une puissance européenne sans en référer au préalable au gouverneur anglais.

Le commandant Decœur, sur le vu de ce papier, ne crut pas devoir conclure de nouvel arrangement.

Mais la mission allemande qui avait précédé celle de M. Alby ne pensa pas de même, et elle passa avec le chef de Sansanné-Mango un traité de protectorat. Dans ces conditions, M. Alby estima qu'il n'y avait pas de motif pour qu'il agît autrement et traita lui aussi avec le chef, ce qui fait que trois grandes puissances européennes purent prétendre à des droits politiques sur Sansanné-Mango, qui compte de 15 à 20.000 habitants, et qui est un centre commercial important dans cette région. Malheureusement, le traité Alby était postérieur au traité allemand.

De Sansanné-Mango qu'il quitta le 29 janvier, M. Alby essaya de gagner Ouagadougou aussi rapidement que possible, par une route directe encore inconnue.

Il passe par Borgou, Pougno, Djébiga (1er février), Découi, Sanka, traverse le Yauga, le Boussangsi et entre sur le territoire du Mossi le 4 février. Il continue par les villages de Bani, Tingourkou (7 février), Béri, Boussourima (11 février) et Konbitchiri.

Malheureusement le sultan de Ouagadougou fut prévenu de son arrivée et lui interdit l'entrée de cette ville. M. Alby dut par suite séjourner pendant treize jours à Boussourima, à un jour de marche de la capitale. Il envoya fréquemment des messagers au roi, qui les reçut fort bien, mais n'accorda pas l'autorisation demandée. Après avoir vainement essayé à plusieurs reprises de passer outre à cette défense, M. Alby profita de son séjour forcé pour explorer le pays et se mettre en rapport avec divers chefs du Mossi.

Il quitte Boussourima le 24 février.

M. Alby se proposait de redescendre par Noungou (Fada N'Gourma) et, en second lieu, de trouver une route directe de cette ville à Pama ou Kouandé, mais il dut renoncer à ce projet. Il fut obligé, par suite des troubles qui existaient alors entre le Mossi et le Gourma, de reprendre son premier itinéraire et de repasser par Tingourkou d'où il gagna Pama qu'il atteignit le 8 mars.

Il arriva le 14 à Konkobiri, puis continua sa route par Kombogou, Firou, Lambouti, Kouandé, Djougou, Ouari, Carnotville (22 mars) et Abomey où il entra le 31 mars.

M. Alby avait ainsi brillamment accompli sa mission en traitant, au sud du Gourma, avec les chefs des petits pays qui jalonnent la route allant du Haut-Dahomey au Mossi.

Mission des lieutenants Baud et Vermeersch du Dahomey à la Côte d'Ivoire par Kong

(Du 26 mars 1895 au 12 juin 1895).

La mission Decœur fut disloquée à Carnotville le 20 mars 1895. Sans prendre un repos cependant bien mérité, le lieutenant Baud en repartit le 26 mars, assisté du lieutenant Vermeersch, chef de l'escorte. Conformément aux instructions données par M. Ballot, il allait compléter les explorations de la région de l'ouest, et contourner par le nord les territoires du Togoland et de la colonie anglaise de la Côte d'Or, pour rejoindre par Kong, Grand Bassam de notre colonie de la Côte d'Ivoire.

Le lieutenant Baud quitta Carnotville avec 50 tirailleurs et 50 porteurs, se dirigeant au nord-ouest, vers Sansanné-Mango.

A Kirikri, premier centre important traversé, les deux officiers conclurent avec le chef un traité de protectorat.

De Kirikri, la mission gagna Bafilo par une route qui traverse une chaîne montagneuse de 1.000 à 1.200 mètres par un col de 800 mètres. La mission arriva à Bafilo le 3 avril. La population est de 20.000 habitants. Le chef de Bafilo n'ayant traité avec aucun Européen, le lieutenant Baud passa avec lui un traité de protectorat. Le chef, comme celui de Kirikri, demandait l'installation d'un poste militaire pour tenir en respect les Cafiris, population sauvage habitant la région montagneuse voisine.

De Bafilo par le village de Dako, la mission traversa le pays désolé des Cafiris, où l'on trouve difficilement de l'eau. Les indigènes tentèrent de s'opposer à la marche du lieutenant Baud, mais leurs manifestations restèrent vaines. On passa sans encombre, et les cadeaux apaisèrent le courroux des plus farouches Cafiris.

Le 12 avril, la mission parvint à Sansanné-Mango. C'est un centre qui ne manque pas d'autorités ; il y en a quatre : le roi, qui règne sans gouverner ; le daoudou, qui gouverne ; l'iman, qui conseille, et Tieba, le fils de l'ancien roi, qui contemple les trois autres.

Conformément au traité conclu par l'administrateur Alby, avec ces chefs, le lieutenant Baud se mit en mesure de remplir les promesses faites par ses prédécesseurs. Cela surprit considérablement les gens du pays de le voir remplir les engagements pris par un autre. Ces chefs n'avaient pas tant de scrupules, car ils avaient traité en août 1894 avec le mulâtre Fergusson, agent anglais ; en février 1895, avec le lieutenant allemand de Karnap, et quelques jours après avec l'administrateur français Alby.

M. Baud ne s'attarda pas à Sansanné-Mango ; le 18 avril, il atteignait Gambakka. Continuant aussitôt sa marche, il visitait successivement Liaba et Oua dans le Gourounsi, Bouna dans le royaume de ce nom. Dans cette dernière ville, apprenant que les troupes de Samory interceptaient les communications avec le pays de Kong, il résolut de descendre à la côte par le Barabo et l'Indénié, en suivant la rive gauche de la Comoé. Il traversa ainsi le Bondoukou et atteignit Nasian le 15 mai, Kouroupa le 17, Assikasso le 30, Zaranou le 4 juin, Bettié le 8, et arriva enfin à Grand-Bassam le 12 juin, après avoir parcouru en 77 jours 1.500 kilomètres dans une région à peine explorée et avoir signé, avec les chefs des pays traversés, de nombreux traités nous en assurant le protectorat.

Les résultats géographiques de ce magnifique voyage furent considérables, et la jonction complète entre la colonie du Dahomey, d'une part avec la côte d'Ivoire et de l'autre avec le Soudan, fut assurée.

Aussi la croix de la Légion d'honneur et les galons de capitaine vinrent, peu après son retour, récompenser la vaillante et patriotique ardeur du lieutenant Baud.

Mission du commandant Toutée
(1894-1895).

M. Toutée avait reçu du Ministère des Affaires étrangères pour mission de remonter le Niger en bateau et d'atteindre Tombouctou en traversant les rapides de Boussa. Des difficultés d'ordre diplomatique l'ayant empêché de remonter le grand fleuve dans la partie de son cours comprise dans la sphère d'influence anglaise, il se décida à emprunter la voie de terre en passant par le Dahomey.

Le commandant Toutée partit avec le lieutenant Targe, le sous-lieutenant de Pas et l'adjudant Doux à la fin de décembre 1894.

Il passe à Tchaourou par Zagnanado et Savé. De là, tournant droit à l'est, il arriva à Tchaki dans les premiers jours de février.

M. Toutée traita avec le chef et, un peu plus loin, avec celui de Kitchi, et il atteint le 15 février Badjibo sur le Niger. Ayant constaté que ce point n'avait pas été occupé par les Anglais et qu'aucun bateau à vapeur n'y était venu depuis sept ans, il y fonda en conséquence un fort auquel il donna le nom d'Aremberg.

Après avoir redescendu le fleuve et s'être assuré que l'occupation anglaise ne commençait réellement qu'à Egga (270 kilomètres au sud de Badjibo) le commandant Toutée se décida à remonter le fleuve en pagayant et partit le 25 mars en laissant un poste à Aremberg.

Il franchit d'abord les rapides de Boussa, auprès desquels se noya Mungo-Park en 1808, après avoir rencontré à Léaba un simple noir, se disant représentant de la Royale Niger Compagnie, qui voulut lui créer des difficultés.

Puis il atteignit Boussa, Ilo et Say, déjà explorées par les missions Ballot et Decœur, et continua son voyage jusqu'à Gao dans une embarcation indigène, à peine escortée de quelques tirailleurs et laptots.

Craignant d'être empêché de pousser jusqu'à Tombouctou par les bandes de Touaregs qui parcouraient le pays, et dépourvu du reste de ressources, il se décida alors à redescendre le fleuve.

En résumé, les missions Ballot, Decœur, Baud, Alby et Toutée, par les traités qu'elles ont passé avec les rois de Nikki, du Gourma, de Kouandé, Sansanné-Mango, Ouangara, Say, Ilo, Bikini, etc., nous ont donné sur nos rivaux des droits incontestables.

Ces actes furent très bien accueillis en France, mais il n'en fut pas de même à l'étranger, surtout en Angleterre, où la presse se montra fort agressive contre nos explorateurs.

Anglais et Allemands s'efforcèrent de prouver que nos traités n'étaient que de simples chiffons de papier, sans valeur aucune, tandis que les leurs, écrits en arabe, étaient les seuls bons.

Ce qu'ils omettaient de dire, c'est que maintes fois, pour vaincre la résistance des autorités indigènes, ils employaient les menaces quand, après les promesses et les cadeaux, les chefs de villages hésitaient encore à signer des conventions dont souvent ils ignoraient la valeur.

En faisant signer dans de telles conditions par ses missions des traités à tous les sultans, rois et chefs de villages rencontrés sur leurs routes, chaque nation put faire une abondante moisson de ces papiers.

Rentrées en Europe, les diverses missions étaient d'autant plus enchantées du résultat de leur campagne que chacune d'elles était persuadée que ses traités seuls étaient valables et que ceux de ses rivaux n'avaient aucune valeur.

Afin de sauvegarder nos droits, des négociations furent engagées avec l'Angleterre vers la fin de 1895 et avec l'Allemagne au commencement de 1896 pour arriver à éclaircir les droits respectifs des deux nations.

(*Phot. de M. Brot.*)

Un Peuhl des environs de Parakou.

Les négociations duraient depuis plusieurs mois sans avoir encore pu aboutir, par suite des prétentions exagérées de nos rivaux, lorsque le bruit courut en Europe que pendant que la France négociait loyalement, ses rivaux commençaient à occuper effectivement les pays contestés de façon à nous placer en présence d'un fait accompli, contre lequel toutes nos protestations ne sauraient prévaloir.

L'éveil fut donné en avril 1896 par un télégramme venu de Brass signalant que le roi du Borgou maintenait avec fermeté le traité qu'il a signé en 1890 avec les Anglais, et qu'il refusait formellement de conclure des traités avec les missions des autres nations.

Le télégramme ajoutait que la Compagnie royale du Niger avait établi des stations militaires sur plusieurs points du royaume du Borgou et du pays d'Ilorin, à l'ouest du Niger.

L'opportunité avec laquelle cette dépêche arrivait pour tenter d'influer sur les négociations actuellement engagées entre la France et l'Angleterre, au sujet de la délimitation du Bas-Niger, prouvait que la Compagnie du Niger s'efforçait de détruire l'œuvre considérable accomplie par les missions françaises.

Quelques mois après, aucune entente n'ayant pu intervenir, les négociations étaient interrompues entre les deux nations.

Missions Bretonnet et Baud (1896-1897).

Pour défendre nos droits contestés à la fois au Mossi et sur le Niger, le gouvernement français conçut le plan d'occuper effectivement les territoires que nous revendiquions en faisant partir du Dahomey deux missions qui s'avançant vers le nord, pour ainsi dire en éventail, iraient, l'une sur le Niger pour s'y établir, l'autre dans le Mossi pour prendre contact avec la mission des lieutenants Voulet et Chanoine, à nos avant-postes du Soudan français.

Les deux missions furent placées sous la haute direction de M. Ballot, gouverneur du Dahomey, et furent confiées par lui :

La première, au lieutenant de vaisseau Bretonnet; la seconde, au capitaine Baud, de l'infanterie de marine.

MISSION BRETONNET

Parti de Carnotville le 28 décembre 1896, accompagné de MM. Carron et Carrérot, inspecteurs de la garde indigène, de de Bernis, maréchal des logis de spahis, de 50 gardes indigènes et 100 tirailleurs auxiliaires sénégalais, le lieutenant de vaisseau Bretonnet se rendit d'abord à Kandi. Le 20 janvier il arriva à Ilo où il laissa comme résident l'inspecteur Carrérot, et le 4 février il parvint à Boussa.

Dans le courant du mois de mars, ayant appris qu'un chef compétiteur du roi de Boussa se dirigeait en armes sur cette ville, Bretonnet marcha à sa rencontre et le mit en déroute près de Zali.

Quelque temps après, ayant reçu des renforts, il se dirigea sur Ouaoua, où étaient concentrées les forces du chef rebelle et emporta cette ville d'assaut le 14 avril. La mission revint ensuite à Boussa d'où elle remonta vers le nord, laissant M. Carron, résident de France à Boussa.

Au retour, elle eut une deuxième affaire du côté de Kandi où s'étaient concentrés les rebelles réunis à Yagbassou, après la prise de Ouaoua.

Le 6 juillet, Bretonnet vint à Ilo; il en repartit le 22 et revint à Boussa où M. Carron, serré de près, avait dû livrer combat.

Le roi de Kayoma, menacé par des Baribas révoltés contre son autorité, ayant fait demander des secours à M. Bretonnet, celui-ci lui envoya MM. Carron et Carrérot qui dégagèrent la ville où ce dernier resta comme résident.

Peu après les Baribas s'étaient de nouveau concentrés dans les environs de Yagbassou et menaçaient Kayoma. Bretonnet se rendit dans cette ville et après avoir essayé une tentative de conciliation qui ne réussit pas, il se porta rapidement sur le village de Moré, très fortifié, où 1.500 hommes se trouvaient retranchés. Il donna un assaut qui réussit complètement, mais malheureusement M. Carrérot fut blessé mortellement par une flèche empoisonnée.

Le lendemain la mission livra un nouveau combat à Borou. Ce fut le dernier, et les Baribas terrifiés cessèrent dès lors toute résistance.

En résumé, nous étions installés sur toute la rive droite du Niger, du pays de Say à Boussa, et sur la ligne Boussa-Kayoma-Kissi au 9e degré.

Par suite de l'hostilité croissante des Baribas, M. Ballot avait dû faire renforcer la mission Bretonnet, et ce fut le lieutenant Brot qui fut chargé de lui amener 60 hommes.

Il quitta Porto-Novo le 24 août 1897 et devait, coûte que coûte, rejoindre le commandant Bretonnet, alors sur le Niger.

En cours de route, à Ilesha, la petite troupe fut assaillie par plusieurs milliers de Baribas provenant des villages voisins; mais elle supporta vaillamment le choc de l'ennemi qu'elle réussit à mettre en déroute après lui avoir infligé de grosses pertes. Quinze de ses hommes furent mis hors de combat, et, quoique atteint grièvement de trois flèches empoisonnées, le lieutenant Brot poursuivit son chemin et réussit à rejoindre la mission Bretonnet à Kayoma le 24 septembre.

Nommé chef de poste, M. Brot resta à Kayoma jusqu'au 15 décembre, date à laquelle la colonne Ricourt vint relever la mission Bretonnet.

MISSION BAUD

Pour comprendre le but de la mission Baud, il est nécessaire de dire que la mission Voulet-Chanoine opérait dans le

Mossi qu'elle avait reçu l'ordre d'occuper, après la défaite des partisans d'Amadou Cheikou à Bandiagara, de manière à faire échec aux projets des Anglais et des Allemands sur ce territoire. Les lieutenants Voulet et Chanoine entrèrent à Ouagadougou le 1ᵉʳ septembre 1896, redescendirent jusqu'à Sati, où ils signèrent, le 19 septembre, un traité établissant notre domination sur le Gourma ; puis ils rentrèrent à Ouagadougou et de là à Bandiagara (Soudan).

Au moment où M. Ballot, gouverneur du Dahomey, était à Carnotville pour mettre en route les missions Baud et Bretonnet, il apprit qu'un officier allemand, le lieutenant Von Sicfried, avait installé un poste à Bafilo, malgré le traité signé avec nous par le roi de cette ville et la présence d'une garnison française.

M. Ballot, en compagnie du capitaine Baud, se rendit aussitôt à Bafilo. Il fit réunir une assemblée du roi et des notables qui reconnurent la fausseté du traité que nous opposaient les Allemands et nous assurèrent de leur fidélité ; le roi intima l'ordre à la garnison allemande de se retirer et le gouverneur installa à Bafilo une nouvelle garnison de 25 hommes.

La mission Baud quitta Bafilo le 6 janvier 1897.

Après avoir mis MM. Baud et Vermeersch en route vers le nord, M. Ballot se rendit à Kirikri où il trouva la même situation qu'à Bafilo. Depuis le matin, le lieutenant Comte de Zech y avait établi une garnison d'une quarantaine de miliciens allemands, quoiqu'une garnison française y fût installée depuis plus de 18 mois. En réponse à une protestation de M. Ballot, M. de Zech répondit que cette occupation était fondée sur un traité passé depuis longtemps avec le roi de Sogaday, souverain des chefs de Bafilo et de Kirikri.

Le gouverneur fit également réunir les chefs qui reconnurent que Kirikri et Bafilo sont indépendants et avaient le droit de signer des traités exclusifs avec la France. Le comte de Zech n'en répondit pas moins qu'il agissait d'après les ordres de son gouvernement, et il déclara qu'il allait demander des instructions, mais qu'il faisait toutes réserves.

Pendant ce temps, le capitaine Baud, après avoir installé des postes à Dako et à Kountoun, continuait sa route sur Fada

(*Phot. de M. Brot.*)

La Place du Marché à Kayoma (Borgou.)

N'Gourma, résidence du roi Bantchandé, où il arrivait le 1er février.

Il commença par aider le roi à réduire des rebelles qui s'étaient soulevés à Toucouna, et c'est à cette époque qu'il prit contact, à Tibga, avec la mission Voulet-Chanoine.

Les deux missions s'aidèrent quelque temps pour mettre de l'ordre dans le pays et consolider l'autorité de Bantchandé avec lequel Adama (Tourintouriba) que nous opposaient les Allemands, ne put désormais lutter, ni comme puissance ni surtout comme prestige.

Il rejoignit ensuite le lieutenant allemand Thierry à Pama et, en sa présence, reçut du chef du village la déclaration que Pama, comme Matiacouali, dépendait du roi de Fada N'Gourma, ce qui annihilait complètement les effets du traité passé à Pama par le lieutenant de Karnap et surtout réduisait à rien les prétentions du pseudo-roi Adama.

Sur ces entrefaites, la France et l'Allemagne nommèrent une commission mixte chargée d'examiner les prétentions de ces puissances sur l'arrière-pays du Dahomey et du Togo, et de jeter les bases d'une délimitation. Cette commission commença ses travaux le 24 mai 1897.

MM. Lecomte, secrétaire d'ambassade, et Binger, directeur des Affaires d'Afrique au Ministère des Colonies, qui étaient les négociateurs français, réussirent à nous conserver le Gourma et à donner à l'Allemagne Sansanné-Mango, Gambaga, Bafilo, Kountoun et Kirikri et la rive droite du Mono.

Une convention franco-allemande fut signée sur ces bases le 23 juillet 1897.

Soulèvement des Baribas et annexion du royaume de Nikki au Dahomey.

En août 1897, les villages baribas de Schori, Bori, Saoré, Bouay et Kandi s'étaient révoltés, et les postes établis sur ces points avaient dû se replier sur Parakou. Dans ces mêmes parages avait eu lieu l'assassinat de nos compatriotes Forget et Carré, ainsi que l'attaque de la mission Fonssagrives. On ne pouvait laisser plus longtemps impunis de tels attentats.

Pour faire face aux difficultés de cette grave situation qui menaçaient de compromettre les résultats si péniblement acquis, le gouverneur Ballot chargea le capitaine Vermeersch tout d'abord de dégager Kouandé. Il y arriva le 20 août, accompagné de MM. de Bournazel et de la Villéon, inspecteurs de la garde indigène, Lan, garde principal, et de 200 gardes indigènes.

Il décima les rebelles et nomma un nouveau chef.

Il reçut l'ordre de se replier ensuite sur Parakou où arrivèrent en même temps que lui le capitaine Ganier, qui venait du Gourma avec 40 hommes ; M. Ballot faisait diriger en même temps, de la côte sur Parakou, une compagnie de tirailleurs auxiliaires sénégalais et une compagnie de tirailleurs auxiliaires haoussas. Toutes ces troupes firent leur jonction le 1er novembre, avec une précision de mouvements admirable.

Le capitaine Ganier reçut du Gouverneur le commandement de la colonne, forte de 490 fusils, répartis en trois groupes commandés par les capitaines Dumoulin, Duhalde et Chambert, et ayant pour chef d'état-major le capitaine Vermeersch. L'expédition quitta Parakou le 4 novembre. A peine eut-elle dépassé le village de Bégourou qu'elle fut attaquée par une fraction des rebelles composée des gens de Bégourou, Bénassi, Guinagourou et Sinagourou. Mais après une rapide répression les révoltés s'enfuirent à Schori où ils se concentrèrent. Là s'étaient réunis les guerriers de Péréré, de Bornou, de Tébo, de Darqupara, de Ouémou et de Bori, soit au total environ 8.000 hommes.

Le *5 novembre*, après avoir traversé Bénassi, la colonne passa l'Okpara et campa à la petite rivière Pésida. Elle traversa successivement Sinagourou et plusieurs villages peulhs, et Guinagourou, ville bariba qu'elle trouva évacuée.

Le *8 novembre*, elle se heurta dans la brousse aux rebelles partis de Guinagourou en plusieurs colonnes. La rencontre eut lieu dans un épais fourré, au delà des ruines de Tiaré.

Après deux heures de combat pendant lesquelles l'ennemi cherchа en vain à entamer le carré français, il s'enfuit dans une déroute complète.

Le *9 novembre*, la colonne traversa Schori, puis successivement Ourobérou, Kénou, Gourou, Péréré, Daroupara et Sia.

Le *13 novembre*, la colonne arrivait à Nikki. La ville était évacuée, un seul homme s'y trouvait, un notable musulman, que le roi et l'iman avaient laissé avec la mission d'entrer en relations avec les Français.

Le roi de Nikki, Sirré-Torou, faisait dire par son représentant qu'il était complètement étranger aux crimes que notre colonne venait punir, qu'il avait subi la loi de son entourage et qu'il désirait se rendre.

Pendant que l'on installait le poste, le 19, Sirré-Torou venait se soumettre.

Un acte constatant sa soumission et annexant son royaume à la colonie du Dahomey fut aussitôt dressé et signé par lui et par ses ministres.

Divers vassaux, les chefs de Schori et de Dounkassa, imitèrent son exemple, qui fut bientôt suivi par Sinaouarigui, grand chef de guerre, rival du roi de Kayoma, avec lequel la mission Bretonnet avait dû soutenir une lutte acharnée.

Un fort fut construit à Nikki même, et 200 hommes y prirent garnison.

Le gouverneur arrivait à Nikki le 1ᵉʳ décembre avec le chef de bataillon Ricourt, qu'il nomma commandant supérieur des forces du Haut-Dahomey.

Pendant que M. Ballot revenait à la côte, le commandant Ricourt détruisait le repaire de Bétay où les habitants avaient massacré le garde principal Carré, occupait Kayoma, et plaçait des postes le long et un peu au nord du neuvième degré, que les Anglais, quoi qu'on en dise, n'avaient jamais pu franchir.

Ils se contentèrent de placer des postes au sud des nôtres. Aucune collision n'eut lieu grâce aux ordres formels donnés par les deux gouvernements.

Pendant ce temps, l'infatigable capitaine Baud recevait l'ordre de laisser le commandement de Fada-N'Gourma à son second, l'administrateur Molex, et de se replier sur la rive

(*Phot. de M. Brot.*)

Sur le Niger, entre l'île de Roufia et Boussa.

droite du Niger, pour opérer sa jonction avec Bretonnet et consolider notre domination de Ilo à Boussa.

L'œuvre de répression était achevée et le Borgou rentra dans l'ordre ; la jonction régulière du Haut-Dahomey avec le Moyen-Niger était assurée définitivement.

De nouvelles négociations ayant été ouvertes entre la France et l'Angleterre, elles aboutirent à la signature de la convention du 14 juin 1898 qui mit fin aux contestations qui s'étaient produites entre les deux puissances pour la répartition des territoires du Niger.

Ainsi se trouva définitivement accomplie par la France, l'occupation effective de la boucle du Niger.

Honneur à nos vaillants explorateurs!

Honneur à l'infatigable M. Victor Ballot, l'éminent gouverneur du Dahomey!

Après avoir été sur la brèche à l'heure des combats et du danger, il a été l'organisateur de notre nouvelle possession, il a su la doter d'une administration simple et d'un budget prospère.

Quand les difficultés ont surgi avec nos voisins étrangers à l'ouest et à l'est, M. Ballot n'a pas hésité à faire lui-même œuvre d'explorateur.

C'est ainsi qu'il a pu fournir au gouvernement métropolitain des documents d'une authenticité indiscutable, sur les titres que nous avions à opposer aux prétentions anglaises et allemandes et procéder ensuite, sans tâtonnements, à l'organisation du réseau de postes qui nous a rendu effectivement maîtres de la région contestée.

Les dépenses de la mission Toutée ont été supportées intégralement par le budget local du Dahomey ainsi que celles des autres missions d'exploration ou de délimitation qui ont opéré dans la boucle du Niger de 1894 à 1900. Malgré ces dépenses considérables qui auraient dû rester à la charge du budget métropolitain, la caisse de réserve du Dahomey possède actuellement (juillet 1900) plus d'un million.

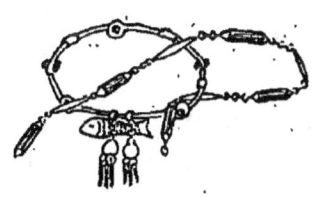

MISSIONS DE DÉLIMITATION DU DAHOMEY

Mission Plé (1898-1899).

C'est le commandant James Plé, de l'infanterie de marine, qui fut nommé, en 1898, chef de la section française de la commission franco-allemande de délimitation du Dahomey avec le Togo.

Il avait comme second le lieutenant de vaisseau Brisson.

La mission française comprenait, au début, deux membres de plus : le médecin de marine Huelle et l'adjoint aux affaires indigènes Richaud, qui ont dû être rapatriés pour raisons de santé.

La mission fut soumise à de dures épreuves au cours de ce séjour de dix mois dans la brousse, où elle eut, en particulier, à subir deux saisons de pluies exceptionnelles; mais, sauf quelques faibles incidents, rien n'a marqué le cours des travaux.

Les négociations qui avaient été suspendues pendant près de quatre mois, par suite d'une divergence d'opinions des deux commissaires, venaient à peine d'être reprises, la question ayant été tranchée par les deux gouvernements, à l'avantage de la section française, que cette dernière fut de nouveau obligée d'attendre pendant six semaines l'arrivée du lieutenant Preil qui venait remplacer le docteur Rigler, astronome de la section allemande.

Les deux sections travaillaient parallèlement depuis deux mois environ, lorsque, vers le mois de juillet 1898, survint la mort foudroyante du chef de la section allemande, le baron de Massow. De ce fait la marche en avant fut retardée jusqu'à la mi-septembre.

A peine la commission avait-elle quitté Séméré, dans le Haut-Dahomey, pour poursuivre ses travaux, qu'elle était attaquée, aux environs de Lama, par les indigènes qui, depuis longtemps, se proposaient de lui barrer le passage. Les sections allemande et française, réunies sous les ordres du commandant Plé, leur infligèrent une dure leçon.

Après avoir fait à Buffalo (Togo), un arrêt de quelques jours, tant pour le repos des hommes que pour l'exécution de reconnaissances indispensables en l'absence de toute carte et de guides, les deux sections arrivaient le 20 septembre à Soumba, centre considérable, constitué non pas par un village compact, mais par une série de véritables bastions, sortes de blockhauss du plus curieux effet.

A l'approche de la commission, une partie des indigènes avait gagné la brousse, chassant devant elle de magnifiques troupeaux. L'autre partie veillait, à portée du village.

Toute tentative d'entrée en relations fut inutile et, au bout de quelques jours de pourparlers, la marche en avant fut reprise, le 24 septembre.

Dans deux combats acharnés livrés à cette date, les rebelles perdirent plus de 250 morts laissés sur le terrain.

Les pertes de la commission ont été insignifiantes. Les armes des indigènes étaient l'arc et la flèche empoisonnée.

Après quelques nouveaux combats sans importance, la marche en avant put enfin de nouveau se faire en toute sécurité à travers des régions peuplées d'indigènes absolument inoffensifs.

Malheureusement, un autre ennemi ne tarda pas à se présenter ; car, pour se rapprocher autant que possible de la ligne fictive qui, du 10e parallèle aboutit entre Djé et Gandou, la commission fut obligée de traverser des zones absolument marécageuses où hommes et chevaux restèrent embourbés des heures entières.

Dans les premiers jours d'octobre, Sansanné-Mango est

atteint. Cinq ou six jours après commencent les étapes ayant pour but de fixer exactement le sentier Sansanné-Mangou-Borogou-Pélélé-Kolomanga (Malougou)-Pama, base de la frontière à partir de Gandou, puisque cette frontière doit lui être parallèle et en être distante de 30 kilomètres.

Cette ligne fictive entre le 11e parallèle et Gandou traverse une zone connue des Allemands qui y ont partout planté leur pavillon. Le nôtre y est absolument inconnu. Elle est très peuplée et habitée presque exclusivement par les Barbas, race superbe dont le type est, sans comparaison possible, le plus beau de tout le Dahomey.

La région est riche en troupeaux. Son centre est Gouandé, où réside le roi des Barbas.

Après une halte de quelques jours à Gandou, où la commission reçoit l'hospitalité la plus cordiale du docteur Rigler, aujourd'hui résident de Sansanné-Mangou, la dislocation s'effectue.

Partie de Gandou le 17 novembre, la section française est arrivée à Porto-Novo le 13 décembre 1899, en passant par Marka, Kouandé, Ouangara (Djougou), Savalou, Abomey, Allada et Abomey-Calavi, après vingt-deux jours de marche.

Mission Crave.

Dans le courant de l'année 1899, M. le commandant Crave avec M. Molex, résident du Gourma, furent chargés des opérations de délimitation de la frontière commune du Dahomey et du Soudan français.

Mission Toutée (1900).

Cette mission, chargée de fixer sur le terrain la frontière assignée à l'est du Dahomey par la convention franco-anglaise du 14 juin 1898, comprend le chef d'escadron d'artillerie Toutée qui la commande, le lieutenant de vaisseau Guigues, le capitaine d'artillerie Harang, l'adjudant Doux, du 58e de ligne, avec une escorte de 25 tirailleurs sénégalais.

Elle est arrivée le 17 février dernier à Porto-Novo, et se préparait à quitter la capitale le 21 pour se mettre en marche vers Tchaourou, où elle devait se joindre à la délégation anglaise et commencer ensuite, à partir du 9e parallèle de latitude nord, les opérations de délimitation.

La mission procédera d'abord, de concert avec la mission anglaise sous les ordres du capitaine Lang, au tracé d'une frontière partant du Niger, un peu au nord de Ilo, et descendant obliquement au méridien 1° jusqu'à la rencontre de la démarcation du Lagos et du Dahomey, au point où le parallèle 9° coupe la rivière Ocpara ou Nanou, au nord-est de Tchaourou, point de départ assigné aux deux missions. On sait que ce tracé laisse Nikki à la France, Boussa et Ilo à l'Angleterre.

Elle aura ensuite à fixer l'emplacement des deux enclaves prévues pour servir d'entrepôts à notre commerce et d'escales à notre navigation, l'une sur un des bras du Delta, l'autre sur le moyen fleuve, entre Leaba et le confluent de la Moussa, petit affluent droit du Niger dont le bassin se déploie entre Kayoma et Kitchi.

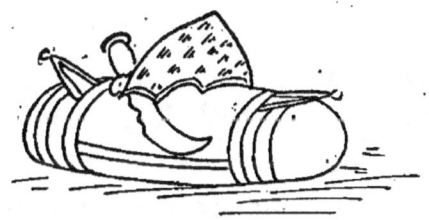

HISTORIQUE DES MISSIONS RELIGIEUSES

Avant de clore le chapitre des missions civiles et militaires, il nous paraîtrait injuste de ne pas faire l'historique des missions religieuses qui, bien longtemps avant nos soldats, ont tant contribué à notre établissement sur la côte des Esclaves.

1° **Missions catholiques.**

Les missions catholiques du Dahomey sont divisées en trois groupes :

1° Les missions situées au nord du 10° parallèle, qui appartiennent aux Pères blancs du Sahara et qui sont dirigées par Mgr Hacquard, vicaire apostolique du Sahara ;

2° Les missions situées au sud du 10° parallèle et à l'ouest de l'Ouémé qui relèvent de l'autorité de l'évêque de Lagos, vicaire apostolique du Bénin ;

Et 3°, celles qui sont situées à l'est de l'Ouémé, toujours au sud du 10° parallèle, qui relèvent de l'autorité du préfet apostolique du Dahomey dont la résidence est Agoué.

Certains inconvénients résultant parfois de la dualité de direction des missions du Bas-Dahomey, il serait préférable qu'elles fussent réunies sous l'autorité d'un chef unique qui résiderait à Porto-Novo.

L'arrivée de missionnaires catholiques sur la côte des Esclaves remonte au XVII° siècle.

Venus à la suite des commerçants, ils tentèrent sans succès d'évangéliser les noirs.

En 1667, deux moines prêcheurs se présentèrent dans le royaume de Juda. Ils avaient déjà converti le roi lorsque les marchands d'esclaves, par crainte pour leur ignoble trafic, soulevèrent les féticheurs contre les religieux. Le peuple ameuté fit chasser les missionnaires qui pendant leur retour à la côte moururent empoisonnés.

Quelques années plus tard, deux Jacobins subirent le même sort.

Dès lors, les Français qui avaient appelé ces prêtres dans leurs comptoirs renoncèrent à en appeler d'autres.

Cependant, en 1699, un religieux Augustin essaya encore d'évangéliser les gens du royaume de Juda, mais il se rembarqua presque aussitôt, découragé de ce que la parole sainte ne trouvait aucun écho dans le cœur des païens endurcis dans l'erreur et le vice.

C'est seulement en avril 1861 que les missionnaires catholiques reparurent à la côte des Esclaves.

Un bref pontifical, en date du 28 août 1860, venait d'ériger le vicariat apostolique du Dahomey et le confia « aux élèves du séminaire des missions africaines de Lyon. »

Trois missionnaires s'embarquèrent à Toulon le 3 janvier 1861 pour se rendre au Dahomey. L'un d'eux mourut en mer, et les deux autres débarquèrent à Whydah le 18 avril 1861.

La maison Régis, de Marseille, déjà établie dans le pays, les reçut avec bienveillance et facilita leur installation.

Ils furent d'abord bien vus des autorités indigènes et purent commencer immédiatement leur œuvre d'évangélisation en s'appuyant sur un noyau d'anciens esclaves revenus du Brésil où ils avaient reçu le baptême et qui avaient des habitudes chrétiennes.

Malheureusement cette période de tranquillité dura peu. Les missionnaires y subirent des tracasseries nombreuses de la part des autorités locales, à l'instigation de certains blancs. On s'en prenait surtout à leur argent.

En 1862, la foudre tomba sur la mission et les indigènes, prétendant qu'elle avait mécontenté le fétiche, lui infligèrent une forte amende que le Père Borghero, prêtre gênois, alors supérieur, refusa de payer.

Il fut jeté en prison, et n'en sortit que grâce à la maison Régis.

M. Courdioux se vit expulser de la mission et dut construire à grands frais une seconde et coûteuse installation dans un terrain voisin.

M. Cloud se vit imposer une amende de 3.000 francs parce qu'il ne pleuvait pas depuis quelque temps, etc.

Malgré cela la chrétienté de Whydah prospérait; elle comptait plus de 150 enfants et put, le 27 janvier 1865, ouvrir une école dans la mission qui venait d'être fondée à Porto-Novo.

En octobre 1868, l'abbé Pierre Bouche fonda la mission de Lagos, et en 1874 la station d'Agoué.

Déjà en 1835, existait à Agoué une chapelle bâtie par une chrétienne revenue du Brésil; elle fut détruite par un incendie. Mais en 1843, un créole brésilien, Joaquin d'Almeida, arrivant de Bahia avec une foule d'esclaves libérés, rebâtit une autre chapelle qui fut terminée en 1845.

Elle est remplacée aujourd'hui par une belle église, dont le clocher élevé sert de point de repère aux navigateurs.

Depuis longtemps existe aussi une maison de sœurs à Porto-Novo et une à Lagos, pour l'instruction des filles. Celle de Lagos avait 150 élèves dans son école en 1873 et, à cette même époque, l'école des missionnaires comptait 130 garçons sur ses bancs.

En ces dernières années, grâce à la protection efficace du gouverneur Ballot, furent successivement créées les missions de Grand-Popo, de Kotonou, Zagnanado, d'Athiémé, de Kétou, d'Abomey-Calavi, de Péréré-Niki et de Fada-

N'Gourma, qui toutes sont en pleine prospérité et donnent les meilleures espérances pour l'avenir.

L'instruction des enfants, l'exercice de la médecine, la distribution gratuite de médicaments et de vêtements, la culture maraîchère, sont les principales occupations des Pères et des religieuses qui dépendent de la Société des Missions africaines de Lyon.

Les Pères Borghéro, Chausse, Ménager, Chautard, Bouche frères, Courdioux, Poirier, Pellet, Baudin, Morane, Pied, Beauquis, Bricet, Dorgère, qui vient de mourir si héroïquement, et bien d'autres encore appartiennent à cette courageuse confrérie dirigée avec la plus grande distinction, depuis de nombreuses années, par le R. Père Planque, supérieur général des Missions catholiques à Lyon.

Ce sont des hommes de cœur qui ont tous largement contribué à la propagation de la langue française en Afrique, et les travaux littéraires laissés par quelques-uns sont remarquables.

Indépendamment de leur œuvre religieuse, les missions catholiques ont facilité la tâche de l'administration locale en lui procurant des jeunes gens sachant lire et écrire un français assez correct. Ils ont fait par la suite de bons interprètes et ont pu remplir immédiatement les emplois inférieurs des postes, de la douane, de la police et des maisons de commerce.

2° Missions protestantes.

Les missions protestantes parurent pour la première fois au Dahomey en 1843, date à laquelle M. Freemann, envoyé par la Société des Missions Wesleyennes de Londres, vint voir le roi Ghéso à Cana et obtint de lui la permission de fonder des missions et des temples où bon lui semblerait.

Il en créa immédiatement une à Whydah et neuf ans plus tard, en 1852, deux autres à Agoué et à Grand-Popo.

C'est en 1862 que fut fondée la mission de Porto-Novo par Thomas Marshall, fils d'un féticheur élevé à la mission de

Élèves de la Mission Catholique de Zagnanado.

Badagry, où il s'était converti. Il resta à Porto-Novo jusqu'à sa mort qui survint en 1899. Il sut donner une certaine importance à la mission qui possède une école recevant une centaine d'enfants auxquels elle donne un enseignement élémentaire en français. Elle vient d'être réorganisée de façon à pouvoir accepter un plus grand nombre d'élèves.

Entre temps, en 1881, la mission de Whydah, persécutée

par le roi Glé-Glé, se dispersa, et ses membres se réfugièrent en grande partie dans celles d'Agoué et de Grand-Popo.

Actuellement il y a au Dahomey trois stations principales et plusieurs stations secondaires. Elles sont sous la direction d'un pasteur français assisté de quatre pasteurs indigènes. Elles relèvent du synode de Lagos.

3° Missions musulmanes.

Les Peulhs ont été les propagateurs actifs de l'islam parmi les nègres. Si les missionnaires protestants et catholiques arrivent par le littoral, l'islamisme pénètre au Dahomey par l'intérieur.

Depuis une quinzaine d'années il a pris un certain développement dans le nord de nos possessions dahoméennes. Les adeptes du Coran sont très estimés; ils y ont plusieurs mosquées et font de la propagande. Ils forment en général l'élément intelligent de la population. Cette infiltration s'accentue malgré les efforts de l'administration et des missions catholiques et protestantes.

L'islamisme a surtout été propagé par le recrutement du bataillon de tirailleurs haoussas, presque tous originaires de l'Ibadan, du Yorouba et du Niger.

L'halloufa est prêtre et maître d'école tout à la fois. Sa religion plaît aux nègres païens parce que la loi du prophète ne supprime ni la polygamie, ni la circoncision. Les imans n'interdisent pas l'usage des alcools et donnent eux-mêmes l'exemple de l'intempérance. La couleur du professeur étant la même que celle de l'élève, les concrètes prescriptions du Coran exercent beaucoup d'attraction sur des esprits simples, dont l'intelligence est très éveillée jusqu'à 14 ou 15 ans, l'âge de puberté.

On compte dans la colonie près de 6.000 musulmans qui vivent en très bons termes avec les fétichistes.

José Marcos, très riche négociant créole décédé l'an dernier, était le supérieur de la congrégation d'Islam, de Porto-Novo.

En résumé, les missions européennes ont eu au Dahomey une action bienfaisante en propageant notre langue et en nous faisant connaître dans ce pays où elles ont pénétré longtemps avant que la France y eût commencé son œuvre de paix et de civilisation.

Ce sont elles qui ont provoqué en 1863 la nomination de notre premier consul à Whydah, et depuis cette époque elles n'ont jamais cessé de mettre à notre service l'influence qu'elles avaient su acquérir sur les indigènes.

Médaille commémorative de l'expédition du Dahomey.

La médaille commémorative du Dahomey a été instituée le 24 novembre 1892 par le gouvernement de la République pour les officiers, marins et soldats qui ont pris part à l'expédition du Dahomey.

Face.

Revers.

Elle est en argent du module de 30 millimètres.

Elle porte d'un côté l'effigie de la République avec les mots : République française, au revers le mot : Dahomey.

Le ruban est moitié noir, moitié jonquille, par petites raies verticales.

Après la conquête du Dahomey, elle fut remplacée par la médaille coloniale, avec agrafe « Dahomey » pour les militaires ayant pris part à des opérations de guerre.

Médaille coloniale.

Le droit à l'obtention de cette médaille a été accordé au personnel européen, militaire et civil, de la mission conduite au nord du Dahomey, par M. le gouverneur Ballot, du 27 décembre 1894 au 1er mars 1895.

Il en est de même pour les militaires et marins ayant pris part aux opérations effectuées dans le Haut-Dahomey, du 1er décembre 1896 au 1er janvier 1898, sous les ordres du capitaine d'infanterie de marine Baud et du lieutenant de vaisseau Bretonnet.

Chevalier et Officier.

La médaille coloniale vient d'être accordée dans les mêmes conditions au personnel des armées de terre et de mer (européens et indigènes) ayant pris part aux opérations effectuées sous la direction du chef de bataillon d'infanterie de marine Ricourt, dans le Haut-Dahomey, pendant la période comprise entre le 8 novembre 1897 et le 5 février 1899.

Ordre de l'Étoile noire du Bénin.

Par reconnaissance pour la France, Toffa qui s'intitule, par la volonté de l'Être suprême et la protection de la France, roi de Porto-Novo, institua, le 1er décembre 1889, l'ordre de l'Étoile noire.

Le ruban de cette décoration était primitivement bleu clair à larges liserés rouges.

Le gouvernement français ne reconnut pas d'abord cette décoration, pour plusieurs raisons dont la principale était motivée par la couleur rouge du ruban.

La guerre du Dahomey fit ajourner aussi la reconnaissance de cet ordre.

Le 30 août 1892, le roi Toffa en modifia les statuts et la couleur du ruban.

En même temps, le gouverneur du Dahomey demanda la reconnaissance par le gouvernement de cette distinction honorifique destinée à récompenser les fonctionnaires et autres Français qui travaillent au développement de l'influence française à la côte occidentale d'Afrique.

Ces motifs firent approuver et reconnaître l'ordre de l'Étoile Noire, par une décision du Président du Conseil des Ministres en date du 30 juillet 1894.

Les règlements de l'ordre furent ceux établis par Toffa, le 30 août 1892, en son palais de Békon.

But. — Récompenser les services des sujets du royaume de Porto-Novo et ceux des Européens qui, par leur concours, ont donné au roi des gages de leur dévouement.

Classes. — L'ordre est civil et militaire, et comprend :
Des chevaliers, en nombre illimité ;
Des officiers, au nombre de 3.000 ;

Des commandeurs, 1.000 ;
Des commandeurs avec plaque, 500 ;
Des grands-croix, 100.

Décoration. — Le modèle de la décoration est une croix

Commandeur.

d'émail blanc à quatre rayons doubles, bordés de bleu, partagés entre eux par des rayons, surmontée d'une couronne formée de branches de chêne et de laurier.

Au centre de cette croix : une étoile d'émail noir à cinq rayons simples.

La monture et les rayons de la croix sont en argent pour les chevaliers, en or pour les grades supérieurs.

Le diamètre est de 45 millimètres pour les chevaliers et officiers, et de 62 millimètres pour les commandeurs et les grands-croix.

Ruban. — Le ruban est moiré bleu clair de 40 millimètres de largeur pour les chevaliers et les officiers, de 45 millimètres pour les commandeurs, de 11 centimètres pour les grands-croix.

Manière de porter la décoration.

Les *Chevaliers* portent la décoration, attachée par un ruban, sur le côté gauche de la poitrine.

Les *Officiers* la portent à la même place et avec le même ruban, mais en forme de rosette.

Les *Commandeurs* portent la décoration en sautoir attachée au cou par un ruban de 45 millimètres.

Les *Commandeurs avec plaque* portent, en outre, sur le côté droit de la poitrine une plaque diamantée tout argent, du diamètre de 90 millimètres, dont le centre représente une étoile d'émail noir.

Les *Grands-croix* portent un ruban moiré bleu clair de 11 centimètres de largeur, en écharpe passant sur l'épaule droite, au bas duquel est attachée la croix. De plus, ils portent la croix sur le côté gauche de la poitrine.

Brevets. — Des brevets revêtus du sceau du roi, enregistrés au gouvernement de Porto-Novo et contresignés par le chef de la colonie française du Dahomey, sont délivrés à tous les membres de l'ordre nommés ou promus.

L'ancien brevet était une belle chromolithographie, d'une exécution artistique soignée, comportant les armoiries du roi

Toffa qui sont : coupe au premier : d'argent à une étoile de sable ; au deuxième, de gueules à un léopard d'argent rampant sous un palmier du même. L'écu est surmonté d'une couronne royale d'or à cinq étoiles de sable, sommée d'un globe terrestre d'or timbré d'une étoile de sable.

Admission. — Nul Européen ne pourra être nommé ou promu dans l'ordre que sur la proposition du chef de la colonie française du Dahomey.

L'ordre de l'Étoile Noire est actuellement régi par les prescriptions des décrets des 23 mai 1896 et 12 janvier 1897, concernant les ordres coloniaux.

Plaque.

(Phot. de M. l'Adm. Beurdeley.)

Jeune femme Mina.

CHAPITRE V

ETHNOGRAPHIE DES PEUPLES DU DAHOMEY MOEURS ET COUTUMES — RELIGION

SOMMAIRE

Les nègres de la Côte des Esclaves. — Caractères physiques et moraux. — Tatouages. — Vêtements et parures. — Le costume. — La coiffure. — Le chapeau. — Ornements et bijoux indigènes. — Propreté des noirs. — Habitations. — Mobilier et ustensiles de ménage. — Nourriture des indigènes et préparation des aliments. — Industries locales et cultures. — Foires et marchés. — Monnaies. — Numération des noirs. — Division du temps. — Rôle du bâton au Dahomey. — Attributs et marques de dignité du roi et des cabécères. — Langues et idiomes. — La monarchie au Dahomey et l'administration indigène. — Obligations imposées aux Européens par les autorités dahoméennes. — État social des noirs. — Le noir en famille. — Naissance. — Mariage. — Deuil et funérailles. — Relations sociales. — Jeux. — Musique. — Chants et danses. — La traite des noirs. — Les esclaves au Dahomey. — Religion. — Le fétichisme. — Culte des serpents. — Féticheurs et féticheuses. — Sacrifices humains et autres. — Fêtes des coutumes.

Les nègres de la Côte des Esclaves. — Caractères physiques et moraux.

Au point de vue anthropologique, on peut diviser les nègres de la Côte des Esclaves en trois types distincts, offrant entre eux beaucoup d'analogie quant à la constitution physique, mais présentant des différences notables de caractères : ce sont le Mina, le Dahoméen et le Nago.

Mais ces trois familles se rattachent à un type uniforme : peau noire, chaude et luisante; crâne comprimé, front fuyant légèrement en arrière, nez ordinairement large et épaté, narines dilatées, lèvres fortes, belles dents, cheveux crépus, laineux et noirs, voix gutturale.

Hommes et femmes sont de haute stature, à la charpente osseuse, au corps bien découplé, vigoureux, bien musclé, avec le cou et les épaules robustes.

Le plus beau type de nègre est le Mina, qui est grand et bien proportionné, sa taille varie entre 1 m. 70 et 1 m. 80 ; ses traits sont réguliers, son nez est bien fait, son menton carré; sa physionomie ouverte exprime l'intelligence et la bonté ; il porte de la barbe contrairement aux autres nègres qui en sont dépourvus. Le Mina est estimé par son bon sens, sa douceur, sa bravoure et sa fidélité ; on le dit aussi plus rusé, plus chicaneur, plus nonchalant que ses congénères.

Le Dahoméen diffère du Mina par sa taille qui est moindre, son visage carré, son front bas, ses yeux enfoncés, son nez plus épaté et sa couleur variable entre le brun marron et le rouge jaune ou foncé.

Au moral, c'est le pire des nègres de la Guinée. Sa physionomie stupide et hypocrite est peu sympathique; il est menteur et voleur, faux, paresseux et gonflé d'orgueil pour son pays et sa race.

L'homme du peuple est totalement imberbe. Seuls, les chefs dahoméens ou porto-noviens, laissent croître la barbe; ils se reconnaissent d'ailleurs facilement de leurs sujets par un aspect généralement distingué.

Le Dahoméen est très fier et son dédain envers le blanc est un des traits saillants de la fierté de sa race.

Le Nago ressemble au Dahoméen, sauf que sa taille est en moyenne supérieure (1 m. 65 à 1 m. 75) et que sa physionomie plus ouverte est moins antipathique. Le Nago est bon, bienveillant, consciencieux, sincère et très serviable.

Il est plus sociable que le Dahoméen et ne manque pas de jovialité; il est actif au travail, aux affaires; il y a dans son caractère de la loyauté et de la prévenance. C'est avec lui que les relations sont les plus faciles et les plus sûres.

Dans l'intérieur du Dahomey, la race nègre est plus pure et plus noire que le long de la côte où les croisements avec les blancs lui donnent une couleur plus claire, plus rougeâtre.

Le nègre, quoique fort, est assez maigre, il est rarement obèse; son tempérament, généralement alcoolique, se reconnaît aux filets sanguins dont se teintent les coins des yeux.

Beaucoup de noirs sont marqués de la petite vérole; ils ont tous bonne vue et bonnes dents; quelques-uns liment certaines de leurs dents par coquetterie, ce qui leur permet alors de cracher à plusieurs mètres de distance.

La calvitie est rare chez le nègre, à l'exception des portefaix qui font reposer les charges sur la tête.

Le défaut dominant du nègre est la curiosité; il est très observateur et suit le blanc dans tous les détails de sa conduite.

L'ivrognerie est sa passion favorite.

L'intelligence du nègre est très développée, et elle est même plus précoce que celle du blanc; elle se développerait plus rapidement si l'âge de puberté n'arrêtait chez les noirs l'essor des facultés de l'âme.

Il comprend et raisonne très bien; ce qui lui manque, c'est la volonté, l'énergie, la suite dans les idées que possède l'Européen.

Comme le dit l'abbé Bouche, il y a dans le noir *plus d'in-*

tuition et *moins de réflexion*, quant à l'intelligence. Quant à la volonté, il y a *plus de spontanéité que de constance*. L'énergie fait défaut au nègre s'il faut la soutenir, et s'il en a dans un premier mouvement elle tombe aussitôt.

A cause de leur intelligence, il est permis d'espérer qu'au contact de notre civilisation, et après avoir acquis un peu d'instruction, les indigènes perdront bien vite les mauvais instincts inhérents à leur caractère sauvage.

Malheureusement, dès qu'ils sont un peu instruits, ils deviennent orgueilleux et se servent de ce qu'ils ont appris pour mentir et mieux tromper leurs semblables. De sorte que le nègre ignorant est bien souvent préférable au nègre instruit.

Cependant, les Anglais ont trouvé parmi eux d'excellents instituteurs, des employés de commerce habiles, des docteurs en droit et en médecine gradués dans les Universités européennes. Un noir est même devenu évêque anglican en juin 1864, sous le nom de Samuel Crowther.

A défaut d'énergie, le nègre a la force de l'inertie, et à force d'inertie, il devient patient et vertueux, indifférent et impassible. Son indolence native explique comment il a pu subir, sans réagir, l'absolutisme des féticheurs, le despotisme du roi, les exactions des chefs, les rigueurs du maître, et jusqu'aux horribles coutumes des sacrifices humains.

Astucieux, très rusé et de mauvaise foi, le noir attaque rarement les difficultés de front; il biaise toujours, évitant de rien laisser transpirer avant d'être sûr d'atteindre son but.

Il se met rarement en colère, surtout avec le blanc; il est très patient avec lui et l'accable de protestations hypocrites et de paroles inutiles.

Il est peu rancunier et possède une excellente mémoire. Il assouvit sa haine par le poison, instrument ordinaire de ses rancunes, lorsqu'il a à se venger personnellement.

Le nègre est, en général, excessivement douillet et supporte difficilement la douleur physique. Pour un rien, il gémit, a recours au féticheur et se bourre de drogues ; mais il faut reconnaître que quelques-uns endurent cependant le mal avec insensibilité.

Le noir est habituellement très gai, aime la plaisanterie et rit à propos de tout, s'amuse comme un enfant avec rien ; il aime passionnément la danse et le jeu, qui sont ses plus grandes distractions. Le nègre promet toujours ce qu'on lui demande, mais il tient parole le plus tardivement possible. On ne peut guère se fier à lui.

Le noir est très insouciant sous tous les rapports, le malheur et la mort même ne le touchent guère. Il jouit du présent sans souci de l'avenir.

Sa paresse est excessive, il ne travaille que par nécessité et pour gagner juste sa nourriture. Il aime bien dormir et fumer ; hommes et femmes fument la pipe dès l'âge le plus tendre.

Le cultivateur ne travaille que pendant la saison propice à la récolte ; dès que sa terre est ensemencée, il attend sans rien faire.

Et il en est ainsi de tous les métiers.

Lorsque le noir n'a plus la force de travailler, il meurt de faim et de misère dans ses vieux jours.

Dans les relations entre noirs règne une grande délicatesse, une honnêteté remarquable, ils ont tous un grand sentiment de la justice et une grande confiance dans les décisions du blanc qu'ils prennent souvent pour arbitre.

La femme dahoméenne est plus petite que l'homme, très bien faite de corps, gracieuse, mais, nubile de bonne heure et mariée très jeune, elle ne tarde pas à être flétrie avant l'âge par la maternité et les durs travaux auxquels elle est soumise.

Elle a généralement les seins très développés. Au moral la négresse est femme, et malgré sa peau noire elle est coquette.

C'est la femme Mina qui règne en souveraine maîtresse sur le littoral guinéen. Son visage gracieux, son allure espiègle, sa petite taille, son nez presque aquilin, ses narines elliptiques et frémissantes, ses lèvres à peine relevées, sa peau luisante comme du satin, ses mains et ses pieds minuscules, en font la Vénus noire de la Côte des Esclaves.

La durée moyenne de la vie chez le noir de Guinée est de 60 ans au maximum; à 25 ans il est homme fait, père de grands enfants à 35 ans et vieux à 45 ans; à 50 ans c'est un vieillard; à 60 ans, un patriarche vénéré.

Les cas de longévité ne sont pas rares, et l'on trouve au Dahomey beaucoup de vieillards presque centenaires.

La femme est encore plus précoce que l'homme; à 13 ou 14 ans elle est mère; à 20 ans elle est fanée; à 30 ans elle est vieille et à 35 ans elle est grand'mère.

Tatouages.

Les noirs des diverses contrées du Dahomey se distinguent par la manière dont ils sont tatoués. Chaque tribu et même chaque famille a un signe particulier qui la fait reconnaître au premier aspect.

Les signes cabalistiques plus ou moins bien faits, variés et nombreux qu'ils portent sur les tempes, sur les joues, sont des marques distinctives entre les différents individus, et quelquefois des traces d'initiation à tel ou tel fétiche.

On distingue le tatouage d'origine, qui se porte généralement à la figure, et le tatouage de fantaisie, qui se fait sur le corps.

Le Mina a trois petites barres horizontales sur la pommette de la joue.

Le Dahoméen de la côte porte deux grosses barres verticales sur la pommette de la joue ; dans le nord du pays, une marque verticale au bout du nez, ou quatre et jusqu'à six sur la joue, aux tempes, au front, au menton, etc.

Les Nagos ont des marques rondes, en forme de demi-pois entremêlés avec les traits verticaux ou horizontaux ;

Les Mahis ont les tempes zébrées, etc.

Par tradition, les parents imposent les tatouages aux enfants et les ornent dès leur jeune âge des marques dont ils seront fiers plus tard.

Dès que l'enfant a atteint l'âge de cinq à six ans, la vieille mère ou un spécialiste fait une incision peu douloureuse au moyen d'une lancette, met dans la plaie une composition végétale ou un onguent composé principalement de suie et d'huile de palme, verse de l'huile sur le tout et au bout de quatre jours les cicatrices apparaissent indélébiles.

On pratique aussi le tatouage en couleurs au moyen d'aiguilles ou d'épines et l'on introduit sous l'épiderme des teintures végétales diverses.

Les tatouages offrent des dessins très variés ; les uns indiquent la nationalité, le rang, la condition ou la profession ; d'autres sont de purs ornements.

Les rois, les princes, les grands font marquer leurs esclaves d'un signe particulier destiné à les empêcher de fuir ou d'être volés. La noblesse, les grandes familles ajoutent ordinairement un petit signe au tatouage plébéien.

Le tatouage de fantaisie est subordonné au goût de chacun: Les hommes se dessinent sur la poitrine des pointillés, des barres, des croix, des cercles, des étoiles, des fleurs, etc.

Les femmes ont souvent sur le ventre, comme ornement, plusieurs lignes de points.

Mais ce sont surtout les féticheurs et les féticheuses qui sont les gens les plus tatoués.

Leur corps est orné de figures de caïman, de tortue, de lézard, de losanges ; leurs épaules sont tatouées d'une infinité de petits points très rapprochés. Il est défendu de toucher ces sortes de tatouages, qui sont réputés fétiches ou sacrés.

Le tatouage indique chez les féticheurs les mystères et les degrés de l'initiation.

Les féticheuses sont horribles à voir par la multitude de leurs cicatrices, des entailles et des boursouflures qui leur couvrent la tête et le corps, et dont beaucoup sont faites au moyen du feu.

Ces fanatiques se torturent ainsi pour honorer le fétiche auquel ils sont voués et pour se le rendre favorable.

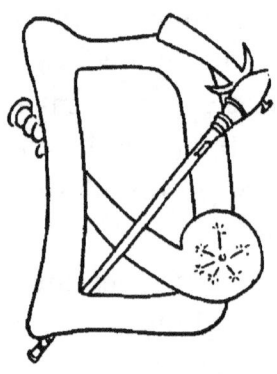

Vêtements et parures.

Au Dahomey, la douceur du climat permet aux habitants de ne se vêtir que légèrement, et encore le noir s'habille-t-il plus par convenance que par nécessité. C'est seulement dans l'intérieur de sa case qu'il se contente de couvrir à peine sa nudité à l'aide d'un mouchoir ou d'un petit morceau d'étoffe retenu par une ficelle.

Les Nagos et les Dahoméens ne sortent guère sans le costume complet, et si parfois les Minas se permettent de n'avoir qu'un vêtement rudimentaire, c'est parce qu'ils ont besoin de n'être pas gênés dans leurs mouvements, lorsque leur profession de canotiers les oblige à entrer dans l'eau.

LE COSTUME

Le costume du Dahoméen est très simple ; il se borne à un seul vêtement : le pagne ou *acho*. C'est un morceau d'étoffe de la forme d'un drap de lit.

Les hommes en portent généralement deux : un petit et un grand.

Le premier a environ 1 m. 60 à 1 m. 80 de long sur 1 mètre à 1 m. 10 de large ; il se met toute la journée, pendant le travail et dans l'habitation.

Le second est de même longueur mais plus large de 50 à 60 centimètres. Il se porte dans la rue et pendant la nuit.

Les boutons et agrafes étant inconnus au Dahomey, on serre le pagne autour des reins, et l'extrémité qui flotte est passée dans la ceinture formée par le pagne lui-même.

Quelquefois les indigènes drapent leurs deux pagnes autour des reins, et forment près de la hanche droite, avec le surplus de l'étoffe, un petit bourrelet qu'ils laissent légèrement retomber.

Le Dahoméen sait se draper avec une noble élégance dans son pagne qui lui donne un aspect mâle et imposant. C'est là le caractère distinctif qui le fait vite reconnaître parmi les autres noirs, car aucun autre peuple ne sait se couvrir comme lui de son vêtement et avec autant d'élégance.

Le plus souvent l'homme jette le grand pagne sur l'épaule gauche, en le ramenant sous le bras droit qui reste libre et découvert.

Outre leur pagne, les Nagos portent encore une culotte courte et étroite, qui n'arrive qu'aux genoux et appelée *chocoto*.

Leurs femmes ne font pas usage de cet habit.

Le costume des femmes dahoméennes consiste en un, deux ou trois pagnes, selon leurs moyens — mais elles ne s'en revêtent pas de la même manière que les hommes; — les négresses les roulent autour du corps en les disposant avec une coquetterie vraiment séduisante.

Le premier pagne, qui sert à les couvrir, est simplement roulé sur les hanches, de façon à retomber à mi-cuisse; l'autre, par dessus, atteint le bas du mollet. L'un de ces pagnes peut se relever sur la poitrine, pour couvrir les seins. Quelquefois un troisième pagne est négligemment jeté sur la tête ou sur l'épaule et pend de chaque côté.

Un morceau de tissu roulé sert généralement alors de ceinture; c'est le cas des femmes mariées.

Les jeunes filles, au contraire, ne portent que deux pagnes qui ne leur couvrent jamais le torse.

La mère, au lieu de porter son enfant sur les bras, l'attache sur son dos avec un pagne. Elle l'attire en avant, par-dessous le bras, lorsqu'elle veut lui donner à téter. Elle vaque ainsi aux travaux du ménage, et l'on voit fréquemment des négresses aller de la sorte, avec des marchandises sur la tête, qu'elles vont vendre de maison en maison et même de ville en ville.

Les pagnes de différentes couleurs, rouge, jaune d'or, grenat, noir ou vert foncé, ne sont portés que par la classe aisée. Le peuple dahoméen n'a que des pagnes écrus ou blancs, qu'il change en moyenne une fois l'an, et qui peu à peu prennent un ton gris perle, gris foncé et gris noir.

Le pagne bleu foncé est un vêtement dont les femmes en deuil se couvrent la tête.

Dans le vêtement des Dahoméens toute couleur ou parure est formellement interdite.

Les Popos, au contraire, font usage du genre de vêtements que leur permettent leurs moyens.

Les femmes éoués s'habillent de pagnes multicolores. Elles sont généralement vêtues d'un léger pantalon et d'une pièce de toile qu'elles enroulent et déroulent au-dessous de la poitrine.

Les hommes portent même des tricots, des bonnets brodés, etc.

Le pagne du pauvre est ordinairement en bleu indigo.

Quant aux jeunes filles, elles ne sont couvertes, jusqu'à leur mariage, que d'une bande de tissu, simplement fixée à la taille, sans prolongement et appelée *godé*.

Les autres peuples du Dahomey sont habillés suivant les usages de leur pays d'origine : ainsi les Brésiliens de la côte sont revêtus de couleurs voyantes et de bijoux, les Musulmans portent le costume arabe, etc...

Mais depuis l'occupation française, on voit fréquemment dans les villes les grands négociants noirs s'habiller à l'européenne. Gibus aux dimensions majestueuses, longues redingotes noires, cravates aux couleurs criardes, souliers vernis, un parasol ou une badine, des breloques et des chaînes de montre énormes, des lorgnons à verre fumé servent à leur donner le *chic* du blanc, comme ils disent.

Leurs épouses indolentes sont aussi revêtues de falbalas d'un goût très scabreux, corsage très court, jupe longue qui laisse une traînée de poussière et dégage une odeur particulière mêlée à des parfums frelatés.

On voit même parfois des noirs en redingote, mais sans souliers, avec un vieux chapeau bosselé, et fumant une pipe « même chose blancs ! »

LA COIFFURE

Les nègres de la côte ont généralement grand soin de leurs cheveux crépus qu'ils portent souvent fort longs ; — il en est de même des négresses. Seul, le Dahoméen doit avoir la tête rasée ou tout au moins les cheveux courts.

Les Minas des deux sexes s'arrangent les cheveux en petites baguettes raides qui hérissent leur tête.

Aux Popos, les femmes ramènent en arrière tous leurs cheveux longs et bien peignés, et les attachent sur le sommet de la tête ; l'extrémité des cheveux est ensuite transformée en une petite boule qui surmonte le tout.

Les cheveux des Nagos forment une succession de tresses qui couvrent tout le sommet de la tête en laissant voir entre elles le cuir chevelu. Cette coiffure peut durer quinze jours sans se détériorer, si elle est bien faite.

Les femmes des grands personnages laissent croître leur chevelure, mais en la rasant autour du front, au-dessus des oreilles et sur la nuque.

Les Musulmans ont la tête rasée avec une longue touffe de cheveux au sommet.

Enfin, certains nègres, qui s'habillent à l'européenne, aplatissent leurs cheveux et tracent au milieu de la tête, avec un rasoir, une ligne imitant la raie des blancs.

Les noirs se rasent habituellement avec un morceau de verre. Quant aux femmes, elles démêlent leurs cheveux avec des peignes en bois dur ornementé, aux dents longues et nombreuses.

LE CHAPEAU

L'usage du chapeau tend à se généraliser au Dahomey. Outre les chapeaux importés par le commerce européen, les noirs ont des chapeaux de paille confectionnés dans le pays ; ils portent aussi des bonnets de coton appelés *filla*.

Leur couvre-chef le plus utile est l'*akata*, fait de feuilles de palmier grossièrement tressées, et qui a les dimensions d'un parapluie ; aussi sert-il contre la pluie et le soleil.

Le parasol et les chaussures ne sont encore guère utilisés ; ils sont demeurés jusqu'à présent un insigne de grandeur et d'autorité réservé au roi et aux chefs principaux ; encore ceux-ci ne peuvent-ils s'en servir en présence de leur souverain.

ORNEMENTS ET BIJOUX INDIGÈNES

Au Dahomey aucun ornement n'est toléré, sauf pour le roi, les princes et les chefs qui portent des anneaux de fer au poignet et à la cheville.

Le torse du Dahoméen reste nu ; les autres indigènes portent autour du cou de petits sachets en cuir suspendus à un cordon, des dents de carnassiers, des morceaux de verre, de fer, de corail, etc...

Autour du biceps, ils ont des anneaux en verre bleu ou en ivoire ; autour du poignet, des cordelettes en cuir ou des chaînettes ; autour des reins, des lanières de cuir tressé entremêlé de perles ; des anneaux en cuivre aux doigts, mais rarement aux oreilles.

Les femmes ont le cou, les bras, les poignets, les jarrets mêmes, entourés de colliers de corail, de bracelets, d'ambre jaune ou de verre bleu ou vert, des ceintures de perles fausses.

Dans le Yorouba, par coquetterie, les négresses se percent le lobe des oreilles pour y faire passer une rondelle de bois rouge du diamètre d'une tranche de bougie.

Aux Popos, les femmes ont des boucles d'oreilles en perles, en argent et en or ; des colliers, des bracelets en cuivre ou en argent. Les perles fausses et le corail sont employés à profusion, surtout pour les ceintures nouées autour des hanches.

Au Dahomey, les femmes ne portent rien, puisqu'il leur est défendu d'être coquettes.

Les féticheuses portent le pagne blanc, la tête rasée ou les cheveux courts; elles ont des chapelets de petits coquillages autour du cou, des bras et des jambes.

Quant aux enfants, ils vont complètement nus jusqu'à six ou sept ans.

Bien des femmes indigènes, en plus des tatouages traditionnels, se fardent encore à leur façon; les femmes nagos se colorent les ongles, les mains et les jambes en rouge brique, et forment des dessins bizarres sur leurs épaules et sur leur poitrine avec des poudres ou des pâtes de différentes couleurs. — Elles se frottent aussi d'huile de palme, mais lui préfèrent de beaucoup l'eau de Cologne, de lavande, qu'elles emploient à profusion.

Les femmes Minas se servent d'un cosmétique odorant nommé l'*attiké* dont elles s'enduisent le cou, l'aisselle et la poitrine, en décrivant des dessins grisâtres assez réguliers.

C'est un composé de clous de girofle, d'anis, de benjoin, de lavande, de musc délayé dans de l'alcool parfumé, puis pilé, réduit en pâte, séché et mis en boules. L'odeur en est très forte et très aromatique.

Enfin, les femmes Nagos donnent une teinte violette à leurs paupières au moyen de la plombagine ou de la poudre d'antimoine qui se vendent dans de petits étuis en cuir.

PROPRETÉ DES NOIRS

L'usage des bains est général à la côte des Esclaves; hommes et femmes se lavent fréquemment à grande eau et

Femme Mina.

même plusieurs fois par jour. La propreté et l'hygiène leur en font un devoir, car, par suite de la transpiration presque constante qu'ils subissent, ils sont très exposés aux maladies de la peau. Mais il est à remarquer que plus l'on s'éloigne de la mer ou des cours d'eau, les gens sont de moins en moins propres et ne se dérangeraient pas pour se procurer de l'eau, même à une faible distance.

C'est après le bain que les négresses s'enduisent d'huile, d'onguents et de cosmétique.

En temps de deuil, elles ne se lavent pas.

Habitations.

Sur la côte des Esclaves, l'habitation indigène est encore très primitive, et, comme toutes les autres commodités de la vie, elle se réduit au strict nécessaire.

Sa construction est subordonnée aux matériaux que produit la région; dans tous les cas, l'habitation actuelle est fort malsaine et incommode.

Dans la première zone, où le sable abonde, toutes les cases sont en terre tourbeuse mêlée de sable et en bambous entremêlés de paille de palmier.

Dans la deuxième et la troisième zone, celles de l'argile, les murs sont en terre rougeâtre, fort tenace; on lui donne le nom de *terre de barre*; durcie sous l'action du soleil, elle acquiert une grande fermeté. Les nègres la pétrissent comme du mortier en la foulant avec les pieds.

Dans la quatrième zone, celle des forêts, les maisons sont en bois avec toitures en paille.

Dans l'extrême nord du Dahomey, les montagnards vivent en grande partie dans les cavités naturelles des rochers.

Les maisons européennes sont ordinairement en briques avec couverture en zinc.

Les huttes indigènes sont rondes, rectangulaires ou carrées, suivant la fantaisie des noirs; il en est de même pour les habitations lacustres, bâties sur pilotis.

Sur les bords du fleuve Ouémé et des lagunes, le sol intérieur des cases est formé d'un mélange de sable et de vase qui durcit très vite. Quelquefois même cette boue collante sert à tapisser les parois intérieures et donne ainsi l'illusion de murailles. Dans les cases somptueuses, les murs sont peints avec une décoction de certaines feuilles tinctoriales.

Les toitures en pente, à deux ou à quatre eaux, sont en feuilles de palmier reliées entre elles et aux bambous de la charpente par des liens de paille. Parfois existe sous le toit un plafonnage sommaire en bambous très serrés, badigeonnés de terre glaise.

La case indigène ne comporte habituellement qu'une pièce; elle n'a d'autre ouverture que la porte, sans aucune fenêtre ni issue laissant pénétrer l'air ou la lumière.

Chaque habitation est pourvue d'une petite cour qui ouvre sur la rue. C'est dans cette cour que se font les travaux du ménage : cuisine, lavage, pilage du maïs, etc... Elle est séparée de l'enclos voisin par une palissade en paille et en faux-bambou.

Les portes sont en bambou très serré avec des cordes de paille en guise de charnières; on les ferme le soir au moyen d'une barre transversale; elles n'ouvrent point sur la rue mais sur la cour attenante.

Le parquet des cases est toujours surélevé par rapport au niveau de la rue.

Dans quelques parties du Dahomey, on a la bizarre habitude de peindre ce parquet et le bas des murs en vert, au moyen de la bouse de vache délayée dans l'eau. L'odeur que répand cette peinture d'un nouveau genre fait, avec raison, comparer les intérieurs dahoméens à des étables malpropres.

Les cases indigènes sont en général très mal tenues; hommes, femmes, enfants, chiens et poules grouillent dans une demi-obscurité entre des pots d'huile, de chapelets de poissons fumés ou secs, de provisions diverses. L'odeur *sui generis* du noir domine toutes les autres senteurs dégagées par ces intérieurs malpropres et insalubres.

Chez les chefs et les habitants aisés, il y a souvent plusieurs cours réunies dans une même enceinte avec une seule ouverture sur la rue. Dans chaque cour se trouvent une ou plusieurs cases pour les femmes et les domestiques. La case du maître occupe la partie la plus reculée; elle est précédée d'un auvent qui sert de salle de réception. Aussi l'on y voit un lit de bambou sur lequel le maître s'installe, accroupi, assis ou couché, suivant les circonstances, lorsqu'il reçoit des visiteurs.

Dans les campagnes, les indigènes logent ordinairement leurs provisions de grains entre la toiture et le plafond de leurs cases, mais, dans d'autres localités, existe un magasin bâti en communauté par les habitants.

Dans les villes, on ne garde jamais de provisions à la maison, et quand par hasard les noirs conservent de l'huile ou des amandes de palme, ils enterrent les pots qui les renferment à un mètre de profondeur autour de leurs cases ; l'herbe pousse bientôt et déguise ces cachettes connues d'eux seuls.

Les morts de la famille sont enterrés dans le sous-sol de la case, à 60 centimètres à peine de profondeur. C'est un usage qui ne tardera sans doute pas à disparaître.

Les habitants des villages lacustres enterrent leurs morts à terre, sur le bord des fleuves ou des lagunes.

Le manque de confortable des intérieurs dahoméens et la déplorable habitude des indigènes de vivre en grand nombre dans une case étroite, dépourvue d'air et malpropre, sans observer aucune hygiène, sont cause d'une foule de maladies.

Les cases en terre sont de plus très humides, les insectes de toutes sortes y pullulent, les rats courent partout, les serpents se logent dans la toiture, les termites rongent les boiseries.

Les maisons en paille sont plus propres, parce qu'elles sont plus aérées, mais la négligence des habitants y est la même.

On voit cependant, mais c'est une rareté, des intérieurs propres, au parquet bien balayé, éclairés par une lampe à huile ; mais alors les femmes font leur ménage dans la cour et les chiens et les poules passent la journée dehors.

Dans ces dernières cases, on aperçoit quelquefois aussi des traces de mobilier : parfois un canapé-lit, des tabourets en bambou, une natte à claire-voie devant la porte permettant de voir les passants, sans être aperçu d'eux ; en un mot, l'habitation du noir devient alors aussi confortable que le permettent les moyens du pays.

Les indigènes qui pratiquent une industrie quelconque possèdent souvent une deuxième pièce ou même une seconde case destinée à cet usage, surtout lorsqu'ils ont un matériel encombrant; d'autres travaillent dans la cour ou devant leur porte ; parfois même, la rue étant trop étroite, ils vont s'installer sous un arbre de la place la plus proche.

On rencontre dans certaines villes des assemblages de cases occupées par des gens exerçant un même métier ; il n'y a dans ce cas aucune séparation entre les cours, et les gens qui habitent ces *salams* comme on les appelle, forment une sorte de communauté ; ainsi font les féticheurs et féticheuses, les teinturiers, les potiers, les sculpteurs, les forgerons, etc.

Les meilleures constructions dahoméennes sont les temples fétiches, très nombreux dans les villes. Ce sont de petites cases rondes, ovales ou rectangulaires, à deux compartiments séparés par une natte formant portière. Point de porte en bambou à l'extérieur ; une simple ouverture en tient lieu.

Les cases des fétiches seules sont couvertes en paille, tandis que les cases d'habitation le sont en feuilles de palmier.

Ces temples sont toujours construits avec les mêmes matériaux que les cases de la zone. Le peu de chaux dont disposent les indigènes est réservé à en blanchir le dedans et le dehors des murs, lorsque ceux-ci sont en terre.

Depuis leur longue fréquentation avec les Européens, les indigènes n'ont jamais cherché à améliorer leurs habitations.

Cependant, on voit encore à Whydah des ruines d'importantes constructions, élevées sur le modèle européen, à l'époque où l'on faisait fortune avec la traite des esclaves.

Avec de pareilles constructions, les villes dahoméennes sont forcément malpropres, surtout les villes en argile dont les pluies torrentielles rongent le pied des murs, creusent des ornières et des trous pour produire des mares qui ne disparaissent que par l'évaporation.

Une boue épaisse et gluante s'attache alors aux pieds et ce mortier rougeâtre est déposé partout dans les cases.

(Phot. J. Beau.)

La belle Efryéqué.

Lorsque le soleil vient à sécher le sol, il flotte partout dans l'air une poussière rouge, impalpable, qui salit tous les objets et les vêtements.

Les rues indigènes, ou plutôt les ruelles, offrent naturellement un aspect irrégulier ; elles font de nombreux détours, car elles tournent autour des cases que l'on élève sans alignement ni méthode, sans ordre ni symétrie.

La mitoyenneté des murs n'est guère connue : chaque habitation est entourée de murs qui en dépendent totalement, et le passage étroit existant entre deux habitations n'est laissé que pour séparer les propriétés.

D'un autre côté, les habitants trop paresseux pour aller chercher leurs matériaux de construction en dehors de la ville, enlèvent à quelques pas de leur habitation l'argile dont ils ont besoin. C'est ce qui explique la présence dans les villes de ces nombreuses excavations autour des cases.

A Porto-Novo, par exemple, ces trous béants atteignent de 15 à 20 mètres de profondeur ; — c'est là qu'on prit la terre pour bâtir les maisons de quartiers entiers, et c'est dans ces trous que les noirs jettent journellement leurs immondices. — A la saison des pluies, ces dépotoirs se remplissent d'une eau sale et puante, qui, pendant l'harmattan, se dessèche et laisse un fond de boue verte, aux émanations putrides.

Lorsqu'il n'y a pas de trous à proximité de leurs cases, les noirs se contentent de jeter les ordures dans la rue, devant leur porte ; sans les vautours et les porcs qui nettoient les villes, le sol des ruelles disparaîtrait bientôt sous les immondices.

Les chefs indigènes s'occupent bien des impôts et des affaires locales, mais ils n'ont aucun souci de la salubrité publique, malgré les mauvaises odeurs que dégagent les cloaques infects qui entourent leurs habitations.

Les villes nagos sont excessivement sales, comme les Nagos

eux-mêmes d'ailleurs, et les Dahoméens ne leur cèdent en rien sous ce rapport.

Aux Popos, les habitants sont un peu moins malpropres et plus soucieux de leur bien-être.

Le côté pittoresque des villes ou villages indigènes est que toutes les cases sont entourées d'une riche végétation ; les manguiers, bananiers, cocotiers, corossoliers, mimosas, acacias multicolores, s'y développent librement, mêlés aux plantes grimpantes et offrent par endroits des coups-d'œil ravissants ; il y a des rues qui semblent des allées de bosquet, des cases qui sont des nids de feuillage.

Dans l'enclos de chaque case, il y a quelques arbres ou arbustes, et les places publiques surtout sont plantées de beaux arbres qui répandent dans leur voisinage un ombrage bienfaisant.

Les villages lacustres ne sont pas ornés par la végétation, mais ils sont excessivement propres ; lorsque aucune brise ne vient rider la surface de la lagune, les cases se reflètent gracieusement dans l'eau, ainsi que les pirogues qui la sillonnent en tous sens d'un point du village à un autre.

Dans l'intérieur du pays, les villages très clairsemés sont perdus au milieu de la brousse. Ils sont entourés par des taillis épais qui les protègent naturellement, et les chemins aboutissent à des portes, faites avec des troncs d'arbres.

Mobilier et ustensiles de ménage.

Lit. — Dans la plupart des cases, une natte étendue par terre sert de lit. Au palais du roi, chez les cabécères et les indigènes riches, on couche sur une petite estrade en terre ou sur des lits en bambou. Matelas, draps et couvertures sont inconnus : on s'étend sur une simple natte et l'on se couvre avec le pagne qui sert de vêtement.

Les armoires et les commodes sont remplacées par des sacs en paille ou en cuir et quelquefois par de petites caisses. Dans le sac en paille on renferme les cauris et les habits. Dans les sacs en cuir on transporte les vivres ; ceux plus petits servent de bourses ou de blagues à tabac.

Les sièges sont très rares dans les habitations et il n'y en a ordinairement qu'un qui ne sert qu'au maître de la maison. Au Dahomey, le siège est un des insignes du cabécérat : il passe du titulaire à son successeur, à qui il est remis par le roi.

Comme système d'éclairage les nègres se contentent d'une écuelle en terre remplie d'huile de palme dans laquelle trempe une mèche de coton allumée.

Le foyer, toujours installé dans la courette de chaque habitation, se compose de trois boules de terre glaise séchée au soleil sur lesquelles, comme sur un trépied, on pose le vase où cuisent les aliments.

Mais beaucoup de noirs se servent aujourd'hui de fourneaux portatifs en terre cerclés de fer et provenant d'importation européenne. A proximité, un four cylindrique en terre cuite sert à la grillade du maïs et à la cuisson des boules de farine.

Comme ustensiles de cuisine, les femmes possèdent des marmites ou pots du pays, plus ou moins hauts, selon l'usage auquel ils sont destinés. Pour piler leurs grains, elles ont des mortiers de toutes tailles creusés dans des troncs d'arbres et des pilons en bois qui ont jusqu'à 1 m. 50 de hauteur. Elles se servent d'une cuiller de bois pour agiter leurs ragoûts et retourner les beignets qu'elles font rissoler dans l'huile de palme.

L'eau est conservée dans des jarres en terre, hautes de 50 centimètres environ, et de forme à peu près sphérique. D'autres vases plus petits sont employés pour faire la cuisine.

Les bouteilles, les saladiers, les cuvettes, les plats, les verres sont remplacés par des calebasses de toutes formes et de toutes grandeurs, soit entières, soit coupées en deux; criblées de trous, elles servent aussi de tamis.

Enfin le combustible qui sert à la cuisson des aliments est le pétacule des feuilles et des branches sèches ramassées au pied des palmiers et dans les forêts.

Nourriture des indigènes et préparation des aliments.

Au Dahomey et dans les pays voisins, les indigènes mangent de tout sans avoir de préférence spéciale et, quoique leurs ressources culinaires soient assez restreintes, leurs aliments sont néanmoins assez variés.

La nourriture des indigènes se compose principalement de

végétaux, mais chez les populations riveraines, le poisson domine, comme chez celles de l'intérieur domine la viande.

Les ménagères indigènes ne font pas leur cuisine tous les jours, ce serait au-dessus de leurs forces ; elles préfèrent acheter aux marchandes ambulantes ou dans les restaurants en plein vent la nourriture toute préparée. Elles se procurent ainsi des fritures, des gâteaux, des mets secs et fumés qui se conservent froids. Seuls les ragoûts chauds sont faits à la case, mais de temps à autre seulement.

Le maïs est l'élément indispensable de l'alimentation dahoméenne, comme chez nous le blé.

Les indigènes le mangent vert et cru, lorsque le grain est encore tendre, et bouilli ou grillé lorsqu'il est sec.

Les différentes préparations du maïs sont :

L'*akassa* qui remplace le pain. Pour la préparer, on réduit du maïs bien mûr en farine que l'on jette dans un vase rempli d'eau afin d'en séparer le son qui surnage, tandis que la farine reste au fond. On l'y laisse séjourner pendant plusieurs jours et on la retire lorsqu'elle commence à fermenter.

La farine ainsi obtenue a reçu de la fermentation un goût âcre et acidulé que les étrangers au pays trouvent bien peu agréable.

On en fait une pâte épaisse que l'on divise en boules de la grosseur d'une orange ; ces boules sont ensuite entourées de feuilles de bananiers et passées au four pour y subir une légère cuisson. On les retire presque aussitôt et l'akassa est faite.

Les marchandes en vendent énormément tous les jours, car l'akassa forme le mets de résistance du repas. Un homme doué d'un grand appétit peut se satisfaire avec dix boules pareilles ; or chaque boule coûtant 20 cauris, la nourriture d'un fort mangeur revient à une dépense journalière de 200 cauris, soit 0 fr. 10 environ de notre monnaie.

Le *pilâo*, au goût plus agréable, est l'*akassa* sans fermentation. C'est un aliment sain et nourrissant qui ne se vend pas et que les gourmets doivent préparer eux-mêmes.

On l'obtient avec la farine de maïs bien sèche que l'on a mélangée à un tiers environ de farine de blé, afin d'avoir une pâte consistante. Cette pâte insensible au levain donne un pain blanc qui se consomme dans tous les ménages aisés, créoles, brésiliens et autres.

Avec de la farine de maïs fortement étendue d'eau, on obtient une soupe épaisse appelée *bouillie*. On l'achète le matin par calebasse chez les Minas.

L'*akra* ou beignet est un hors-d'œuvre indigène composé de bouillie épaisse de farine de maïs frite à l'huile de palme dans une poêle en terre. Il y en a plusieurs variétés distinguées entre elles par la forme et par la diversité des ingrédients employés ; ce sont ordinairement des petites boules dorées et appétissantes très goûtées des Européens, car l'huile de palme bien chaude ne laisse pas le goût désagréable de l'huile froide.

Il y a la croquette en forme d'anneau (akra-bowobowo), celle semblable à un filet (akra-awon), l'akra-fouillé fabriqué avec des haricots blancs, l'akra-kous ou de la mort, très sec et se conservant bien, que les guerriers emportaient comme vivres de campagne en guise de biscuits.

Telles sont les préparations principales de la cuisine nègre, mais à l'occasion on mange aussi du gibier, du singe, du perroquet, de la chauve-souris, du lamantin, du caïman, du requin, du chien, des rats de palmiers, des termites, etc...

Les musulmans ont installé des boucheries et débitent chèvres et moutons. Les Nagos vendent du porc.

Pour les Brésiliens le plat national est l'*obhé* ou canalou. C'est un ragoût composé de légumes et de poisson fumé, cuits lentement dans l'huile de palme et fortement épicés. On y ajoute des herbes aromatiques et des gombos, dont les noirs sont très friands. On remplace quelquefois le poisson par de la viande ou de la volaille, mais le poisson est toujours préféré.

Les indigènes consomment énormément de poisson, frais, fumé ou séché, qu'ils se procurent au marché ou dans les rues; frais ils le rissolent dans l'huile de palme, sec et fumé ils en font des ragoûts.

Les condiments ordinaires sont le sel, les piments, les graines de citrouille; le sucre n'est pas estimé des indigènes.

Au lieu d'akassas, les noirs mangent souvent, en guise de pain, des patates douces, des ignames ou de la farine de manioc.

Mais la saveur sucrée de la patate s'allie mal à celle de certains mets et ne convient pas à tout le monde; généralement l'igname est préférée à ce tubercule.

Les ignames ou pommes de terre se mangent cuites sous la cendre, frites à l'huile, bouillies dans l'eau et trempées dans un peu d'huile et de sel, ou bien l'on en fait une pâte épaisse en les broyant et les assaisonnant au jus. L'ébullition fait disparaître l'amertume de ce fruit, aussi faut-il changer plusieurs fois l'eau dans laquelle on fait bouillir les ignames. Les indigènes les cuisent aussi à la vapeur, au moyen de vases au fond étroit qui vont s'élargissant jusqu'au milieu; ils y versent de l'eau et entrecroisent à quelques centimètres au-dessus de petits bâtonnets appuyés contre les parois et qui soutiennent les tubercules. Le vase est hermétiquement fermé, et on le place sur le feu; il se remplit de vapeur et les ignames sont cuites en quelques instants.

La racine de manioc se mange cuite à l'eau ou en farine. Bouillie dans l'eau, le tubercule a perdu son suc vénéneux par l'ébullition.

La farine s'obtient en râpant la racine après lavage; on la fait bouillir ensuite un instant, et on la comprime fortement dans un linge de manière à éliminer le suc vénéneux. On la sèche ensuite au four ou dans des marmites placées sur un feu doux.

La farine un peu grossière, ainsi préparée, constitue une nourriture très saine; elle se mange sèche ou réduite en pâte. On en extrait une fécule excellente avec laquelle on prépare l'*oka*, breuvage émollient et nutritif que le noir prend à son déjeuner.

Les noirs font dans leur repas une consommation énorme d'huile de palme; ils y trempent la farine de manioc, le manioc ou l'igname bouillis; autrement, ils ne pourraient avaler ces aliments trop secs.

L'huile de palme est très indigeste pour les Européens qui ne peuvent s'y habituer.

Le riz est estimé des indigènes; bouilli et réduit en pâte, il remplace avantageusement l'akassa.

Les noirs sont très friands aussi d'arachides qu'ils mangent crues, bouillies ou grillées dans la cendre chaude.

Comme légumes, le Dahomey possède l'oignon, la tomate, le chou-colza et plusieurs variétés de haricots.

Les fruits les plus communs sont les bananes, les oranges, les ananas, les mangues, les citrons, les corossols, les papayes, les cocos et les pommes d'acajou.

Les indigènes mangent aussi la viande des animaux domestiques, mais le prix élevé du bétail ne la mettant pas à la portée de toutes les bourses, ils se contentent ordinairement de poissons qu'ils trouvent à bien meilleur compte.

Le bœuf, le mouton, la chèvre, le porc sont débités par petits morceaux sur les marchés: la poule et la pintade se vendent à la pièce; le chat se trouve en cage sur les marchés comme la volaille.

Enfin le miel remplace les confitures qui sont inconnues dans le pays.

L'eau est la boisson ordinaire du noir; lorsqu'elle est bourbeuse, il la laisse déposer dans des récipients et y délaie une akassa pour lui communiquer un goût acide. Mais le nègre abuse des eaux-de-vie étrangères que lui vendent les Européens.

On fabrique cependant sur place quelques boissons fermentées, telles que le vin de palme et l'eau-de-vie appelée *pitou* et qui est tirée du maïs fermenté.

Il y a encore des boissons plus inoffensives : des limonades faites avec divers fruits du pays et qui peuvent rivaliser avec les sirops importés par le commerce européen.

Après avoir détaillé le menu habituel du Dahoméen, il convient de parler du repas.

Point de nappe, point de serviette, point de table, point de sièges; on s'assied par terre en cercle.

Un plat unique, écuelle ou calebasse, est posé à terre au milieu des convives, mais dans les festins chaque groupe de trois ou quatre personnes reçoit un plat séparé.

Point de cuiller, de fourchette et souvent même pas de couteau. Au lieu de dépecer la viande, on la prend des deux mains et on la déchire. A côté du plat, sur le sol, sont empilées des akassas encore enveloppées de leurs feuilles, de la farine de manioc dans une grande calebasse ou dans un linge, et de l'eau dans un vase.

Chacun dépouille une akassa, la brise, en trempe un morceau dans la sauce et saisit entre le pouce et ce morceau un peu de ragoût, poisson ou viande contenue dans le plat, et le porte à la bouche; puis du même coup, il avale la pâte et lape la sauce qui lui reste aux doigts. Il prépare ensuite un autre assortiment et continue ainsi jusqu'à ce que le plat soit vide, ce qui ne tarde généralement pas, car les indigènes ne perdent pas leur temps à converser pendant leurs repas.

Lorsque l'écuelle est bien nettoyée, chacun avale une calebasse d'eau et se rince les mains, la bouche et les dents, car

Famille indigène dans la brousse.

les noirs prennent grand soin de leur dentition dont ils sont fiers.

Lorsque le maître d'une maison n'a pas d'invité, il prend ses repas à part; il est alors servi par sa première femme qui goûte à tous les plats avant de lui en offrir, afin d'attester qu'il n'y a pas de poison.

Pour plus de précaution, le maître lui désigne parfois le morceau qu'elle doit prendre.

Quand il y a des invités, le maître, par politesse et pour rassurer ses convives, commence à manger le premier.

De même, lorsqu'en visite un chef indigène vous offre à boire, l'usage du pays est que l'on accepte. Au préalable, le chef goûte également la boisson qu'il fait servir, pour bien montrer que le breuvage n'est point empoisonné.

Les noirs font trois repas par jour ; l'heure de ces repas n'est pas régulière et reste subordonnée à leurs caprices ou à leurs occupations.

Le matin, ils avalent une pleine calebasse d'*oka*, histoire de prendre le café, comme les blancs. Outre l'oka, ils mangent quelque chose avec, mais peu.

Le repas principal se fait vers midi. Pour le soir, on se contente d'une simple réfection, mais en revanche, lorsque la journée est finie et qu'il n'a plus d'affaires à traiter, le noir boit sans retenue, et s'abandonne à l'ivresse une partie de la nuit. Pour se disculper, il dit que la nuit on ne le voit pas.

Pendant les grosses chaleurs, l'indigène prend ses repas le matin et le soir seulement.

Le nègre supporte longtemps la faim, et sait au besoin se contenter de peu ; mais il est aussi très glouton lorsqu'il y a abondance d'aliments. Il ne mange pas alors, il ne se rassasie pas, mais il se remplit, comme il le dit lui-même, si crûment.

En résumé, la vie est excessivement facile au Dahomey pour l'indigène qui peut vivre largement avec 2 fr. 50 par semaine.

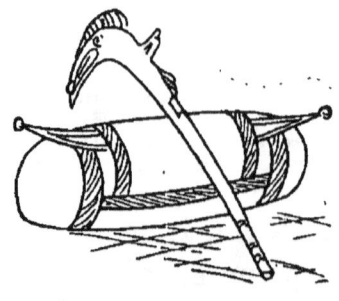

Industries locales et cultures.

Au Dahomey, comme partout, les industries sont nées de la nécessité.

La paresse est innée chez le noir, et l'ouvrier dahoméen travaille juste pour vivre et pour se procurer de quoi satisfaire à ses passions principales : l'alcool et le tabac.

On estime qu'un indigène travaille en moyenne un jour sur quatre.

C'est pour cette raison sans doute que les diverses industries que l'on trouve dans le pays sont encore dans l'enfance.

Cependant le noir de la Côte des Esclaves, dans ses diverses productions, montre un goût artistique suffisamment prononcé pour réussir dans les arts industriels. Les métiers exercés par les noirs sont les suivants :

Forgerons. — Ils n'extraient plus le fer du minerai comme autrefois et préfèrent employer uniquement le fer en barres importé par les Européens, mais ils ne savent pas le travailler.

Avec un matériel de forge très primitif, les forgerons indigènes obtiennent du mauvais fer qui, à force d'être recuit, s'émiette au premier choc. Ils ignorent aussi l'art de la trempe.

Leurs principales productions sont des haches, des bêches, des marteaux, des clous, des ciseaux à froid, des lames de couteau, des chaînes, des épingles à cheveux, des cloches ou gongons, des poinçons, etc...

Les forgerons dahoméens fabriquent aussi des anneaux en fer et même en argent, provenant de la fonte des monnaies ; ces bijoux n'ont d'autre valeur que leur originalité.

Comme armes de guerre, de chasse, de pêche, les forgerons font des sabres dahoméens, des coutelas, des poignards, des pointes de flèches, des harpons, des hameçons, des balles de fusil en fer martelé, etc,

Leurs outils sont fort imparfaits. Ainsi leur soufflet de forge consiste en deux outres surmontées d'un manche qui les met en mouvement. Les amandes de palme concassées servent de charbon.

Filateurs. — Avec des métiers de leur invention, se manœuvrant par un mouvement des orteils, les Dahoméens tissent le coton, les fibres de l'ananas, du jacquier et de plusieurs autres végétaux. Ces dernières doivent au préalable être amollies dans l'eau, puis séchées et battues avec des maillets en bois.

Le travail du tisserand est lent, et les bandes de tissu qu'il obtient avec ses métiers ont au plus 0 m. 18 de largeur. Cousues ensemble on en forme des pagnes et des hamacs très curieux, mais ces étoffes sont relativement chères, eu égard au peu de valeur des matières premières.

Verriers. — L'art de la verrerie n'est pas inconnu. — De l'intérieur on porte à la côte des anneaux en verre, de couleur bleue ou verte, qui sont des parures très recherchées dans le pays.

Teinturières. — Ce sont généralement des femmes qui font ce métier. Comme elles ne disposent que de quelques couleurs, la plupart des étoffes indigènes sont laissées au naturel, blanches ou jaune-paille.

L'indigotier leur fournit une belle couleur bleue indélébile; d'un minerai de fer du Nord elles tirent l'ocre rouge et d'un autre végétal encore peu connu une teinte de jaune de chrome.

Ces teintures sont mélangées d'huile de palme et de résine lorsqu'il s'agit de peindre les idoles et l'intérieur des temples fétiches.

Potiers. — Avec l'argile plastique mélangée à l'argile commune et au sable qui se trouvent partout, les potiers font une foule d'objets utiles donnant lieu à un grand commerce local.

Tels sont les cruches, les pots, les écuelles, les fourneaux portatifs, les fourneaux de pipes, les marmites, soufflets de forge, lampes, etc.

Le pétrissage se fait toujours avec les pieds.

Avec l'argile du pays ils pourraient faire aussi d'excellentes briques et des tuiles; il suffirait de leur indiquer notre procédé de fabrication.

Vanniers. — Pour la vannerie on se sert de paille de mandine, d'écorce de roseau, de faux-bambou, de cipeau, de lianes et d'écorces flexibles.

On en fait des corbeilles, des paniers, des nasses, des cages, des éventails, des supports de pots à huile, des ratières, de grands chapeaux indigènes, des calottes de paille, des nattes, des sacs, etc.

Calebassiers. — Avec les fruits des cucurbitacées, les indigènes fabriquent des récipients aux formes aussi variées que fantaisistes : grandes écuelles plates, bouteilles, assiettes, pots avec couvercle, seaux, etc.

Des sculptures et des ornementations en relief et à jour sont souvent taillées au couteau ou burinées sur l'écorce extérieure. Les calebasses sont alors des objets de luxe où l'on renferme des bijoux et des choses précieuses.

Corroyeurs. — Utilisent pour leur industrie les peaux d'agneaux, de moutons, de chevaux, de chèvres et de bœufs sans les tanner.

Le cuir, après avoir été assoupli et graissé, sert à garnir des poignées de sabre, des boîtes, des cannes, des ceintures, des calebasses, des paniers, etc. Ils font aussi des fourreaux de sabre, des gaines de couteau, des cartouchières dahoméennes, des sacs, des gibecières, des lanières, des éventails, etc...

Menuisiers, charpentiers et sculpteurs sur bois. — Dans les troncs d'arbres, ils creusent des mortiers, des écuelles, des plats, des pagaies, des idoles, des objets d'art et des bibelots de fantaisie, des manches de canne bizarres, des chaînes en bois d'une seule pièce, des sièges à plusieurs pieds taillés dans un seul bloc, des tabourets, des escabeaux, oreillers, etc...

Ciseleurs et marteleurs de cuivre. — Cette industrie est le privilège des féticheurs des deux sexes. Ils vivent dans des couvents, et leurs travaux sont faits exclusivement en laiton et en cuivre qu'ils fondent et qu'ils sculptent.

Ils fabriquent des éventails, des jambières, des bracelets dont la vente les aide à vivre. Ils sculptent aussi des épingles fétiches et une foule d'accessoires qui servent à l'exercice de leur culte étrange.

Fabricants de pirogues. — Cette industrie est spéciale aux populations riveraines; les Minas, les Popos et les Nagos sont très habiles dans ce métier.

Le tronc du bambou est surtout employé dans la fabrication des pirogues à cause de la légèreté et de la dureté de son bois.

Confectionnées d'une seule pièce, les pirogues ne manquent pas de régularité et d'élégance, on les radoube en fixant des pièces avec des clous ou à l'aide d'un transfilage. On calfate avec des fibres végétales.

Fabricants de meubles. — Par suite de leur contact avec les Européens, quelques indigènes se livrent à cette industrie toute moderne. Avec du faux bambou, ils parviennent, en imitant nos meubles, à faire des canapés, des tabourets, des chaises à dossier, meubles légers en même temps que fort solides.

Pêcheurs. — La pêche occupe une grande partie de la population riveraine des lagunes; on pêche avec des nasses, des éperviers, des lignes de fond.

Montés sur une pirogue avec un enfant comme pagayeur, les indigènes entourent l'emplacement choisi pour la pêche et frappent le rebord de leur embarcation de façon à chasser par le bruit le poisson vers le centre du cercle. Ils s'y dirigent ensuite rapidement et jettent leurs filets tous ensemble ; la pêche est toujours fructueuse.

On voit parfois jusqu'à 200 pirogues se réunir sur le lac Denham pour ce genre de pêche.

Il est impossible aux gens du pays de pêcher dans la mer à cause de la barre qui rejette à terre lignes et filets.

Dans la lagune, on étourdit d'abord le poisson à l'aide de poisons végétaux qui n'offrent aucun danger pour le consommateur.

Pour sécher le poisson, ils l'exposent au soleil sur des claies ; en quatre ou cinq jours il est prêt et se conserve toujours si on sait le préserver de l'humidité.

Pour le fumer, on le met au contraire à l'ombre et l'on allume sous les claies un feu modéré. Ce fumage dure plusieurs jours. Poisson frais, poisson sec, poisson fumé, crabes et crevettes abondent sur les marchés.

Chasseurs. — Les chasseurs de profession sont rares au Dahomey, car il faut aller très loin et c'est fatigant. Les indigènes qui vont à la chasse se placent à l'affût et attendent leur gibier à bout portant. Ils se servent généralement d'armes françaises et anglaises, dont le marché est inondé. La poudre vient aussi d'Europe. En guise de projectiles, les nègres emploient des débris de fer, des clous, des amandes de palme concassées.

Piroguiers. — Les piroguiers font les voyages sur les lagunes et leur métier est assez dur ; moyennant salaire ils transportent voyageurs et marchandises sur des embarcations portant de deux à trois tonnes.

Lorsque les fonds sont à plus de 3 mètres, ils pagaient ; dans le cas contraire, ils poussent les pirogues au moyen d'un faux bambou très long et terminé par une petite fourche en bois pour éviter le glissement sur la vase.

Les embarcations contiennent 2, 4, 6 ou 10 canotiers, suivant leurs dimensions.

Les canotiers entreprennent des voyages de plusieurs jours, en alternant entre eux pour le repos. Les négociants européens ont, pour l'usage de leurs factoreries, de grandes embarcations qui circulent sur les lagunes. Les piroguiers de l'administration coloniale perçoivent comme salaire 1 franc par pirogue et 1 fr. 50 par piroguier.

Hamacaires. — Lorsque les Européens et les gros personnages dahoméens veulent se déplacer, ils se font porter en hamac par les membres d'une corporation spéciale appelés *hamacaires*.

Le hamac est suspendu à un gros bambou de 4 mètres environ de longueur. Ce bambou est porté sur la tête par deux hommes, un à chacune de ses extrémités. Leur crâne est protégé par un paillasson ou un pagne roulé en forme de gâteau.

L'homme de tête, précédé d'un éclaireur, fraye la route ; celui de derrière gouverne le hamac quand on se trouve arrêté par un taillis fourré ou que l'on franchit un trou d'eau ou une lagune.

A droite et à gauche du voyageur, deux hommes, haut le pied, courent et de temps en temps le soulèvent, pour soulager leurs camarades et surtout pour gagner du temps.

Les hamacaires vont presque au trot. En terrain découvert, la vitesse moyenne des porteurs est de 6 kilomètres à l'heure, de 5 kilomètres en terrain sablonneux et de 4 kilomètres en forêt, broussailles ou marécages.

Les hamacaires se relèvent de quart d'heure en quart d'heure.

Pour un long trajet à faire rapidement, on emploie généralement huit ou dix hamacaires ; des porteurs leur sont alors adjoints pour le transport des bagages.

Le métier de hamacaire est très pénible, et les bons porteurs sont très estimés ; les meilleurs sont les gens de Whydah et en général tous les Dahoméens.

Les hamacaires de profession employés pour le transport des officiers et fonctionnaires voyageant isolément, perçoivent comme salaire une solde de 1 franc par journée de portage et 15 centimes par jour pour la subsistance, dans les postes du Bas-Dahomey.

Porteurs. — Se chargent des transports sur routes ; ils portent sur la tête de 25 à 30 kilog. de marchandises et coûtent en moyenne 1 franc par journée de marche de 25 kilomètres. Le transport d'une tonne de marchandises à une distance de 50 kilomètres de la côte coûte en moyenne 70 francs.

Cultivateurs. — La plus grande partie de la population indigène s'occupe des cultures indispensables à son alimentation.

La culture est généralement superficielle au Dahomey, où, sans soins ni engrais, le sol donne deux récoltes par an.

Aux premières pluies, les gens labourent leur champ avec une bêche indigène ; ils mélangent de nouveau à la terre, en guise de fumier, les détritus déjà décomposés des végétaux provenant de la dernière récolte, et ils attendent ensuite la pluie suivante pour semer.

En général, tous les semis ont lieu en mars et avril, au début de la saison des pluies. Tel est le cas du maïs, du mil, du riz, etc.

Pour faire les semailles, le noir utilise fort ses pieds, afin d'éviter la fatigue de se baisser à chaque instant. Il suit le sillon à reculons, et fait avec son orteil droit, tous les 15 centimètres environ, un trou en terre ; il prend dans un sac suspendu à son côté un grain de maïs par exemple, le jette avec adresse dans le trou et referme l'ouverture d'un coup de talon.

Il continue ainsi jusqu'au bout du sillon pour recommencer encore et il agit de même pour toutes les semences.

L'arrosage est inutile, car les pluies sont assez abondantes.

Foires et marchés. — Les fabricants indigènes n'ont ni étalages, ni magasins, pour écouler leurs articles ; le commerce se fait presque en entier sur les places publiques, dans les marchés et foires. Tout le monde attend ces jours-là pour faire ses acquisitions et vendre ses produits.

Les marchands ambulants qui vendent journellement de la nourriture ou de la boisson étalent et portent leur marchandise sur des plateaux en osier ou dans des calebasses.

Seul le commerce des Européens se fait en magasin, dans les factoreries et les maisons de détail.

Les foires se tiennent généralement dans les centres importants ; selon les pays, elles sont quotidiennes ou ont lieu tous les deux, trois ou cinq jours.

A cause de la distance que les vendeurs ont à parcourir de leurs villages à la ville, les foires ouvrent tardivement le matin.

Des abris en feuilles de palmier et en branchages protègent marchands et marchandises contre les ardeurs du soleil.

Chaque genre de produit a son emplacement distinct dans ces foires où l'on trouve, avec les produits de l'industrie locale, des étoffes, du maïs, des ignames, des petits oignons, des denrées alimentaires et des fruits de toute sorte, du piment, du sel, poisson sec, poisson fumé, viandes au détail, bois à brûler, bonnets de coton, fétiches et amulettes, bouteilles d'alcool et de liqueurs, nattes, paniers, colliers, tabac à fumer, tabac à priser, fard pour les paupières, etc.

Les marchés réunissent toujours des milliers de personnes

(*Phot. de M. l'Administrateur Beurdeley.*)

Jeune femme d'Abomey.

qui font principalement entre elles échange de leurs marchandises et troquent par exemple une poule, un mouton contre du tabac en feuilles ou de l'eau-de-vie.

La plus grande honnêteté règne sur les foires, où certaines marchandises, comme le bois, sont exposées sans aucune surveillance de la part des vendeurs partis à d'autres affaires. Quoique le marchand soit absent, aucun acheteur ne songe à voler, car, d'après la croyance des indigènes, la place est surveillée par le fétiche et le voleur tomberait aussitôt foudroyé. Comme le bois a un prix fixé d'une manière invariable, chaque acheteur fait alors lui-même sa provision et dépose par terre, en face de la pile, le prix de son achat en cauris.

De même entre les villes et les villages un peu éloignés, on rencontre, sur le bord des chemins, des toitures en feuilles reposant sur des piquets. Ce sont des abris ménagés aux voyageurs ; ils y trouvent des fruits et de l'eau, ils prennent ce qu'ils veulent et déposent religieusement à côté les cauris du paiement. Ces abris hospitaliers sont très utiles aux nègres qui passent une grande partie de leur vie dans les marchés et les foires ; ils trafiquent sans cesse, et on les voit parcourir de fortes distances pour un bénéfice médiocre.

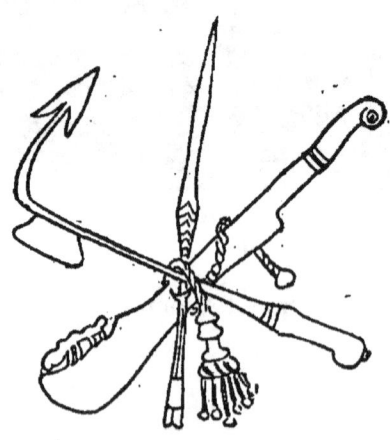

Monnaie.

Au Dahomey la monnaie courante est le cauris, petit coquillage ovale, plat en dessous, d'un blanc jaunâtre et du genre porcelaine. Il provient de la mer des Indes et est vulgairement appelé *monnaie de Guinée*.

Le taux des cauris est variable suivant les régions et aussi selon leur abondance dans le pays.

Un sac de cauris (soit 20.000 cauris) vaut actuellement 7 francs environ ; il pèse 43 kilog. et équivaut à 10 piastres-cauris de 2.000 coquillages. C'est une piastre forte.

La piastre cauris est formée de 10 gallines de 200 cauris et la galline se compose de 5 touques de 40 coquillages chaque.

D'après ce qui précède, 140 cauris équivalent donc à 1 sou de notre monnaie.

Cette monnaie est fort utilisée par les indigènes, mais son poids énorme la rend fort incommode pour les transactions importantes. Ainsi la somme de 1.000 francs en cauris exige 100 porteurs.

Heureusement que ces coquillages deviennent de plus en plus rares, et que dans quelques années ils auront fait place à nos monnaies, plus simples et plus appropriées aux transactions.

Déjà le noir en contact avec les blancs connaît la valeur de l'argent monnayé qui, par suite, fait fréquemment défaut dans la colonie. Aussi, profitant de notre pénurie de monnaie divisionnaire, la banque anglaise de Lagos inonda le Dahomey de sa monnaie et, malgré un droit d'entrée de 5 %, il en a été importé pour 2 millions dans l'année 1899. Les pièces les plus recherchées sont celles de 1 schilling, 3 pence et 6 pence.

Jusqu'ici l'administration du Dahomey n'a pas cru devoir

proscrire complètement l'usage des monnaies étrangères afin de ne pas entraver les transactions commerciales, mais l'établissement du chemin de fer remédiera promptement à cette situation en jetant dans le pays de nombreux millions de pièces d'argent françaises.

Les traitants ont des compteuses de cauris attitrées qui se servent de leurs doigts avec une agilité surprenante et poussent des coquillages par cinq à la fois, de droite à gauche.

Numération des noirs.

Les cauris ne sont pas seulement la monnaie courante des noirs, mais leur servent aussi d'éléments pour leurs calculs.

Chez eux la numération a pour principe les cinq doigts de la main; lorsque le chiffre dépasse le nombre de doigts d'une main, le nègre y ajoute ceux de l'autre, et toute sa science s'arrête là.

Mais avec les cauris qu'il ajoute aux cauris en les disposant par tas successifs, il peut compter très loin.

Les indigènes comptent d'abord par 5 jusqu'à 20; par 20, jusqu'à 200. Quand ils ont formé un tas de 200 cauris, ils comptent par tas jusqu'à 2.000; par 2.000 jusqu'à 20.000. Comme 20.000 cauris égalent un sac, ils comptent au-dessus par sacs, et disent 2, 3, 4 sacs d'hommes pour 40, 60, 80.000 hommes, et ainsi de suite.

Mais les noirs ont encore d'autres procédés pour tenir leur comptabilité. Ainsi les cabécères, douaniers et percepteurs indigènes, pour se reconnaître dans leurs comptes, emploient des ficelles auxquelles ils font autant de nœuds qu'il y a d'unités, chaque ficelle ne comportant pas plus de dix nœuds. Ils se servent aussi de petits bâtons sur lesquels ils pratiquent des entailles.

Pour récapituler ces divers calculs, ils utilisent des cauris percés qu'il enfilent par dix sur une ficelle, et chaque coquillage représente un certain nombre de ficelles à nœuds ; ces chapelets sont réunis ensuite par paquet de dix ; en continuant de même, ils attachent le tout ensemble avec beaucoup d'ordre et de méthode, ce qui permet aux fonctionnaires de connaître rapidement ce qu'ils ont en compte, lorsqu'ils désirent le savoir.

Le noir fait aussi mentalement des opérations d'arithmétique ; dans ce cas, son intelligence supplée à son ignorance. Avec l'aide de plusieurs compagnons assis en cercle autour de lui, il arrive à faire des calculs assez compliqués.

L'un d'eux doit se rappeler les dizaines, un autre les centaines et ainsi de suite, chaque homme représentant une colonne d'addition. Quelquefois, pour s'aider, ils ramassent des brins de paille ou des petits cailloux qu'ils réunissent devant eux en un petit tas comme un memorandum. Au moment de la récapitulation du calcul, chacun récite sa partie sans grand effort de mémoire, et ils parviennent rarement à se tromper.

Lorsque cela arrive par hasard, ils recommencent tranquillement leurs opérations, sans découragement ni mauvaise humeur.

Division du temps.

La division du temps est très primitive chez les nègres de la Côte des Esclaves. Ils distinguent les saisons par les variations atmosphériques et par les travaux agricoles propres à chaque époque. Les fêtes annuelles revenant périodiquement servent de base à leurs calculs.

Les heures du jour s'indiquent par les différentes positions du soleil ; le chant du coq marque les heures de la nuit.

La semaine est ignorée chez le noir ; les mois s'indiquent par lunes, et l'année par la fin des récoltes.

Cependant dans les localités où les indigènes sont en contact avec les blancs, ils prennent peu à peu leurs habitudes.

Le noir n'a pas non plus la moindre idée de son âge qu'il fixe par l'époque où s'accomplit tel ou tel événement mémorable.

Rôle du bâton au Dahomey

Le bâton joue un rôle important au Dahomey. C'est un insigne d'autorité, un attribut de commandement, mais c'est aussi une carte de visite, un billet, une procuration, une signature et un passeport, suivant la circonstance.

La canne représente la personne à laquelle elle appartient et lui manquer de respect équivaut à une insulte.

L'autorité du roi et des chefs s'attache au bâton et le suit partout ; on doit au bâton le respect et les honneurs qui sont dus à son propriétaire. La foule se prosterne au passage du bâton royal et se livre à des démonstrations de respect qui indiquent presque un véritable culte.

Chaque chef a sa canne qu'il a cherché à rendre différente de celle des autres. Le manche en est sculpté, et l'extrémité inférieure, plus grosse que le reste, est légèrement recourbée et terminée par une boule.

Contrairement à nos usages, c'est le petit bout qui se tient à la main et le manche sculpté qui se pose à terre. Un clou planté dans la boule empêche l'usure du manche sur le sol.

Les bâtons royaux sont en ébène, en ivoire, en argent massif, et les sujets se prosternent devant eux comme devant le roi lui-même.

Les rois ont généralement plusieurs bâtons :

Le *bâton officiel* pour les cérémonies d'apparat, les négociations, les grandes circonstances; c'est celui qu'ils remettent entre les mains des messagers chargés de traiter une affaire en leur nom;

Le *bâton semi-officiel*, servant dans les rapports ordinaires avec les autorités locales;

Enfin, le *bâton amical*, d'un caractère purement privé, pour les communications personnelles et intimes.

Les négociants européens se servent également du bâton dans leurs rapports journaliers avec les autorités indigènes.

Dans ce cas, tout message d'un blanc à un chef noir et réciproquement, est toujours accompagné d'un bâton porté par un interprète (moce).

Le port du bâton exige un certain cérémonial; celui qui le porte doit éviter de le poser à terre et le tenir de préférence couché sur les bras, ainsi qu'on le ferait d'un enfant.

Un émissaire porteur de bâton est toujours accueilli de suite et avec déférence par le personnage auprès duquel il est envoyé. Dès qu'il se trouve en sa présence, il doit lui remettre le bâton que l'autre est obligé de garder à la main jusqu'à ce que le porteur ait achevé d'énoncer le but de sa mission. Si la réponse peut se faire aussitôt, la canne est à l'instant même rendue à l'émissaire, sinon elle ne lui est remise que le jour de la réponse au message.

Jusque là le porteur du bâton est logé et traité par le personnage qu'il a été chargé de visiter; s'il a été envoyé comme ambassadeur auprès du roi, il reçoit l'hospitalité à la résidence royale.

Le bâton accompagne de même, en toute circonstance, les communications, officielles ou non, que les gens du pays se font entre eux.

Un cabécère peut envoyer son bâton à un Européen malade pour demander de ses nouvelles, et cette démarche tient lieu de visite,

De même lorsqu'on veut faire acte de déférence envers un notable sans l'aller voir, on envoie son domestique le saluer avec la canne.

Le bâton est envoyé en guise de salut; on doit alors immédiatement répondre par l'envoi du sien.

Le bâton du chef peut servir de laisser-passer sur un chemin interdit. Le voyageur le reçoit comme sauf-conduit et garantie.

Autrefois l'Européen ne pouvait se rendre à la capitale que si le roi lui avait envoyé sa canne par un cabécère faisant fonction de *récadère* ou messager porteur de canne.

Les blancs font aussi usage du bâton entre eux et pour la sûreté de leur commerce. Ainsi les agents de factoreries avaient la précaution de faire reconnaître un certain nombre de cannes, afin que leurs expéditions fussent toujours accompagnées d'un bâton qui, comme un pavillon, couvrait la marchandise.

Les noirs essayaient bien parfois de présenter aux chefs de factoreries des faux bâtons, mais quand leur fraude était découverte ils étaient passibles d'un châtiment sévère.

Outre son usage civil, le bâton joue encore un rôle religieux chez les indigènes de la Côte de Guinée.

Les noirs plantent des bâtons sacrés à l'entrée de leurs cases pour les préserver des voleurs, et les féticheurs possèdent un bâton pastoral terminé en fourche et entouré de chiffons auxquels leur superstition attache une vertu particulière.

En résumé, à la Côte des Esclaves, le bâton a un caractère presque sacré qui peut prêter à rire au premier abord, mais qui cependant a son utilité pour assurer les communications dans ces régions souvent dépourvues de routes.

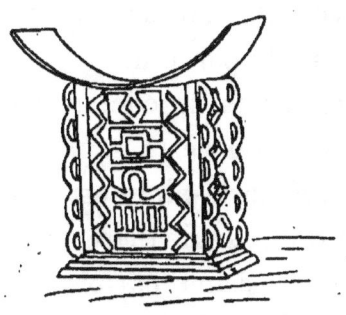

Attributs et marques de dignité du roi et des cabécères.

Parmi les objets sacrés des rois fons, existe une cloche en fer qui ne peut quitter le souverain et qu'il emporte dans ses déplacements ; elle fait partie du trésor de la couronne et le roi seul peut s'en servir. C'est en quelque sorte l'attribut du pouvoir royal.

Pour les chefs dahoméens la *hache* est, comme la canne, un insigne de dignité. C'est en même temps une arme de guerre, dont le tranchant est perpendiculaire au manche et qui sert surtout de casse-tête. La hache se porte sur l'épaule ; son manche est fréquemment sculpté et sa lame richement ciselée.

Le *porte-pipes* est une large sacoche rectangulaire en peau de chèvre renfermant les longues pipes du chef, son tabac et ses allumettes. Elle est portée par un domestique qui prend le même nom. Un chef ne voyage jamais sans sa pipe, car fumer est un signe de virilité et de puissance.

Le *parasol* est un autre attribut des autorités indigènes qui l'emploient dans toutes leurs sorties en public. Au Dahomey les parasols sont plats, à angle droit, en étoffes de diverses couleurs et garnies de franges ou d'une bordure découpée. Ils peuvent abriter plusieurs personnes. Seuls les chefs ont le droit de s'en servir, et malheur au sujet qu'on trouverait muni même d'un simple parapluie.

A Porto-Novo les chefs se contentent d'un parapluie ordinaire de couleur rouge ou verte.

Le *tabouret*, dont le porte-pipes est également chargé, est en bois jaune sculpté d'une seule pièce avec plusieurs pieds plus ou moins ornés de dessins parfois très bizarres. Ce siège portatif accompagne le chef partout où il se rend. Ces tabourets ne se fabriquent qu'à Abomey, ceux des grands cabécères ont jusqu'à un mètre de hauteur.

Langues et idiomes.

Les divers peuples de la côte de Guinée n'ayant aucune souvenance de leur passé et ne se rappelant qu'imparfaitement les principaux événements de l'époque contemporaine, il est difficile de trouver dans leurs langues ou idiomes quelques indices pouvant conduire à la découverte de leur origine première.

Leurs idiomes comportent de nombreux termes dérivant de l'arabe, ce qui inclinerait à prouver que les origines des peuplades actuelles du Dahomey sont dues à des émigrations venues du Nord. Les principaux idiomes de la Côte des Esclaves sont :

Le *nago* ou *yorouba* qui est l'idiome le plus répandu ; c'est celui qu'il est indispensable de connaître pour voyager et pour se faire comprendre dans n'importe quelle région. Cela démontre que les indigènes du Yorouba, contrée voisine du Dahomey, se sont peu à peu mélangés aux peuples voisins.

Le *dahomien ou fon* et le *gâ* ou *langue* des Popos ne sont usités que dans leurs pays respectifs. Ces deux peuplades n'ayant jamais fusionné avec celles des environs, leur langue et leurs mœurs sont restées pures de tout mélange.

Le mot *Djedji* ou *djège* est employé aussi quelquefois pour désigner le dialécte des Fons.

Le nago se parle avec une intonation pleurnicheuse, mais il offre moins de consonnances gutturales que les deux autres idiomes. Sa seule difficulté est dans la prononciation des voyelles plus ou moins accentuées.

Le fon et le gâ, au contraire, sont des langues gutturales très désagréables à entendre et excessivement difficiles à bien parler pour les Européens.

Les langues parlées en Guinée sont pauvres, car le même mot a souvent plusieurs significations, selon qu'il est prononcé avec tel ou tel accent.

Ces langues comprennent aujourd'hui un grand nombre de mots français, anglais, portugais, qui, peu à peu dénaturés par les indigènes, font aujourd'hui partie de leur idiome.

Lorsqu'on parle au noir d'une façon irréprochable il vous répond, sinon il ne fait aucun effort pour chercher à deviner ce qu'on avait l'intention de lui dire.

Chacune des trois langues se prête admirablement à toutes les exigences de la politesse et des rapports sociaux.

Aussi les nègres sont-ils d'une obséquiosité fatigante ; à tout instant ils se saluent en se demandant réciproquement de leurs nouvelles.

En général, les noirs possèdent une éloquence naturelle qui ne manque pas de verve. Dans la conversation, ils ont de piquantes comparaisons, des peintures vives et imagées ; ils aiment les sentences, les proverbes, les dictons. Leurs discours dénotent toujours une grande facilité et beaucoup de finesse.

Lorsqu'ils cheminent seuls, ils charment les ennuis de la route par des monologues à haute voix.

Les noirs n'ont point d'écriture ; quant à leur langage, il est bref et rapide, énergique et expressif ; leur parole est toujours accompagnée de vives et fréquentes exclamations, de gestes passionnés, d'une mimique continuelle.

Leur littérature consiste en contes amusants dans lesquels la morale est habillée en paraboles, en maximes de sagesse, en proverbes qui se distinguent par la brièveté et l'élégance et par une tournure souvent très poétique.

La monarchie au Dahomey et l'administration indigène.

La monarchie séculaire que nos armes victorieuses ont en partie détruite au Dahomey était d'un despotisme absolu.

Le roi personnifiait tout à la fois le pouvoir et la nation, et il n'y avait d'autre régime que sa volonté. Ce régime donnait lieu à toutes sortes d'abus, car le moindre des caprices royaux était une loi devant laquelle les sujets n'avaient qu'à s'incliner.

Devant son autorité toutes les distinctions de classes s'effaçaient, et chefs, féticheurs, peuple et esclaves lui étaient entièrement soumis.

Cette idée de soumission au roi a toujours été transmise de père en fils et aucun sujet n'aurait osé discuter les règlements tyranniques dont le souverain les accablait, car le coupable aurait terminé ses jours en prison s'il n'avait été impitoyablement vendu aux négriers, comme au temps de la traite.

Le roi régnait en dieu tout puissant, autant par la crainte que par le respect.

Le peuple était esclave en masse du roi et des autres chefs relevant tous directement du monarque. Le plus abrutissant servilisme pesait sur toutes les têtes ; dans le gouvernement du royaume, tout était livré à l'arbitraire et au bon plaisir des puissants.

La propriété comme le pouvoir appartenait au roi, maître du sol et de tout ce que possédait ses sujets, et qui, par suite, seul avait des revenus.

Les sujets dépourvus de liberté et de faveurs n'avaient d'autre perspective que de partager le produit de leur travail ou de leur récolte avec le roi ou ses représentants, sous peine de punitions sévères.

Le Dahoméen ne pouvait devenir riche qu'autant que le roi le tolérait, et si les richesses d'un noir lui portaient ombrage il les confisquait sans scrupule.

En principe, tout appartenait au roi, et lorsqu'il voulait avantager l'un de ses sujets par une donation de terrain cultivable, il ne lui cédait jamais son droit de propriété, mais seulement l'usufruit.

Au Dahomey, la royauté est héréditaire dans la famille, et s'il n'y a pas d'héritier direct et naturel, le souverain est choisi et élu parmi les princes de la famille royale.

La personne du roi est sacrée, et l'on ne se présente devant lui que dans l'attitude la plus humble. S'il boit en public, on doit se détourner ou baisser la tête pour ne point le voir.

Les chefs sont aussi courbés sous le joug royal que le peuple, et les plus hauts dignitaires du royaume doivent respectueusement s'allonger à plat ventre devant le monarque.

Le palais du roi est une réunion de constructions formant une petite ville. On y distingue l'habitation du roi proprement dite, les magasins, le logement des serviteurs et celui des femmes.

Le roi traite en épouses, non seulement les femmes à qui il a accordé ses faveurs, mais encore les gardiennes du palais.

Le moindre regard jeté sur une femme du roi était réputé comme crime et puni comme tel. Aussi, lorsque le souverain voulait se débarrasser d'un personnage de son entourage, il le faisait habilement provoquer par l'une de ses épouses, et, dès qu'il était compromis, il était aussitôt jeté en prison ou puni d'une forte amende, s'il avait des moyens.

De même, lorsque les rois voulaient recruter à peu de frais des soldats, ils ordonnaient parfois à un certain nombre d'amazones de quitter leur uniforme et d'aller rôder autour des cases habitées par des jeunes gens. Dès que l'un d'eux avait succombé aux charmes de sa conquête, il se voyait peu après arrêté et accusé d'attentat sur une femme du roi. Il lui fallait alors choisir entre le métier des armes et celui de figurant aux plus prochains sacrifices. Son choix, comme bien l'on pense, était rarement douteux.

Le roi gouverne avec l'aide de ses ministres et des cabécères résidant à la *gore* (maison commune) et appelés *agori-*

gans. Presque tous ces chefs sont parents ou alliés de la famille royale.

A Abomey, les principaux ministres étaient :

Le *Mingan*, ministre de la guerre, exécuteur des hautes-

(*Phot. de M. Brot.*)

Fatouma. — Haoussa, originaire de Cano.

œuvres et grand prêtre du fétichisme ; le *Gogan*, chef du protocole, des bouteilles et des approvisionnements ; l'*Apologan*, ministre de la religion ; le *Méhou*, chef de la maison du roi et des guerriers et aussi ministre du commerce et des affaires étrangères ; le *Ligan*, féticheur du serpent ; viennent ensuite, l'*Abazagan*, gardien du siège du roi, qui l'accompagne partout où il va et lui présente la peau sur laquelle, à défaut de trône, il doit s'asseoir ; le *Ouataca*, chargé d'annoncer la mort du roi ; le *Sogan*, chef des écuries ; le *Tocpo*, chef du serment et des affaires locales, etc., etc.

Chaque bourgade, chaque ville et chaque quartier important a son chef ; dans ce cas, c'est le plus ancien qui est le maire de la ville.

Les chefs ou cabécères sont les représentants directs du roi qui les nomme lui-même comme il les révoque à volonté.

Ils jouissent auprès du peuple d'un grand prestige ; ils ne frayent jamais avec lui et s'allient toujours entre eux de génération en génération.

Sans solde et leur dignité leur interdisant tout travail, ils pressurent leurs administrés et en extorquent tout ce qu'ils peuvent, sous forme de cadeaux ou d'amendes. Aussi, nombreux étaient les abus de pouvoir commis au nom du roi dans la perception des impôts. Ces ressources servaient à leur entretien et à celui du roi dont la cupidité était insatiable.

L'État n'ayant point de revenus, n'avait pas de budget. Pour cette raison, les fonctionnaires avaient le droit de prélever une légère rétribution sur le produit des amendes qu'ils infligeaient, mais ils avaient juste de quoi vivre.

Les cabécères rendent la justice à la *gore* pour les affaires de peu d'importance, mais leur décision se règle sur les cadeaux que font les parties pour faire ou non pencher en leur faveur le bon vouloir des juges. Ces derniers seuls gagnent dans les contestations, car les plaideurs s'en retournent toujours plus ou moins écorchés.

Certains délits sont jugés par le tribunal des féticheurs ; quant au roi, il se réservait les affaires graves et faisait conduire le coupable à la capitale pour le juger. Comme il avait droit de vie et de mort sur ses sujets, il en usait largement.

La justice, c'était la décision du roi sans appel, et les plaidoiries et délibérations ne traînaient pas en longueur avec lui.

Les pénalités infligées aux noirs étaient *la mort* par décapitation pour les meurtriers, les adultères, les incendiaires et les voleurs ; les prisonniers de guerre étaient également mis à mort, à moins qu'ils ne fussent réservés pour l'esclavage. Venaient ensuite l'emprisonnement et les amendes pour les gens aisés, les coups de *chicote* (badine en rotin) pour les petits délits, le fouet pour les esclaves et pour ceux qui ne pouvaient payer d'amendes.

Mais ces peines n'étaient pas toujours rigoureusement appliquées, et, heureusement pour beaucoup de Dahoméens, les chefs et le roi étaient souvent sensibles à l'appât des cadeaux.

Le fouet consistait en une lanière de cuir ; un homme était-il seulement suspect, on le fouettait pour lui arracher quelque révélation.

A Agoué on empalait le condamné, on le brûlait vif, on le décapitait, on l'assommait ou on l'étranglait suivant les conclusions d'un jugement plus que sommaire.

Lorsque le roi élève au cabécérat, il remet au titulaire des insignes distinctifs, témoignages de son autorité, et consistant, suivant le grade, en bracelets d'argent, colliers de verroterie et de corail, sabre, petites cornes d'argent, parasol, tabouret et pipe.

Sauf ces légers privilèges extérieurs destinés uniquement à leur prestige, les chefs sont aussi esclaves du roi que le dernier de leurs sujets.

A leur mort, la plupart de ces attributs devaient revenir au roi dont ils étaient la propriété, et les chefs n'avaient même pas le droit de les emporter dans la tombe.

Dans les villes de Whydah, Godomé et Kotonou, la présence des Européens avait créé les fonctions de *yévogans* ou chefs des blancs, qui avaient le pas sur les agorigans; le yévogan de Whydah commandait à ses collègues.

Les cabécères et les yévogans étaient secondés par les *moces*, agents de police qui, mêlés à la foule, remarquaient tout ce qui se passait en ville et en rendaient immédiatement compte à la gore. Ils formaient avec les *moulèques* (domestiques), un réseau de surveillance complet autour des habitants. Ils veillaient à l'ordre public et il était rare qu'un crime soit commis sans que l'auteur en soit bientôt découvert.

Blancs et noirs étaient ainsi environnés d'espions qui rapportaient tout aux autorités locales.

Pour les réunions sur la place publique, on convoque le peuple en battant le gongon, petite clochette en fer dont se sert le crieur public pour réclamer l'attention.

Les particuliers sont invités par des messagers spéciaux portant le bâton du chef qui convoque et appelés *récadères*.

Les rois du Dahomey étaient difficiles à approcher et à connaître, et un Européen ne pouvait se rendre à la capitale que sur invitation ou permission royale.

A Porto-Novo, le roi Toffa est plus accessible aux Européens et son despotisme envers ses sujets est beaucoup plus mitigé que ne l'était celui de la cour d'Abomey.

C'est un monarque qui nous est entièrement dévoué, très conciliant, peu belliqueux et dont la principale manie est de collectionner les coiffures de tous genres et de tous pays.

Le gouvernement indigène du royaume de Porto-Novo est constitué comme celui du Dahomey, seulement les ministres du roi portent le nom de *larrys*. Ils l'accompagnent toujours au nombre de trois ou quatre et même le portent ou le roulent dans sa voiture quand il sort.

L'un d'eux s'appelle le roi de la nuit, il remplace le roi après le coucher du soleil et règne en son nom jusqu'à l'aube. C'est un simple chef de police, dont la mission est uniquement de veiller à la tranquillité de la ville.

A Porto-Novo, comme dans les autres contrées de notre colonie, la propriété privée est depuis longtemps reconnue et considérée comme définitivement acquise par les occupants ou les exploitants. Il n'y avait que le Dahomey qui faisait exception à la règle, mais on y a mis bon ordre.

Obligations imposées aux Européens par les autorités dahoméennes.

Chaque soir, au coucher du soleil, les négociants des factoreries devaient quitter leurs établissements de la plage pour rentrer dans les villes, situées comme Whydah et Godomé a 3 ou 4 kilomètres du rivage; il leur était formellement interdit de coucher dans les factoreries.

Cet usage devait dater de l'époque de la traite des noirs, lorsque les autorités indigènes voulaient laisser ignorer aux Européens les embarquements de nuit des esclaves. C'était aussi une façon de bien surveiller les Européens. Les factoreries étaient alors gardées nuitamment par les soldats du roi qui y établissaient un petit poste aux abords.

En guise d'impôts, les blancs payaient au roi des redevances en nature pour toutes les marchandises d'importation arrivées par les navires, et dont le débarquement était contrôlé par un décimère ou douanier.

Mais ils étaient aussi soumis à de fréquents cadeaux envers le roi et ses représentants pour arriver à vivre en bonne harmonie avec les autorités indigènes locales. Les fonctionnaires dahoméens, qui ambitionnaient tout ce qu'ils voyaient, ne cessaient de mendier, et leur insatiabilité augmentait toujours en raison directe des cadeaux dont on les comblait.

Les Européens entraient librement au Dahomey, mais ils ne pouvaient en sortir ni quitter une ville qu'avec une autorisation spéciale, car les autorités locales vous *fermaient les chemins*, c'est-à-dire surveillaient tous les passages. Il fallait donc solliciter *l'ouverture des chemins*, au moyen de cadeaux proportionnés à l'importance du blanc, de ses marchandises et de sa suite.

Lorsque la permission était accordée, le bâton de la gore, porté par un moce, accompagnait le voyageur jusqu'à la sortie de la localité pour prévenir le décimère de laisser libre passage.

Moyennant le paiement d'une faible somme et d'une bouteille de tafia on obtenait aussi le droit de circuler sur tel sentier désigné à l'avance, sans pouvoir s'en écarter. Le passeport était une amande de palme enveloppée dans une feuille de maïs ou de bananier.

Quand les autorités voulaient frapper un négociant dans ses intérêts, quand elles voulaient le forcer à subir des conditions exorbitantes, elles lui *fermaient les chemins pour le commerce* et il se trouvait interdit.

Les produits du pays étaient alors détournés et n'arrivaient plus à la factorerie, le commerce avec le blanc était interdit aux noirs sous les peines les plus sévères, et cela jusqu'à adhésion du négociant aux exigences des chefs du pays.

Pour s'établir au Dahomey et s'y livrer au négoce, les commerçants devaient être autorisés et encore ils n'étaient pas libres d'acheter les produits du pays dont l'exportation n'avait pas été approuvée. Il leur était défendu aussi de vendre certaines marchandises, de détailler la vente d'autres, ce droit étant un privilège réservé aux gens de l'endroit.

Il était surtout interdit aux négociants de vendre aux particuliers la même étoffe que celle choisie par le roi pour son usage personnel, et il n'était pas toujours facile de le deviner ; même au cas d'infraction involontaire à ce règlement, on s'exposait à la prison et à de fortes amendes.

Quand il plaisait au roi ou sur un rapport défavorable d'un cabécère, on mettait aussi une factorerie en quarantaine par la simple apposition d'un peu de paille fétiche sur la porte ; aucun noir ne venait plus servir alors à la factorerie et il en était ainsi jusqu'à ce que le roi en eût décidé autrement.

Les décimères rançonnaient sans pudeur les voyageurs à toute heure du jour et de la nuit ; de même, pour les embarcations naviguant sur la lagune ; des douaniers les hélaient à chaque instant pour réclamer de l'eau-de-vie. Le plus prudent était de céder gaiement à leurs cupides exigences si l'on ne voulait être retardé et ennuyé. Autant de décimères rencontrés autant de bouteilles de tafia, c'était le moyen le plus pratique.

Généralement les blancs ne parlaient que par interprètes aux chefs indigènes, car l'interprète adoucit dans sa traduction les mots durs ou blessants de l'interlocuteur étranger.

Les indigènes seuls parlent directement aux chefs.

Sous l'administration française, ces abus ont heureusement

cessé et nos compatriotes jouissent au Dahomey de la quiétude la plus parfaite.

État social des noirs.

Aucun homme du peuple, malgré ses capacités ou ses protections, ne peut espérer occuper une fonction dans l'administration indigène ; soumis au despotisme dès son enfance, le Dahoméen n'aspirera jamais à améliorer sa situation et continuera toujours à occuper le rang qui lui est assigné par sa naissance obscure.

Aussi le pouvoir est-il transmis par les classes dirigeantes de père en fils.

Entre le peuple et les chefs se place le féticheur ou prêtre ; la vie du peuple se passait entre la crainte du roi, les abus des chefs et les menaces du féticheur dans ce monde et dans l'autre.

Le sort du Dahoméen n'était pas enviable, et cependant il le subissait sans révolte.

Outre les impôts dont on l'accablait, il devait observer une foule d'interdictions plus tyranniques les unes que les autres.

Il lui était défendu, entre autres choses, de construire sa case à son idée, d'arranger ses cheveux à sa guise, de porter aucun vêtement de couleur, ni ornement ou bijou en métal, de s'asseoir sur un siège, de porter une coiffure ou des chaussures quelconques. Il ne pouvait sortir du pays et même de sa résidence sans autorisation ; il lui était fait défense de vendre tel ou tel produit pour l'exportation, de tel ou tel poisson sur certaines places, d'acheter la même étoffe que celle portée par le roi, quand bien même la provenance de cette étoffe aurait été différente de celle de l'étoffe royale, etc., etc...

L'arbitraire du roi et des chefs, poussé à ses dernières

limites, régissait tout à leur profit sans nul souci du bien-être public.

De même, l'impôt n'était pas proportionné aux revenus de chacun ; les agents du roi prélevaient à tort et à travers une part des revenus du sol, de la pêche, du commerce et de tout ce que possédait les sujets.

Les décimères ou douaniers étaient postés aux abords des localités, à côté des passages fréquentés, sur le bord des chemins ou de la lagune, et même à la porte des factoreries, pour prélever la part du roi sur l'huile et les autres produits que les nègres portaient au marché ou chez les divers négociants.

Et quand le roi ne trouvait pas ses revenus suffisants, il envoyait des agents spéciaux piller les biens des noirs ; les maisons des blancs et des chefs principaux étant seules respectées.

Malgré ces vexations sans nombre, le noir vivait en apparence heureux, parce qu'il est insouciant et qu'il ignore un sort meilleur que le sien.

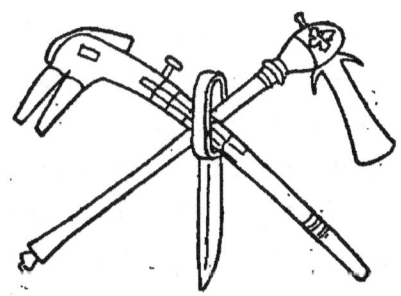

Le noir en famille.

Les trois grandes fêtes de la vie du noir sont le baptême, le mariage et la mort.

NAISSANCE

Quoique le noir se soucie fort peu de sa progéniture, une naissance est cependant accueillie avec joie, parce que le baptême donne toujours lieu à des réjouissances.

Les liens de famille n'existent guère entre enfants et parents; ceux-ci veillent sur eux quand ils sont jeunes, mais aucune affection n'inspire les soins qu'on leur donne.

Les accouchements sont, pour la plupart, faciles et heureux chez les femmes qui ont atteint leur complet développement. On voit des négresses suspendre leurs travaux quelques heures seulement à l'occasion de leur délivrance.

Les enfantements de jumeaux sont très fréquents et ils sont considérés comme une bénédiction du ciel.

En moyenne une femme n'a qu'un ou deux enfants; une femme stérile est très méprisée au Dahomey, et le mari s'en débarrasse à la première occasion. La stérilité est considérée comme une malédiction du ciel.

A la naissance d'un enfant, le féticheur, après plusieurs simagrées proportionnées aux moyens des parents, le pare d'amulettes destinées à le préserver des maladies. C'est ordinairement un sachet en peau autour du cou, un anneau aux chevilles et plusieurs morceaux de bois autour du poignet. Ces petits fétiches ne doivent pas quitter l'enfant pendant plusieurs années.

La plupart des noirs ont un nombril énorme qui provient de la scission défectueuse du cordon ombilical. Jusqu'à l'âge de 7 ou 8 ans, les enfants ont le ventre très développé, mais cette particularité maladive disparaît avec l'âge.

La circoncision est un usage répandu chez les nègres ; elle a été introduite par les mahométans qui, de temps immémorial, ont fréquenté la région du Bénin.

Tous les enfants sont élevés au sein jusqu'à l'âge de 2 et même 3 ans ; pendant la lactation l'homme n'a aucun rapport avec sa femme.

Après le sevrage, le petit est abandonné à lui-même ; il circule dans la cour, dans le village, au milieu des poules et des cochons. Il se remplit la bouche de terre glaise, qu'il mâchonne constamment.

Très jeune, l'enfant s'attache à sa mère de préférence au père, mais le peu de tendresse qu'on lui témoigne le rend bientôt indifférent à l'égard de ses parents.

L'enfant, même dans son jeune âge, ignore toujours la douceur des baisers maternels, aussi son cœur s'endurcit vite et vers 7 ou 8 ans il devient réservé, faux et insensible à tout ce qui ne concerne pas la vie égoïste et matérielle.

Le baptême d'un enfant a lieu entre 4 et 8 ans ; c'est encore le féticheur qui préside à la cérémonie. On place l'enfant au milieu du cercle formé par les parents et amis, et, après quelques formalités exigées par le culte, le féticheur lui assigne le nom que la famille désire lui voir porter. Aussitôt après, les assistants se précipitent sur le festin, mangent, boivent et dansent jusqu'à épuisement de provisions et de forces.

L'enfant reçoit un ou plusieurs prénoms et le nom de famille n'existe pas. Il s'en suit que la femme ne porte pas non plus le nom de son époux. Les familles sont seulement désignées par le nom ou le sobriquet de leur chef.

Jusqu'à ce que l'enfant soit capable de pourvoir aux besoins de sa vie, il est à la charge de la mère.

Tant qu'il ne marche pas, elle le porte à cheval sur ses reins; jusqu'à l'âge d'un an, le petit est assis dans une ceinture entourant le pagne maternel et il dort même dans cette position.

Ainsi chargée, la mère travaille aux champs ou dans sa case sans aucune gêne. Lorsqu'elle veut allaiter son rejeton, elle se contente de relâcher un peu son pagne et fait passer le corps de l'enfant sous son bras.

Dès que les enfants sont assez robustes pour travailler, ils doivent aider leurs parents dans leur industrie ou dans les travaux de culture.

Tous sont très précoces; aussi la fille se marie de bonne heure et le garçon abandonne la case paternelle dès qu'il en trouve l'occasion.

On reconnaît les enfants d'un Européen et d'une négresse par la chevelure qui n'est jamais crépue; quant à leur teint il peut être très foncé; mais les unions entre blancs et noirs sont très rares.

MARIAGE

Au Dahomey, l'homme est tout, la femme n'est rien. Aussi l'amour préside rarement à l'union du noir avec la négresse; prendre femme est un trafic pour le nègre, car c'est elle qui, la plupart du temps, travaille pour nourrir son époux et ses enfants. Bienheureuse elle est quand, en échange de son dévouement, son labeur n'est pas récompensé par des coups.

Le célibat est peu considéré, aussi bien chez l'homme que chez la femme et la famille est partout en honneur. Les hommes se marient vers l'âge de 20 ans et les femmes vers 12 ans. Les mariages ont toujours lieu entre deux familles n'ayant aucune parenté entre elles.

La demande d'union est faite sans cérémonie aucune ; le futur se présente au père de la jeune fille et formule sa demande en offrant des cadeaux qui sont toujours agréés. La future n'est jamais consultée, pas plus que la mère qui ne compte pas. Le prétendu éprouve rarement un refus, car les parents sont enchantés de se débarrasser de leur fille.

Indigènes du Yoruba.

Il se peut que celle-ci soit d'accord avec son fiancé, mais on ne s'inquiète ni de ses goûts, ni de son consentement.

Propriété des parents d'abord, elle devient ensuite celle du mari, et plus tard celle de l'héritier, car ce dernier prend toutes les femmes du défunt, moins sa propre mère.

Quand la fillette est trop jeune, l'union est néanmoins consentie, mais les parents gardent leur enfant jusqu'à ce qu'elle soit en âge d'être mariée. Si dans l'intervalle il se présente un autre postulant, c'est souvent lui qui l'emporte sur le premier, car les promesses n'ont aucune valeur chez le noir.

Si le mariage est possible, il a lieu immédiatement. La dot est fournie soit par la femme, soit par le mari.

Parents et amis sont réunis à la case du fiancé ; on se gave de mouton et de chevreau que l'on arrose largement de tafia. Après les libations, on chante et on danse en s'accompagnant d'instruments de musique.

La fiancée n'assiste pas au repas ni aux réjouissances de la famille ; elle passe le jour de sa noce en compagnie de quelques amies et on leur envoie seulement à manger et à boire.

Si la jeune fille n'apporte rien en dot, le futur doit lui envoyer jusqu'à des pagnes pour son habillement, car l'usage lui interdit d'emporter même un morceau d'étoffe de chez ses parents.

Le mari prend soigneusement note des dépenses qu'il a acquittées pour la noce, car elles doivent lui être restituées par les beaux-parents en cas où la femme manquerait à ses devoirs ou abandonnerait le domicile conjugal.

Lorsqu'au contraire c'est la famille de la mariée qui a payé les dépenses, c'est au mari à rembourser la dot en cas de désaccord avec sa moitié.

Chez les Nagos et les Minas, un inventaire est dressé par les époux de ce qu'ils apportent dans la communauté, et en cas de séparation chacun reprend ce qu'il a apporté.

Le noir n'admet pas la femme à vivre avec lui ; il la parque dans une case séparée ou une partie de case, et, lorsqu'il demande ses services, elle se présente à lui dans une humble posture, avec les démonstrations d'une soumission servile.

Les Dahoméens sont polygames ; ils prennent autant de femmes qu'ils peuvent en entretenir ; le nombre de leurs épouses est limité à leurs moyens. On achète des femmes concubines ou esclaves par intérêt plutôt que par débauche, parce que plus un noir possède de femmes qui travaillent, plus son revenu est augmenté. Chacune d'elles rapporte à la communauté et n'a coûté que les premières dépenses du mariage ; puis les femmes se laissent aussi conduire plus docilement que les domestiques mâles.

Peu de gens du peuple possèdent plus de deux ou trois femmes ; les chefs en ont vingt ou trente, le roi quatre ou cinq cents. Cela tient aussi qu'au Dahomey le nombre des femmes est au moins trois fois supérieur à celui des hommes.

Nul ne doit se défaire des enfants nés dans sa maison, ni les séparer de leur mère.

Les femmes en ménage ne sont pas jalouses entre elles et se partagent chacune les soins à donner aux enfants de leur époux.

La première épouse, la plus ancienne, est maîtresse de maison et est généralement exempte de travail. C'est elle qui doit goûter aux aliments avant de les offrir au maître, afin de témoigner ainsi qu'ils ne sont pas empoisonnés.

Les autres femmes s'occupent de la cuisine, de la lessive, du commerce, des cultures, etc.

Si l'une d'elles, par sa jeunesse et sa beauté, est devenue la favorite du mari, elle est aussi exempte de travaux, mais elle retombera tôt ou tard dans sa triste condition. Autrefois même, lorsque son maître était dégoûté d'elle, il en faisait simplement cadeau au roi.

Le sort de la femme dahoméenne n'est donc pas enviable ; elle vit dans un état de véritable servitude, n'ayant d'autre perspective que de mourir de faim dans sa vieillesse si ses enfants ne consentent pas à la nourrir.

Malgré sa triste condition et quoiqu'elle ne puisse guère

avoir d'affection pour son époux, la femme est rarement coupable d'adultère.

L'homme, lui, peut avoir des relations avec des personnes libres sans qu'on y trouve à redire.

Dans le peuple, le délit conjugal est puni d'une forte amende par les autorités, mais il entraîne rarement la séparation des conjoints.

Les divorces ont surtout lieu par suite d'incompatibilité d'humeur.

Mais quand une femme de chef était seulement soupçonnée d'adultère, elle était impitoyablement mise à mort sans aucune forme de procès.

A Abomey, les femmes du roi excellaient à attirer les Européens dans des guet-apens, afin de leur extorquer, au profit du souverain, des amendes énormes.

Dans les pays voisins, l'adultère est puni différemment. Au Yorouba le coupable est exploité jusqu'à épuisement de ressources. A la Côte d'Or, c'est une question de vie et de mort entre l'époux et l'amant.

Au Dahomey, les fils de chefs épouseront toujours des filles de chefs, mais n'iront jamais se mésallier avec des gens du peuple.

DEUIL ET FUNÉRAILLES

La mort est accompagnée des mêmes cérémonies, danses et chants, que les réjouissances.

Dès que le malade a rendu le dernier soupir, les assistants poussent des gémissements prolongés et des hurlements retentissants pour annoncer le décès aux voisins.

Les lamentations et les sanglots des femmes dominent surtout dans ce douloureux tapage. Aussi les appelle-t-on les *pleureuses*.

Quand sa douleur est calmée, ce qui ne tarde guère, la famille fête la mort de son parent ainsi qu'un événement heureux. Le tafia coule à profusion : on chante, on danse autour du cadavre étendu sur une natte et on fait même retentir l'air de fusillades multipliées.

Le lendemain ou le surlendemain du décès a lieu l'enterrement.

Le corps, paré de son plus beau pagne, est descendu sans cercueil dans une fosse creusée dans le sous-sol de la case où il a expiré. Cet usage a disparu depuis la création de cimetières.

Aux Popos on enterre dans une bière en branchages ou en planches.

Partout on place à côté du mort des vivres, un pot d'eau, des cauris, un bâton ou une arme pour lui permettre de vivre et de figurer convenablement dans l'autre monde.

Quelquefois, avant l'inhumation, le cadavre est porté triomphalement dans les rues au son de la musique.

Après la descente dans la fosse on sert un léger repas et les assistants se divertissent comme un jour de mariage.

L'enterrement et les funérailles proprement dites ont rarement lieu en même temps.

Le laps de temps s'écoulant entre les deux cérémonies varie de quelques jours à un an ; il est subordonné à la décision de la famille.

Le jour des funérailles a lieu la répétition exacte de toutes les cérémonies de l'enterrement ; pleurs, cris de douleur, contorsions désespérées, repas abondant, libations copieuses, danses, chants et coups de fusil, rien n'y manque. Ces fêtes solennelles durent des jours ou des semaines, suivant la richesse des parents. On les renouvelle à l'anniversaire, car au Dahomey on célèbre annuellement la fête des morts, dans chaque famille.

Très superstitieux, les noirs croient sans doute à l'entrée du défunt dans une vie meilleure ; on ne s'explique qu'ainsi les réjouissances auxquelles ils se livrent à l'occasion d'une mort.

Après un décès on brûle tout ce qui a servi à l'usage du défunt et l'on n'habite plus la chambre dans laquelle il est enseveli. Souvent même la case est découverte et abandonnée. Seule une tige en fer de forme particulière marque la place où se trouve le crâne, car c'est à la tête que s'adressent plus spécialement les honneurs funèbres.

Des écuelles destinées à recevoir les aliments et les offrandes que l'on apporte au mort et à son fétiche sont placées dans la case mortuaire.

Après plusieurs années de sépulture, les crânes des défunts sont déterrés et conservés religieusement dans des vases de terre placés dans un coin de l'habitation. Les noirs rendent alors un culte fréquent aux mânes de leurs ancêtres.

Au Dahomey, être privé d'honneurs funèbres est une honte, souvent un châtiment. On les refuse aux criminels, aux suicidés et aux débiteurs insolvables ; on dédaigne de les accorder aux esclaves et aux étrangers.

Les noirs tiennent beaucoup à être enterrés dans leur pays natal ; on se conforme toujours à ce désir lorsque la distance et les moyens de transport le permettent. Dans le cas contraire si quelqu'un meurt loin de chez lui, on porte dans sa maison une part de ses restes mortels, tête, bras, doigts, ongles, cheveux, etc..., auxquels on rend les mêmes honneurs que si c'était le corps entier.

En résumé le noir, froid et indifférent, n'éprouve aucune douleur par la perte d'un être qui devrait lui être cher. La Dahoméenne non plus n'est guère attachée à son enfant ; quand il meurt, elle regrette seulement la somme de travail qu'il lui aurait rapportée.

Les enfants morts avant d'avoir pu se rendre utiles ne sont pas ensevelis avec solennité ; on les enfouit à la campagne, quand on ne les jette pas tout simplement au milieu des broussailles.

Dès qu'un enfant dépérit par la maladie, la mère charge ses pieds et ses mains de bracelets et de clochettes, afin de mettre en fuite les génies malfaisants dont il est victime.

Le deuil n'est pas obligatoire pour le mari qui a perdu sa femme, et il peut se remarier le lendemain ; lorsqu'il veut témoigner du regret il se fait quelquefois raser la tête.

Mais pour les femmes le deuil est plus sévère. Une veuve doit rester enfermée dans sa case pendant une dizaine de jours, quitter ses ornements et se couvrir de vêtements usés et sales ; elle doit pleurer et gémir sans cesse en répétant le nom de son défunt. Ses habits de deuil sont de couleur noire ou bleu foncé. Après ces quelques jours de grand deuil, la parenté vient consoler la veuve qui prend des vêtements propres. Chacun porte son présent et danses et libations recommencent en l'honneur du mort.

La femme doit porter le deuil de son mari pendant douze lunes, mais elle peut se remarier quand elle veut.

La durée du deuil pour les parents est la même, mais il est interdit de se marier avant une année.

Les cheveux longs sont un signe de deuil pour les gens de qualité, qui ne doivent se raser la tête qu'après avoir célébré les funérailles de leurs parents.

A la mort d'un parent, les héritiers se disputent la succession comme partout ailleurs, mais au préalable le roi prélève une partie ou la totalité des biens laissés par le défunt.

Le fils aîné hérite de tous les biens et de toutes les femmes de son père, à l'exception de sa propre mère qui est bien traitée et qui conserve, avec une grande liberté, une sorte de suprématie sur les autres épouses de son fils.

Ce n'est qu'à la mort du fils aîné que ses frères et sœurs peuvent obtenir la part qui leur revient dans la fortune de leur père, et encore faut-il qu'ils soient de la même mère. Quant aux autres enfants ils n'ont jamais rien à espérer.

Quand, parfois, c'est le frère du père défunt qui hérite, les enfants sont abandonnés à la misère si leur oncle ne consent à les élever.

Enfin, tout n'est pas rose dans l'existence du noir au Dahomey.

Ajoutons, pour finir, que la mort d'un roi dahoméen donnait lieu à de véritables hécatombes humaines : prisonniers de guerre, femmes et esclaves étaient immolés en grand nombre sur la tombe royale pour escorter et servir le défunt dans l'autre monde.

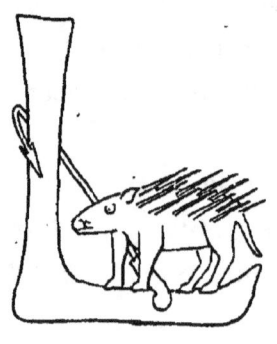

Relations sociales.

Malgré la vie en commun dans une case souvent étroite, le plus grand respect règne entre les différents membres d'une famille. A ce point de vue, la moralité du noir est parfaite.

Les nègres sont très polis et bienveillants entre eux ; ils ne peuvent se rencontrer sans échanger ensemble quelques paroles d'amitié et, lorsqu'ils se quittent, ils répètent alternativement leur bonjour jusqu'à ce qu'ils ne s'entendent plus. Même brouillés, ils se donnent un salut froid, mais sans répétition.

Leurs formules de politesse sont nombreuses, et, à toute heure du jour, ils se comblent de compliments réciproques.

Lorsqu'ils se croisent d'égal à égal, ils ralentissent le pas pour échanger leurs salutations; quelquefois même, ils s'arrêtent à trois ou quatre mètres l'un de l'autre avant de se congratuler.

Les indigènes qui fréquentent les blancs commencent à se donner la main assez gauchement.

Quand un noir parle à un Européen, il défait son pagne jusqu'aux hanches et se présente le torse nu, la poitrine en avant; c'est un signe de déférence et une marque de confiance.

Lorsqu'ils rencontrent un chef quelconque, cabécère, larry ou féticheur, les noirs roulent leur pagne à la hanche, se jettent à plat ventre, embrassent la terre à plusieurs reprises selon le rang du supérieur, et, se relevant à demi sur les coudes, ils font claquer bruyamment les doigts de la main droite sur la paume de la main gauche avant de se relever entièrement.

Les chefs agissent de même avec leurs supérieurs.

Au Dahomey, l'on prend aussi de la terre, de la poussière ou de la boue, selon l'endroit où l'on se trouve, et l'on s'en couvre la tête et le visage en signe d'humilité. Cela se pratique ainsi à la Gore, quand on prononce le nom du roi ou qu'on va donner communication d'un de ses messages. Le noir alors rampe, s'incline, s'agenouille et se prosterne pendant plusieurs minutes.

Pour se saluer, les chefs entre eux se donnent deux doigts de la main et font claquer les autres dans le même mouvement.

Lorsqu'un cabécère rend visite à un autre plus élevé en grade celui-ci reste assis; si au contraire le visiteur est d'un rang égal ou supérieur, le visité se lève, lui donne l'accolade ou se prosterne à ses pieds, selon le cas. Pour témoigner de leur respect à un blanc, les Nagos, en le croisant, s'étendent tout du long, se relèvent aussitôt et s'éloignent en frappant des mains et en faisant claquer les doigts.

Les femmes du roi ou des chefs sont l'objet d'un grand respect; lorsqu'on les croise dans la rue, il est interdit de les frôler sous peine d'amende ou de correction.

Heureusement que le passage de ces éminentes personnes est toujours signalé à la population, car elles poussent continuellement de grands cris en recommandant de se ranger devant elles; les habitants font alors le vide ou rentrent dans les maisons voisines.

Devant les Européens, elles s'écartent d'elles-mêmes.

Le respect des vieillards est un principe sacré chez le nègre.

Les enfants sont très respectueux envers leurs parents; lorsqu'ils sont jeunes, ils s'agenouillent pour parler à leur père, et il en est de même de la femme. Le cadet a toujours pour son aîné une très grande déférence.

Les noirs vivent en excellents rapports entre eux; ils se font continuellement des visites de bon voisinage et bavardent des heures entières sur des futilités.

Si un étranger a soif, il peut pénétrer sans crainte dans n'importe quelle case, il trouvera toujours de l'eau à profusion. S'il veut être poli envers son hôte, il devra, avant de boire, verser à terre, pour le fétiche protecteur de la case, une goutte du liquide qui lui est offert, et si, c'est de l'eau, cracher la dernière gorgée qui ne doit jamais s'avaler.

Au préalable, le noir goûte le breuvage pour prouver qu'il n'est pas empoisonné.

Les étrangers noirs sont en général mal vus par les indigènes du pays. Ceux-ci témoignent aux Européens un respect proportionné à leurs marchandises et à leurs cauris, mais ils se méfient toujours d'eux et ne les aiment jamais, quelle que soit leur façon de traiter les noirs.

Tout en accablant les blancs de leurs protestations de dévouement, ils ne manquent pas une occasion de les voler quand ils peuvent le faire impunément. Cela n'empêche pas les noirs de jouer l'indignation et de paraître scandalisés lorsqu'on parle de vol en leur présence.

Pour éviter le défaut d'honnêteté des indigènes, leurs gouvernants le combattent par la superstition. Ainsi, aux Popos, le Mina qui meurt endetté est privé de sépulture et son âme continue à errer sur terre en endurant d'horribles souffrances.

Au jour du décès, tout créancier non payé a le droit de s'opposer à l'enterrement de son débiteur si les parents ou amis du défunt ne le satisfont pas aussitôt. Quelquefois, pour obtenir l'enterrement, la femme et les enfants du mort s'offrent de travailler comme esclaves du créancier jusqu'à concurrence de la somme qui lui est due.

Quand les parents ne s'exécutent pas, le corps du défunt endetté est enveloppé dans un grand pagne et déposé sur une claie en dehors de la ville ; il reste ainsi exposé à la vue et au mépris des passants. Lorsque, plusieurs mois après, sa dette est acquittée, alors la famille reprend ses restes et procède aux funérailles de la même façon que s'il était mort la veille.

Au Dahomey, le même usage eut lieu jusqu'au temps du roi Glé-Glé qui promulgua une loi faisant défense de faire crédit. Si un créancier osait se plaindre d'un débiteur, il était jeté en prison pour avoir outrepassé la loi, et cela ne lui rendait pas son argent.

Les Européens étaient soumis à la même loi ; c'était à eux à ne pas se fier aux indigènes, et cependant le négoce n'est guère possible sans crédit avec les noirs.

La mendicité n'existe pas entre indigènes; elle serait du reste inutile, car le Dahoméen ignore le sentiment de la pitié, et il ne donne jamais rien sans recevoir quelque chose en échange. Celui qui est nécessiteux s'engage pour un certain temps comme travailleur chez les étrangers et même dans sa propre famille, pour se procurer le peu dont il a besoin pour vivre.

Un noir malade dans sa famille est soigné par le féticheur ou un empirique quelconque. On distingue le médecin des liquides qui n'ordonne que des boissons, et le médecin des solides qui prescrit des aliments. Il est inutile d'ajouter que des cérémonies de fétiche forment la base de toutes leurs ordonnances.

Lorsque le malade est chez des étrangers, on le met tout simplement à la porte, du moment qu'il ne peut plus travailler.

Mais au contact des blancs qui leur donnent de nombreux exemples moraux, le caractère des noirs se civilise et devient peu à peu plus humain.

Jeux, musique, chants et danses.

Le noir est très joueur; ses principaux divertissements sont :

Le *jeu des cauris* à trois, quatre, cinq et six coquillages que chaque partenaire jette en même temps sur une natte, après les avoir secoués dans la main ; les cauris tombent alternativement sur la partie convexe ou plate. Suivant le nombre parié, le joueur gagne ou perd.

Le *jeu de la cheville*, très difficile et connu au Dahomey seulement, consiste en un petit carré de bois épais et plat, percé de nombreux trous, que les adversaires bouchent avec des chevilles, après mûre réflexion.

Le *jeu des godets ou de l'ayo* que l'on joue sur le sol ou sur une planche longue et épaisse dans laquelle sont creusés deux rangées de chacune huit à douze trous alignés deux par deux et de la grosseur du poing. La partie se joue à deux et chaque joueur a une rangée de ces trous. Des graines fort dures servent de jetons ; les partenaires les distribuent par trois ou quatre dans les trous de leur côté ; puis, chacun à son tour, sans sauter de trou, prend les jetons du vis-à-vis et les porte un à un, de gauche à droite dans les cases voisines. Celui qui rencontre dans les cases de son adversaire un ou deux jetons seulement s'en empare, et la partie continue jusqu'à ce que l'un des deux n'ait plus de munitions. Autour des joueurs, se tiennent toujours des parieurs, des conseillers, des spectateurs oisifs qui suivent attentivement la partie.

Mais le nègre aime surtout les distractions bruyantes telles que la musique, le chant et la danse. Elles constituent les principales attractions de ses fêtes et sont ordinairement accompagnées de festins, de libations et de fusillades nombreuses. Faire la fête s'appelle faire tam-tam ; aussi le tam-tam est-il son principal instrument de musique; il est de toutes les fêtes. C'est un cylindre provenant d'un arbre creusé et recouvert à l'une ou à ses deux extrémités par une peau de mouton ou de chèvre tendue par des chevilles plantées à angle aigu. Suivant leur taille, le son des tambours change et ils résonnent différemment.

On connaît plusieurs variétés de tam-tam. Le tambour de guerre qui mesure 2 mètres de haut sert de rappel à de longues distances; au Dahomey il est orné de crânes humains. Le petit tam-tam de deuil au son sourd et voilé; les tam-tam des grandes funérailles ornés de sculptures sans élégance et produisant un vacarme indescriptible; le tam-tam des Nagos, arrondi en dessous, sans ouverture et qui se joue avec une baguette recourbée; le tam-tam jouet d'enfant, et enfin celui tout petit placé comme ex-voto auprès des idoles.

Après les tam-tam viennent les castagnettes, consistant tantôt en cauris suspendues autour d'une calebasse sèche, tantôt en graines dures ou en grenaille de fer agitées dans une bouteille en paille au fond dur, composé d'un morceau de calebasse sèche.

La clochette de fer ou gon-gon est employée par les féticheurs; le crieur public s'en sert aussi lorsqu'il annonce les volontés du roi; on le fait résonner au moyen d'un morceau de bois ou de fer.

Des guitares, des mandolines du pays, faites en faux-bambou existent également; on en pince en chantant à mi-voix.

Mais c'est toujours le tam-tam qui appelle les voisins à la fête; ils accourent alors pour jouer de leurs castagnettes et pour chanter en chœur.

Très passionnés pour la danse, les nègres achèvent leurs réunions par des danses de ventre et des contorsions de toutes sortes, exécutées à tour de rôle par toute l'assistance, soit isolément, soit par groupes, mais hommes et femmes dansant toujours séparément.

Les spectateurs battent des mains pour accompagner la musique et le chant; pour applaudir, marquer l'admiration ou acclamer un artiste, ils poussent un long murmure en se tapotant la bouche de manière à produire le *you-you* des Arabes.

Le Dahoméen fait tout avec cadence, aussi bien dans le travail que dans ses divertissements.

Les noirs s'amusent aussi aux jeux d'esprit; ils proposent et devinent des énigmes, et les orateurs de profession, sorte de griots, poètes et virtuoses, sont très recherchés dans leurs réunions. Ils débitent des fables, des contes amusants, des aventures comiques, des récits allégoriques et populaires, qui sont le fruit de leur imagination plus ou moins fertile ; ils inventent et traduisent les proverbes et les devises symboliques.

Il existe aussi des prestidigitateurs peu habiles et des joueurs de bonneteau qui sont de vulgaires escrocs et qui, comme leurs confrères parisiens, gagnent neuf fois sur dix les gogos qui se laissent tenter par le jeu.

Telle est la vie des noirs, qui travaillent juste pour vivre et oublient, au son du tam-tam, les misères de l'existence.

La traite des noirs.

Un commerce qui, pendant plusieurs siècles, enrichit considérablement les rois du Dahomey et les blancs établis sur la côte de Guinée, fut la traite des noirs.

Ce sont les Portugais qui, les premiers, entreprirent, vers la fin du xve siècle, la traite des esclaves, afin de fournir aux colons de l'Amérique, nouvellement découverte, les bras nécessaires pour faire prospérer leurs immenses plantations.

Comme le noir ne s'expatriait pas volontiers, ils eurent recours à la force et à l'achat pour l'y décider.

L'exemple des Portugais fut bientôt suivi par les Hollandais, les Danois, les Anglais et les Français qui déployèrent, dans ce trafic infâme, une activité remarquable.

Pendant trois siècles, la Guinée fut ainsi dépeuplée par les négriers, qui baptisèrent du nom de Côte des Esclaves cette partie si tristement célèbre du golfe de Bénin.

Ce commerce inhumain fut cause des guerres continuelles que se firent les différentes peuplades de la côte pour se procurer des prisonniers. C'était au plus fort, au plus rusé que restait la victoire, et encore trouvait-il lui-même son maître un jour ou l'autre.

Au Dahomey le roi faisait argent de tout, et, à la moindre faute d'un de ses sujets, il l'envoyait en esclavage dans l'un des forts européens de la côte d'où il était dirigé par le plus prochain navire sur le Brésil. Ses propres femmes n'en étaient pas plus exemptes que les chefs qui tombaient ainsi dans l'esclavage.

Chacune des nations voisines du Dahomey paya chaque année son tribut à la traite.

Dans tous les établissements de traite, des courtiers noirs marchandaient les esclaves aux négociants ; ils étaient accompagnés d'un chirugien qui leur passait une révision complète, afin d'éviter toute fraude sur la marchandise.

Le prix d'un esclave mâle était d'environ 100 francs en cauris ou en marchandises au choix ; pour une femme la valeur était moindre.

Après l'achat les esclaves subissaient sur le corps la marque à feu du comptoir qui les recrutait.

Ils étaient ensuite enchaînés par les pieds et jetés dans des locaux étroits et incommodes, en attendant que leur nombre fut suffisant pour un embarquement.

Le jour du départ ils étaient entassés nuitamment et par centaines dans la cale ou l'entrepont du vaisseau négrier ; mais

Mulâtresse de Whydah.

bientôt des maladies causées par la malpropreté, la raréfaction de l'air ou la mauvaise nourriture décimaient la cargaison humaine.

Le Dahomey.

Le port de Whydah était le port du commerce des esclaves pour le Dahomey, qui fournissait à lui seul une moyenne de 20.000 esclaves par an, et il en était ainsi de tous les autres points de la côte.

C'est à la traite que les États et Colonies d'Amérique doivent en grande partie leur situation actuelle.

Au temps où la traite florissait, le Dahomey vivait dans l'opulence et le roi ne convoitait les biens de personne; dès qu'elle fut abolie, la splendeur dahoméenne tomba pour ne plus se relever.

De ce jour les rois durent vivre en pressurant leurs sujets, les chefs mendièrent et le peuple dut travailler davantage pour pouvoir nourrir son souverain.

Une fois l'esclavage aboli par les nations européennes, la traite continua cependant longtemps encore; seulement on déguisa la vente d'esclaves sous une signature de contrat portant engagement volontaire, pour une durée de cinq ans, comme travailleurs libres, pour le Congo belge ou pour la colonie portugaise de San Thomé.

Au lieu d'embarquer les esclaves sur des voiliers, on les entassait sur des vapeurs pour échapper plus facilement aux poursuites des croiseurs.

Ce trafic illicite ne cessa réellement que lorsque la Havane et le Brésil ayant fermé leurs ports aux négriers, la marchandise humaine se trouva sans écoulement.

En Amérique, le régime imposé aux esclaves était très supportable, car ils vivaient en famille avec leurs femmes et leurs enfants, et une fois leur travail terminé ils étaient libres de disposer du temps à leur guise.

Ils étaient employés au défrichement du sol et aux plantations de café et de canne à sucre. Quand ils se conduisaient bien, ils étaient parfaitement traités par leurs maîtres; ce n'est qu'au début de leur exil, lorsqu'ils refusaient de travailler, que leurs surveillants leur infligeaient des coups de fouet.

Les noirs brésiliens revenus au Dahomey le disent bien ; ils reconnaissent qu'ils doivent à l'esclavage l'éducation chrétienne et la position honorable qu'ils possèdent et qu'ils n'auraient pas acquises si leurs parents avaient continué à vivre dans leur pays d'origine.

Ces noirs forment actuellement une bonne partie de la population civilisée de notre colonie du Bénin, où ils exercent les professions d'employés, de négociants ou de petits fonctionnaires.

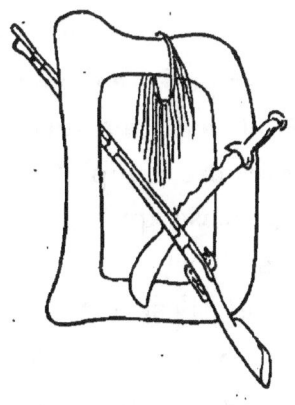

Les esclaves au Dahomey.

Au Dahomey ainsi qu'à Porto-Novo et aux Popos, presque toutes les familles riches possèdent encore des captifs qui les aident par leur travail à augmenter leur fortune.

L'indigène, qui est plutôt alors un domestique qu'un captif, ne se plaint nullement de son sort et serait désolé d'être émancipé, comme le prescrivent les lois françaises, car sa situation n'est pas pénible.

Son maître le considère généralement comme l'enfant de la maison ; il n'est esclave que de nom, soit parce qu'il est fils d'esclave, soit parce qu'il a été acheté ou volé à des parents libres.

On est esclave aussi pour dettes, jusqu'à libération envers ses créanciers.

La vie de l'esclave est commune avec celle de son maître dont il partage souvent les repas.

Il est chargé des travaux agricoles et domestiques, du transport des fardeaux, etc...

Souvent l'esclave vit avec sa femme et ses enfants, et il faudrait qu'il eût commis une faute grave pour qu'on les sépare les uns des autres.

Bien des familles laissent à leurs esclaves une certaine liberté d'action ; elles exigent seulement d'eux une somme déterminée de services et leur reconnaissent ensuite le droit de travailler pour leur propre compte.

Mais si l'esclave a amassé quelque chose par son travail, son maître en hérite à sa mort.

Si son maître y consent, l'esclave peut en revanche hériter de lui, posséder du bien, avoir même des esclaves et se libérer.

L'esclave ne reçoit du maître que le logement, le vêtement et la nourriture ; ce dernier est responsable de sa conduite et de ses dettes.

Si l'esclave a un métier comme maçon, charpentier, etc., son maître peut le louer à d'autres avec son industrie.

Dans les maisons où un méfait a été commis, les esclaves sont tous rendus responsables tant que le vrai coupable ne s'est pas fait connaître ou n'a pas été dénoncé.

Une esclave qui aurait conçu un enfant de son maître jouit du privilège de ne plus être vendue, mais néanmoins elle n'aurait pas le titre ni les prérogatives d'épouse.

Le pouvoir des parents esclaves sur leurs enfants est à peu près nul; ce n'est que le maître qui a autorité sur l'enfant, né d'esclaves, qui suit la condition de ses parents.

Quand un esclave meurt, on se contente de l'enfouir sans faire aucune cérémonie. Les musulmans jetaient autrefois les leurs dans la lagune ou abandonnaient simplement leur cadavre dans les champs. Aussi pour éviter cette infortune, beaucoup d'esclaves se convertissaient-ils, en apparence, à l'islamisme.

La preuve que les esclaves actuels sont heureux de leur sort, c'est que malgré nos lois libérales, très connues cependant dans le pays noir, aucun d'eux ne cherche à s'affranchir du joug de son maître depuis la domination française.

Aussi sera-t-il difficile à notre civilisation de faire disparaître complètement cet antique usage qui durera longtemps encore au Dahomey et dans les pays limitrophes.

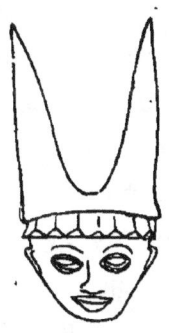

Religion.

LE FÉTICHISME

La religion du noir est un culte à la fois de naïveté et de perversion, de foi profonde et de tromperie. Elle l'absorbe entièrement et il pousse le fanatisme religieux à ses dernières limites.

Il n'a aucune idée bien définie sur l'origine du monde, tandis qu'il est imbu d'une foule de croyances et de superstitions sur l'avenir.

Le noir a la conviction de l'immortalité de l'âme. Il est persuadé qu'après sa mort, son être prend une forme nouvelle pour entreprendre un long voyage. Les cauris et les aliments que l'on dépose dans sa fosse sont destinés à son entretien de route.

Il espère en des séjours délicieux où les bons vivront dans un perpétuel bien-être, avec abondance de nourriture et d'alcool, parmi des femmes aussi nombreuses que belles.

Les mauvais, au contraire, habiteront un lieu de souffrance où ils auront à supporter la faim, la soif, le froid, les coups, maux que les noirs redoutent le plus.

Entre les élus et les malheureux, existe un séjour intermédiaire destiné à ceux qui n'ont mérité ni le paradis ni l'enfer.

Les prêtres du culte enseignent aux noirs que les habitants de l'autre monde peuvent correspondre avec les humains. Les morts sont dans leurs séjours respectifs ce qu'ils étaient sur terre : roi ou esclave, riche ou pauvre. Les femmes et les esclaves que l'on enterrait avec les riches personnages devaient les accompagner dans le voyage et les servir comme par le passé, dès leur arrivée au séjour qu'ils avaient mérité.

Les noirs croient aussi à la métempsycose ; ils se figurent qu'après un séjour plus ou moins long dans l'autre vie, ils pourront revenir sur terre sous une autre forme.

Comme ils voient le surnaturel en tout, leur religion bizarre s'appelle le *fétichisme*.

Les Dahoméens admettent bien un Dieu unique, créateur de toutes choses, mais ce Dieu est si au-dessus de la nature humaine, que l'homme ne peut même pas s'adresser à lui, lui demander ce dont il a besoin, le remercier de ses bienfaits. Mais comme le créateur a délégué sa puissance au fétiche qui représente pour les noirs un pouvoir tangible de la divinité, capable de mettre en jeu les forces de la nature, ils ne connaissent que lui.

Afin d'éprouver la sensation physique de ce que lui enseigne sa religion, le noir, peu sentimental et très matérialiste, a personnifié toutes les idées morales ou immorales par des idoles et des objets apparents. Pour ce qui concerne le surnaturel, la croyance aux esprits, aux génies, aux sorcelleries, aux enchantements, aux apparitions, à la magie, etc., le féticheur s'en charge et lui joue la comédie pour toutes ces superstitions.

Néanmoins, il connaît et rend hommage au vrai Dieu, mais il ne le personnifie pas et ne lui donne aucune figure.

Il se contente d'adorer tout ce que Dieu a créé, et de toutes ses créations il en a fait des dieux subalternes qui sont ses saints.

Il possède ainsi une foule de divinités, telles que le ciel, la terre, le soleil, la lune, les étoiles, la mer, la lagune, la rivière, le tonnerre, le vent, la foudre, etc...

Il rend aussi un culte à tous les objets que le prêtre du fétiche lui désigne comme sacrés.

Après la croyance en Dieu, c'est le culte des esprits qui a le plus d'influence sur le moral du noir, et rien ne peut l'en dissuader ; sa foi est inébranlable et il naît et meurt avec elle.

Parmi les divinités qu'il adore, il en est qui sont vouées au mal et d'autres au bien. Il ne rend hommage aux premières que dans le but de détourner de sa tête les effets de leur puissance malfaisante. Les idoles qui les représentent restent toujours dans la rue et ne sont jamais admises dans les cases. Les secondes, au contraire, se voient dans toutes les habitations qu'elles doivent protéger et dont elles sont les dieux lares.

Le noir vit ainsi au milieu de fétiches, et aucune de ses

actions n'a lieu sans qu'il ait consulté le fétiche. Même mourant de faim, il offre encore en sacrifice, à celui des dieux qu'il vénère le plus, le peu qu'il possède.

La plupart des dieux fétiches sont des statues grossièrement façonnées en bois ou en argile; ceux qui ont forme humaine possèdent généralement de hideuses figures, les hommes montrent des phallus énormes et les femmes des appas exagérés. D'autres dieux sont personnifiés par des lézards, des caïmans, des bâtons enduits de couleurs ; d'autres, enfin, ne sont pas représentés du tout.

Le tonnerre (chango) est une des divinités les plus puissantes et les plus redoutées. Aussi le malheureux sur le toit duquel tombe la foudre est-il accablé d'amendes par les féticheurs, sous prétexte qu'il a dû commettre un crime ignoré des hommes.

Si l'individu a été tué par la foudre, il mérite l'exécration des hommes et est indigne de sépulture; personne, sauf les féticheurs, ne peut toucher à son corps. Les honneurs funèbres ne lui sont accordés qu'après paiement d'une forte rançon par les parents ou amis, afin d'apaiser les dieux irrités. En attendant, son corps reste exposé dans un lieu spécial.

A Porto-Novo, le cadavre devait autrefois rester où il avait été frappé, jusqu'à ce qu'il tombât en poussière.

D'après les noirs, le dieu de la mer serait captif au fond des eaux et les mouvements qu'il fait pour se dégager produisent les vagues.

Il en est de même de celui de la lagune qui a pour messager le caïman.

Autrefois les rois du Dahomey envoyaient tous les ans à Avrékété des hommes vivants qui, attachés sur des chaises surmontées de parasols, étaient précipités à la mer au delà de la barre, en l'honneur des dieux marins. Ces malheureux étaient dévorés par les requins.

La déesse de la maternité est représentée par une forme humaine avec un enfant dans les bras ou dans le ventre.

On connaît aussi les dieux du mariage, de la fécondation, de la guerre, du feu, de la chasse, de l'agriculture. Ce dernier est invoqué pour que la récolte soit bonne ; il a pour messagère l'abeille.

La petite vérole même est une déesse redoutée dont on implore souvent la clémence ; les moustiques sont ses messagers.

A toutes ces idoles et divinités on a partout élevé de nombreux temples dans lesquels ont lieu de fréquents sacrifices pour se les rendre favorables.

Aussi les féticheurs se font-ils un beau revenu avec les nombreuses ressources dont ils disposent.

Dans les rues et dans les terrains vagues, on ne rencontre, çà et là, que des vases, des écuelles, des bâtons fichés en terre, des tiges de fer, des statuettes grossièrement façonnées ; tout l'attirail enfin de la superstition païenne.

Les noirs adorent aussi certaines parties du corps humain, l'orteil ou gros doigt du pied et surtout le membre viril.

Le dieu Phallus s'étale avec effronterie dans les rues. Il est représenté en grandeur naturelle par un homme nu et accroupi sur ses talons, aux insignes du sexe très apparents. Les yeux, les dents et les oreilles sont figurés par des cauris enfoncés dans l'argile et des plumes sont plantées au menton en guise de barbe.

L'idole est habituellement isolée et abritée par un petit toit en paille contre les intempéries.

Les phallophores portent quelquefois le dieu Priape avec grande pompe, dans certaines processions, l'agitent avec ostentation et le dirigent vers les jeunes filles, au milieu des danses et des éclats de rire d'une populace impudique. Les noirs ont fait de cet instrument l'attribut d'Elegba, l'esprit du mal ou démon.

En plus des principaux dieux qui sont servis par des prêtres et des prêtresses fort nombreux, le Dahoméen possède encore une foule de divinités subalternes qu'il serait trop long d'énumérer.

L'une entre autres enchante les objets qu'on lui confie, à la condition toutefois que l'on achète la protection du féticheur, une autre donne la richesse, une troisième dévoile les conspirations contre le roi, une quatrième guérit les malades, une cinquième fait mourir les femmes qu'elle rencontre, une sixième détourne les voleurs, etc., etc.

On rend un culte particulier aux jumeaux, contrairement aux autres enfants ; leur dieu est représenté par un petit singe.

On connaît aussi à Whydah le dieu des naufrages auquel on offre des sacrifices pour qu'il fasse échouer les navires des blancs à la côte. Tout navire naufragé était alors pillé par les noirs qui se partageaient la cargaison.

Les rois les plus célèbres par leurs conquêtes, leur cruauté ou leur tyrannie, sont aussi déifiés au Dahomey ; ils ne sont pas représentés par des figures ou des symboles, mais on invoque fréquemment leur mémoire et on lui fait des sacrifices.

Les animaux reçoivent aussi un culte des indigènes suivant le pouvoir bienfaisant ou malfaisant qui leur est attribué ; de nombreuses figurines d'animaux se trouvent aussi dans les habitations et les temples fétiches.

Les bêtes utiles sont sacrées, et celui qui les tue volontairement ou accidentellement s'attire les peines les plus sévères.

Parmi les principaux animaux fétiches, il faut citer le serpent-python, le vautour-busard qui nettoie les rues et la bergeronnette ou oiseau du roi.

Le roi Toffa possède un bœuf et un bouc favoris qui sont fétiches ; quand ils parcourent les marchés de Porto-Novo, ils peuvent brouter à droite et à gauche ce qui bon leur semble, et les marchands doivent paraître enchantés et fiers de donner à manger aux fétiches.

Quelques végétaux sont regardés aussi comme sacrés : tels sont le baobab, le fromager et en général tous les arbres de grande taille qui sont considérés comme servant de résidence au génie de la forêt.

Des offrandes sont déposées au pied de ces arbres qui ne se distinguent de leurs voisins que par une ceinture de feuilles de palmier appelée *paille fétiche*, et quelques ossements ou débris d'animaux qu'on y cloue.

En un mot, les objets les plus divers peuvent devenir fétiches dès qu'ils ont reçu la consécration d'usage du féticheur. C'est cette paille fétiche qui sert précisément à indiquer la qualité sacrée de l'objet.

Placée au-dessus d'une porte, elle en interdit l'accès à tout passant, et mieux que le meilleur des scellés ; aucun homme n'oserait enfreindre cette consigne, car il tomberait aussitôt foudroyé par le fétiche.

Au Dahomey, les propriétés rurales n'ont aucune limite apparente. Des pieux plantés en terre, et sur lesquels flotte un morceau de chiffon ou qui sont coiffés d'un petit pot ou de quelques plumes de poule, limitent seuls les quatre coins d'un champ. Ces poteaux-limites, également réputés fétiches, sont toujours respectés par les noirs, parce que leurs prêtres les ont bénis.

Il en est de même des épouvantails destinés à protéger les récoltes contre la voracité des oiseaux et qui sont aussi des fétiches.

En plus des fétiches publics, les noirs en ont encore d'autres qui sont privés.

Ce sont des amulettes ou gris-gris de toutes formes et de toutes natures : sachets en peaux, os, griffes et dents d'animaux, poils de singes, plumes de perroquets, anneaux de verre, morceaux de corail, de bois, de cuir, de corde, d'étoffe, de fer ou de cuivre.

Les uns se portent dans les cheveux, au cou, aux poignets, aux bras, aux hanches et aux chevilles ; les autres sont destinés aux habitations et on les dépose dans un coin avec tout un cérémonial de mômeries.

Les guerriers avaient même des queues de cheval, de vache ou de cabri qu'ils agitaient devant eux pour chasser les balles.

Au Dahomey, les esprits ou génies sont excessivement nombreux, mais ils ne sont jamais représentés par une idole ; on les considère comme subordonnés aux dieux, mais on leur reconnaît néanmoins une grande influence personnelle.

Tout ce qui existe dans la nature a son génie : villes, villages, campagne, forêts, arbres, etc... ont les leurs, et on les évoque fréquemment. Ils répondent généralement à l'appel du féticheur par un chant d'oiseau, un sifflement, ou avec une voix humaine lorsque le féticheur est ventriloque, comme cela arrive.

L'homme a aussi ses génies, et il leur sacrifie en s'enduisant le corps d'huile de palme.

La maison possède ses pénates représentées par des petites figurines de forme humaine ou animale et par des calebasses sculptées contenant du sang de poule, de l'huile de palme, etc... destinés au génie. Ces dieux du foyer sont suspendus dans la toiture ou déposés dans les coins des habitations.

Les pauvres se contentent d'un piquet grossièrement sculpté, planté en terre et qu'ils arrosent de temps à autre d'une goutte d'huile.

Les féticheurs font accomplir périodiquement à certains

dieux des apparitions diurnes ou nocturnes, afin de terroriser par leurs stupides pratiques les populations craintives. Ces

Musulmans Nagots.

exhibitions ont surtout lieu au moment des fêtes annuelles.
Parmi ces divinités, les dieux de la mort et de la souffrance sont représentés par des gens masqués couverts jusqu'aux pieds.

d'oripeaux, barbouillés de sang et tenant en main un tibia, une corde ou un instrument quelconque de supplice. Ils parlent peu et en contrefaisant leur voix. Ce sont, dit-on, les âmes des morts ; on les appelle les *gunguns*. Ils inspirent une grande frayeur et à leur approche les habitants s'écartent et s'enfuient, chacun dans sa maison.

Au Dahomey et à Porto-Novo une autre apparition nocturne est celle d'un revenant appelé *zangbeto*, ou gardien de nuit. C'est une grande femme en paille ayant une robe à traîne, ornée de grosses coquilles tenant lieu de grelots. Un individu la porte sur ses épaules et parcourt ainsi au pas de course les rues de la ville. Il est accompagné d'un orchestre de gongons et de tambours qui font un vacarme infernal. Le porteur parle dans une corne de bœuf et sa voix est rendue formidable par cet instrument. Son apparition sème la terreur parmi les gens simples ; dès que l'habitant entend ses cris plaintifs et lugubres il se renferme chez lui. S'il est surpris par les rues, il est roué de coups par les gens de l'orchestre au service des féticheurs.

La crainte inspirée par le revenant servait au gouvernement indigène à faire sa police de nuit dans les villes ; les zangbetos y faisaient deux apparitions par semaine, à des intervalles irréguliers, mais leur devoir était surtout d'empêcher les incendies et les vols de nuit. Les féticheurs s'en servaient aussi pour écarter les habitants lorsqu'ils avaient l'intention de faire des processions, de se livrer à des sacrifices humains ou à de mystérieuses orgies.

Les Européens n'étaient pas toujours à l'abri des persécutions de ce genre de policiers lorsqu'ils s'attardaient dans les rues, mais aujourd'hui les temps sont changés et nos agents de police remplacent les charlatans indigènes ; cependant, il est prudent de se faire précéder d'une lanterne dans ses promenades nocturnes surtout à cause des serpents.

Chaque ville possédait un ou plusieurs de ces revenants ; le jour, ils repartaient pour l'autre monde, en abandonnant leur enveloppe terrestre sous la protection de la paille fétiche, dans un petit hangar qui lui était affecté dans chaque quartier.

Parmi les sortilèges on connaît le *chougoudou* à Porto-Novo et l'*arcade de bambou* au Dahomey.

Le chougoudou était l'endroit où était enterrée à fleur de terre la victime d'un sacrifice, quelle qu'elle fût. Sur cette tombe très sommaire était placé un pot renfermant un peu d'huile de palme, des plumes de poule, du sang et des poils. Ces tumulus existaient un peu partout, et on les évitait autant par la mauvaise odeur qu'ils répandaient que parce que les mauvais esprits étaient censés les garder. Celui qui aurait la témérité de passer dessus, risquerait fort d'être tué ou tout au moins d'être persécuté le restant de ses jours.

L'arcade de bambou existe encore à l'entrée de presque toutes les villes dahoméennes. De la paille fétiche, des plumes, des pattes de poules, des os, etc., sont suspendus après. Celui qui passerait dessous avec des intentions hostiles contre le roi serait immédiatement terrassé.

Quant aux évocations, sortilèges, enchantements et opérations magiques, ils sont subordonnés aux caprices des féticheurs, qui forment une secte nombreuse et qui, avant notre occupation, était puissante et redoutée des indigènes.

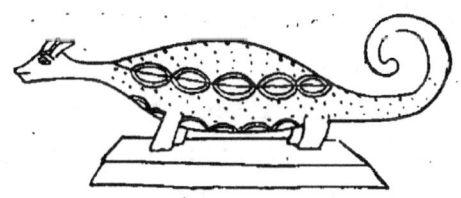

CULTE DES SERPENTS

Les serpents, le python surtout, sont très vénérés au Dahomey, et leur culte mérite une mention spéciale. On attribue à ces reptiles tous les biens et tous les maux ; les premiers sont reçus comme des bienfaits et les seconds sont regardés comme des châtiments mérités. Le dieu reptile a de nombreux temples où les serpents sont entretenus vivants ; cependant ils sont aussi représentés en bois ou en terre.

Le grand temple de Whydah est surtout connu ; il contient des centaines de reptiles que de nombreux gardiens soignent et nourrissent avec des rats et des poules. Des calebasses déposées à terre contiennent l'eau et la farine offertes aux serpents, mais on leur apporte aussi du tafia, des étoffes, des cauris, des fruits, du manioc, etc...

Comme il est interdit d'enfermer les dieux, le temple est dépourvu de porte et les pythons s'échappent souvent pour se répandre par la ville. Leurs féticheurs affolés s'empressent alors de les chercher et de les réintégrer dans leur demeure sacrée avec toutes sortes de simagrées.

Avant de les toucher, ceux qui doivent les rapporter s'agenouillent révérencieusement devant les fugitifs, les prennent délicatement entre leurs bras et les caressent avec toutes les démonstrations de l'adoration la plus humble.

Si le python s'installe dans une habitation ou dans un magasin, il est défendu de le déloger et à plus forte raison de le maltraiter. Autrefois, celui qui commettait un pareil méfait payait fort cher son sacrilège. Le noir qui tuait un serpent fétiche était brûlé vif et les blancs devaient être massacrés ou empoisonnés, à moins de payer une forte amende.

Enfin, dans tout le pays, le python jouit d'un prestige

extraordinaire aux yeux des noirs; le porc seul fait exception à la règle. Lorsqu'il rencontre le reptile il le piétine, le tue et le dévore, mais s'il est pris sur le fait, il est impitoyablement mis à mort et offert en holocauste au dieu.

La taille du python varie d'un à trois mètres; son corps jaune ou vert, tacheté ou rayé, est un peu renflé au milieu et se termine insensiblement par une queue allongée et prenante.

Sa tête est large, aplatie et triangulaire; sa morsure n'est pas venimeuse, mais les volailles et les petits quadrupèdes courent les plus grands dangers dans le voisinage du reptile.

Les chèvres, les moutons et même les petits enfants lui servent de pâture lorsqu'il est de forte taille; aucune mère n'oserait lui arracher son enfant s'il devenait la proie du dieu, telle est grande la crainte que le python inspire par son pouvoir surnaturel.

Autrefois, il était promené en grande pompe, une fois chaque année, par les rues et les places de Whydah. Ce jour-là les féticheurs étaient maîtres de toute la ville. Il était défendu aux blancs et aux nègres de sortir de chez eux sous peine de mort, et quiconque aurait osé jeter un regard indiscret sur les mystères de la cérémonie était terriblement châtié.

Le python, bien gorgé de viande, était placé comme une masse inerte dans un hamac, et escorté solennellement par les grands féticheurs suivis d'une musique infernale et d'une foule d'hommes et de femmes en délire, hurlant des chants sauvages.

Lorsque la digestion du reptile paraissait être terminée, on le rentrait vivement dans le temple de peur qu'il ne serre avec trop de tendresse le bras ou la tête de quelqu'un de ses porteurs.

On rencontre dans les bosquets sacrés, près de la lagune et des sources, des tiges de fer simulant les ondulations du serpent; souvent elles sont même enfermées dans de petites cases.

Ces tiges sont l'image sainte du serpent. Auprès de ces idoles sont placées des calebasses dans lesquelles on dépose l'eau et les présents destinés au fétiche.

Depuis quelques années, le culte du serpent paraît tomber en désuétude, et ce n'est pas dommage. Aujourd'hui, quand par inadvertance un noir a tué ou blessé un reptile, on se contente de faire bâtonner le coupable par ses congénères et ils en usent largement.

S'il veut se soustraire au châtiment, il n'a qu'à payer les féticheurs, car au Dahomey, comme en bien des pays, tout s'arrange avec de l'argent.

Féticheurs et féticheuses.

Le roi est le chef suprême du fétichisme, et dès son avènement il est initié à tous les mystères du culte. Mais malgré son autorité il reste soumis à la puissance occulte des féticheurs.

Il est assisté du *Mingan*, grand-prêtre du fétichisme.

Le fétichisme comprend quatre sectes ayant chacune un grand féticheur à leur tête.

Les prêtres de ces divers ordres sont vêtus de façon différente, mais le blanc est la teinte dominante de leur costume. Ils portent tous la calotte blanche des cabécères.

Les uns ont la tête rasée, d'autres se tracent sur le front, quand ils sont de service, une ligne rouge d'un côté et une blanche de l'autre; hors du service, ils n'ont qu'une seule de ces lignes.

Des verroteries ornent habituellement féticheurs et féticheuses.

Les prêtres et les prêtresses du serpent ont le costume le plus remarquable ; c'est un pantalon bouffant recouvert d'un peignoir ouvert, en étoffes à grandes figures criardes ; chevilles et bras sont, en outre, surchargés d'énormes bracelets en cuivre.

Toutes ces congrégations vivent séparées les unes des autres dans des quartiers spéciaux où aucun étranger n'est admis.

Le féticheur est quelquefois chef par sa naissance, mais, le plus souvent, il est fils d'un roturier qui l'a voué au fétiche.

Élevé par des féticheurs dans l'art d'en imposer à ses semblables, il tient à distance aussi bien les chefs que le peuple. Il vit à part, n'épouse ordinairement qu'une ou plusieurs féticheuses, et conserve ainsi, par sa vie retirée, un prestige indispensable à ses fonctions.

Les féticheurs ont comme principales ressources les nombreuses offrandes faites à leurs divinités, et les sommes qu'ils savent extorquer à tout propos aux fidèles naïfs, en spéculant sur leur croyance et leur superstition ; mais à leurs heures de liberté, ils confectionnent aussi des ouvrages en cuivre et en paille dont le produit les aide à vivre.

Les fonctions de féticheur se transmettent de père en fils. Cependant, les parents qui désirent vouer leur fils ou leur fille au fétiche peuvent le faire en versant une somme importante ; dans ce cas, les prêtres élèvent l'enfant.

Ils admettent aussi des adultes d'une discrétion éprouvée qu'ils initient au rôle d'aide-féticheurs, mais qui n'exercent jamais le culte.

Une esclave, une femme qui veut fuir les tracasseries du maître ou du mari, peut se réfugier au couvent des féticheurs, si elle assure être possédée du fétiche.

Les femmes subissent trois ans d'initiation dans les couvents.

Dans leurs écoles, les féticheurs apprennent à chanter et à danser à leurs enfants, avant de les initier au culte auquel ils sont destinés. Les parents chantent et dansent aussi presque journellement.

Féticheurs et féticheuses sont de service à tour de rôle dans les temples dont ils prennent soin.

Ils sont aussi chargés de faire subir les épreuves judiciaires aux individus accusés d'un crime. Ces épreuves sont généralement celles par l'*eau* et par l'*oricha*. Celle-ci est la plus commune ; elle consiste, comme preuve de son innocence, à avaler, sans la connaître, une boisson quelconque offerte par le féticheur ; c'est ce qu'on appelle *boire l'oricha*. Le prévenu s'abandonne donc en toute confiance au féticheur qui, selon son caprice, peut lui imposer un breuvage inoffensif, mais qui peut aussi lui faire avaler un de ces poisons dont il a le secret.

Comme le prêtre jouit d'une entière impunité pour ses méfaits et qu'il est au-dessus de tout soupçon, on se contente de dire, lorsque l'accusé meure, que le fétiche l'a tué parce qu'il était coupable.

Cette épreuve est basée sur ce que souvent le noir coupable n'ose boire l'oricha, tourmenté qu'il est par sa conscience troublée ; mais il n'en est pas de même des innocents qui ont tout à redouter de leurs féticheurs.

Quant à l'épreuve par l'eau, elle se subit dans une rivière ou une partie de la lagune spécialement réservée à cet effet, et dont l'accès est interdit aux profanes. Elle est rarement favorable à celui qui la subit et dont la perte est décidée d'avance ; l'eau laisse surnager l'innocent et engloutit le coupable.

Pour atteindre ce résultat, le prévenu est attiré au fond de l'eau par d'excellents plongeurs auxquels il est facile de rester longtemps immergés.

Pour Porto-Novo, cette épreuve se fait dans le canal de Tjibé, à Togbo, lieu sacré, habité par des féticheurs.

Les fêtes du fétiche reviennent chaque année à une époque fixée par le roi, généralement en septembre. Elles donnent beaucoup d'animation aux villes où règne alors la plus grande gaîté. Tous les dieux, sur les épaules de leurs féticheurs, courent les rues pour se rendre visite les uns aux autres; d'autres féticheurs les accompagnent en grande pompe, soufflant dans des trompes d'ivoire, battant du tambour et escortés par une foule énorme.

Presque tous les jours, les féticheurs des deux sexes, revêtus de leurs plus riches costumes, exécutent des processions dans la ville.

Les tam-tams se réunissent sur les places publiques et alors commence leur étourdissant tintamarre, pendant qu'une longue file d'hommes et de femmes, bien alignés, défilent en chantant pour venir s'asseoir par rang d'ancienneté au milieu de la place.

Au nombre de cent ou deux cents, les femmes se livrent ensuite, avec un ensemble et une précision remarquables, à des danses fort curieuses, terminées par des orgies de toute sorte.

En résumé, les prêtres du fétichisme, par la crainte qu'ils inspirent, par leur habileté à tromper et à abuser des croyants par l'erreur des sens, par les simagrées de toutes sortes et les airs mystérieux dont se compose le culte qu'ils professent, sont une puissance redoutable dans les royaumes dahoméens où ils imposent même leurs volontés au roi. Quand ceux-ci se refusent à gouverner selon leurs désirs, ils meurent empoisonnés par le fétiche, ainsi que cela est arrivé pour Ghezo qui avait eu le tort de déplaire aux féticheurs en s'opposant aux sacrifices humains.

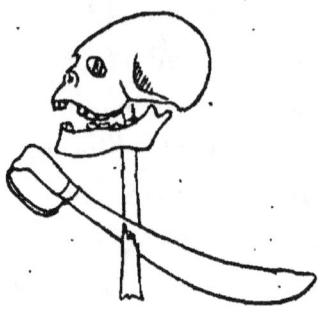

Sacrifices humains et autres.

Les féticheurs, qui semblent si heureux pendant leurs fêtes religieuses, sont cependant de cruels meurtriers; ce sont eux qui ont établi ces lois atroces d'après lesquelles ils immolaient froidement, à des divinités fictives et auxquelles ils ne croyaient pas eux-mêmes, des milliers d'innocentes victimes humaines.

Par cette coutume barbare, ils pensaient que le sang de leurs semblables, répandu sur le fétiche, le leur rendrait favorable et leur porterait bonheur.

En commettant ces meurtres, les féticheurs cherchaient uniquement à faire une impression profonde sur les masses, afin de garder haut le prestige de leur barbare religion, et le maintenir comme une menace constante sur la tête de ceux qu'ils gouvernaient.

L'occupation française a, heureusement pour les noirs, supprimé les sacrifices humains, et ce n'est pas le moindre bienfait de notre intervention au Dahomey.

On n'exécute plus aujourd'hui que les condamnés à mort pour crime d'homicide.

Les victimes, prisonniers de guerre ou autres, étaient immolées aux divinités d'une façon uniforme. Après les avoir garottées, on leur faisait absorber du tafia en abondance afin de les abrutir et empêcher ainsi que les sacrifices fussent troublés par leurs cris.

Après des prières, des danses et des évocations, on coupait la tête à ces malheureux de façon que leur sang jaillisse sur la divinité en honneur de laquelle était fait le sacrifice.

On ouvrait ensuite le corps, on en arrachait le cœur et les entrailles qu'on étalait devant le dieu, tandis que le cadavre était jeté dans un fourré entouré de paille fétiche ou enterré dans un chougoudou. Souvent les féticheurs poussaient leur fanatisme jusqu'à manger le cœur de la victime.

Autrefois aussi les corps humains restaient exposés devant les idoles, mais aujourd'hui cela n'a plus lieu que pour les animaux.

Seules, les plus importantes divinités avaient droit aux sacrifices humains, sans exclure ceux de toutes sortes d'animaux.

On immole aux dieux des poules, des pigeons, une chèvre, un mouton, un bouc, un porc. On leur arrache la tête, et ces animaux sont ensuite mangés par ceux qui les sacrifient; le sang, le poil ou la plume seuls restent dans une calebasse aux pieds du fétiche.

La buse et le vautour, considérés comme animaux impurs, ne sont jamais offerts en sacrifice, tandis que le pigeon est une victime pure et agréable.

Un chien sert aussi quelquefois au sacrifice, mais alors on le pend au cou de la divinité et on l'y laisse jusqu'à complète putréfaction.

On offre aussi aux dieux des noix de kola, du maïs grillé arrosé d'huile de palme, des *igbins*, espèces d'hélices terrestres dont le pays abonde, etc...

Les nègres du Dahomey sont généralement dociles et obéissants quand ils sont de sang-froid, mais quand, surexcités par l'alcool et les danses, ils pratiquent les coutumes barbares de leur triste religion, ils ressemblent à de véritables forcenés, toujours avides de sang.

Aussi est-il à souhaiter, pour le bon renom de notre colonie, que le fétichisme disparaisse au plus tôt, car ce culte pervers et vicieux, enraciné dans le cœur du noir et entretenu par les féticheurs, l'incitera à être réfractaire à la plupart des réformes que l'administration française tentera d'apporter dans les usages tyranniques du pays.

Fêtes des coutumes.

Chaque année au retour de leurs expéditions contre les peuplades voisines, les Dahoméens, qu'ils aient été victorieux ou vaincus, se livraient dans leur capitale à d'importantes réjouissances.

Ces fêtes avaient lieu ordinairement en août, septembre et octobre à l'occasion des anniversaires des funérailles des anciens souverains et elles duraient plusieurs semaines.

On leur a donné le nom de *coutumes* et jusqu'en 1878 tous les Européens de la côte étaient tenus d'y assister, et surtout d'apporter beaucoup de cadeaux au roi. De même, chaque habitant du royaume y était aussi convoqué, et devait faire à son monarque un présent en cauris, proportionné à ses moyens.

Au jour fixé, les populations des campagnes envahissaient la capitale, qui regorgeait de monde. Le peuple s'assemblait sur les places publiques où journellement un crieur du palais venait proclamer à haute voix les gloires de la dynastie.

Après plusieurs visites officielles faites en grande pompe aux tombeaux des monarques dahoméens, visites accompagnées de chants, de clameurs discordantes et de coups de fusil, le roi donnait des cadeaux à ses ministres et cabécères.

Musulman Yorouba.

Dans ces visites, le roi pénétrait seul dans les monuments funéraires pour annoncer aux mânes de ses ancêtres les fêtes sanglantes qu'il préparait en leur honneur.

Entre les diverses cérémonies des coutumes, il y avait souvent plusieurs jours d'intervalle.

La plus importante de ces cérémonies consistait à envoyer des émissaires dans l'autre monde pour porter des nouvelles aux rois défunts.

Une trentaine de prisonniers de guerre étaient alors choisis pour ce voyage funèbre; ces malheureux, bâillonnés et ficelés, étaient fortement attachés dans des paniers en bambou, les genoux repliés sous le menton et les bras attachés au bas des jambes.

Pendant plusieurs jours on les promenait par la ville avec interdiction de les frapper ou de les insulter.

Mais le jour de la fête est arrivé; le roi et sa famille s'installaient alors sur une estrade haute de 2 mètres, et élevée pour la circonstance sur l'un des côtés d'une grande place publique.

Après plusieurs harangues à la foule enthousiasmée, à laquelle le roi jetait quelques poignées de cauris, le supplice des victimes commençait.

D'abord c'étaient des animaux que l'on sacrifiait aux mânes des rois morts. On voyait ainsi défiler et monter sur l'estrade des chiens, des chats, des porcs, des coqs, des singes, des crocodiles, etc... Tous étaient solidement attachés sur des planches et muselés afin de ne pouvoir mordre. Impassible, tout en fumant sa pipe, le roi abaissait son regard vers les victimes, et sur un signe de lui elles étaient basculées au bas de l'estrade où un féticheur leur coupait immédiatement la tête en recueillant leur sang dans une bassine spéciale.

On battait le gon-gon et après le tour des animaux venait celui des prisonniers, plus morts que vifs. Ces pauvres gens étaient alignés les uns à côté des autres sur le rebord de l'estrade, et, après que le roi leur eût confié son message à ses ancêtres, ils étaient culbutés et précipités l'un après l'autre sur le sol où, d'un seul coup de sabre, ils étaient décapités au dessus d'un grand bassin de cuivre. Leurs têtes étaient mises au pied de l'estrade et, après la cérémonie, leurs cadavres étaient enterrés dans les bois avoisinant la ville, avec une bouteille de tafia et des cauris déposés à leur côté pour les frais de la route.

Le grand bassin de cuivre était ensuite porté lentement au tombeau que le roi, de sa propre main, arrosait de ce sang encore tiède.

Chaque journée des coutumes se terminait invariablement par les acclamations de la foule, appuyées de nombreux coups de fusil et scandées du bruit étourdissant des tam-tams.

Quelques jours après ce massacre, avait lieu une parade de guerre, soldats et amazones défilaient devant le palais du roi pour se rendre dans la plaine de Cana où ils se livraient à des manœuvres de mobilisation.

A la dislocation des troupes, le roi répartissait toujours quelques fûts de tafia entre les assistants, puis guerriers et spectateurs exécutaient des danses jusqu'à épuisement de forces.

Cet essai de mobilisation se continuait les jours suivants par des exercices de combat dans lesquels guerriers et amazones déployaient la plus grande ardeur.

Après des simulacres d'attaque et de défense le roi faisait jeter en l'air, du haut de son estrade, à la populace délirante, des étoffes, des cauris, des verroteries en témoignage de sa satisfaction. La foule se bousculait alors pour ramasser les dons, s'insultait et la fête finissait par un échange général de horions entre les assistants, à la grande jubilation du roi.

Les fêtes des coutumes se clôturaient par le cortège des richesses. Le roi, sa famille et ses nombreux serviteurs, tous revêtus de leurs plus brillants atours, défilaient alors devant le peuple émerveillé, afin de lui donner une idée de la puissance de son souverain.

Les serviteurs étaient porteurs de toutes les richesses et curiosités royales ; on remarquait surtout parmi elles les nombreux cadeaux offerts de tout temps par les Européens aux monarques d'Abomey, et qu'ils s'étaient légués depuis un temps immémorial.

Après ces fêtes mémorables, le roi remerciait chefs et invités et quittait sa capitale pour aller jouir d'un repos bien mérité dans une de ses résidences de banlieue.

Ces horribles coutumes qui depuis des siècles ensanglantaient le Dahomey étaient une honte pour l'humanité.

C'est à la France que la civilisation est redevable de leur abolition, et aujourd'hui, sous l'égide de la République dont ils bénissent la généreuse intervention, les nègres du Bénin peuvent travailler en toute liberté à l'amélioration de leur bien-être social.

CHAPITRE VI

PRODUCTIONS DU DAHOMEY
FLORE ET FAUNE

SOMMAIRE

Les productions du Dahomey.

Le palmier à huile. — Huile et amandes de palme. — L'huile de palme dans l'industrie. — Le kolatier et sa noix. — Le cocotier. — Bois de construction. — Le ronier ou palmier à éventail et autres. — Le caoutchouc. — Huile coprah. — Indigo. — Maïs. — Manioc. — Arachides. — Le karité ou arbre à beurre. — Mil. — Riz. — Haricots. — Coton. — Tabac. — Igname. — Ricin. — Cacao et vanille. — Café. — Vigne et blé. — La canne à sucre. — Le bambou. — Fourrage. — Chaux et potasse. — Antimoine. — Sel marin.

Flore. — Plantes alimentaires, tinctoriales, médicinales, textiles, industrielles et cultures comestibles.

Faune. — Mammifères. — Animaux domestiques. — Oiseaux. — Reptiles. — Insectes. — Poissons. — Mollusques. — Crustacés. — Arachnides.

Matière médicale du Dahomey.

Les productions du Dahomey.

LE PALMIER A HUILE

La plus importante production du Dahomey est le palmier à huile. Les indigènes, encouragés par son merveilleux rendement, n'avaient jamais cherché, avant la conquête, à développer les autres cultures.

D'immenses et épaisses forêts de palmiers oléifères couvrent le Dahomey jusqu'à la latitude d'Abomey; c'est un arbre précieux, car, par l'huile et les amandes de palme qu'il fournit, il forme la principale richesse du pays.

Cet arbre se multiplie lui-même et ne demande aucun entretien.

L'arbre femelle seul est productif; les bonnes années de récoltes on compte de 12 à 14 régimes de noix de palme (environ 150 noix par régime). L'arbre mâle, qui croit dans la proportion de 1 pour 200, est reconnaissable par son grand nombre d'épines et par les nombreuses lianes qui apparaissent autour de ses branches, tandis que les arbres femelles sont débarrassés périodiquement de ces lianes parasites.

La végétation du palmier à huile est lente, il forme pendant longtemps une sorte de grosse touffe. Peu à peu le tronc s'élève, mais reste couvert de la souche des vieilles feuilles; à la longue, il devient presque lisse.

La hauteur de l'arbre varie de 7 à 10 mètres, le diamètre de son stipe est de 10 à 15 centimètres.

Les feuilles sont pennées, à rachis jaunâtres, épineuses sur les côtes, portant des folioles d'un beau vert, longues quelquefois de 0 m. 70 et disposées sur deux rangs.

Les fleurs, qui paraissent plusieurs fois par an, sont monoïques portées sur des régimes différents.

Les fruits ont l'apparence de grosses cerises arrondies à leur base et composées également de chair et de noyaux. Cette chair ou pulpe est fibreuse et imprégnée de matières grasses. Elle est jaune safran ou rouge sang, selon la région, et plus la couleur rouge est prononcée, plus le fruit est riche en principes huileux.

Dans les beaux fruits, la pulpe a jusqu'à 9 millimètres d'épaisseur ; les indigènes en extraient l'huile par dépression. Le noyau du fruit contient l'amande, dont on tire également une matière grasse, blanche et solide, pouvant servir, lorsqu'elle est fraîche, aux mêmes usages que le beurre.

Le palmier à huile donne des fruits au bout de quatre ans seulement, mais alors ils sont encore sans valeur.

On fait régulièrement deux récoltes par an : celle du gros régime, la plus importante, a lieu pendant les mois de janvier, février, mars et avril ; le petit régime se cueille en août et septembre. Ces récoltes sont sûres et ne craignent pas les intempéries.

Dans le palmier à huile, tout est utilisé par les habitants. Outre l'huile à manger, à brûler et à parfumer qu'il donne, il a encore d'autres avantages. Des cellules intérieures du tronc, on tire, par des incisions pratiquées à sa partie supérieure, une moyenne journalière de 3/4 de litre de vin de palme. Des feuilles de bananier sont disposées pour servir de rigoles et sur le sol une calebasse ou un pot en terre recueille le liquide incolore, rafraîchissant et sucré. Ce vin fermente avec rapidité, devient pétillant et peut s'absorber au bout de quelques heures. Après deux ou trois jours de fermentation, la boisson devient blanche et épaisse comme du lait, prend un goût âpre et enivre comme l'eau-de-vie ; le breuvage exhale alors une odeur prononcée de vieux cuir. A la bonne saison il remplace en partie les horribles produits chimiques que, sous le nom de gin, de tafia, d'alongou, les négociants européens importent en quantités considérables.

Le bourgeon terminal de l'arbre fournit le chou palmiste, amas de feuilles blanches et tendres que l'on mange en salade ou que l'on confit dans du vinaigre pour s'en servir en guise de cornichons.

Lés feuilles, larges, longues et dures, servent, après avoir été préalablement séchées, pour couvrir la toiture des maisons, à faire des balais, des paniers, etc...; le pétiole des feuilles tombées sert de bois à brûler; le tronc, malgré sa faible consistance, est utilisé parfois dans les constructions, mais ses fibres très flexibles sont surtout employées à la fabrication des cordages, et même des tissus grossiers se rapprochant, il est vrai, plus de la natte que de l'étoffe.

Le rendement d'un palmier est estimé de 3 à 4 francs par an. Souvent les propriétaires de palmiers louent leurs arbres à des cultivateurs à raison de 2 fr. 50 par pied et par année.

Le palmier à huile étant la vraie richesse du Dahoméen, est rarement abattu; on compte une moyenne de 16 à 1.800 palmiers par kilomètre carré, dans la région comprise entre Allada et Abomey; on estime la superficie de cette plantation naturelle à un million d'hectares.

Les ressources de cet arbre sont immenses pour la colonie et paraissent inépuisables.

Le palmier-dattier qui est si productif en Algérie ne réussit pas au Bénin.

FABRICATION DE L'HUILE DE PALME

Pour la cueillette des régimes, les noirs grimpent sans échelle au sommet du palmier, en s'aidant simplement d'une corde très raide fermée en anneau, enroulée autour de l'arbre et qui les soutient par le milieu du corps. En se tenant au palmier d'une main et pressant du pied de bas en haut, ils s'élèvent par secousses successives le long du stipe. Arrivés au sommet ils coupent le régime au moyen d'une hachette passée dans leur ceinture, et le descendent à terre avec une cordelette pour éviter de le détériorer. Deux hommes peuvent ainsi récolter plus de 50 régimes dans une matinée.

Les régimes sont cueillis dès que les fruits sont rouges ; jetés d'abord à terre en tas sur lesquels viennent picorer les

Fabrication de l'huile de palme.

volailles, on les laisse fermenter pendant quelques jours, puis on les coupe en morceaux. Si les fruits sont encore difficiles à détacher, on les mouille légèrement pour activer la fermentation et par suite faire tomber tous les grains. Ces grains sont ensuite triés, dépouillés de leur pulpe et entassés dans un vaste récipient rempli d'eau — très souvent une pirogue — où les noix sont écrasées par les indigènes avec les pieds ou les

Le Dahomey. 24

mains ; hommes, femmes et enfants participent à ce broyage rudimentaire.

Mais lorsque la récolte est importante, on jette les fruits dans un bassin carré en terre glaise entouré d'un petit mur. On verse par-dessus une certaine quantité d'eau chaude, puis deux ou trois femmes descendent dans la fosse, et, soutenues par deux espèces de béquilles, se servent de leurs pieds comme pilons pour écraser les fruits de manière à en détacher la pulpe. Ce travail de piétinement dure plusieurs heures ; les noyaux sont enlevés dès qu'on les rencontre, la bouillie devient plus épaisse au fur et à mesure que l'huile sort des fibres et se mélange à l'eau chaude.

Lorsqu'on juge que les pulpes ont été suffisamment pressurées, on verse encore de l'eau dans les récipients, on agite cette eau avec des bâtons et on laisse ensuite reposer.

L'eau s'isole des parties huileuses et une sorte d'écume jaunâtre surnage alors à la surface. C'est la première huile, la plus pure, fraîche et comestible. La couche d'eau, bien distincte, est en dessous, et au fond du bassin reste la pulpe fibreuse dépourvue d'huile et mélangée aux péricarpes des fruits.

On enlève avec précaution cette huile au moyen de calebasses et on la recueille dans de grandes jarres placées sur un feu violent pendant vingt-quatre heures, où elle subit une ébullition afin de faire évaporer les parcelles aqueuses qu'elle pourrait encore contenir. On la tamise ensuite dans de grands vases, on l'écrème, et l'huile de palme est prête à être livrée au commerce.

La proportion d'huile ainsi obtenue est de 65 %.

Cette huile, à la saveur douce, est d'une belle couleur jaune orange, très liquide et répand, lorsqu'elle est chaude, une odeur agréable rappelant un peu celle de l'iris ou de la violette; elle concrète à la température ordinaire et prend alors une teinte plus claire; son point de fusion est de 30 à 32°.

Au contact de l'air, elle se rancit, s'acidifie et abandonne de la glycérine, lorsqu'on la traite par l'eau. Elle exhale, lorsqu'elle est vieille, une forte odeur de vieux cuir.

Elle forme avec les alcalis, tels que la potasse et la soude, des savons de couleur jaune. L'huile est également employée dans la parfumerie.

C'est dans l'est du Dahomey que se récoltent les huiles les plus riches en couleurs et en matières grasses; celles des autres régions sont beaucoup moins estimées sur les marchés.

Les indigènes reconnaissent à l'huile de palme des propriétés médicinales; on l'emploie pour guérir les maux de ventre et d'oreilles. On en frotte les nouveau-nés pour leur donner de la vigueur.

L'huile de palme est livrée au commerce à raison de 5 francs à 6 fr. 50 la mesure de 20 litres, suivant les cours d'Europe.

Les principaux marchés d'huile, où elle est généralement appelée huile de Lagos, sont : Marseille, Liverpool et Hambourg.

La tonne d'huile se vend en Europe de 5 à 600 francs; sur place le prix du kilo varie entre 0 fr. 10 et 0 fr. 25.

Les huiles sont exportées dans des anciennes futailles ayant contenu de l'alcool, d'une capacité de 450 litres ou dans des futailles spéciales de 750 à 800 litres appelées *ponchons*.

Les huiles de palme de tout le territoire de Porto-Novo sont réputées comme étant très supérieures aux autres huiles de la côte occidentale d'Afrique.

Elles sont incontestablement préférables aux huiles de Ceylan.

AMANDES DE PALME

L'eau vidée, il reste au fond de la pirogue ou du bassin, la pulpe que l'on sèche au soleil et que l'on transforme en petits tampons dont on se sert pour allumer le feu, car ce résidu contient encore malgré tout des principes oléagineux.

Ces pulpes, soumises à une action chimique en Europe, rendent encore de 30 à 35 % d'huile de palme.

Les noyaux qui, pendant la fabrication de l'huile ont été retirés de la cuve, sont alors exposés pendant plusieurs jours aux rayons du soleil pour sécher, car ils contiennent une amande dure, immangeable, de forme elliptique, qui s'extrait difficilement. Les noyaux une fois secs, les amandes sont décortiquées à la main et portées à la factorerie. Par trituration on en extrait en Europe une huile abondante et incolore destinée à la fabrication des bougies et des savons.

Les débris des noix et les coques des amandes servent à engraisser les porcs qui pullulent dans les villages et qui en sont très friands.

Le tourteau provenant de la trituration des amandes sert également en Europe à la nourriture des bestiaux et principalement des porcs.

Malgré leur dureté les indigènes mangent les amandes, mais on y taille surtout des bijoux du pays et des ceintures que portent les femmes.

Le commerce des amandes est aussi important que celui de l'huile de palme et elles se rencontrent sur les mêmes marchés.

Les amandes de palme sont expédiées à Marseille, Liverpool et Hambourg, soit en vrac dans les cales des navires, soit en sacs de 70 à 75 kilos.

Dans les pays de production, les amandes ont une valeur de 150 à 200 francs la tonne de 1000 kilos.

L'HUILE DE PALME DANS L'INDUSTRIE

L'huile de palme contient environ 31 % de palmitine et 69 % d'oléine.

Par la saponification calcaire ou à l'aide de la vapeur en vases clos, on en retire de l'acide oléique, de l'acide palmitique et de la glycérine. Son emploi pour la fabrication des savons de toilette et des savons industriels est des plus considérables. La stéarinerie en absorbe aussi de fortes quantités.

Les savons obtenus par la saponification de l'huile de palme à l'aide de la soude ont une couleur jaune rougeâtre, et, malgré l'opération de la saponification, ils gardent la forte odeur de violette qui est propre à l'huile de palme. Cette odeur, qui est justement appréciée à cause de sa fraîcheur et de sa ténacité, est une des raisons qui imposent l'emploi du savon de palme dans beaucoup de pâtes de savons de toilette fins et extra-fins.

De plus, les savons fabriqués avec l'huile de palme sont aussi fermes et aussi réguliers que les savons de suif ; ils sont moins cassants, moussent plus facilement et se conservent mieux.

En dehors de ces qualités, il faut aussi tenir compte de ce que, l'industrie de la margarine enlevant sur le marché la plus grande partie des suifs frais de nos fondoirs, les fabricants de savons de toilette sont obligés de se rabattre sur les huiles concrètes telles que le coco, le coprah et principalement l'huile de palme, étant donnés les avantages qu'elle procure.

Pour nombre de manufactures l'emploi de l'huile de palme

Un coin du grand marché à Porto-Novo.

est devenu indispensable, surtout depuis que les procédés appliqués pour son blanchiment ont permis d'en augmenter considérablement l'usage.

L'industrie de la teinture en laines consomme aussi de fortes quantités de savon de palme brut, quoique le prix de ce savon soit un peu plus élevé que celui des savons de suif et d'huile; cette préférence tient à ce que les laines teintes qui peuvent ou doivent être rincées dans un léger bain de savon conservent plus de brillant et plus de souplesse; ce résultat est dû à la présence de l'acide palmitique dans les acides gras du savon; c'est aussi une des causes pour lesquelles l'emploi du savon de palme devient intéressant dans la fabrication des savons de toilette. L'acide palmitique étant plus brillant et moins cassant que l'acide stéarique, il est évident que les savons contenant de l'huile de palme sont plus homogènes et plus brillants que les savons ne contenant que des acides stéariques et oléiques.

LE KOLATIER ET LA KOLA

C'est un arbre de 10 à 20 mètres de hauteur, qu'on trouve dans tout le Dahomey et dont le fruit devient l'objet d'un commerce assez développé.

Il y a quelques années, on exportait de très grandes quantités de kola du Dahomey au Brésil. Les communications directes par voiliers ayant cessé, cet important débouché est devenu nul.

L'arbre à kola commence généralement à produire au bout de 6 à 7 ans, et se trouve en plein rapport à 10 ans.

La kola se récolte vers septembre et octobre; chaque récolte donne environ 40 à 46 kilogrammes de graines.

La kola du Dahomey est facilement reconnaissable à ce que

chaque fruit se divise en quatre et cinq parties. Les plus gros fruits sont d'une couleur rose, tandis que les petits sont rouge vif ; exceptionnellement, on trouve quelques fruits blancs.

Les noix pèsent de 10 à 25 grammes. On les place dans un panier rempli de feuilles qui les conservent fraîches pendant 25 à 30 jours ; elles peuvent ainsi arriver en France, en très bon état de conservation.

La kola se vend selon l'abondance ou la rareté du produit sur le marché ; actuellement elle coûte de 2 fr. 50 à 3 francs le kilogramme.

La noix de kola est employée à divers usages, principalement à des usages pharmaceutiques. C'est un tonique excellent qui passe pour être également antidysentérique.

La noix a la réputation d'un aphrodisiaque ; elle est excessivement désagréable au goût, néanmoins les indigènes la mâchent parce qu'ils prétendent que la plus mauvaise eau est ensuite buvable, et qu'elle paraît même bonne.

L'échange de la kola entre indigènes est un gage d'amitié.

Par sa résistance, le bois de l'arbre à kola est apprécié pour la construction ; de plus, son odeur éloigne les insectes.

Les autres productions du Dahomey sont, après le palmier à huile et le kolatier,

LE COCOTIER

On le rencontre un peu partout, sur la côte et le long des fleuves ; c'est un arbre qui tend à devenir, comme le palmier, une source de richesse. On vend la chair des noix, cette pulpe séchée est expédiée en Europe, où elle est transformée en huile nommée coprah.

La noix de coco donne de 64 à 70 % de son poids d'huile et son déchet est excellent pour la nourriture des bestiaux.

Les indigènes ne récoltent les noix de coco que depuis quelques années seulement, ils se sont enfin rendu compte des bénéfices qu'ils pouvaient en tirer en les livrant au commerce.

La tonne de coprah vaut environ 200 fr. Le principal marché en Europe est Marseille.

BOIS DE CONSTRUCTION

Les bois de fer, excellents pour pavage en bois, abondent au Dahomey; ils sont très estimés dans le commerce et comprennent encore :

LE RONIER OU PALMIER A ÉVENTAIL

C'est un arbre au stipe renflé au milieu et affectant la forme d'un fuseau. Ses fruits, gros comme une orange et de couleur marron, comprennent une pulpe épaisse et spongieuse sur un noyau très dur.

Cette pulpe se mange, elle a le goût du pain d'épice lorsque le fruit est sec.

Le bois est d'une dureté remarquable et sert à toutes les constructions sur pilotis. L'arbre est appelé *coker* sur la côte.

On distingue facilement cet arbre au milieu des bouquets de végétation sauvage; il est très commun dans la région Est, du côté de Lagos.

Viennent ensuite :

Le *rocco* (faux ébénier) qui ressemble assez au chêne et peut être utilisé par les ébénistes, le *manglier*, le *palétuvier* qui n'existent que sur le littoral et les lagunes et dont le bois est inattaquable par l'eau de mer.

Le *camwood*, bois à grain fin et serré, plus lourd que l'eau; de blanc qu'il est ordinairement il devient, lorsqu'on le coupe, rougeâtre au contact de l'air et exhale, si on le râpe, une odeur analogue à celle du palissandre.

Le *mancone*, dont l'écorce produit un poison violent, qui arrête net les battements du cœur.

Le *gommier* ou bursera ou gommart qui existe surtout dans les régions du Haut Dahomey dépourvues de palmiers à huile; il donne la gomme-copal.

L'*avicennia*, grand arbre toujours vert, qui est très abondant le long des fleuves mais fort rare sur la côte, et dont l'écorce est employée par les noirs pour se guérir de la gale.

Le *myrsine melanophlœos*, qui atteint jusqu'à 16 et 18 mètres de hauteur et donne un excellent bois de charpente.

Le *groevia melocarpa*, dont le fruit, comestible et sucré, est employé pour composer certaines boissons rafraîchissantes.

Le *schmidelia africana*, bois d'ébénisterie.

Le *blighia sapida*, dont les fruits sont mangeables et dont les fleurs servent à la préparation d'une eau aromatique.

Le *touloucouna*, des graines duquel on retire une huile très dense, dont on fait usage contre les rhumatismes, les dartres, les maladies du cuir chevelu, les piqûres d'insectes, et principalement contre l'attaque des chiques; son écorce riche en tanin et très amère, est utilisée comme fébrifuge et ses fruits passent pour être vomitifs.

Le *pandanus*, grand arbre d'une vingtaine de mètres d'élévation, dont les fleurs et les fibres sont employées comme textiles, etc.

LE CAOUTCHOUC

Dans les forêts du Dahomey les arbres et les lianes à caoutchouc abondent, mais ce produit est encore peu exploité au point de vue commercial.

Les noirs récoltent principalement cette sève précieuse pendant les mois de septembre, octobre et novembre, mais, ignorant un bon procédé d'extraction, ils arrivent souvent à tuer les végétaux qui produisent le caoutchouc. Ils emploient la sève, avant qu'elle soit coagulée, à la réparation de leurs pirogues ; mêlé à de l'étoupe le caoutchouc est alors coulé entre les bordages de leurs embarcations pour les rendre étanches. Il sert aussi à la confection de divers récipients non destinés au feu.

La valeur courante de ce produit est de 5 francs le kilogramme. Son principal débouché est Anvers.

Diverses espèces de ficus ont été reconnues au Dahomey comme produisant du caoutchouc, mais la difficulté pratique d'en apprécier la valeur et le peu de soins apporté à leur culture n'ont donné qu'un rendement très médiocre.

Le syndicat des planteurs de Whydah préconise la culture du caoutchouc *céara* qui semble devoir donner d'excellents résultats. Il pousse très bien dans les terrains qui conviennent aux cultures alimentaires, il demande peu de soins, produit dès la cinquième année et se multiplie de lui-même ; il tient peu de place, est facilement exploitable et donne un produit riche et abondant. De plus, il ne nuit en rien à la culture du palmier et peut être planté dans son voisinage.

On espère que dans trois ans 200.000 arbres de cette espèce auront pu être plantés dans la colonie, et que dans quatre ou cinq ans, lorsque les plantations de caoutchouc seront complètement mises en valeur, l'exportation de ce produit pourra être réalisée.

HUILE COPRAH

C'est une huile tirée de la pulpe des noix du cocotier et dont il sera fait un commerce assez important lorsque l'exploitation régulière du coprah aura été entreprise.

INDIGO

Ce produit se récolte dans tout le Dahomey, mais il a besoin d'être soigné et amélioré; il n'a pas été jusqu'ici exporté et les indigènes seuls s'en servent d'une manière d'ailleurs très primitive pour la teinture des tissus de provenance européenne ou locale.

Sa valeur est de 2 à 3 francs le kilogramme.

MAÏS

Le maïs est cultivé sur une grande échelle dans toute la colonie; il entre pour une grande part dans l'alimentation des indigènes.

Les récoltes sont, sauf rares exceptions, toujours abondantes, lorsque les sauterelles ne dévorent pas les plantations.

On cultive le maïs blanc, le maïs jaune et le maïs rouge vif, assez rare.

Les semis se font en mars, avril et octobre. Les récoltes ont lieu en juin, juillet, décembre et janvier. Chaque tige, haute de plus de six pieds, porte deux épis fort beaux, parfois même trois ou quatre.

En général le maïs se conserve mal et les insectes l'envahissent rapidement; cela tient sans doute à ce que la récolte se fait avant complète maturité. Pour l'exportation en Europe, il est donc préférable de le laisser sécher sur pied.

La valeur courante du maïs est de 4 à 5 francs les 100 kilogrammes.

Autrefois les noirs distillaient succinctement le grain pour en tirer une eau-de-vie de qualité inférieure, mais ils préfèrent aujourd'hui consommer les alcools européens qui s'acquièrent à bon marché.

Mais on fait aussi du vin de maïs. Après avoir laissé fermenter les épis pendant quatre jours dans l'eau, afin d'activer la sortie des germes, on jette les graines dans un mortier et l'on réduit le tout en une pâte fine. Cette pâte, fortement étendue d'eau, est soumise à une ébullition de cinq à six heures. On laisse ensuite refroidir le liquide pendant deux jours et l'on obtient ainsi du vin de maïs, boisson piquante et rafraîchissante. Ce vin se conserve, au plus, une semaine et se transforme ensuite en vinaigre.

La culture du maïs Cuzco paraît très bien convenir au Dahomey et mérite d'être essayée. Cette céréale sert à l'alimentation du bétail et des chevaux; la féculerie ainsi que la distillerie l'utilisent.

MANIOC

C'est un arbuste de 1 à 3 mètres, dont les tubercules fournissent, après une préparation spéciale, une fécule comestible qui est une des bases de la nourriture indigène.

Sa racine est allongée, tuberculeuse, féculente, à suc laiteux vénéneux. La culture de cette plante est très simple. Après avoir préparé la terre, on coupe la tige du manioc par morceaux de 20 centimètres environ, que l'on plante à la distance d'un pas les uns des autres.

C'est une culture qui donne à peu de frais d'excellents produits ; la plante est d'ailleurs très résistante, et les sauterelles qui dévorent quelquefois le maïs laissent toujours le manioc intact.

Les boutures se plantent en mars et avril ; la récolte a lieu en septembre.

La farine de manioc coûte actuellement 0 fr. 10 le kilogramme.

Depuis quelques années la consommation du manioc est toujours croissante au détriment du maïs. En développant ce produit, il sera possible d'arriver, dans l'avenir, à l'exploiter commercialement sous forme de tapioca.

ARACHIDES

Aux temps des rois du Dahomey, les arachides ou pistaches de terre réussissaient très bien dans les terrains très sablonneux de Kotonou, mais vers 1884 le roi Glé-Glé, craignant que le indigènes en se livrant tout entiers à cette culture ne négligeassent les produits de première nécessité, interdit l'arachide dont la production cessa brusquement en vertu de cet ordre.

De nouveaux essais ont été tentés depuis avec plein succès ; mais les cultures sont encore peu développées et toute la récolte est consommée par les indigènes.

Les semis ont lieu en mars et avril, les récoltes en juin et juillet. Le fruit se développe et mûrit sous terre ; il est de la grosseur d'une noisette, comprimé vers le milieu et enveloppé d'une gousse. Chaque plante produit plusieurs amandes.

La valeur marchande des arachides est de 0 fr. 30 à 0 fr. 35 le kilogramme, non décortiquées.

LE KARITÉ OU ARBRE A BEURRE

Le karité ou arbre à beurre est très répandu dans la région des Mahis et dans tout le Haut-Dahomey.

Ses fruits très abondants se cueillent vers la mi-juin ; leur pulpe, qui a une saveur douce, se mange, et de l'amande on tire une graisse servant à la préparation des aliments et connue sous le nom de beurre de karité.

Ce beurre se trouve couramment sur tous les marchés en pains de 3 ou 4 kilogs, au prix d'un franc le kilogramme. Ce prix élevé est dû aux difficultés de préparation de la denrée avec les moyens primitifs dont disposent les indigènes.

Outre son utilité culinaire, le produit du karité est également employé dans la fabrication de savons, de bougies, etc.

Les indigènes en font un commerce important qui pourrait être considérablement développé, pour devenir l'objet d'un avantageux trafic avec la métropole ; surtout que les noirs ne recueillent qu'une faible partie des fruits du karité, dont le reste se perd sur place, faute de débouchés ou de moyens pratiques pour se livrer lucrativement à l'exploitation du précieux produit qu'ils renferment.

MIL BLANC ET ROUGE

Le mil blanc et le mil rouge sont cultivés par toute la population indigène. Pour le premier le semis a lieu en avril et la récolte en juin ; pour le second en juin et en novembre ; on ne fait qu'une récolte par an.

Le prix de vente du mil blanc est de 0 fr. 05 le kilogramme et celui du mil rouge de 0 fr. 04.

Ils servent à l'alimentation et les noirs en tirent une bière légère très rafraîchissante.

Le mil rouge forme la nourriture presque exclusive des chevaux dans le Haut-Pays.

RIZ ROUGE

Des carrés très étendus de riz rouge sont cultivés à proximité des cours d'eau et sur les plateaux du Haut-Dahomey.

Les semis ont lieu en avril et la récolte se fait trois mois après. Le riz est livré au commerce en sacs, et se vend le kilogramme à raison de 0 fr. 07 non décortiqué, et de 0 fr. 25 décortiqué.

HARICOTS INDIGÈNES

Les haricots indigènes ou niabés sont cultivés dans toutes les régions du pays; ils sont petits, de teinte brune ou noire.

Les semis se font en mars, avril et octobre; les récoltes ont lieu en juin, juillet, décembre et janvier.

La valeur marchande des haricots est de 0 fr. 30 à 0 fr. 40 le kilogramme.

COTON

Le coton existe en assez grande quantité et pousse librement à l'état sauvage.

La culture de cette plante est presque nulle sur la côte, comme d'ailleurs dans la majeure partie du Bas-Dahomey, où les cotons filés de provenance européenne ont peu à peu remplacé le produit indigène.

Les semis se font en avril, immédiatement après les premières pluies; la récolte a lieu dans la saison sèche, en janvier, dès que les capsules mûres se sont ouvertes sous l'action solaire.

Le marché de la poterie à Adjara.

L'indigène laisse le coton sécher sur la plante, avant de le cueillir; il le livre ensuite, sans aucune préparation, aux tisserands ou aux maisons de commerce.

Ce coton à soie très courte se vend 0 fr. 30 le kilogramme.

M. Godefroy-Lebœuf, horticulteur à Paris, a appelé l'attention du département sur l'intérêt qu'il y aurait à introduire et à cultiver dans nos colonies le coton annuel dit du Turkestan.

Des renseignements que ce commerçant a fournis, il résulterait que l'arbuste dont il s'agit ne produit pas comme les espèces similaires, pendant tout le cours de l'année, mais à une époque fixe qu'il est loisible au planteur de déterminer par le choix de l'époque des semis. Il en résulterait que les récoltes provenant de ce cotonnier pourraient être obtenues pendant la saison sèche et seraient à l'abri, par conséquent, des pertes occasionnées par les pluies. De plus la capsule s'entr'ouvrant à peine, la soie ne subirait aucun dommage du fait de la rosée.

TABAC EN FEUILLES

Le tabac promet d'excellents résultats dans la colonie; il est surtout cultivé dans la région de Savalou et dans les environs d'Agony où il a cours comme monnaie.

Les semis ont lieu en mars et avril, et la récolte en novembre, après que les feuilles ont séché sur pied.

Ce tabac de qualité encore médiocre est susceptible d'amélioration; le prix en est de 1 franc à 1 fr. 50 par kilogramme.

TABAC À CHIQUER

Pour l'obtenir les femmes l'écrasent entre deux pierres et le mélangent avec de la potasse.

Il est ensuite vendu en petits paquets à raison de 1 fr. 50 le kilo.

IGNAME

L'igname est recherchée pour son rhizome tuberculeux et féculent ; elle n'est point exotique ; on la trouve à l'état sauvage dans les forêts et dans les lieux incultes. Toutes les variétés d'ignames ne sont pas également bonnes. Elles se reproduisent par des morceaux de racines garnis d'un œil au moins, et comme il leur faut un terrain profond, on relève la terre des deux côtés, de manière à laisser entre les divers pieds des sillons assez grands. La récolte se fait en septembre et amène la *fête des ignames*, connue sur toute la côte des Esclaves, et plus particulièrement chez les Minas.

L'igname est une des bases de la nourriture indigène.

RICIN

Cette plante se trouve sur place mais en petite quantité, elle semble très vivace, mais la qualité n'a pu être encore appréciée.

Le ricin du Dahomey est arborescent comme dans toute l'Afrique. Sa culture donnerait certainement, comme au Sénégal, les meilleurs résultats.

CACAO ET VANILLE

Des essais de ces cultures ont été entrepris tout récemment sur différents points de la colonie.

Pour le cacao, les premiers essais faits à Porto-Novo ont déjà donné des résultats satisfaisants et il est plus que probable qu'il en sera de même à Whydah ; quant à la vanille, cette culture est encore nouvelle au Dahomey, et il n'est pas possible à l'heure actuelle d'en apprécier le rendement.

LE CAFÉ

Les caféiers dont les métis brésiliens ont importé plusieurs variétés au Dahomey s'y développent avec succès ; ce sera dans l'avenir une autre source de la richesse du pays.

Cette culture prospérera sûrement, aussi bien dans nos colonies que dans les contrées voisines dont la composition du sol est la même et où la température ne s'abaisse jamais au-dessous de 20 à 22 degrés.

Le café pousse indifféremment sur la côte ou dans les endroits élevés ; il exige un terrain humide, mais on doit éviter que ses racines se trouvent en contact avec l'eau.

Les terres du Haut-Dahomey qui contiennent moins de matières organiques que celles du Sud, où pullulent des myriades de vers et d'insectes qui dévorent les racines et les semailles, paraissent être très propres aux plantations de café et de cacao.

C'est une culture très délicate ; elle craint la sécheresse aussi bien que l'excès d'humidité ; elle est sujette à plusieurs maladies, demande beaucoup de main-d'œuvre et n'est vraiment rémunératrice qu'au bout de cinq à six ans.

Le plant doit être abrité pendant la première année, et ensuite il ne redoute pas trop les rayons solaires, mais dans tous les cas il est nécessaire que l'air et la lumière arrivent directement sur lui. Dans les terres argileuses, comme celles de la Guinée, il faut, lorsque vient la saison sèche, recouvrir les racines de paille ou de gazon sec, car à ce moment la terre se fendille et les racines, qui affleurent, risquent de se dessécher.

La terre qui convient le mieux au caféier est une terre meuble, légère et vierge, autant que possible. Elle se suffit à elle-même pendant cinq ou six ans, puis les engrais sont nécessaires. Les meilleurs à employer sont les engrais azotés.

Quand le plant atteint 2 mètres de hauteur, on l'étête pour lui faire donner une récolte plus abondante et plus facile à cueillir.

En Guinée, le rendement du café est considérable pour l'espèce dite de Libéria, et tous les planteurs qui ont tenté sa culture ont pleinement réussi.

La majorité des plants importés au Dahomey provient précisément de Libéria et un peu de San-Thomé.

VIGNE ET BLÉ

A Whydah, on a fait quelques essais de vigne, mais le raisin obtenu n'a pu donner jusqu'ici de vin potable. Des grappes nombreuses se forment, seulement le grain est gros, peu juteux, coriace et d'un goût très musqué ; il est sans aucun doute susceptible d'amélioration. Il y a bien la vigne sauvage, mais le fruit est immangeable.

Le blé ne réussit pas dans le pays ; il pousse tout en herbe et le grain ne se forme pas.

LA CANNE A SUCRE

La canne à sucre qui ne sert actuellement qu'à la nourriture des indigènes pourrait, par une culture plus étendue, venir grossir les productions du pays. Elle se vend en fragments sur les marchés ; les noirs ignorant la façon d'utiliser ses propriétés saccharines, se contentent de la mâcher.

LE BAMBOU

Le bambou ou jonc commun croît sur le bord des lagunes. Ses tiges servent à pousser les pirogues, à construire les cases et à toutes sortes de travaux domestiques ; les graines, grosses comme des noix et d'une dureté excessive, sont utilisées dans l'industrie pour la fabrication des boutons (corrozo).

FOURRAGE

La culture du teosinte, graminée utilisée principalement à cause de l'abondant fourrage qu'elle fournit, paraît très bien convenir au Dahomey.

CHAUX ET POTASSE

Sur la côte, pour se procurer la potasse et la chaux, les indigènes font brûler un mélange d'herbes marines et de coquilles d'huîtres.

Mélangée à des résidus d'huile, la potasse donne le savon indigène, et la chaux sert à blanchir les habitations des chefs et les temples fétiches.

Mais la potasse pure provient surtout du Haut-Dahomey, où il s'en fait un commerce relativement actif ; les indigènes s'en servent pour activer la cuisson de leurs aliments et en donnent à leurs bestiaux.

La valeur du kilogramme est d'environ 3 francs.

ANTIMOINE

Provient du Borgou en petite quantité ; son usage est d'ailleurs restreint. C'est un minerai sulfuré (G. Linas). Sa valeur sur place est d'environ 12 francs le kilo.

SEL MARIN

Il s'obtient par l'ébullition de l'eau de mer et a un grand prix dans l'intérieur. En bien des endroits, sa fabrication a été abandonnée par les indigènes qui préfèrent l'acheter aux Européens.

Flore.

PLANTES ALIMENTAIRES — TINCTORIALES — MÉDICINALES — TEXTILES INDUSTRIELLES ET CULTURES COMESTIBLES

Dans les forêts inextricables du Dahomey, à la végétation luxuriante, à la brousse impénétrable, aux fourrés coupés de lianes tortueuses et sillonnées de sentiers conduisant aux villages voisins, on rencontre des arbres de toutes familles et de toutes grandeurs, parmi lesquels il faut citer encore :

Le *baobab* dont le diamètre du tronc atteint de gigantesques proportions ; la pulpe de son fruit séchée ressemble à de la farine et remplace la quinine dont elle n'a pas le goût désagréable. Elle est acidulée et rafraîchissante, aussi est-elle préférée pour combattre les fièvres paludéennes. Une infusion de sa feuille arrête la transpiration et sert de condiment dans la nourriture; le *fromager* ou bombax à laine, très ombreux; le *dragonnier*, dont on extrait un purgatif ou un astringent, selon que l'on y ajoute ou non un mélange de vallisnérie.

Le *rhat*; le *rocco*; le *tamarinier géant*.

Le *jacquier* ou arbre à pain, dont il existe deux variétés : le fruit de l'une est rond et pèse un kilogramme, celui de l'autre est oblong et atteint jusqu'à 8 kilogrammes. Cuit au four ou sous la cendre, la masse farineuse du fruit se mange comme du pain. Les fibres de ce végétal offrent une grande résistance comme matière textile.

L'*eucalyptus*, qui atteint rapidement 7 à 8 mètres de hauteur s'il est planté par bouture dans un endroit humide et légèrement ombragé.

Divers acacias, dont le *flamboyant* aux fleurs d'un rouge vif, l'*acacia mellifera* aux fleurs comestibles; le robinier; l'acacia gommier, etc.; le *raphia* qui sert à faire des meubles légers et produit une liqueur que les indigènes appellent le vin de Boudou; c'est aussi une plante textile.

La *securidaca longipedunculata* avec les fibres de laquelle les indigènes font des filets de pêche d'une résistance étonnante; le *gardenia Jovis tonantis*, arbuste de 2 à 3 mètres de hauteur, dont le nom vient de ce que les indigènes placent ses rameaux au sommet de leurs cases pour conjurer la foudre.

Des *callcédrats*,

Des *gonakies*,

Le *sisseré* (en langue dahoméenne), arbuste dont le fruit est une baie de la grosseur d'une olive et qui possède une pulpe blanche et sucrée, très agréable à manger;

Le *gombo* ou *kiave* ou *ketmie*, dont les capsules sont consommées dans l'alimentation et dont les fibres servent à la fabrication des liens.

Le *cochlospermum angolense* dont les filaments servent aussi aux indigènes à faire des liens.

La *morinda citrifolia*, petit arbre qui donne une teinture de couleur safran et dont le fruit, cuit sous la cendre, est employé contre la dysenterie, contre l'asthme et comme vermifuge, etc.

La *simarouba*, arbre dont l'écorce est employée en médecine.

A l'ombre des forêts, croissent des *euphorbes résinifères* et des *euphorbes ipécacuanha*, dont la racine est employée comme vomitif.

Des *orchidées*,

Des *dracaenas*,

Des *papayers* aux fruits très estimés rappelant un peu le melon ; les graines pimentées et astringentes offrent le goût de la capucine ; des *cotonniers* dont plusieurs variétés à l'état sauvage sont utilisées dans l'industrie textile et comme médicament ; leurs graines oléagineuses servent à des frictions et leurs feuilles émollientes sont employées fréquemment dans la thérapeutique.

La *symphonia globulifera*, dont la sève désinfectante remplace dans le pays notre acide phénique.

L'*ochrocarpus africanus* qui atteint jusqu'à 50 pieds de hauteur ; son fruit qui est mangé dans certains pays est considéré comme vénéneux dans d'autres.

La *lophira alata* dont l'huile sert à la toilette des femmes indigènes et aux préparations culinaires ; sa noix sculptée est un ornement recherché.

Les *balisiers* dont il existe plusieurs variétés et dont les graines peuvent servir de plomb de chasse en raison de leur dureté ; on en tire aussi une belle couleur pourpre ; le *cactier-nopal* sur lequel pourrait vivre la cochenille si on voulait l'acclimater au Dahomey.

Le *cossoué* qui donne une sorte de gomme laque.

L'*alisin dolopoué* des indigènes, arbre amer, sorte de quinquina; les *bananiers*, de plusieurs espèces, qui donnent la banane-figue, la banane ordinaire, la banane-pomme, la banane rouge, la banane de San-Thomé, la meilleure de toutes, et la *banane-cochon* qui ne se mange que cuite.

Comme arbres fruitiers le Dahomey possède aussi les *manguiers* ou mangots non greffés qui poussent sans culture, les *citronniers* et les *orangers* avec les fruits desquels on fait une liqueur assez agréable.

Les *goyaviers*, les *cocotiers*, les *corossoliers*, les *pommiers acajou*, aux fruits acides; à leur base se trouve une amande en forme de haricot qui se mange rôtie, car crue le suc caustique qu'elle contient fait enfler douloureusement les lèvres et la langue. Ce suc carie en outre les dents qu'il fait tomber; ses taches sont indélébiles et il peut remplacer l'encre.

L'*avocatier* ou *poirier-avocat*, dont le fruit est très bon si on sait l'accommoder.

Le *figuier d'Inde* aux fruits de médiocre qualité.

Le *muscadier*, dont le fruit gros comme un pois est utilisé comme muscade.

L'*ananas sauvage* très abondant, mais peu savoureux, fibreux et sec.

Le *néflier*, les *pruniers de plage*, dans les buissons de la côte; ils donnent des petits fruits violets sans goût ni saveur.

Les seules plantes comestibles cultivées par les indigènes dans les clairières ou autour de leurs habitations pour les besoins seuls de leur alimentation sont : le *maïs*, le *manioc*, le *chou-colza*, l'*igname*, la *patate douce* qui a le goût d'une pomme de terre légèrement sucrée, le *millet* ou *mil* ou *sorgho*, le *panicaut*, la *canne à sucre*, l'*arachide* ou pistache de terre vulgairement appelée cacahuette, et le *haricot noir*.

Puis le *concombre*, la *citrouille*, le *potiron* dont les tiges dressées servent à faire des nattes et les calebasses tous les récipients de ménage ; le *piment noir*, la *tomate sauvage* très commune, le *pourpier* qui pousse sans culture. Ce dernier pris en infusion sert de diurétique aux gens du pays. Il y a aussi le *poivrier* qui produit la graine dite de Paradis, employée comme condiment excitant et tonique ; le *gingembre* dont les indigènes se servent pour guérir la toux et qui a un bon prix sur les marchés anglais, le *fenouil*, l'*ache sauvage* ou céleri, l'*oseille de Guinée*, plante tonique apéritive et rafraîchissante, le *pissenlit* et plusieurs espèces de *salicornia* qui fournissent divers éléments à l'alimentation ; le *cubèbe*, dont les fruits, semblables au poivre, sont aussi employés comme condiment.

Des *petits oignons*,

Le *taro*, etc.

Les autres plantes que l'on trouve encore au Dahomey sont : l'*Hibiscus abelmoschus* qui produit un jus parfumé, remplaçant le musc animal, et réputé l'antidote de la morsure de la cobra di capello.

Le *cissampelos vaugelu* est un diurétique très efficace, c'est une petite plante assez commune dans les lieux ombragés.

L'*argemone* à fleurs jaunes qui, séchées et pulvérisées, servent de vomitif.

Le *chélidoine* à fleurs jaunes, dont le suc caustique sert à la destruction des verrues.

La *pomme-cannelle* qui sert à faire des cataplasmes pour guérir les tumeurs.

La *pomme de crocodile* dont on fait des infusions pour la toux.

Le *corossol* qui est un antispasmodique.

La *sauvagésia erecta* employée pour soigner les ophtalmies.

Le *gynondropsis pentaphylla* qui, pris en infusion bouillante, sert d'astringent ; la *cratoera religiosa* dont on fait séjourner la tige dans une huile qui sert à frictionner les parties atteintes de douleurs ou de rhumatismes.

Le *bois de campèche*, l'*indigo*, assez commun dans les Popos. L'*orseille* peu répandue et très recherchée pour la teinture indigène ; l'*hibiscus splendens*, aux fleurs jaunes ou rouges, qui, frottées sur les chaussures, produisent par leur jus un vernis noir et luisant qui remplace le cirage.

Le *nasturtium humifiscum* qui se mange comme le cresson et qui est en certains endroits l'unique nourriture du bétail.

La *cardamine ou langue de vache* que les Européens mangent crue et les noirs cuite.

Le *tamier*, très commun.

Le *papyrus* qui existe en grande quantité sur le bord des lagunes de l'Est.

Le *sésame*, plante herbacée dont les graines fournissent une huile employée surtout dans la fabrication des savons.

La *fève de Calabar*, dont le port ressemble à celui du haricot et dont la gousse atteint jusqu'à 17 centimètres de longueur ; c'est une plante vénéneuse très énergique, que les médecins utilisent pour faire contracter la pupille, pour combattre le tétanos et guérir certaines névralgies.

Comme fleurs, on trouve, suivant les régions :

La *scabieuse*,

La *vallisnérie à spirale* et la *morène*, très nombreuses dans les marécages,

La *menthe sauvage*,

Plusieurs variétés de mimosas,

La *mauve commune*, très abondante, dont la racine est prise par les indigènes en infusion pour combattre la fièvre.

Les *nénuphars jaune, bleu ou blanc*,

Le *lotus*, dont la racine crue est mangée par les pêcheurs.

Le *lierre grimpant*,

Les *coquelicots*,

La *renoncule d'Afrique* que l'on fait brûler pour tuer les moustiques,

La *clématite*, dont le suc caustique sert de remède contre les maux de dents,

La *verveine à bouquets*,

La *bruyère arborescente* et la *bruyère éclatante*,

L'*herbe de Guinée*, forte comme notre paille et haute de deux mètres et plus,

L'*acanthe molle*, assez commune,

L'*amarante géante*, très fréquente dans le nord,

La *grande pervenche*,

Le *laurier d'Inde*,

Le *laurier-cannelle*,

Le *laurier-rose*,

L'*acorus* ou jonc odorant ou encore lis des marais, dont le rhizome est utilisé en parfumerie,

Les *bignones* ou *bignonia*, plantes grimpantes aux belles fleurs diversement nuancées,

Le *myosotis*, la *pâquerette*, la *bourrache*, si appréciée pour les affections pectorales,

Enfin, pour terminer, l'*ivraie*, l'*herbe-puante*, des *mousses*, des *lichens*, des *champignons*, etc.

On voit, par ce qui précède, que la flore du Dahomey est très riche et très variée, surtout dans l'intérieur du pays où la végétation est très dense. Mais cette flore est encore susceptible d'être augmentée par l'acclimatation d'une grande partie de nos cultures.

Ainsi dans le sud du Bénin, autour des villes habitées depuis longtemps par les Européens, se trouvent quelques jardins contenant la plupart des légumes d'Europe.

On a de même déjà importé avec succès dans la colonie le quinquina et la rhubarbe et d'autres essais sont tentés constamment par les chambres d'agriculture instituées dans chaque localité importante du Dahomey.

Faune.

Les territoires du Bénin sont très riches en animaux de toute espèce, surtout dans le nord du Dahomey, mais la faune ne comprend qu'un petit nombre d'espèces dangereuses. Les animaux que l'on y rencontre sont principalement les suivants :

MAMMIFÈRES

Simiens. — Il existe plusieurs variétés de singes dont le cynocéphale, le mandrille, le macaque, le singe à barbe, le singe noir à tête blanche, le singe à longs poils noirs et le singe gris cendré auquel on a donné le surnom de moine.

Carnassiers. — Le chacal qui atteint une assez grande taille, le chat sauvage ou chat-tigre, la civette qui fournit le musc, le léopard, le lynx, l'hyène et l'once ou genette de Guinée.

Pachydermes. — L'éléphant qui disparaît de plus en plus pour se réfugier dans l'extrême nord; l'hippopotame très rare aujourd'hui dans les lagunes du Bénin ; le sanglier de petite taille, très commun.

Ruminants. — Plusieurs espèces d'antilopes, qui vivent plutôt sur le littoral que dans l'intérieur, et la gazelle abondent sur le plateau de Sahoué, dans le pays des Éoués ; le buffle inconnu sur la côte existe peut-être dans l'extrême nord.

Chéiroptères. — La chauve-souris ordinaire, la roussette qui couvre le pays par milliers et dont les arbres sont parfois chargés de leurs grappes entrelacées, le vampire assez commun.

Insectivores. — Le hérisson qui détruit les serpents et surtout la cobra di capello ou naja, le porc-épic.

Rongeurs. — Le rat de toutes les tailles jusqu'à l'énorme rat palmiste qui est grand comme un lapin ; un rat musqué que l'on mange en salmis, l'écureuil, l'agouti très abondant ; le lapin inconnu sur le littoral, mais très prolifique dans le nord où il vit dans des clapiers ; des taupes, belettes, musaraignes et des loirs.

Edentés. — Le fourmillier ou tamanoir.

Cétacés. — Le lamantin se rencontre dans les lagunes ; sa chair est très estimée.

ANIMAUX DOMESTIQUES

Les animaux domestiques sont des réductions des espèces similaires d'Europe :

Dans le Bas-Dahomey le bœuf est de petite race, maigre et anémique, sauf dans quelques régions à pâturages où il prend un certain embonpoint. Sa chair est bonne. Il n'est pas soumis au joug. Le cheval très rare a la taille d'un gros bourricot algérien ; on ne le rencontre que dans le nord d'Abomey et dans le Yorouba. Il provient du Soudan, mais il dégénère vite dans le Bas-Dahomey, dont la nourriture ne lui convient pas.

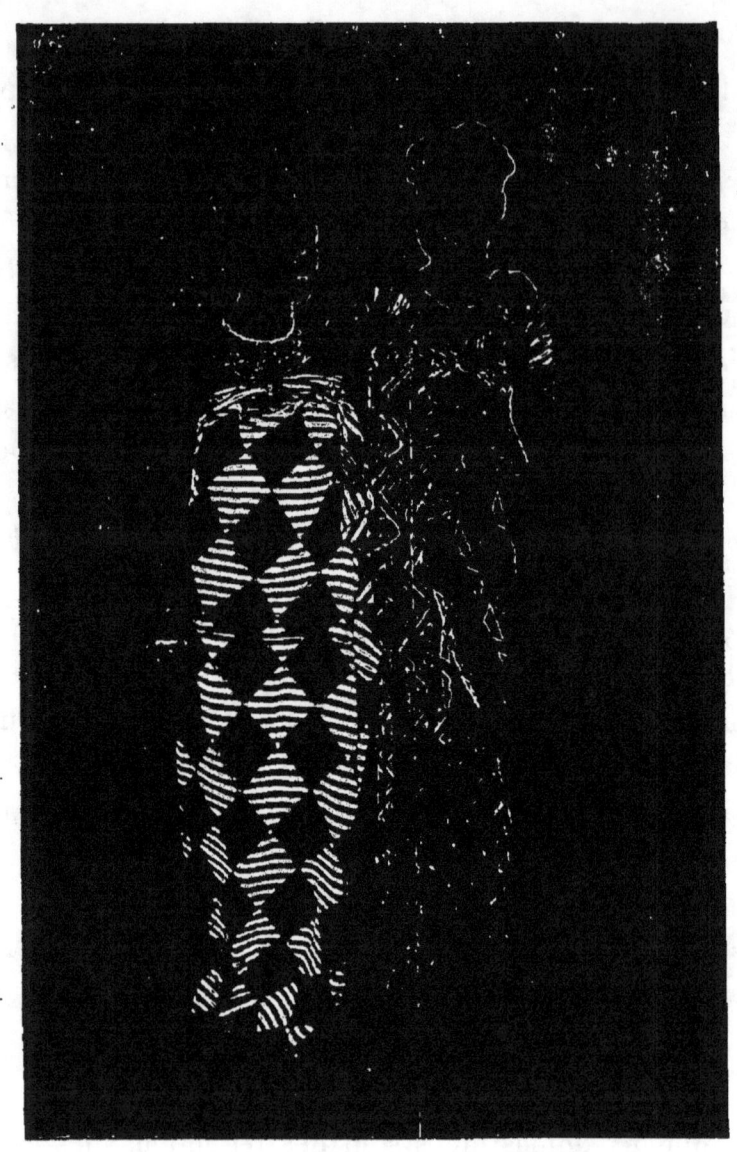

(*Phot. de M. le Capitaine Garineau.*)

Femmes Minas (vêtues).

(*Phot. de M. le Capitaine Garineau.*)

Femmes Minas (dévêtues).

Dans les régions du Niger les chevaux ont la taille des chevaux du Sud oranais et ne sont pas inférieurs à ceux-ci.

L'âne ne se rencontre que dans le nord du pays, à partir du 9°, où il sert de bête de somme aux musulmans.

Le chien indigène rappelle le chien kabyle. Il n'est ni fidèle, ni caressant; il est mangé par les noirs en plusieurs points de la côte.

Les chiens d'Europe ne s'acclimatent pas au pays et y vivent fort peu de temps.

Le chat, plus grand que celui d'Europe, se vend en cage sur les marchés comme de la volaille. C'est un comestible estimé des gens du pays.

La chèvre est taillée en basset, sa chair est dure et coriace. On ne mange que les chevreaux.

Le mouton est couvert de poils au lieu de laine, il est d'un blanc sale. Pour un poids maximum de 25 kilog. il donne à peine 10 kilos de viande, mais sa chair est bonne.

Le porc à peau noire est très commun; sa chair est assez indigeste mais a généralement bon goût.

OISEAUX SAUVAGES

Oiseaux de proie. — L'aigle à tête blanche ou aigle pêcheur fréquente la région des lagunes; dans l'intérieur on trouve l'émerillon, l'épervier, le faucon, le vautour ou buzard-dindon qui nettoie les villes du Dahomey de toutes leurs immondices. Les indigènes respectent ces balayeurs publics à cause des services qu'ils en reçoivent et ils infligent des peines à ceux qui les tuent.

Passereaux. — On cite dans leur nombre une grande variété de bengalis, des bergeronnettes, le capocier, petit oiseau des buissons, le colibri, le pinc-pinc, un des rares oiseaux chanteurs; le corbeau, les martins-pêcheurs, le merle métallique, ainsi nommé à cause de sa teinte d'acier bleuie; les gendarmes, espèce de moineaux qui vivent en troupes nombreuses dans les palmiers où leurs nids sont suspendus par centaines.

Grimpeurs. — On connaît le perroquet gris ou jaco, la perruche versicolore, vulgairement appelée marabout, la perruche inséparable et deux ou trois genres de pics.

Gallinacés. — La caille, le pigeon ramier, la perdrix grise et rouge, la tourterelle ordinaire et à collier, la pintade sauvage.

Échassiers. — La bécasse, rare sur le littoral, au contraire de la bécassine qui habite le voisinage des lagunes; l'ibis, le courlis, qui vit dans les régions marécageuses où le sable couvre la vase; la poule d'eau ou jacana se trouve dans les lagunes couvertes de végétation à fleur d'eau; la grue couronnée se rencontre dans la région Est du Dahomey; la grue cendrée, plus rare, se trouve plus au nord; le héron pourpré, le héron aigrette et le héron crabier.

Palmipèdes. — La mouette marine et la mouette à trois doigts fréquentent le littoral et les lagunes voisines de la mer; l'anhinga se voit dans les lagunes, et plusieurs variétés de canards sauvages.

OISEAUX DOMESTIQUES

Toutes les volailles d'Europe se reproduisent parfaitement au Dahomey : l'oie, le dindon, la poule, le canard, mais elles y sont de plus petite taille; le canard muet du pays abonde mais sa chair est peu délicate. Les poulets sont très répandus mais ils sont gros comme nos pigeons.

REPTILES

Chéloniens. — La tortue du Niger ou gymnopode potamite ; la couane vient pondre sur le littoral.

Crocodiliens. — Le caïman abonde dans les rivières et les lagunes, où sa présence est un danger permanent pour les baigneurs. Sa longueur maximum est d'environ 5 mètres. Malgré les épaisses écailles qui lui couvrent le dos, il est vulnérable avec toute arme à feu, mais si l'on veut que sa mort soit instantanée, il faut l'atteindre dans l'œil et sur le cou, derrière le maxillaire supérieur.

Sauriens. — Le caméléon ordinaire, l'iguane de Guinée de 1 mètre 20 de longueur, le lézard à tête rouge ou lézard danseur et le lézard commun.

Un lézard nommé l'ami de la maison est l'adarikpoun ; il vit dans les habitations où il fait la chasse aux fourmis, aux cousins et aux autres insectes.

Serpents. — Le serpent à lunettes ou cobra di capello, le tic polonga, la caravelle ou cracheur, le serpent vert ou coryphodon des lagunes, tous dangereux. Le python à deux raies et le python royal sont seuls inoffensifs. Leur longueur maximum est de 8 à 10 mètres. Leur corps est renflé en son milieu où il atteint jusqu'à 20 centimètres de diamètre.

INSECTES

Parasites. — Le pou et l'ascaride de la gale qui dévorent les gens et les animaux malpropres. La puce chique déjà décrite et la puce commune.

La filaire de Médine ou ver de Guinée déjà citée.

Une mouche de la même famille que la tsétsé, qui vit sur le littoral et s'attaque de préférence au bétail, qu'elle parvient quelquefois à faire périr; les moustiques abondent dans le voisinage des lagunes.

Autres insectes. — L'abeille, très appréciée des indigènes se loge dans les anfractuosités des grands arbres de la région nord; les papillons dont on compte jusqu'à 700 espèces différentes.

Plusieurs espèces de fourmis, dont la fourmi voyageuse; petites bêtes très cruelles, dont quelques-unes sont ailées; elles voyagent par troupes immenses dévorant tout ce qu'elles rencontrent. Le termite ou coupin, grosse fourmi blanche qui fait de grands ravages dans les magasins des factoreries.

Plusieurs animaux phosphoriques tels que les lampyres, le porte-lanterne, le scolopendre électrique ou mille-pieds, etc.

Des perce-oreilles, des scorpions à la piqûre dangereuse, des grillons aux cris aigus et agaçants, et une foule d'autres insectes aussi nombreux que variés.

POISSONS

Un grand nombre de poissons de mer vivent aussi bien dans les eaux douces des lagunes que dans les eaux salées de l'Océan.

L'anguille de mer fait seule exception et succombe à ce changement d'élément; elle est très abondante sur la côte.

Parmi les poissons de mer acclimatés dans l'eau douce, on cite la sardine, la sole commune, le loup, les rougets, les mulets et quelques autres variétés.

Différentes espèces se rapprochant de la carpe, des goujons, ablettes et gardons abondent dans les rivières.

Le littoral de l'Océan est fréquenté par la morue, très nombreuse en janvier; la scie, l'espadon commun, la plie, la raie et plusieurs autres espèces.

Les requins abondent sur la côte; on distingue le requin commun et le requin-marteau.

Enfin en mai viennent les poissons volants ; en juin les bonites, les dauphins et les marsouins.

MOLLUSQUES

L'huître commune vit en bancs épais sur les troncs des palétuviers baignés par les lagunes ; elle est comestible, mais elle devient purgative et malsaine si l'on en fait abus. Avant de la manger toutefois, il est bon de la faire séjourner quelques heures dans l'eau de la mer pour lui enlever le goût douceâtre qu'elle possède lorsqu'elle sort des eaux croupissantes de la lagune.

La seiche abonde sur la côte ainsi que divers coquillages.

CRUSTACÉS

Dans certaines parties de la lagune on trouve des crevettes délicieuses et des crabes dont le crabe Étrille.

Le crabe de terre ou tourlourou et la langouste habitent les fonds sablonneux de la barre.

ARACHNIDES

Parmi les araignées on cite, au centre du Dahomey, l'araignée fileuse de soie qui produit un fil jaune et brillant plus résistant que celui des vers à soie. Cette araignée n'est pas sauvage et se laisse prendre à la main sans chercher à fuir.

Le mâle est gros comme une mouche tandis que la femelle est grosse comme le pouce.

Cette araignée a donné de merveilleux résultats à Madagascar où l'on a expérimenté récemment avec plein succès son utilisation industrielle.

MATIÈRE MÉDICALE DU DAHOMEY [1]

La matière médicale du Dahomey est un terrain d'étude encore inexploré, si l'on fait exception, du moins, de la noix de kola et du strophantus.

A l'occasion de l'Exposition universelle de 1900, la colonie a envoyé en France, pour figurer dans sa section, des échantillons de plantes médicinales employées par les indigènes. Ces plantes, ou plutôt ces parties de plantes, telles qu'elles se sont présentées à l'examen, offraient pour celui-ci une double difficulté. La plupart, enfermées dans des bocaux avant parfaite dessiccation, sont arrivées dans un état d'altération plus ou moins avancé, depuis la légère moisissure, uniquement sensible à l'odorat, jusqu'à la décomposition presque complète; d'autre part, les échantillons ne comprenant qu'une portion de la plante et manquant presque tous de l'organe principal, la fleur, la détermination botanique en était malaisée.

Les noms mêmes donnés aux produits par les nègres et appartenant à l'un des deux dialectes Nagos ou Djedje sont

---

[1]. Introduction à l'*Étude de la Matière médicale indigène du Dahomey*, par Gabriel Linas, pharmacien de 1re classe, ex-interne des hôpitaux, chimiste-expert honoraire de la Préfecture de police, Président de la Société des Sciences naturelles et médicales de Seine-et-Oise.

des désignations essentiellement locales et ne sont d'aucun secours pour l'identification de ces produits.

Il est possible, toutefois, à l'aide des quelques caractères relevés, de se faire une idée générale sur les principales catégories de végétaux qui fournissent actuellement au Dahomey son arsenal thérapeutique. Tous sont tributaires du grand embranchement des phanérogames dicotylédones.

Les familles botaniques auxquelles ils se rattachent vraisemblablement sont celles des Aristolochiées, des Apocynées, des Anonacées, des Cucurbitacées, des Convolvulacées, des Composées, des Euphorbiacées, des Légumineuses, des Malvacées, des Myrtacécs, des Personnées et des Rubiacées.

Les Euphorbiacées et les Rubiacées tiennent le premier rang au point de vue du nombre des produits qu'elles comprennent, puis viennent les Apocynées, les Composées, les Malvacées et les Personnées, enfin les autres familles citées.

La famille des Euphorbiacées fournit essentiellement des plantes à action purgative; cette action est la même que nous retrouvons dans les produits de la même famille employés dans la thérapeutique européenne, tels que l'euphorbe, l'épurge, le ricin, le croton, la mercuriale.

Djessaman (Nagos). — Larges feuilles, employées en décoction prolongée comme purgatif hépatique dans les congestions du foie et les accès bilieux.

Egniolobe (Nagos), *Hinraine* (Djedje). — Plante entière, herbacée, feuilles petites et lancéolées, fruits tricoques extérieurement, mais divisés intérieurement en six loges. Cette plante paraît être un Phyllanthus de la section Niruri. Employée en décoction additionnée de sel marin, comme purgatif violent.

Umcivy-Jayé (Nagos). — Plante herbacée du genre Phyllanthus. S'emploie en décoction, à la dose de 150 grammes, comme purgatif.

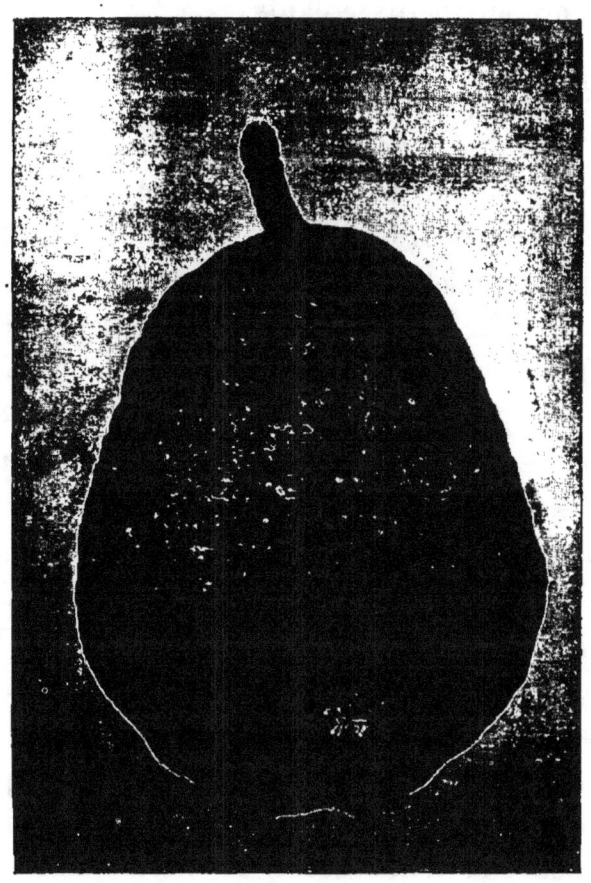

Beybé.

Les Rubiacées fournissent à la matière médicale du Dahomey un tonique (comme elles fournissent à la nôtre le quinquina et deux cathartiques).

Adjerara (Nagos). — Plante herbacée, à tige fistuleuse et

larges feuilles; employée en décoction, à la dose de 400 grammes, comme reconstituant et tonique.

Demariago (Nagos). — Feuilles larges, oblongues, que l'on fait infuser à la dose de 100 à 200 grammes pour administrer comme purgatif aux petits enfants.

Orono (Nagos). — Frondaisons employées en décoction, comme purgatif hépatique dans l'ictère.

Avec les Apocynées on aborde un produit importé comme médicament en Europe depuis une quinzaine d'années et étudié notamment par MM. Catillon, Arnaud, Blondel, Gley, Fraser, Huchard, etc. Cette plante est le strophantus.

Strophantus (Fig. p. 415). — Poison cardiaque violent, avec lequel les naturels préparent le « Kombe », dont ils enduisent leurs flèches et leurs lances. La victime percée par une de ces armes empoisonnées tombe foudroyée avant d'avoir pu fuir à plus de cent mètres.

Le Strophantus est une plante grimpante, ligneuse, dont la tige, de diamètre variant de 5 à 15 centimètres, décrit à la surface du sol des spires rappelant celles des ophidiens. Il fleurit en octobre et novembre. Ses fruits sont des follicules en forme de fuseau, de 20 à 50 centimètres de longueur, implantés deux à deux, à l'opposé l'un de l'autre et perpendiculairement à l'axe de la tige : ils mûrissent au mois de septembre ; ils contiennent de nombreuses graines velues ou glabres selon l'espèce, surmontées d'une aigrette longue et soyeuse, permettant au vent de transporter la graine en divers endroits, où elle s'ensemence.

Il existe plus de trente espèces du genre Strophantus. Les plus connues sont : le S. Hispidus, qui croît en Guinée et au Sénégal, et à laquelle paraît se rattacher celle du Dahomey ; le S. Kombe, plus commun dans l'Afrique centrale et considéré actuellement en France comme l'espèce officinale ; le S. Glabre, répandu au Gabon.

Ce sont les graines du Strophantus qui sont employées en thérapeutique sous forme de teinture alcoolique au 1/5e, à la dose de 10 à 15 gouttes par jour, ou de granules à 1 milligramme d'extrait hydroalcoolique (1 à 4), comme succédané de la digitale, dont elles possèdent à un plus haut degré, en même temps que les propriétés diurétiques, l'action tonique et régulatrice sur le cœur.

Ces graines contiennent un glucoside amer, extrêmement actif, la strophantine, isolé pour la première fois du S. Kombe par M. Catillon, à l'état d'aiguilles cristallines, dextrogyres.

La graine de S. Glabre contient plus de strophantine que la précédente et cette strophantine cristallise en tablettes rectangulaires, lévogyres.

La strophantine s'administre en granules ou en injections hypodermiques, à la dose de 1/10e à un 1/2 milligramme.

L'aigrette de la graine contient également un glucoside, actif sur le cœur, l'inéine, découverte par MM. Hardy et N. Gallois.

Les Dahoméens emploient comme contre-poison du Strophantus une sorte de poudre grossière, d'apparence terreuse, présentant des débris végétaux, dont la composition est leur secret et qu'ils conservent enfermée dans le péricarpe d'un fruit de baobab.

En pharmacologie, on ne connaît pas encore d'antidote du Strophantus ; d'après Lascelles-Scott, l'adansonine (de l'Adansonia digitata) posséderait cette vertu.

Attan-Attou (Nagos). — Feuilles oblongues, chagrinées en-dessus, velues en-dessous, issues de tiges fistuleuses. Cette plante paraît appartenir au genre Tabernœmontana. On en fait une tisane pour combattre la toux. Ses vertus béchiques seraient à vérifier.

La famille des Composées offre les deux produits suivants :

Alouma (Nagos). — Rameaux florifères, à tiges velues, à feuilles pubescentes, de teinte verte-noirâtre en-dessus et amadou en-dessous, garnis de bourgeons assez nombreux, voisins de la période d'épanouissement. Appartient au genre Vernonia (Tubuliflores). S'emploie en décoction, à la dose de 100 grammes, comme fébrifuge, amer et diurétique.

N'Zicconou (Nagos). — Plante herbacée, à feuilles rares, à fleurettes nombreuses, épanouies en aigrettes blanches. Est employée en tisane contre les hémorrhoïdes.

Les Malvacées du Dahomey procurent à notre matière médicale, depuis un certain nombre d'années déjà, un produit moitié alimentaire, moitié médicamenteux, qui a conquis rapidement une importance considérable. Ce produit est la noix de kola.

Kola. — Graine du Sterculia acuminata (arbre de l'Afrique centrale et occidentale), de couleur rose tendre à l'état frais et brune après dessiccation; appelée également noix de Gourou ou du Soudan.

Les indigènes l'emploient comme masticatoire et lui attribuent des propriétés merveilleuses, entre autres celle de supprimer la sensation de la faim et de permettre de longues marches sans fatigue. C'est en effet un aliment d'épargne, en même temps qu'un tonique astringent, possédant une action excitante manifeste sur le cœur.

Knebel a découvert dans la noix de kola un glucoside, qu'il a désigné sous le nom de kolanine, et qui, par dédoublement, donne du glucose, de la caféine et du rouge de kola (substance tannigène). C'est à ce dédoublement de la kolanine par la salive qu'on peut, d'après Bocquillon-Limousin, attribuer le goût sucré, dû au glucose, qui succède au goût amer lorsqu'on mâche pendant quelque temps de la kola fraîche.

Elle contient environ 2, 5 %, de caféine, 0, 02 % de théobromine et 1, 6 % de rouge de kola et de tannin (Heckel et Schlagdenhauffen). Ce sont ces principes actifs qui lui communiquent leurs vertus spéciales, les deux premiers comme stimulants du système nerveux et toniques du cœur, les deux autres comme astringents et antidysentériques.

On emploie en thérapeutique l'extrait alcoolique à la dose de 0 gr. 15 à 0 gr. 60 ou la teinture au $1/5^e$ à la dose de 2 à 10 grammes. On la consomme surtout sous forme de vins, d'élixirs, de saccharures (granulés) et même de biscuits, représentant une dose de 0 gr. 50 à 2 grammes de noix.

Dans la famille des Personnées peuvent être rangées les plantes suivantes :

Agbo (Djedje). — C'est le sésame, Sesamum indicum, caractérisé par sa tige quadrangulaire et ses fruits allongés, également quadrangulaires, formés d'une capsule biloculaire, polysperme. On retire des graines l'huile comestible bien connue, employée également aux usages pharmaceutiques : cette huile, très liquide, est riche en oléine (76 %). Les nègres emploient les tiges et les feuilles en décoction comme fébrifuge et diurétique.

Oka (Nagos). — Branches feuillues, bottelées, séchées et fumées, difficiles à caractériser dans cet état, mais paraissant être une liane du genre Bignonia equinoxialis. On l'emploie ainsi en décoction comme astringent puissant et antidysentérique efficace.

Les Légumineuses offrent un produit désigné en Djedje sous les noms de :

Ahouandeme (plante entière et vivante), *Houa-yo-yo* (plante sèche). — C'est la Cassia occidentalis, connue sous le nom vulgaire d'herbe puante et plus encore sous celui de café nègre, principalement aux Antilles. Cette plante a d'ailleurs été introduite sous presque tous les tropiques. Les feuilles sont employées en décoction comme diurétique et fébrifuge, notamment dans la fièvre bilieuse hématurique. Les graines, torréfiées, servent à préparer une infusion, comme succédané du café. Le bois est employé sous le nom de bois de Fédegone.

A la famille des Cucurbitacées se rattache le produit suivant :

Niheci-Kin (Nagos). — Plante herbacée, présentant à côté de la base de chaque feuille une vrille caractéristique. Paraît appartenir au genre Momordica et pourrait être identifiée avec la Momordica senegalensis, si l'on pouvait en examiner la fleur qui, dans cette espèce, est polypétale, par exception avec celles des autres plantes de la famille des Cucurbitacées qui sont monopétales. Employée en infusion, à la dose de 80 grammes pour un litre, comme purgatif.

Les Myrtacées donnent le :

Kaman (Nagos). — C'est le goyavier, Psidium pomiferum, importé sur la côte d'Afrique, dont le fruit sert à faire une gelée rappelant le goût, mais plus intense, de celle de coing, et dont les feuilles servent, au Dahomey, en décoction, comme hypnotique pour les enfants et pour le lavage des plaies. Peut-être dans ce dernier cas les feuilles de goyavier présentent-elles les mêmes vertus antiseptiques que celles de l'eucalyptus, de la même famille.

La famille des Anonacées fournit :

Assaricui (Djedje.) — Graines ayant la forme, les dimensions et la couleur d'une noisette, que les indigènes enfilent en chapelets avec des brins de raphia. L'amande exhale une odeur très aromatique, rappelant celle du niaouli. Paraît être la semence de l'Anona squamosa, introduite à la côte d'Afrique pour son fruit comestible. Ces graines, écrasées avec un peu de tafia, sont employées en frictions contre le rhumatisme.

Strophantus et son contre-poison.

Les produits dont il va être parlé maintenant n'ont pu être identifiés avec quelque vraisemblance, par le fait que, uniquement constitués par de simples tiges ligneuses dépourvues de tout organe, ils ne présentent aucun caractère permettant de les rattacher même à une famille botanique.

Erandjou (Nagos). — Tige ligneuse, bois incolore, écorce rougeâtre, moëlle excentrée, d'où partent des faisceaux en éventail ; ces deux derniers caractères pourraient permettre de ranger cette plante parmi les Aristolochiées ou les Ménispermées. C'est l'écorce de la racine qui est employée en décoction, soit pour l'usage interne, en potion comme diurétique, soit pour l'usage externe, en bains comme reconstituant.

Allo (Dejdje). — Bois de la tige, décortiqué ; employé en nature, comme masticatoire, pour combattre les gingivites et comme dentrifice.

Hira (Nagos), *Guiabli-Po* (Djedje). — Écorce de l'arbre, rougeâtre. Usage : 1° pilée dans l'eau, comme gargarisme ; 2° mâchée, comme masticatoire. Antiscorbutique.

Atingai (Nagos). — Racine entière, contournée, bois dense, sans canaux, (ces deux derniers caractères écartent l'idée d'un Turpethum, que donne le premier aspect du produit). On emploie l'écorce de la racine, pilée dans l'eau, comme purgatif.

Beybe (Nagos) (Fig. p. 409). — Gros tubercule, dont la forme rappelle assez exactement celle d'un abdomen humain, pourvu de son cordon ombilical constitué par la naissance d'une tige au centre du renflement. On retrouve ici la thérapeutique dite par « signature » des peuples primitifs, qui attribuaient à des plantes, ayant l'aspect de certains organes du corps, des propriétés curatives sur ces organes. Le Beybe est en effet employé, écrasé en cataplasmes, comme remède secret pour les femmes. Il semble appartenir au genre Ipomœa, de la famille des Convolvulacées.

Aguiri-Schako (Nagos). — Tubercules de la grosseur d'ignames. On les écrase dans l'eau et les additionne de gin, pour les employer comme emménagogue.

Athah (Nagos). — Tiges ligneuses, de couleur fauve. L'écorce est employée en décoction, comme tisane dans le catarrhe ou en lotions.

Ifan (Nagos). — Tiges ligneuses, bois jaunâtre, écorce fauve mouchetée de taches claires, odeur forte rappelant celle des vinasses de betterave. Le décocté de ce produit mousse fortement par l'agitation, ce qui semblerait indiquer qu'il contient de la saponine. L'écorce est écrasée dans l'eau tiède : se prend le matin à jeun, comme vermifuge.

Ici s'arrête la liste des plantes médicinales du Dahomey envoyées à l'Exposition de 1900. L'étude qui vient d'en être faite ouvre la voie à d'autres travaux plus approfondis, plus vastes et de plus longue haleine, qui ne sauraient d'ailleurs donner des résultats certains et concluants que par l'examen des plantes entières, c'est-à-dire pourvues de tous leurs organes et notamment des plus caractéristiques, qui faisaient défaut dans presque tous les échantillons : les fleurs. D'autre part, les examens chimiques, les expériences physiologiques et thérapeutiques pourront peut-être également donner lieu, du moins pour quelques espèces, à des découvertes intéressantes et utiles. Quoi qu'il en soit, il appert de cette énumération que le Dahomey offre au colon qui s'y fixe, outre les inestimables trésors de ses produits commerciaux, les nombreuses ressources d'une matière médicale assez complète et parant aux principales maladies qui peuvent se rencontrer dans le pays.

Il convient d'ailleurs d'ajouter aux produits étudiés dans ce chapitre ceux qui ont été cités précédemment, dans le cours de cet ouvrage, et qui possèdent des propriétés médicamenteuses, tels que l'huile de touloucouna, la pulpe et la feuille de baobab, le dragonnier, l'eucalyptus, le fruit de morinda, la simarouba, le cubèbe, la fève de Calabar (dont l'éserine est le principe actif), la menthe, la mauve, la bourrache, etc.

Qu'il me soit permis, en terminant, de rendre hommage à l'extrême amabilité avec laquelle MM. Bocquillon-Limousin, membre des sociétés de pharmacie et de thérapeutique, Goris, préparateur du regretté professeur G. Planchon, et nommément M. Poisson, le savant assistant du Muséum d'histoire naturelle, ont bien voulu me prêter le concours de leurs lumières. Je tiens à les en remercier ici bien cordialement.

CHAPITRE VII

AGRICULTURE — INDUSTRIE — COMMERCE

SOMMAIRE

Agriculture. — Mode de culture indigène. — Mise en valeur de la colonie. — Jardin d'essai et ferme du service local. — Considérations générales : La terre. — La propriété. — Concessions territoriales. — La main-d'œuvre. — L'outillage. — Les capitaux. — Voies de transport. — L'élevage du bétail. — Cultures européennes. — Situation agricole de la colonie.

Industrie. — L'avenir industriel. — Coût de la main-d'œuvre indigène. — Prix moyen de revient des matériaux sur le littoral.

Commerce. — La troque des noirs. — Factoreries. — Mouvement commercial. — Importations. — Le commerce des tissus. — Exportations. — Statistiques diverses. — Mouvement de la navigation dans les différents ports de la colonie. — Tarifs divers. — Taxes de consommation. — Droits de sortie du Dahomey et régime douanier de France. — Droits d'ancrage et tarif du wharf de Kotonou. — Compagnies de navigation. — Prix des passages. — Taux de fret.

AGRICULTURE

Mode de culture indigène.

Avant l'occupation française, l'agriculture était peu en honneur au Dahomey ; le sol ne manque cependant pas de fertilité.

La population guerrière tirait surtout sa subsistance du pillage fait dans l'expédition annuelle et dans l'échange des prisonniers contre les produits d'importation européenne.

Néanmoins, autour des villages, les femmes et les esclaves cultivaient quelques défrichements avec des instruments primitifs ; mais chaque famille ne semait que la quantité de maïs, de manioc et de haricots qui lui était indispensable pour ses besoins d'une récolte à l'autre.

Le travail des champs était jugé indigne du maître et de l'homme libre, et la répugnance que l'indigène a toujours témoignée pour la culture est due en grande partie à cette considération. Le manque de voies de communication dans l'intérieur des terres et l'absence de moyens de transport ont beaucoup influé aussi sur la paresse du noir à exploiter sa terre, qu'il ne laissait jonchée de fruits tombés pourrissant sans emploi, que parce qu'il se voyait dans l'impossibilité d'en tirer profit.

La culture n'avait pris un essor appréciable que dans les localités voisines de la lagune ou de la mer, à cause de la facilité qu'on y avait d'écouler les produits du sol, soit en les vendant aux navires, soit en les transportant par pirogues aux marchés voisins.

Le matériel agricole des noirs s'est toujours réduit à une simple houe et leur procédé de culture était uniforme pour toutes les plantations, que ce soit du maïs, du manioc, du mil, du riz, du coton ou du tabac.

En mars et avril, dès que le terrain est un peu humecté par les premières pluies, on s'occupe du défrichement. Après avoir détruit les mauvaises herbes par le feu, les indigènes, munis chacun d'une houe et tous rangés sur une ligne, partent en piochant d'une extrémité du champ et avancent d'un pas rapide en s'excitant et marquant la mesure de la voix. Ils amoncellent la terre avec leur outil, de façon à former une longue bande de terre taillée en arête.

Pour les semis, les noirs pratiquent, avec le talon du pied, une légère cavité dans cette bande ; y laissent tomber, adroitement et sans se baisser, un certain nombre de graines qu'ils recouvrent de terre tassée légèrement soit avec la main, soit avec le côté du pied, afin qu'elles ne deviennent la pâture des oiseaux très nombreux qui s'abattent sur les champs cultivés.

L'écartement entre les trous ainsi obtenus et la distance entre les bandes de semis voisines sont variables suivant le genre de culture.

Quelques jours après l'ensemencement, les graines commencent à germer ; on exécute alors un binage pour ameublir et nettoyer le sol durci par les pluies et le soleil.

Dès que les plants ont pris une certaine consistance, les indigènes éliminent ceux qui sont rachitiques, afin de permettre aux autres de se développer librement et avec vigueur.

Trois ou six mois après les semis, en juin ou en septembre, selon que les plantes sont annuelles ou bi-annuelles, ont lieu les récoltes.

Pour le riz, le mil, le maïs, etc., les tiges sont coupées délicatement à une certaine distance du sol et mises en tas ; on les prend ensuite une à une et on imprime aux épis une légère secousse pour en faire tomber les graines. Après avoir été séchées au soleil, ces graines sont ramassées dans des sacs ou dans des calebasses pour être livrées au commerce, soit brutes, soit décortiquées au moyen d'un pilon en bois.

Aujourd'hui, le noir paraît avoir moins d'aversion pour le travail des champs ; il travaille toujours uniquement pour satisfaire ses besoins et ses fantaisies, mais au contact direct et prolongé avec l'Européen, la population du pays a contracté des habitudes de bien-être et s'est créé de nombreux besoins auxquels elle ne renoncerait pas facilement. Pour ces motifs, l'indigène s'adonne donc plus volontiers maintenant à l'agriculture et au commerce, capables de lui procurer de sérieux bénéfices.

C'est à nous de diriger et d'utiliser ses bonnes et nouvelles dispositions.

Mise en valeur de la colonie.

L'administration n'a rien négligé pour mettre en valeur les richesses agricoles de la colonie et elle ne cesse de seconder et d'encourager les efforts des Européens et des indigènes qui voudraient entreprendre des plantations.

Divers essais de cultures riches (café, cacao, caoutchouc) ont été entrepris dans la banlieue même de Porto-Novo par un certain nombre de créoles brésiliens ou portugais fixés depuis longtemps dans le pays. Quelques notables indigènes se lancent également dans cette voie. Tout le monde prévoit en effet le moment prochain où le produit du palmier, dont la valeur a déjà beaucoup baissé sur les marchés d'Europe, ne donnera plus que des bénéfices restreints. On a donc créé des exploitations agricoles, et cela dans des conditions exceptionnellement avantageuses, puisque ceux qui les ont entreprises étaient déjà propriétaires du sol, qu'ils résident sur place et, enfin, qu'il leur a été facile de se procurer dans leur entourage immédiat la main-d'œuvre nécessaire à la création et à l'entretien des plantations nouvelles.

Les résultats déjà obtenus ont été très satisfaisants et permettent de bien augurer de l'avenir.

La région de Porto-Novo est si fertile et la production du sol si abondante, que le surplus est exporté à Lagos dont

Porto-Novo devient en quelque sorte le grenier. Dès qu'une cause quelconque vient entraver les relations quotidiennes entre les deux villes, le prix des denrées de première nécessité atteint aussitôt dans cette dernière place un chiffre très élevé.

Whydah possède une belle pépinière, et ses planteurs se sont formés en société afin d'obtenir des renseignements utiles, de se procurer des graines et plants, de se soutenir mutuellement.

Dans cette région, les essais de culture de cacao ont donné de bons résultats. Les plantations de café, surtout, ont reçu un grand développement grâce à l'impulsion énergique donnée par M. Galibert, administrateur des colonies. Il est donc permis d'espérer qu'elles pourront, dans quelques années, rivaliser avantageusement avec celles de Petit-Popo et de Lagos.

Aux environs de Grand-Popo, des pépinières sont en voie de création pour les produits ayant une valeur commerciale notoire, tels que le caoutchouc, le cacao, le riz, etc. Dès que les premières cultures de caoutchouc auront donné des résultats satisfaisants, les autres cultures (cocotier, canne à sucre, vanille, etc.), suivront tout naturellement.

A Allada, M. Saudemont a fondé depuis quelques années une compagnie agricole qui est en pleine prospérité. Il est secondé dans ses travaux par M. Thierry, de Colmar. L'œuvre de ces hardis pionniers, qui furent nos premiers colons au Dahomey, est destinée à accueillir les Alsaciens-Lorrains qui désireraient s'expatrier.

Les essais de culture qu'ils ont tentés jusqu'ici sont encourageants ; ils portent principalement sur le cacao, café, caoutchouc, manioc, igname, canne à sucre, etc. Ils font aussi l'élevage du mouton, du porc et de la volaille ; pour les transports, ils emploient le cheval, l'âne et le bœuf.

A Abomey-Calavi, la mission catholique a fondé des établissements agricoles donnant de belles espérances.

Dans le nord, la région de Savalou, ravagée pendant deux siècles par les Dahoméens, s'est repeuplée ; un grand nombre de ses habitants qui s'étaient réfugiés sur les territoires anglais et allemands sont peu à peu revenus habiter leurs anciens villages et ont repris leurs travaux de culture.

La situation agricole du Dahomey est donc excellente, et les populations, quoique indolentes, ne sont nullement réfractaires aux travaux de la terre ; si on sait les stimuler, elles travaillent de plus en plus pour se procurer un bien-être qu'elles apprécient.

La race dahoméenne est surtout une race de paysans, suffisamment intelligente pour s'initier à nos procédés de culture.

Pour cela, il importe de créer dans la colonie des écoles pratiques d'agriculture où il serait fourni aux indigènes des notions de culture usuelle et où on leur enseignerait à manier nos différents instruments de travail.

Il faut aussi fournir aux indigènes un outillage agricole moderne, et introduire de nouvelles plantations au fur et à mesure des défrichements. Ce n'est que par ce moyen que l'on arrivera à favoriser l'agriculture au Dahomey.

De ce qui précède, il résulte donc clairement que le Dahomey paraît être, dès à présent, entré d'une façon définitive dans la voie du développement économique.

Jardin d'essai et ferme du service local.

Pour favoriser l'élevage du bétail et le développement des cultures au Dahomey, il a été créé en 1899, dans la banlieue de Porto-Novo, un jardin d'essai et une ferme du service local, situés sur un terrain de 250 hectares cédé à titre gracieux par le roi Toffa et placés sous la direction et le contrôle directs de l'Administration.

Cet établissement a pour but :

1° De recevoir, garder ou vendre au profit du service local les divers produits provenant de l'impôt indigène perçu ou à percevoir, ainsi que les produits résultant de l'élevage ; de rechercher et d'améliorer les variétés chevalines, bovines, ovines, caprines, porcines, etc., existant déjà dans la colonie;

2° De rechercher les perfectionnements à apporter aux systèmes de culture suivis jusqu'à ce jour au Dahomey ; de tenter la culture de toutes les plantes, indigènes ou non, dont les produits peuvent donner lieu à un commerce quelconque et de fournir, à un prix aussi minime que possible, aux particuliers, aux colons européens et indigènes dont il convient d'encourager les efforts, les plants, boutures, graines, etc.

Cette ferme est dirigée par un fonctionnaire européen qui remplit les fonctions d'agent comptable et reçoit de ce chef une remise de 5 % sur les recettes provenant de la vente, pour le compte de l'administration, du bétail et des produits divers.

Les résultats de l'année 1899 ont été bons en ce sens qu'il a pu être vendu au profit du service local pour environ 20.000 francs de bétail provenant de l'impôt indigène.

Cet établissement s'est mis en relations avec les jardins botaniques de Saïgon et de Libreville pour faire des échanges de graines, notamment en ce qui concerne le riz dont la culture réussirait probablement dans les terrains marécageux du Bas Dahomey où des essais ont été entrepris.

Le jardin d'essai de Porto-Novo est également en relations avec le jardin colonial de Nogent-sur-Marne (Seine) qui lui fournit des boutures et semis des plantes tropicales dont il a besoin.

CONSIDÉRATIONS GÉNÉRALES

Parmi les diverses questions qui intéressent au premier chef l'agriculture, cette importante branche de la colonisation, il faut considérer :

La terre.

Le sol, dont la composition est bien différente suivant les régions, se prête par cela même à des cultures variées.

Sur le littoral, la culture principale à entreprendre est celle du cocotier et, sur certains points, du palmier.

Dans la région marécageuse avoisinant la lagune et les cours d'eau, il ne paraît guère possible d'y installer des cultures autres que le palmier ou le riz.

Au delà, la terre argileuse recouverte d'une faible couche d'humus, s'élève en pente douce vers le nord; ses parties déboisées sont actuellement couvertes de plantations de manioc, de maïs, de patates, de haricots, d'arachides; c'est là aussi que peuvent être entreprises avec de grandes chances de succès les plantations de caoutchouc, de cacao et de café.

Plus au nord, c'est la région des forêts, puis la végétation se calme et la population est clairsemée. Le pays est découvert et présente alors de grandes plaines herbeuses, très propres à l'élevage du bétail.

Le Haut-Dahomey est d'une fertilité exceptionnelle; avec ses eaux vives, bonnes, fraîches et limpides, sa salubrité est parfaite, au contraire du Bas-Dahomey où les eaux sont peu courantes ou stagnantes.

L'immense contrée du Gourma et les territoires considérables du Borgou sont, au point de vue de la richesse du sol, d'un intérêt tout particulier. Ces pays présentent différentes zones de culture permettant d'obtenir une diversité de production excessivement précieuse.

Ses produits ne servent actuellement qu'à la consommation locale, mais dans un avenir assez rapproché, et grâce à l'écoulement rapide des récoltes par le chemin de fer du Niger, le pays arrivera sans difficulté à tripler sa production actuelle.

Ses bestiaux sont nombreux et de race excellente; ils sont bien soignés par les indigènes peulhs, qui sont des bergers parfaits. Sa population dense et soumise est aussi portée vers les travaux agricoles.

La propriété.

Le régime de la propriété repose sur des bases très simples : d'après la coutume du pays, la terre appartient en totalité au roi, mais il l'accorde à celui qui la défriche et la met en valeur; elle reste ensuite dans la famille, à moins que le roi n'en décide autrement. Il y a deux siècles environ, les premiers conquérants dahoméens ont petit à petit acquis le sol en se substituant aux anciens habitants; plus tard des parcelles ont été concédées à des indigènes ou à des Européens moyennant le simple paiement d'un droit d'entrée en jouissance, mais l'exploitation du sol était obligatoire sous peine de dépossession; dans ce dernier cas la terre revenait au roi. Par suite des exactions des princes et des principaux chefs habiles à profiter du bon plaisir, petit à petit l'indigène se contenta du produit du palmier, n'osant fonder, et pour cause, un établissement durable.

Telle était la situation au moment de la conquête.

Après l'expédition militaire, le partage des plantations s'est effectué à l'amiable entre les différents chefs de villages.

Les anciennes concessions appartenant soit à des nations, soit à des maisons de commerce européennes, ont été maintenues; diverses concessions sur des terrains vacants ont été accordées à des particuliers, et ce mode d'aliénation du domaine colonial, qui n'a porté d'ailleurs que sur des surfaces restreintes, n'a donné lieu jusqu'ici à aucune difficulté sérieuse.

Mais il a fallu se préoccuper de rechercher et de régulariser les droits de propriété des indigènes ainsi que des métis brésiliens ou portugais installés dans le pays; une commission réunie à cet effet en 1893 n'a pu aboutir à des résultats définitifs et il est devenu nécessaire pour régler des réclamations ou apaiser des différends qui se sont élevés de tous côtés, sauf pour quelques propriétés notoirement connues, de renoncer à faire la preuve certaine des droits antérieurs.

Aujourd'hui, conformément aux usages séculaires du pays, à la loi naturelle et aux exigences de la colonisation, tout terrain réellement abandonné ou inexploité est, après enquête administrative régulière, considéré comme faisant partie du domaine local.

Il peut donc à ce titre être concédé à toute personne susceptible de le mettre en valeur. Ce système a l'avantage considérable de donner dans le présent et pour l'avenir une base certaine à la propriété, d'éviter les inconvénients résultant de l'abus immodéré des actes de notoriété établis par le notariat de la colonie et qui étaient la plupart du temps contradictoires, et enfin de favoriser la création d'établissements agricoles en assurant aux travailleurs la propriété définitive du sol qu'ils auront défriché et qu'ils cultivent.

Concessions territoriales.

Par application de ce qui précède, tous les occupants de terrains, anciens ou récents, ont dû, par suite de l'occupation française, faire régulariser leurs titres de possession lors du règlement du régime de la propriété immobilière au Dahomey.

Pour se mettre en règle avec l'Administration coloniale, ils avaient à déposer d'abord une demande de concession. Cette demande donnait lieu à l'ouverture d'une enquête publique, d'une durée de huit jours, pour permettre aux revendications de se produire. Si le prétendu occupant utilisait effectivement son terrain ou s'il justifiait des moyens d'exploitation, un titre de concession provisoire lui était aussitôt délivré. Mais ce titre ne devenait définitif qu'au bout de cinq ans, lorsque le bénéficiaire avait réellement mis sa terre en valeur.

Ces actes de propriété étaient ensuite enregistrés au Domaine de la colonie et un plan des surfaces concédées y était annexé par le service des Travaux Publics, de façon à éviter toute contestation ultérieure avec l'Administration ou les concessionnaires voisins.

Aujourd'hui encore on procède de même pour toutes les demandes de concessions gratuités, auxquelles il n'est donné suite que si le demandeur justifie des ressources nécessaires pour pouvoir exploiter le terrain concédé.

En distribuant ainsi les terres disponibles par petites surfaces à des personnes ayant l'intention sincère de mettre leurs concessions en valeur, l'Administration veut éviter de favoriser des spéculateurs qui n'auraient d'autre but que de réaliser de faciles bénéfices en cédant à d'autres des terrains qui ne leur ont rien coûté.

Au Dahomey, neuf dixièmes des terres sont encore en friche et cependant peu de concessions ont été accordées jusqu'ici dans l'intérieur de la colonie. Il est vrai que le pays est encore trop peu connu pour qu'il ait pu y avoir affluence de colons.

On a cru devoir aussi réserver la question des concessions pour la lier intimement à celle du chemin de fer.

On veut, en effet, permettre à la Compagnie ou à la Société qui se chargera de l'exploitation et de l'entretien de la voie ferrée, de couvrir en partie ses frais généraux par le rendement de terrains non cultivés qui lui seront concédés dans une large mesure.

Ce système est très avantageux parce qu'il n'engage en rien le budget de la colonie et qu'il assure la mise en valeur du pays, concurremment avec la construction des chemins de fer qui doit permettre cette mise en valeur.

Les concessions doivent porter en majorité sur les parties boisées ou couvertes de hautes herbes à défricher et qui, depuis la côte jusqu'à Allada et même Abomey, sont éminemment propres à la culture du palmier.

Le défrichement se fait simplement en coupant les arbres au mois de novembre; ils se dessèchent rapidement pendant la saison chaude, de décembre à février. Au mois de mars on y met le feu, et au commencement de la saison des pluies, c'est-à-dire en avril ou mai, on y repique de petits palmiers qui, au bout de sept ans, sont arrivés à maturité.

Le défrichement coûte environ 100 francs l'hectare, et, en pleine production, les palmiers rapportent facilement de 3 à 400 francs par hectare.

Plus loin, dans les régions de Paouignan, Savé, Tchaourou, on pourra, au fur et à mesure de l'état d'avancement de la ligne, faire entreprendre des cultures plus riches comme le caoutchouc, café, cacao, coton, tabac, etc.

On arrivera facilement ainsi à former un ensemble de surfaces concédables dont la culture produira le revenu nécessaire pour constituer le complément de la garantie d'intérêts à payer à la société d'exploitation du chemin de fer.

Ces terrains seraient mis dès le début des travaux à la disposition de la société, afin qu'elle puisse les défricher et les replanter ; elle bénéficiera ainsi des recettes qui parfois, comme pour la culture du palmier, ne donnent leur complet rendement que sept ans après le défrichement.

Une importante concession qui vient d'être accordée récemment, est celle de la Compagnie de l'*Ouémé-Dahomey* ; elle est située à 80 kilomètres environ de la mer, sur la rive gauche du fleuve, et sa première factorerie se trouve à Dogba.

Sa superficie est de 136.000 hectares ; le caoutchouc s'y rencontre à l'état naturel en grandes quantités ; les indigènes s'adonnent à la culture du coton et la main-d'œuvre est abondante. Les factoreries font déjà un commerce actif d'huile et d'amandes de palme.

Dans certains milieux on a été surpris de voir accorder une aussi grande étendue de territoire à une seule compagnie. La raison politique a joué un rôle dans cette affaire ; la concession se trouvant en bordure de la colonie anglaise de Lagos, le gouverneur a pensé qu'il y aurait intérêt à porter notre commerce sur ce point, afin de réglementer l'exploitation du caoutchouc, d'en faire profiter nos nationaux et d'attribuer au port de Cotonou les riches produits de ce territoire qui, jusqu'alors, prenaient la direction de Lagos.

Produits domaniaux. — Les concessions sont gratuites pour nos nationaux, mais les droits à acquitter pour les concessions faites aux étrangers à titre provisoire sont de 100 francs par hectare et par an.

Lorsque les concessions deviennent définitives, les concessionnaires acquittent une somme calculée sur le pied de 10 centimes par mètre carré pour les terrains situés sur le littoral, et de 1 centime par mètre carré pour les autres terrains (arrêté du 18 février 1890).

La main-d'œuvre.

La question de la main-d'œuvre peut être facilement résolue au Dahomey, car elle est tout entière à la disposition des rois et des chefs de villages qui nous sont complètement soumis, et dont les indigènes reconnaissent et redoutent l'autorité.

La population est assez dense dans le Bas-Dahomey, mais l'indigène est paresseux et versatile, il n'a jamais eu jusqu'ici l'habitude de travailler par instinct ou par devoir; la force seule a pu, au temps des rois du Dahomey, l'obliger à produire d'une manière suivie. Les anciennes coutumes dahoméennes ne sont certes pas à regretter, mais il est avéré que depuis la libération des esclaves, le noir ne cultive plus que ce qui lui est absolument nécessaire pour vivre ; il jouit sans remords et sans impatience d'une liberté que d'autres lui ont conquise ; de temps en temps, il veut bien récolter les produits du palmier, travail qui n'exige aucune peine. Auprès de certaines familles seulement, auxquelles sont restés attachés par insouciance ou intérêt les anciens esclaves devenus aujourd'hui libres, on peut trouver de la main-d'œuvre. Il ne faut pas cependant désespérer de l'avenir, car depuis la conquête les indigènes ont pris des habitudes nouvelles. Un certain nombre d'entre eux qui, aussitôt après la suppression de l'esclavage, étaient retournés dans leurs villages n'y ont pas trouvé, par suite de changements de personnes ou de situation, l'accueil qu'ils espéraient. Plusieurs sont revenus à la côte où le bienêtre est plus grand et ils commencent à s'intéresser aux essais de cultures nouvelles. La main-d'œuvre indigène est peu coûteuse.

Le travailleur est payé de 10 à 15 francs par mois, plus une parcelle de terrain ou une petite part dans les récoltes de plantes alimentaires. Dès maintenant ce salaire est compensé par les récoltes de maïs, manioc, haricots, patates, etc... C'est de cette manière seulement que la question de la main-d'œuvre pourra être résolue.

Il est facile, en temps ordinaire, de recruter dans la population dahoméenne, douce et soumise, les travailleurs dont on a besoin, à la condition toutefois que leur nombre ne soit pas trop élevé. Dans le cas contraire, il faut avoir recours aux chefs de village qui désignent des corvées ; c'est ce qui a lieu pour la construction de la voie ferrée qui a été confiée au génie militaire plus à même de conduire les 2.200 terrassiers nécessaires à la bonne marche des travaux.

L'ouverture de la ligne aura pour effet de supprimer les nombreux porteurs indigènes employés jusqu'ici aux transports de la côte à l'intérieur et réciproquement, ce qui augmentera encore le nombre de bras disponibles.

Malgré sa médiocre activité, la main-d'œuvre indigène suffit à tous les besoins et ne réserve rien à la main-d'œuvre européenne.

En général, le climat du Dahomey ne permet pas à l'Européen de travailler par lui-même. Il le confine dans un rôle de direction et lui interdit l'exploitation personnelle.

Le travail de la terre, formé d'un humus séculaire, serait malsain pour les blancs qui doivent toujours recourir aux cultivateurs indigènes.

Des immigrants isolés qui ne viendraient au Dahomey qu'avec leurs deux bras et leur seule énergie pour tout capital n'y trouveraient aucun travail rémunérateur, et leur pauvreté les exposerait aux intempéries du climat et au mépris du noir, habitué à considérer le blanc comme un être supérieur, riche en toutes sortes de marchandises.

L'outillage.

De ce côté tout est à faire : le noir gratte à peine le sol avec la pioche indigène qui est à la fois lourde et incommode. Cependant la régularité du terrain, dépourvu de souches et de pierres, permettrait d'employer facilement la charrue attelée, non pas avec des chevaux, mais avec des bœufs ou des mulets.

Cet emploi s'impose ; il donnerait des bénéfices certains et assurerait au pays une production très abondante.

Il est nécessaire aussi d'introduire au Dahomey des instruments aratoires, des machines agricoles, des presses à amandes de palme, des machines à tapioca, des alambics, etc., etc.

Les agronomes et les capitalistes trouveraient des bénéfices assurés, s'ils voulaient consacrer leurs connaissances et leur fortune à la mise en valeur de la colonie.

Les capitaux.

L'argent ne manque pas dans le pays, cependant il ne serait pas suffisant pour organiser la grande culture.

D'autre part le créole ou l'indigène aisé serait assez disposé à s'associer avec l'Européen, mais il faut agir avec beaucoup de circonspection.

Le noir est aussi timide après un premier échec qu'il est confiant dès qu'il obtient un premier succès ; il est donc nécessaire de ménager son impressionnabilité.

Il est évident que dans une association de cette nature, le rôle de chacun se trouve déterminé par ses aptitudes mêmes, l'un aidant l'autre et le complétant. L'Européen s'occupera des achats en Europe, de l'installation, de la direction de l'outillage, des rapports avec les compagnies de navigation, de la correspondance avec la métropole, en un mot de la conduite générale de l'affaire. L'indigène prendra en mains le côté pratique, notamment l'utilisation de la main-d'œuvre indigène avec laquelle il sera en contact direct et qu'il se procurera à meilleur compte ; mais ces associations ne peuvent se former que progressivement, avec beaucoup de temps, beaucoup d'énergie et de patience.

En ce moment des sociétés disposant de gros capitaux et pouvant faire les choses en grand, devraient prendre en main l'exploitation de la colonie. A leur suite, des entreprises plus modestes pourraient plus facilement réussir sur un sol déjà préparé, et la mise en valeur du territoire dahoméen, d'ailleurs très fertile, se poursuivrait aisément et rapidement.

Voies de transport.

Dans le Bas-Dahomey les voies de communication sont à l'heure actuelle suffisantes. Sans parler de la lagune qui court parallèlement au rivage d'une extrémité de la colonie à l'autre, diverses routes, qu'il s'agit simplement d'entretenir, sillonnent la région. La circulation y est partout facile et ininterrompue.

Anx endroits où la lagune forme un obstacle, il suffira d'y remédier par la construction d'un pont. Mais il n'en est pas de même partout ; c'est faute de moyens de transports normaux et rapides que l'on voit des territoires comme celui d'Abomey, dont le sol est riche, ne pas posséder un seul colon européen.

Heureusement que bientôt le centre de la colonie, et plus tard le nord et l'extrême-nord, seront largement desservis par le chemin de fer en cours de construction qui se dirigera en ligne droite de la côte vers le Niger.

La première conséquence de l'établissement de la voie ferrée sera de créer, à chaque station, une ligne d'opérations commerciales parallèle à la mer. Les transports des villages éloignés de la ligne pourront alors être facilement opérés sur des chariots attelés de bœufs, ânes ou mulets. Sur ces lignes secondaires d'opérations les transactions pourront se faire par voie d'échanges avec des marchandises de traite et, par suite, avec un double bénéfice.

Peu à peu la situation des voies et moyens de transport s'améliorera par le percement de routes nouvelles ; l'essentiel est que le chemin de fer soit établi le plus tôt possible. Il améliorera la vie matérielle des noirs, facilitera les transports aux longues et petites distances, et augmentera considérablement le trafic agricole de la colonie.

L'élevage du bétail.

L'élevage du bétail est aussi une question qui intéresse au premier chef l'avenir du Dahomey.

La ferme du service local, établie à proximité de Porto-Novo, sur un terrain réunissant toutes les conditions désirables, est chargée d'améliorer les variétés de bétail existant déjà dans le Bas-Dahomey.

En 1899, elle a reçu un millier de bœufs provenant du Haut-Pays (Savalou). Une partie de ce troupeau a été vendue dans de bonnes conditions et il a été conservé un certain nombre de sujets pour l'amélioration de la race. On trouve bien, dans les villages riverains de l'Ouémé, de grands troupeaux de bœufs, mais ces animaux, absolument sauvages, sont de petite taille et il convient de les croiser avec ceux du Haut-Dahomey qui atteignent les proportions des bœufs de provenance européenne.

Commerçant indigène de Porto-Novo.

Le Gourma a également envoyé à Porto-Novo ses premières vaches laitières. Elles ont été confiées au service de Santé qui a pu fournir constamment du lait frais à l'hôpital et apporter ainsi un soulagement très apprécié à bien des malades.

Cultures européennes.

Le sol du Dahomey, d'une très grande fertilité, se prête à toutes les cultures tropicales et même à certaines cultures européennes.

Pour cultiver, il faut creuser assez profondément la couche argileuse rouge pour obtenir le terreau gras et noir qui abonde et que l'on doit fumer avec de la bouse de vache, des matières végétales en décomposition, etc...

Les salades, aubergines, tomates, navets, carottes, betteraves, radis, choux, haricots poussent plus ou moins bien, mais donnent des résultats.

Toutes ces cultures doivent être protégées, pendant les heures les plus chaudes de la journée, au moyen de feuillage qu'on étend à une faible hauteur au-dessus des carrés du potager. Elles donnent des résultats très rapides; on peut avoir des radis en un mois.

Le melon réussit rarement à la côte; la pomme de terre, le céleri, l'artichaut, le petit pois, le salsifis viennent difficilement.

La salade se renouvelle indéfiniment si on se contente d'en couper les feuilles au ras du sol au lieu d'en arracher la racine.

Les graines que l'on fait venir d'Europe doivent être renfermées dans des boîtes hermétiquement soudées, que l'on n'ouvre qu'au moment du semis; elles doivent être utilisées tout de suite, sinon la chaleur et l'humidité les avarient.

Dans le pays on trouve comme salades une variété de pissenlit et une espèce de mâche appelée *langue de vache*, et différents autres légumes que nous avons signalés dans la flore.

Il est probable que le colon qui voudrait se consacrer à la culture des légumes européens autour des grands centres de la côte, réaliserait de sérieux bénéfices.

En résumé, au Dahomey il faut entreprendre la grande culture, mais en raison du paludisme qui entravera longtemps encore la colonisation, en empêchant tout travail actif, le colon européen ne pourra s'établir que dans l'intérieur des terres où le climat est plus supportable. C'est pour cela qu'il est urgent de multiplier les routes et d'assainir les localités, soit en plantant des eucalyptus, soit en débroussaillant la forêt.

Il faut laisser aux noirs l'exploitation agricole du Bas-Dahomey et conserver pour nous l'exploitation commerciale. Le contraire a lieu pour les régions du Nord.

C'est l'agriculture qui a donné jusqu'ici la prospérité au Bas-Dahomey et c'est dans le développement des cultures que réside l'avenir de la colonie ; aussi, est-ce de ce côté que tendent, directement ou indirectement, tous les efforts de l'administration.

Le relevé suivant donne la production agricole de la colonie pour la période des huit dernières années :

TABLEAU *présentant les résultats obtenus au cours des huit dernières années, pour les productions agricoles de la colo*

	1891	1892	1893	1894	1895	1896	1897	1898	1899
Amandes de palme :									
	Kilog.	Kilog.	Kilog.	Kilog.	Kilog.	Kilog.	Kilog.	Kilog.	Kilog.
France et colonies françaises..	6.866.603	4.659.984	4.529.355	4.261.545	7.228.199	9.215.907	2.632.746	3.480.922	3.295.1
Etranger	9.387.309	9.738.278	16.293.400	19.800.944	13.949.520	15.935.743	10.242.696	14.610.390	18.555.8
Totaux	16.253.912	14.398.262	20.822.755	24.062.489	21.177.719	25.151.650	12.875.442	18.091.312	21.850.9
Huiles de palme :									
	Kilog.	Kilog.	Kilog.	Kilog.	Kilog.	Kilog.	Kilog.	Kilog.	Kilog.
France et colonies françaises..	1.780.259	836.355	2.555.323	3.806.523	5.610.550	3.256.426	2.140.640	2.936.901	4.551.5
Etranger	4.836.000	3.915.320	4.944.403	4.511.594	6.828.425	2.268.272	1.926.382	3.122.638	5.098.5
Totaux	6.616.259	4.751.675	7.499.726	8.318.117	12.438.975	5.524.698	4.067.022	6.059.539	9.650.0
Noix de Cocos :									
	Noix	Noix	Noix	Noix	Noix	Noix	Noix	Noix	Kilog.
France et colonies françaises..	»	»	»	»	»	»	»	28.056	»
Etranger	63.050	29.259	750.997	643.390	254.753	392.057	494.317	219.576	455.8
Totaux	63.050	29.259	750.997	643.390	254.753	392.057	494.317	247.632	455.8
Noix de Kolas :									
	Kilog.	Kilog.	Kilog.	Kilog.	Kilog.	Kilog.	Kilog.	Kilog.	Kilog.
France et colonies françaises..	»	»	»	»	1.124	667	»	703	7
Etranger	70	40.870	61.936	102.985	21.787	31.481	24.074	28.992	42.6
Totaux	70	40.870	61.936	102.985	22.911	32.148	24.074	29.695	43.3
Caoutchouc :									
	Kilog.	Kilog.	Kilog.	Kilog.	Kilog.	Kilog.	Kilog.	Kilog.	Kilog.
France et colonies françaises..	»	»	»	»	»	174	101	1.379	2.1
Etranger	»	122	»	»	303	1.731	2.711	12.340	12.3
Totaux	»	122	»	»	303	1.905	2.812	13.719	14.4

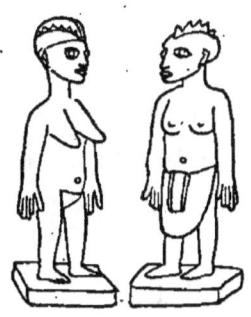

INDUSTRIE

L'avenir industriel.

L'industrie est encore dans l'enfance au Dahomey; du reste, les nègres sont trop paresseux pour se livrer à un travail suivi. La plupart se contentent de passer à la chasse ou à la pêche le temps qu'ils ne consacrent pas à chanter, palabrer, danser ou dormir.

Quelques-uns, particulièrement ceux qui ont été élevés par les missionnaires, font des artisans médiocres qui travaillent le fer ou le bois.

Mais il est à remarquer que l'indigène qui a passé par l'école, qui sait un peu écrire et parler un français médiocre, prend une idée exagérée de sa valeur. Il lui semblerait déchoir s'il se consacrait au travail de la terre ou s'il exerçait une profession manuelle; il n'a qu'un but, occuper dans l'administration ou dans le commerce un emploi qui lui procurera de bons appointements sans trop de fatigue.

Pour remédier à ce regrettable penchant, il conviendrait de ne donner annuellement une bonne instruction primaire qu'à un nombre très limité d'élèves choisis parmi les plus intelligents, et de pousser résolument les autres dans les professions manuelles, après leur avoir inculqué quelques notions de lecture et d'écriture.

Un indigène assidu qui reçoit les conseils d'un Européen expert, devient en peu de temps un excellent ouvrier; on le voit par les Minas qui sont ébénistes, charpentiers, maçons, tailleurs, etc...

Dans des métiers plus difficiles comme la mécanique, par exemple, un noir est capable, au bout de deux ans, de régler, de faire marcher et d'entretenir une machine quelconque. Pour pouvoir faire lui-même les réparations, il lui faut plus d'apprentissage, mais il arrive néanmoins rapidement à se mettre au courant d'un grand nombre de travaux. Ce qui plaît en lui, c'est qu'il s'applique énormément à tout ce qu'on lui confie, il cherche toujours à comprendre et à raisonner.

Les ouvriers d'art, charpentiers, maçons, forgerons, etc., sont en nombre insuffisant au Dahomey, et ce serait rendre un grand service à la colonie et aux jeunes indigènes que de leur enseigner des professions qui les mettront à même de faire immédiatement œuvre utile tout en leur fournissant un moyen certain de gagner leur vie.

L'Administration s'occupe en ce moment, de concert avec le supérieur des Missions catholiques à Lyon, de créer, à bref délai, des écoles professionnelles.

Coût de la main-d'œuvre indigène.

Le rendement d'un ouvrier noir est environ les deux tiers du travail d'un ouvrier européen de force moyenne.

Les ouvriers indigènes sont actuellement payés au tarif suivant :

Terrassiers { 1 fr. par jour sur le littoral.
de 0 fr. 40 à 0 fr. 50 dans l'intérieur.

Maçons { Chef, 5 fr. par jour.
Ouvriers, de 2 fr. 50 à 4 fr. par jour.

Menuisiers { Chef, de 5 fr. à 6 fr. par jour.
Ouvriers, de 3 fr. à 4 fr. 50 par jour.

Forgerons, de 2 à 4 fr. par jour.

En dehors des ouvriers du pays, on peut aussi recruter des Kroumans, noirs originaires de la côte voisine de Krou. Ce sont des travailleurs robustes et intelligents qui, sous la conduite d'un chef, émigrent et louent par contrat régulier leur travail pour la durée d'une année.

Un Krouman coûte en moyenne, nourriture comprise, 1 fr. 30 par jour.

Prix moyen de revient des matériaux sur le littoral.

Chaux grasse................	la tonne	85.00
Chaux hydraulique de France........	—	99.00
Ciment de Grenoble....	—	126.00
Ciment de Portland...	—	135.00
Briques du pays.................	le mille	26.00
Briques de France...............	—	104.00
Plâtre blanc...................	la tonne	88.00
Bois de chêne.................	le mètre cube	250.00
Sapin du Nord.................	—	150.00

Ferronnerie, peinture, quincaillerie : les prix de France, majorés de 35 à 40 fr. pour 100.

Pour conclure, toutes les industries sont encore à créer au Dahomey, et les ingénieurs qui iraient y établir des usines à tapioca, des distilleries de maïs ou d'autres grains, des briquetteries, des tuileries, etc., trouveront largement à utiliser leur talent et ne perdront ni leur temps ni leur argent, à la condition toutefois que les grands capitaux s'intéressent à leur œuvre.

L'argile surtout est très abondante et d'excellente qualité, comme l'ont fait reconnaître les analyses auxquelles elle a été soumise; de plus, l'installation d'une briquetterie serait peu coûteuse et rendrait de grands services dans ce pays dépourvu de matériaux de construction.

COMMERCE

La troque des noirs.

Avant notre arrivée au Dahomey, le commerce était aussi peu développé chez le noir que l'agriculture et l'industrie; sauf l'exportation de l'huile et des amandes de palme, le troc de quelques pagnes grossiers ou de quelques bijoux d'or et d'argent travaillés au marteau par les forgerons de village, le commerce serait presque nul si les indigènes se contentaient de la satisfaction de leurs besoins. Heureusement pour les négociants, malheureusement pour la morale, les noirs ont un faible pour les liqueurs alcooliques et, grâce à cette passion, le budget de leur pays est et demeurera longtemps équilibré.

Aujourd'hui, au contact des blancs, ils se sont créé aussi d'autres nécessités qui nous permettent de leur écouler un certain nombre de nos produits. Il faut espérer qu'au fur et à mesure des progrès de la civilisation et de l'assimilation des indigènes à nos mœurs et usages, les noirs deviendront pour nous des consommateurs de plus en plus sérieux.

C'est en 1842, que M. Victor Régis aîné, de Marseille, inaugura, à Whydah, le commerce des produits du palmier à huile. Bientôt, ses comptoirs s'étendirent tout le long de la côte et il chassa par la concurrence toutes les petites maisons qui cherchèrent à s'y établir. En quelques années, M. Régis réalisa une fortune colossale de plusieurs millions.

Associé d'abord avec son parent, M. Fabre, des différends de famille les divisèrent peu après et ce dernier monta à son tour des comptoirs sur tous les points de la côte occupés déjà par M. Régis. Les deux maisons se firent une concurrence acharnée que vint compliquer encore l'installation d'un comptoir de commerce allemand. Au début, le trafic était simple et les nègres peu exigeants; ils échangeaient en troc les produits du pays contre des objets d'importation sans valeur presque, tels que : étoffes diverses, tafia et liqueurs, poudre, fusils, tabac *en rôle* du Brésil, tabac *en feuilles* des États-Unis, cauris, etc.

Ce commerce était fort lucratif, car les noirs troquaient en aveugles, sans connaître ni le prix de ce qu'on leur apportait, ni la valeur de ce qu'ils livraient en échange. Les marchandises d'Europe, ainsi échangées, procuraient en moyenne un bénéfice de 150 à 300 %.

Dans la suite, les anciens marchands d'esclaves établis à Whydah se virent forcés à tourner leur activité vers le commerce légal, seul possible après l'abolition de l'esclavage. Ils se pourvurent d'abord à la maison Régis, dont ils devinrent les clients et les agents commissionnés. Puis ils reçurent des navires en consignation et commencèrent la concurrence qui devait éclairer les nègres sur la valeur des marchandises européennes.

Une autre maison française fut fondée ensuite par MM. Jules Lasnier, Daumas, Lartigue et Cie. Avec la maison Fabre, elles voulurent mettre en échec le commerce de M. Régis; bientôt les trois maisons se disputèrent les faveurs des noirs; on leur paya plus cher les produits qu'ils apportaient; on leur livra à des prix inférieurs ceux d'Europe et d'Amérique, et le commerce ne tarda pas à devenir beaucoup moins rémunérateur. Aujourd'hui, les bénéfices sont tombés à 10 ou 15 % environ.

Au contact des blancs, les vieilles coutumes du pays se sont peu à peu modifiées et aujourd'hui, le genre de commerce des échanges de marchandises appelé la *troque*, tend de plus en plus à disparaître pour faire place à celui des achats en espèces, tel qu'il se pratique en Europe.

Grâce aux étrangers, le noir a appris à connaître la valeur de l'argent, facile à porter et ayant cours chez tous les blancs. Avec le produit de sa vente, il peut maintenant acheter ce qu'il désire où bon lui semble, sans être forcé, comme auparavant, de prendre ce qu'on lui donnait ou ce qu'il avait trouvé de mieux chez les commerçants de la côte.

Factoreries.

Pour effectuer le commerce au Dahomey, il faut des établissements dits *factoreries*.

Ce sont de vastes constructions comprenant un logement confortable pour les employés, des entrepôts pour emmagasiner les marchandises venant d'Europe, des magasins pour abriter l'huile de palme, des séchoirs pour le triage des amandes, un atelier de tonneliers noirs pour le remontage des futailles envoyées d'Europe en botte pour diminuer le prix du fret. A chaque factorerie est annexé, en outre, un magasin de vente au détail, ouvrant sur la rue, sorte de bazar où sont étalées toutes les marchandises de traite venant d'Europe : tissus, liqueurs diverses, quincaillerie, etc...

Les établissements de la plage comportent, en outre, le *baracon* (bureau de l'agent chargé de l'embarquement et du débarquement des marchandises) et un mât de pavillon pour pouvoir correspondre avec les navires en rade.

On peut estimer à 80.000 francs l'installation d'une factorerie établie dans ces conditions, bâtiments et matériel compris.

Les factoreries sont toutes bâties au bord de l'Océan ou des lagunes qui permettent les communications faciles par eau avec la mer.

Mais par suite de l'absence complète de moyens de transport et du défaut de voies de pénétration, les marchandises devaient être portées sur la tête des noirs, et leur expédition, même à de faibles distances, exigeait des frais considérables. Les négociants se trouvaient ainsi dans l'impossibilité d'étendre leurs opérations dans l'intérieur du pays ; aussi les premières maisons de commerce établies sur la côte avaient-elles dû limiter leur action au littoral proprement dit dont elles se partageaient sans concurrence le monopole de tout le trafic. Le commerce du Dahomey restait localisé sur une bande de terrain parallèle à l'Océan et d'une profondeur variable entre 30 et 50 kilomètres; aujourd'hui, par suite de la pacification du pays, la connaissance plus précise de ses ressources et la construction du wharf de Kotonou, de nombreux commerçants français et étrangers sont venus s'installer au Dahomey, créant entre les anciens et les nouveaux venus une concurrence fort vive qui eut pour conséquence de modifier le système des transactions.

Le gérant de factorerie, sédentaire jusqu'alors, fut bientôt obligé de se déplacer pour parcourir les marchés des villages avoisinant sa factorerie. Mais ne pouvant tout à la fois diriger sa maison et traiter directement avec les marchands, il dut avoir recours au traitant noir, intermédiaire obligé entre le producteur et le négociant.

Généralement très intelligent, très au courant de nos pratiques commerciales, le traitant noir habite un village indigène proche de la factorerie, où il se fait ouvrir un compte courant. Il y vient s'approvisionner de marchandises d'Europe qu'il échange ensuite sur les marchés intérieurs contre les produits du pays. Quand son stock est suffisant, il fait rouler jusqu'à la factorerie, par des sentiers souvent fort mauvais, les barriques d'huile de palme, y fait transporter les amandes et depuis quelque temps du caoutchouc.

A la réception des produits, son compte est balancé; le traitant reçoit en argent la différence souvent assez forte entre ses ventes et ses achats, et laisse en dépôt à la maison de commerce, à titre de couverture, des sommes quelquefois importantes.

Mais il arrive parfois que le gérant, poussé par le désir de faire un gros chiffre d'affaires, stimulé par des transactions importantes, réussies jusqu'alors, se laisse aller à faire au traitant noir de grosses avances, de gros crédits, qu'il lui devient impossible de faire rentrer dans la suite, malgré l'appui officieux que lui prête l'administration locale. Il en résulte alors de grosses pertes, dues à l'inexpérience de l'agent ou à sa trop grande confiance.

Les courtiers noirs parcourent donc les marchés ou foires qui se tiennent périodiquement dans les grands centres, et où tous les produits du crû sont concentrés par les gens de l'intérieur qui font rarement plus de dix kilomètres pour écouler leurs marchandises. Ils vont ainsi à la plus prochaine localité et vendent leurs marchandises à d'autres indigènes qui les portent plus loin, pour les revendre à leur tour sur les marchés.

Aussi, c'est un va-et-vient constant sur les routes de porteuses et de marchands, sur les lagunes de pirogues chargées de futailles.

Les courtiers qui opèrent en pirogues portent le nom de *tabaros*. Ainsi que leurs collègues, ils tiennent la bourse des huiles de palme, font les prix, discutent leurs conditions et passent souvent des marchés pour toute l'année afin d'éviter les variations de prix susceptibles de se produire d'une récolte à l'autre.

L'habitant de l'intérieur, le paysan se laisse guider par ces commissionnaires noirs qui mènent le mouvement, et il ne donnera jamais son produit à un marchand occasionnel. S'il rencontre un acheteur à mi-chemin du marché il exigera de lui le même prix que dans les villes et, s'il peut vendre ses produits avec plus de bénéfice dans une localité voisine, il n'épargnera pas ses pas pour s'y rendre.

Les maisons françaises jouissent d'un grand crédit auprès du noir qui a foi dans la parole du blanc. Aussi est-il bon avec lui de ne pas l'induire en erreur et de tenir ses engagements; de cette façon, le sentiment de respect du noir pour le blanc est maintenu.

Certains Européens traitent directement avec les indigènes. Comme en Europe, les transactions sont alors soumises à la loi de l'offre et de la demande. Mais il est rare que l'huile et les amandes vendues en factoreries soient apportées par les premiers producteurs; cela n'arrive que pour les gens du voisinage.

Les clients et clientes arrivent alors avec des pots d'huile et des paniers d'amandes de palme qu'ils portent sur la tête et appelés *kokos*.

On mesure les amandes en les versant dans un baril supporté par une bascule; ce baril est de la contenance de cent kilos et se divise en demi et en quart de mesure, qui est payée au client soit par un bon, soit avec des marchandises; quand la mesure n'est pas complètement pleine, on la parfait en prêtant des amandes au client, qui sont mesurées avec une toute petite mesure appelée dans le pays *couille*, et l'on ajoute sur son bon : Doit une ou deux couilles.

Les mesures de capacité en usage pour l'huile sont :
L'aklouba, qui vaut environ 70 litres;
Le zen, qui vaut environ 35 litres;
L'aladako, ou quart d'aklouba (17 litres 5);
Le gallon, qui vaut environ 4 litres;
Et le gan adedé ou demi-gallon (2 litres 20).

L'aklouba est un petit baquet en bois de la contenance de 17 gallons environ.

A leur entrée en factorerie, les pots d'huile sont *choupés* pour voir s'ils ne contiennent pas de l'eau ou des matières étrangères plus lourdes que l'huile, telles que le sable; les pots, une fois visités, sont vidés dans l'aklouba jusqu'à ce qu'elle déborde ; l'huile ainsi mesurée est versée ensuite dans un ponchon (500 litres environ).

Les amandes sont aussi mises en ponchons qui, bien cerclés et rebattus, sont roulés à la plage où ils sont déposés dans les entrepôts. Des journaliers indigènes (*gagnadors*) sont employés à ce travail ; au retour, ils prennent une charge de marchandises, balles de tissus, caisses de liqueurs, ponchons de tafia, etc.

Tous ces procédés commerciaux, encore rudimentaires, se modifieront bientôt par suite de l'ouverture du chemin de fer de pénétration. Elle permettra d'étendre à tout le pays les transactions commerciales limitées actuellement dans un rayon de 50 kilomètres de la côte.

Elle permettra, en outre, l'exploitation complète de tous les produits du sol, dont les 2/5 au maximum peuvent seulement arriver jusqu'aux factoreries du littoral.

Peu à peu aussi, de nouveaux établissements de commerce se fonderont dans les grands centres de l'intérieur, ce qui décuplera les transactions commerciales et assurera aux travailleurs indigènes un avenir satisfaisant.

Pour conseiller et aider les négociants, industriels ou colons établis au Dahomey, il a été institué par un arrêté du 8 février 1895 un Comité du Commerce, de l'Industrie et de l'Agriculture, dans chacun des centres commerciaux de la colonie.

Ces Comités sont présidés par l'administrateur du cercle assisté de négociants français, étrangers et indigènes.

A Paris, l'Office Colonial, annexe du Ministère des Colonies installé au Palais-Royal (galerie d'Orléans), procure au public tous les renseignements désirables sur le mouvement colonial de la France et lui fournit toutes les indications agricoles, commerciales et industrielles relatives à nos possessions lointaines.

Un groupe de Français en relations ou en affaires avec le Dahomey a créé, en outre, le « *Comité du Dahomey* » dont le but principal est d'assurer le développement du commerce entre la métropole et la colonie.

Le Comité a son siège à Paris, des délégués au Dahomey et des sous-comités techniques en France, dans tous les centres industriels et commerciaux.

Complétant et suppléant les organes officiels que nous venons d'énumérer, le Comité est un auxiliaire précieux pour le gouvernement de la colonie, et les services qu'il est appelé à rendre dans l'avenir seront des plus importants.

En résumé, pour réussir dans le commerce au Dahomey, il faut avoir un capital sérieux, un matériel pratique, un personnel rompu aux affaires et toujours des marchandises en magasin.

Il faut s'établir à demeure fixe et attendre les clients dans les factoreries et non dans des boutiques. Il faut venir là non seulement pour vendre sa marchandise, mais pour acheter par voie d'échange. Un commerçant qui se contenterait de vendre sans acheter réaliserait à peine de quoi couvrir ses frais généraux.

Le négociant européen doit aussi savoir attirer le noir de la brousse à la ville, il doit l'éblouir par ses étalages de marchandises, le fasciner par la variété des liquides qu'il débite. On ne doit pas reculer devant des cadeaux. Il est même d'usage que tout achat, quel qu'il soit, oblige le vendeur à une petite commission en nature. Ainsi un noir qui achète une dame-jeanne de tafia doit recevoir en plus, à titre gracieux, une ou deux bouteilles du marchand.

AGRICULTURE — INDUSTRIE — COMMERCE

S'il n'y a pas eu de cadeau, l'indigène ne revient plus chez ce blanc qu'il dédaigne.

Il est à remarquer aussi que les transactions dans les factoreries ayant lieu actuellement contre espèces monnayées, le capital du négociant travaille continuellement et passe plusieurs fois dans les transactions d'une année, si, en échange

Équipe de Kroumen dans une factorerie de Porto-Novo.

des marchandises d'Europe, le commerçant transforme immédiatement son gain en produits du pays qui partent aussitôt.

Le petit intérêt rapporté chaque fois se totalise et souvent dépasse le bénéfice annuel unique que rapportait la troque, qui nécessite un capital dormant considérable.

Au point de vue financier, le principe de l'association des capitaux, de la compagnie de commerce, paraît avoir de très grandes chances de succès au Dahomey, où il faut posséder un fonds de roulement considérable.

Des commerçants isolés, des industriels avec de faibles ressources, pourraient se réunir et tenter de nouvelles entreprises. Il y a place encore pour beaucoup de maisons de commerce; car le noir est loin de récolter tout ce que produit son merveilleux domaine.

Une personne très compétente qui réside depuis longtemps au Dahomey a soigneusement étudié la question de créations de factoreries dans l'intérieur, et elle évalue ainsi l'estimation de la dépense et des bénéfices annuels pour l'installation d'une factorerie à Allada.

CRÉATION ET MARCHE D'UNE FACTORERIE A ALLADA

Dépenses.

1° Frais de 1er établissement :

Construction d'une factorerie............	12.000 fr.
Achat du matériel......................	6.000
Total.....	18.000

2° Personnel et frais généraux :

Personnel...........................	18.600 fr.
Frais généraux......................	21.800
Total.....	40.400

Observations.

Construction d'une factorerie à Allada.....	12.000
Achat de matériel, futailles, sacs, etc......	6.000
Total.....	18.000

Personnel :

- 1° Un chef de factorerie, traitement de 12.000 fr.............................. 12.000 fr.
- (5 % sur les bénéfices nets)......... » »
- 2° Un employé de factorerie, traitement de 18.000
- (1 % sur les bénéfices nets)........... » »
- Nourriture des Européens : 400 fr. par mois. 4.800

Total..... 18.600

Frais généraux :

- Personnel indigène : 400 fr. par mois..... 4.800
- Loyer pour un entrepôt à Kotonou........ 2.000
- Frais de passage, d'hôpital, de congé (dépenses diverses)................... 5.000
- Frais d'administration à Paris........... 10.000

Total..... 21.800

Dépenses.

Marchandises et espèces .... 192.000 fr.

Résumé des dépenses :

- Frais de 1er établissement............... 18.000 fr.
- Frais généraux........................ 40.400
- Marchandises et espèces................ 192.000

Total..... 251.400

Il faut remarquer qu'au bout de six mois au maximum, les premiers envois de produits auront lieu et que les marchandises pourront être vendues sur les marchés d'Europe. Il est donc logique de ne compter que sur la moitié de la somme prévue pour le mouvement des marchandises et des espèces.

Le capital engagé sera donc réellement de :

1er établissement et frais généraux .... 58.400 fr.
Marchandises et espèces : 1/2 192.000 fr... 96.000
                                        TOTAL..... 154.400

Observations.

MARCHANDISES ET ESPÈCES : MOUVEMENT PENDANT UN MOIS

	Prix d'achat	Droits	Transport à la Colonie	Transport à Allada	Total	Nombre	Prix
Tissus...............	4 50	1 60	» 50	» 25	6 85	300 p	2.055 fr.
Tabac...............	1 »	» 50	» 17	» 20	1 87	2000 k.	3.740
Alcool à 90° (Ponchons de 450 litres).	162 »	364 »	25 »	15 »	566 »	5 p	2.830
Articles divers (suivant les besoins)..	» »	» »	» »	» »	» »	» »	4.000
Espèces.............	3.000 »	» »	90 »	20 »	» »	» »	3.110
					TOTAL.....		15.735

soit un mouvement mensuel de...... 16.000 fr.
et un mouvement annuel de:........ 192.000

Recettes.

Trafic probable :

    Amandes........................ 400 tonnes.
    Huile.......................... 300 —
    Caoutchouc..................... 6   —

Amandes de palme, 400 tonnes à 270 fr.... 108.000 fr.
Huile de palme, 300 tonnes à 520 fr...... 156.000
Caoutchouc, 6 tonnes à 8,000 fr.......... 48.000
                              TOTAL..... 312.000

Observations.

Des extraits faits sur les livres de commerce d'une factorerie située sur le littoral à Grand-Popo, marchant au capital de 150.000 francs, gênée par la concurrence de huit maisons importantes et d'une liquidation provoquée par la disparition du gérant, il résulte que le mouvement commercial a été de :

Amandes	360 tonnes.
Huile	240 —
Caoutchouc	2 — 1/2

A Allada, en plein centre de production et sans concurrence probable, nous pouvons admettre le mouvement annuel de :

Amandes	400 tonnes.
Huile	300 —
Caoutchouc	6 —

Prix de revient.

Amandes :

Prix d'achat	140 fr.
Transport jusqu'à la mer	15
Passage sur le Wharf	9
Fret	27 50
Faux frais et pertes	10
TOTAL	201 50
Cours du 27 octobre 1899	270
Bénéfice par tonne	68 50

Huile de palme :

Prix d'achat	240 fr.
Transport à la mer	15
Passage sur le Wharf	9
Fret	32 50
Rullage et faux frais	4 50
TOTAL	301

Cours du 27 octobre 1899, 570 francs la tonne.

(Le cours le plus bas constaté depuis deux ans a été de 470 francs la tonne.)

En prenant la moyenne, nous aurons : 520 francs la tonne.
D'où un bénéfice par tonne de 219 francs.

Caoutchouc :

Prix d'achat d'une tonne...............	3.750 fr.
Transport à la mer.....................	40
Passage sur le Wharf..................	9
Fret..................................	40
TOTAL.....	3.839
soit	4.000
cours moyen...........................	8.000
d'où bénéfice par tonne................	4.000

Balance.

Dépenses..............................	251.000 fr.
Recettes..............................	312.000
Bénéfice net......	61.000
à déduire 6 % sur les bénéfices nets.......	3.660
(définitivement). Bénéfice net............	57.340

Soit un rendement de 37 % sur un capital engagé de 155,000 francs, les frais de premier établissement étant amortis dès la première année.

Mouvement commercial.

Statistiques.

Au point de vue commercial, le mouvement des importations et des exportations n'a cessé de croître dans de très remarquables proportions.

AGRICULTURE — INDUSTRIE — COMMERCE

Les années 1897 et 1898 seules ont été défavorables et l'affaissement momentané qu'a subi le commerce provient de la sécheresse qui a sévi sur la colonie et qui a apporté de fortes entraves au mouvement ordinaire des transactions commerciales.

Les chiffres suivants donnent le relevé des transactions du Dahomey pour la période des dix dernières années.

ANNÉES	IMPORTATIONS	EXPORTATIONS	ENSEMBLE
1890	3.489.894f12	5.916.494f46	9.406.388f58
1891	5.789.213 76	7.679.076 20	13.468.289 96
1892	6.432.700 97	9.259.910 05	13.692.611 02
1893	10.456.857 54	8.681.463 94	19.138.321 48
1894	10.771.989 79	9.973.703 57	20.745.493 56
1895	10.542.220 70	10.521.868 15	21.064.088 85
1896	9.729.248 00	9.224.489 00	18.953.737 00
1897	8.242.957 04	5.778.858 16	14.021.815 20
1898	9.994.567 53	7.538.758 82	17.533.326 35
1899	12.348.970 74	12.719.189 72	25.068.160 46

Pour l'année 1899 la statistique du mouvement commercial dressée par le chef du service des douanes de la colonie est la suivante :

Le mouvement commercial de la colonie s'est élevé pendant l'année 1899 à 25.068.160.46
Contre en 1898 .... 17.533.326.35

Soit en faveur de 1899 une différence de 7.534.834.11

Ces chiffres se sont ainsi répartis :

	Année 1899	Année 1898	Différence
Importations	12.348.970.74	9.994.567.53	2.354.403.21
Exportations	12.719.189.72	7.538.758.82	5.180.430.90
Totaux	25.068.160.46	17.533.326.35	7.534.834.11

Recettes.

Les recettes réalisées pendant l'année 1899 se sont élevées à.. 2.317.970 70

Elles avaient été pendant l'année 1898 de..... 1.565.234 43

Soit en faveur de 1899 une différence de...... 752.736 27

Les droits perçus par chacun des bureaux de la colonie sont les suivants :

	Année 1899	Année 1898		Différence
Porto-Novo	296.210 09	222.681 54	en plus	73.528 55
Kotonou	1.418.897 10	839.896 86	—	579.000 24
Whydah	277.093 11	201.935 09	—	75.158 02
Grand-Popo	311.711 65	287.300 68	—	24.410 97
Agoué	13.802 18	13.305 12	—	497 06
Athiémé	244 92	»	—	244 92
Savé	11 65	115 14	en moins	103 49
Totaux	2.317.970 70	1.565.234 43	en plus	752.736 27

Importations.

Les augmentations à l'importation portent principalement sur les :

Poudre	142.315 kil. en 1899 au lieu de	71.036 kilog en 1898.
Monnaies.........	1.711.193f25	—	638.340f45	—
Boissons	4.553.980 77	—	4.116.508 32	—
Verres et cristaux.	192.350 15	—	89.757 18	—
Ouvrages en bois.	263.240 66	—	84.874 75	—

Les tabacs et tissus sont légèrement en diminution :

Tabacs	411.922 kil. en 1899 contre	418.540 kil. en 1898.
Tissus.........	1.933.396f15 en 1899 contre	2.077.326f58 en 1898.

Ces chiffres n'ont rien d'alarmant; ils sont dus à l'écoulement des gros approvisionnements faits par les négociants l'année précédente, et qu'ils n'ont pu vendre que petit à petit dans le courant de l'année 1899. C'est donc une diminution plus apparente que réelle.

Exportations.

Tous les produits du crû sont en augmentation :

Amandes de palme exportées en 1899......	21.850.982 kil.
— — 1898......	18.091.312
Soit en plus pour 1899....................	3.759.670 kil.
Huiles de palme exportées en 1899..........	9.650.081 kil.
— — 1898..........	6.059.539
Soit en plus pour 1899....................	3.590.542 kil.
Caoutchouc exporté en 1899...............	14.455 kil.
— — 1898...............	13.719
Soit en plus pour 1899....................	736 kil.

Noix de cocos et coprah exportés en 1899....	60.608f 49
— — 1898....	17.343 54
En plus pour 1899........................	43.264 95
Kolas exportés en 1899...................	43.348 kil.
— 1898...................	29.695
En plus pour 1899.......................	13.653

Les destinations de ces divers produits se sont réparties de la façon suivante :

DESTINATION	AMANDES DE PALME	HUILES DE PALME	CAOUTCHOUC	KOLAS
	kilog	kilog.	kilog.	kilog.
Lagos............	13.433.544	3.974.851	10.701	42.637
France...........	3.295.181	4.551.529	2.148	336
Colonies françaises..	»	»	»	375
Angleterre........	»	15.633	»	»
Allemagne.........	5.122.257	1.108.068	1.606	»
TOTAUX........	21.850.982	9.650.081	14.455	43.348

Les quantités embarquées par chacun des bureaux de la Colonie sont les suivantes :

BUREAUX	KOLAS	AMANDES DE PALME	HUILES DE PALME	CAOUT-CHOUC	TOTAUX
	kilog.	kilog.	kilog.	kilog.	kilog.
Porto-Novo...	42.637	13.433.544	3.974.851	10.701	17.461.733
Kotonou......	711	1.481.231	2.716.325	1.702	4.199.969
Whydah......	»	3.451.012	1.719.727	1.762	5.172.501
Grand-Popo...	»	3.485.195	1.239.178	290	4.724.663
TOTAUX...	43.348	21.850.982	9.650.081	14.455	31.558.866

Ce mouvement ascensionnel dans le commerce ne peut que s'accroître, étant donnés les efforts que l'administration fait pour développer et étendre le plus possible les relations entre les populations de l'intérieur, ainsi que la grande liberté dont jouissent les commerçants.

Importations.

Les principaux produits de provenance européenne consommés au Dahomey sont :

Alcool à 90°. — Importé en fûts de 450 litres environ, et appelés communément *punchons*, terme portugais. Ce liquide provient du nord de la Russie en transit à Hambourg d'où il arrive directement sur la côte du Dahomey.

Il provient également de Hongrie, en transit par un des ports de l'Adriatique et Marseille d'où il est expédié directement au Dahomey.

Cet alcool est aussi importé en caisses de deux estagnons de 17 litres chacun, ce qui constitue la charge d'un homme. Ce mode d'emballage est spécial à Hambourg et convient pour les contrées où les transports ne peuvent être faits qu'à dos d'homme.

Le prix de vente en gros pour une futaille de 450 litres varie entre 550 et 600 francs au maximum. L'estagnon de 17 litres vaut entre 24 et 25 francs.

Les taxes de consommation sont de 90 francs par hectolitre d'alcool à 100°, soit environ 365 francs par futaille d'alcool à 90°, et 13 fr. 50 par estagnon de 17 litres.

Alcool à 60°. — Pour faciliter les transactions commerciales, il est importé plus d'alcool à 60° que d'alcool à 90°, les coupages étant toujours mieux faits en Europe. Il ne vient qu'en punchons, les estagnons étant seulement utilisés pour l'alcool à 90°.

Les prix de vente varient entre 350 et 400 francs la futaille de 450 litres.

Ainsi que pour l'alcool à 90°, les futailles ne sont pas comprises dans le prix de vente; elles sont réutilisées par les négociants pour l'expédition en Europe de l'huile de palme.

La taxe de consommation pour l'alcool à 60° est de 243 francs environ par futaille.

Anisado. — Alcool réduit à 33° et parfumé avec de l'extrait d'anis russe. Il est contenu en des caisses renfermant 12 bouteilles rondes en verre blanc d'une capacité d'environ 50 centilitres; chaque bouteille est étiquetée et garnie d'une capsule en étain.

Ce liquide est spécialement fabriqué à Marseille.

Le prix de vente en gros est de 6 fr. 50 à 7 francs la caisse de 12 bouteilles.

La taxe de consommation est de 1 fr. 65 par caisse.

Rosolio, Moscatel et liqueurs assorties. — Alcools parfumés, qui sont importés à 18° alcooliques en caisses de 12 bouteilles rondes en verre blanc contenant 50 centilitres environ, munies d'une étiquette et fermées par une capsule en étain.

Ces alcools sont spécialement fabriqués à Marseille.

Le prix de vente en gros est de 6 fr. 50 à 7 francs par caisse.

La taxe de consommation est de 90 centimes par caisse.

Genièvre. — Importé en caisses de 12 bouteilles carrées en verre vert, d'une contenance de 70 centilitres environ; il est fabriqué spécialement à Hambourg à 50° alcooliques.

Le prix de vente est de 9 fr. 50 à 10 francs la caisse et la taxe de consommation de 6 francs environ par caisse.

Tabac en feuilles. — Importé d'Amérique soit en caisses de 180 kilos environ ou en boucauts de 300 à 500 kilogrammes, en transbordement à Marseille, Liverpool ou Hambourg.

Le prix de vente est de 1 fr. 50 à 2 francs le kilogramme, suivant qualité.

La taxe de consommation est de 50 centimes le kilogramme.

Fusils rouges. — Fusils à pierre dont le bois est peint en rouge et importés de Liège (Belgique) ou de Liverpool (Angleterre) par caisses de 20 fusils.

Le prix de vente est de 20 francs par arme et la taxe de consommation de 2 francs par fusil.

Ils servent à la chasse des gros animaux.

Fusils noirs. — Fusils à pierre au bois noir, de plus mauvaise qualité encore que les précédents. Ils sont importés des mêmes lieux d'origine par caisses de 20 fusils ; ils servent à la chasse du gibier à poils et à plumes et surtout pour tirer des coups de feu dans les réjouissances populaires.

Leur prix de vente est de 17 à 18 francs par fusil, et la taxe de consommation de 2 francs par arme.

Poudre de traite. — Elle est importée en barils de France ou d'Allemagne. Celle de France est de beaucoup préférée par les indigènes aux poudres étrangères. Elle provient de la poudrerie de Saint-Chamas (Bouches-du-Rhône) ou de Hambourg.

Elle est couramment en vente en barils de :

```
7 kil. 500   à   fr. 12 50.
3 kil. 000   à   fr.  6 25.
1 kil. 500   à   fr.  3 75.
```

La taxe de consommation est de 50 centimes net par kilogramme.

Sel gemme. — Importé de Hambourg par sacs de 20 ou de 40 kilogrammes, il est de vente courante dans le royaume de Porto-Novo seulement.

Les prix de vente sont de :

    1 fr. 85 par sac de 20 kil.
    3 fr. 70   —   40 kil.

La taxe de consommation est de 14 francs par tonne de 1000 kilogrammes.

Sel marin. — Importé de Port-de-Bouc (Bouches-du-Rhône) en transit à Marseille, ou de Cagliari (Sardaigne).

Il est de vente courante aux Popos et dans le Dahomey proprement dit.

Son prix est de 2 fr. 50 par sac de 25 kilogrammes et la taxe de consommation de 6 francs les 1000 kilogrammes.

Le commerce des tissus.

Au Dahomey, les tissus occupent par leur importance le second rang après les spiritueux ; alcools et tissus entrent pour 60 % dans le chiffre total des importations.

D'après les statistiques de la colonie, le trafic s'élevait en :

        1897 à 1.241.079 fr. 80.
        1898 à 2.077.326 fr. 58.
et en 1899 à 1.933.396 fr. 15.

Dans cette énorme quantité d'étoffes importées, la majeure partie est de fabrication anglaise et provient de Manchester ; les tissus français entrent seulement pour quelques milliers de francs dans ces chiffres. Il est regrettable de constater la prédominance des produits étrangers sur les produits français.

Notre colonie est donc tributaire de l'Angleterre pour les tissus ; cependant nous possédons aussi des centres manufacturiers importants produisant de belles étoffes capables de rivaliser avec les meilleures de nos voisins. On a remarqué, à la suite d'un essai tenté il y a quelques années par une maison de Flers (Orne), que si nos tissus n'ont aucun succès sur les marchés dahoméens, cela tient d'abord à la cherté des pièces importées, puis à leur mode de pliage, à leur longueur et enfin à la façon de les présenter aux indigènes.

Actuellement, la fabrication française est trop belle et trop bonne pour les pays noirs, où les tissus très ordinaires et surtout peu coûteux ont toujours la préférence ; l'industriel français fabrique des produits supérieurs, mais il vend cher ; l'allemand, au contraire, sacrifie la qualité au bon marché, et il se trouve d'accord sur ce point avec l'indigène.

C'est donc à nos manufacturiers à étudier et à fabriquer des étoffes présentant les qualités et conditions exigées par le public indigène.

Comme en teignant le tissu écru l'indigène le brûle, il faut lui livrer des tissus qui, au lavage, gardent fraîches leurs couleurs.

Il faut de l'étoffe empesée, sans valeur, de bas prix, de durée et de couleur éphémères, mais de bonne apparence ; tel est le problème à résoudre pour la vente des tissus.

Il y a lieu de remarquer aussi qu'avec les noirs il faut sans cesse des tissus nouveaux, qui attirent l'œil ; un modèle trop connu, et par suite démodé, devient invendable. Les dessins comme les nuances doivent être renouvelés constamment et être très variés ; une balle de cent pièces, par exemple, doit contenir au moins dix dessins différents et autant de nuances diverses par dessin.

Le pliage et la longueur des pièces ont aussi une grande

importance pour la vente des tissus. Il ne faut pas vouloir imposer nos goûts aux noirs, il faut au contraire rechercher les leurs ; depuis plus d'un siècle ils sont habitués à recevoir des tissus pliés de telle ou telle façon, en telle ou telle longueur, et nous n'avons qu'à nous conformer à leurs habitudes.

La longueur des pièces est variable suivant la catégorie des tissus.

Dans les *Régentias* la longueur est généralement de 26 mètres ; les *coutils* aussi ont 12 ou 15 mètres, mais ces grandes longueurs tendent à disparaître, parce que plus les pièces sont courtes, plus elles sont à la portée des petites bourses.

Dans l'*indienne* qui est le tissu le plus courant, on ne donne plus aujourd'hui que 7 m. 20 de longueur avec pliage en huit plis.

En général, pour le pliage des pièces, la mesure observée est le *yard* qui équivaut à 0 m. 90.

Les indigènes ignorent le mètre, ils n'ont pas de mesure de longueur et dans la vente des tissus au détail on vend quelquefois une longueur de bras.

L'emballage des tissus est aussi une question capitale dont il faut tenir compte, à cause des difficultés de débarquement à la côte d'Afrique où les marchandises sont susceptibles de passer par la barre si elles ne doivent franchir le wharf.

Il faut donc un emballage spécial, très soigné et imperméable, afin qu'en cas d'accident une balle puisse être retirée de l'eau sans qu'il y ait une seule pièce mouillée.

L'emballage anglais est bien supérieur à l'emballage français. Il se compose de plusieurs enveloppes superposées et comportant successivement papier glacé, papier ordinaire, toile gommée, toile goudronnée ou autre ingrédient assurant l'imperméabilité, puis finalement, toile d'emballage.

Les balles sont pressées à la machine et entourées ensuite

de trois cercles de fer. On peut ainsi rouler une balle comme une barrique sans qu'elle se déforme, ce qui n'est pas le cas avec l'emballage français où les balles sont le plus souvent entourées de paille et de toile pressées seulement à la main. L'usage anglais est aussi de faire suivre chaque balle expédiée de son échantillon de référence, ce qui permet aux réceptionnaires de montrer les dessins aux acheteurs sans être obligés d'ouvrir les balles.

Si jusqu'ici les tissus français ont été peu appréciés ou peu connus dans la colonie, la faute incombe en grande partie à nos industriels qui paraissent se désintéresser de la lutte commerciale avec nos concurrents. A un certain moment, ils avaient bien envoyé des échantillons de leur fabrication, les droits avaient été relevés pour favoriser l'importation des produits français, mais il n'ont pas persévéré dans leurs tentatives et aujourd'hui, comme autrefois, les tissus français sont rares au Dahomey.

Il ne faut pas attendre les commandes à domicile, mais au contraire les rechercher et les solliciter; il faut envoyer des échantillons partout, faire connaître notre marchandise, se remuer et agir.

Les fabricants anglais ont des commis-voyageurs dans toutes les contrées du globe, mais c'est surtout aux sièges des grandes maisons de commerce d'Europe, possédant des comptoirs dans les colonies, qu'ils s'adressent et qu'ils viennent présenter leurs échantillons.

Il importe donc que nous les imitions si nous voulons rivaliser avec succès.

En plus des tissus courants, il existe une catégorie plus riche, dont la vente en est aussi très importante au Dahomey : c'est celle des soieries et velours.

Ces pièces sont généralement présentées dans d'élégants

cartons blancs glacés, avec filets dorés et ornés de belles vignettes; elles mesurent ordinairement 6 yards de longueur, soit 5 m. 40.

Les velours, principalement, ont un grand écoulement dans la colonie et sont l'objet de toute l'attention des fabricants qui s'étudient pour en varier de plus en plus les dessins et les nuances.

Les soieries et les velours importés au Dahomey sont plus particulièrement fabriqués en Allemagne.

En résumé, tous les tissus ayant cours sur les marchés dahoméens peuvent se classer en neuf catégories :

Cotonnades écrues ou Régentias, Drill ;

Satinettes, madapolam, croydons, damas brillantés (tissus blancs) ;

Coutils de tous genres ;

Cretonnes à dessins variés ;

Indienne, grandes ou petites largeurs ;

Mouchoirs carrés avec dessins, par pièces de huit ;

Tissus divers, guinées, flanelles, etc. ;

Velours ;

Soieries.

Un point à observer aussi pour les fabricants, c'est que les droits sur les tissus sont perçus au Dahomey à raison de 0 fr. 50 par kilogramme d'étoffe. Il faut donc éviter de mettre des apprêts trop lourds sur les pièces, afin de ne pas leur donner trop de poids, autrement les droits renchériraient tellement la marchandise qu'elle ne pourrait supporter la concurrence étrangère.

Les autres articles européens importés dans la colonie consistent en articles de bazars, bimbeloterie, cotonnades anglaises, faïences, quincaillerie, mercerie, chaussures, verroteries, comestibles, riz, briques, charbon de terre, potasse, allumettes, bière, fils, tissus divers, cordages, monnaies d'or et d'argent, ouvrages en fer et acier, futailles vides, effets confectionnés, savons, papiers, matériaux de construction, farine, vins et sirops, sucre, chapeaux, parapluies, cannes, bonneterie, articles de Paris, etc. etc.

Les statistiques publiées par le *Journal officiel* de la colonie donnent pour 1899 les chiffres suivants :

IMPORTATIONS

Relevé général, *par pays de provenance, des principales importations au Dahomey, pendant l'année 1899*

DÉSIGNATION des matières importées.	FRANCE	COLONIES FRANÇAISES	ANGLETERRE	ALLEMAGNE	ÉTATS-UNIS	LAGOS	AUTRES PAYS	TOTAUX
Saindoux	10.355 »	»	192 50	6.800 »	»	96 »	59 25	17.502 75
Beurre	3.297 »	»	1.964 50	5.320 »	»	959 »	66 25	11.597 75
Farines	25.107 90	»	3.477 50	3.437 10	»	3.234 »	252 »	35.508 50
Riz	26.051 30	»	9.827 80	10.232 12	»	9.407 58	»	55.518 80
Sucres	39.155 »	»	1.300 »	22.443 »	24.675 50	835 »	599 «	64.332 »
Tabacs	163.582 35	»	252.989 25	385.469 80	24.675 50	113.370 88	3.607 67	943.695 45
Bois	67.163 »	»	1.080 »	58.738 »	»	24.240 65	145 »	151.366 65
Boissons	2.134.001 47	»	7.804 45	2.323.157 45	»	79.788 55	7.228 85	4.553.980 77
Chaux	8.903 75	»	2.840 75	296 13	»	1.063 13	101 50	13.205 26
Ciment	32.593 »	»	420 »	2.891 44	»	14.374 76	»	50.279 20
Métaux	20.759 09	»	7.242 80	35.013 29	»	10.238 47	702 75	73.956 40
Sel	90.254 65	»	7.000 »	3.450 »	»	368.269 35	1.697 50	470.671 50
Parfumerie	8.578 75	»	3.766 »	25.555 »	»	1.984 25	30 50	39.914 50
Savons (autres que ceux de parfumerie)	4.989 »	»	21.397 50	4.096 »	»	8.495 25	93 75	39.071 50
Poteries	5.242 50	»	33.825 »	64.966 25	»	26.355 »	2.726 90	133.115 65
Verres et cristaux	43.069 25	»	12.050 80	54.231 65	»	81.435 25	1.563 50	192.350 15
Fils	11.264 »	»	55.804 65	51.508 50	»	47.485 01	3.520 07	169.582 23
Tissus	56.481 80	»	739.743 50	564.592 40	»	558.384 45	14.194 »	1.933.396 15
Machines et mécaniques	16.221 25	»	13.474 75	37.004 80	»	44.248 »	595 60	111.544 40
Monnaies et papiers monnaies	107.124 75	»	92.756 75	147.470 15	»	1.197.985 »	165.856 60	1.711.193 25
Poudre de traite	227.260 »	»	»	44 068 »	»	8.800 »	1.050 »	281.178 »
Ouvrages en matières diverses	62.447 30	»	37.578 25	109.056 01	»	108.199 60	3 288 86	320.579 02
Ouvrages en bois	115.874 »	»	4.876 »	53.913 70	»	84.296 50	4.280 46	263.240 66
Huiles de pétrole	345 »	»	5.489 »	26.172 25	»	15.067 50	18 75	47.092 50
Autres marchandises	168.546 35	53 00	53.553 70	68.965 91	»	369.076 97	4.910 77	665.106 70
TOTAUX	3.448.667 46	53 00	1.370.455 15	4.110.848 95	24.675 50	3.177.681 15	216.589 53	12.348.970 74

On voit que l'étranger bénéficie plus du Dahomey que la métropole ; cette situation s'améliorera difficilement parce que l France s'est interdit pour trente ans, par la Convention de 1898, le droit de protéger ses produits.

Traitant Djedji et sa famille.

Exportations.

Les principaux articles exportés de la colonie sont les huiles et amandes de palme, dents d'éléphants, noix de kolas et de coco, coprah (ou pulpe sèche de la noix de coco), poissons secs ou fumés, maïs, arachides, les étoffes en fil d'ananas, etc.

Les tableaux suivants donnent le relevé des exportations de la colonie pour l'année 1899.

EXPORTATIONS

Relevé général, *par pays de destination, des exportations pendant l'année 1899.*

DÉSIGNATION DES MATIÈRES EXPORTÉES	FRANCE	COLONIES FRANÇAISES	ANGLETERRE	ALLEMAGNE	LAGOS	TOGO	AUTRES PAYS	TOTAUX
Animaux vivants	»	6.130 »	»	»	182.206 »	»	»	188.336 »
Dents d'éléphant	1.136 »	288 »	»	1.920 »	»	»	»	3.344 »
Poissons secs ou fumés	»	»	»	»	267.286 »	»	»	267.286 »
Amandes de palme	988.553 60	»	8.208 »	1.536.677 10	4.230.063 20	»	»	6.755.293 90
Kolas	672 »	750 »	»	»	85.274 »	»	»	86.696 »
Huiles de palme	2.389.551 95	»	»	581.736 50	2.086.796 78	»	»	5.066.293 23
Caoutchouc	8.092 »	»	»	6.424 »	42.804 »	»	»	57.320 »
Cocos et Coprah	28.617 20	»	»	82 »	31.909 29	»	»	60.608 49
Arachides	15.304 10	»	»	336 »	»	»	»	15.640 10
Autres produits	45	922 »	»	250 »	78.876 »	»	»	80.093 »
Réexportation	1.733 »	»	»	»	124.447 »	770 »	11.329 »	138.279 »
Totaux	3.433.704 85	8.090 »	8.208 »	2.127.425 60	7.129.662 27	770 »	11.329 »	12.719.189 72

TABLEAU GÉNÉRAL

de la valeur des importations et des exportations de l'année 1899.

1° *Commerce avec la France :*

Importations de France dans la colonie..................................	3.448.667 46	6.882.372 31
Exportations de la colonie en France.....................................	3.433.704 85	

2° *Commerce avec les autres colonies françaises :*

Importations des colonies...	53 00	8.143 00
Exportations pour les colonies { Denrées et { du crû de la colonie......	8.090 00	
marchandises { provenant de l'importation.	»	

3° *Commerce avec l'étranger :*

Importations de l'étranger...	8.900.250 28	18.177.645 15
Exportations pour l'étranger...	9.277.394 87	
TOTAUX GÉNÉRAUX...		25.068.160 46

AGRICULTURE — INDUSTRIE — COMMERCE

ANNÉE 1899

Mouvement de la Navigation dans les différents ports de la colonie.

Les vapeurs se succèdent sur rade comme l'indique le relevé suivant :

DÉSIGNATION DES PORTS	ENTRÉES	SORTIES	OBSERVATIONS
Porto-Novo............	140	139	Ce port situé sur la lagune est en relations avec Kotonou et Lagos sur la côte.
Kotonou...............	131	131	
Whydah	70	70	
Grand-Popo..........	94	94	
Agoué	6	6	
Totaux........	441	440	

Dans ce mouvement est compris le cabotage, c'est-à-dire le voyage effectué par un même navire depuis son entrée jusqu'à sa sortie de la colonie.

Le mouvement maritime s'établit comme suit par pavillons :

ANNÉE 1899

ENTRÉE				SORTIE			
PAVILLONS	VAPEURS	VOILIERS	TONNAGE	PAVILLONS	VAPEURS	VOILIERS	TONNAGE
Navires français...	123	»	153.679.91	Navires français...	125	»	157.098.50
Navires anglais....	126	»	120.186.40	Navires anglais....	126	»	120.186.40
Navires allemands.	183	»	110.306.44	Navires allemands.	180	»	106.862.85
Navires italiens...	9	»	14.400 »	Navires italiens....	9	»	14.400 »
Navires suédois...	»	»	»	Navires suédois...	»	»	»
Navires portugais..	»	»	»	Navires portugais..	»	»	»
Totaux......	441	»	398.572.75	Totaux.......	440	»	398.547.75

On voit par les chiffres qui précèdent que le développement économique du Dahomey se dessine d'une façon accentuée.

Malheureusement, le fret allemand et le fret anglais bénéficient beaucoup plus de ce mouvement commercial que le fret français.

Si le trafic des importations et des exportations est plus considérable par Lagos que par Kotonou, cela provient du bas prix du fret demandé par les Compagnies de navigation anglaises et allemandes.

En effet, les prix moyens de fret sont les suivants :

Viâ Lagos — de Porto-Novo à bord des navires en rade de Lagos..	12.50
Fret de Lagos en Europe................................	15. »
La tonne...................................	27.50
Viâ Kotonou — de Porto-Novo à bord des navires en rade de Kotonou.....................................	13. »
Fret de Kotonou en Europe.............................	22.50
La tonne...................................	35.50

soit une différence de 8 fr. par tonne, au profit de Lagos.

Il est donc à souhaiter que notre marine marchande sorte bientôt de la période de décadence qu'elle traverse depuis quelques années, que désormais elle occupe la première place dans toutes nos transactions avec nos colonies et qu'elle se mette rapidement en mesure de vaincre la concurrence étrangère.

Tarifs divers.

TAXES ET DROITS

Le budget de la colonie, sans imposer des charges exagérées au commerce local, suffit à faire face à toutes les dépenses d'administration, y compris les dépenses de souveraineté.

Les recettes réalisées pendant les dix dernières années sont les suivantes :

1890	325.219 fr 89
1891	460.523 45
1892	639.004 89
1893	1.046.067 96
1894	2.021.082 05
1895	1.695.207 09
1896	1.673.474 61
1897	1.914.515 47
1898	2.409.915 50
1899	2.790.010 08

La colonie n'a à sa charge aucune dette exigible, malgré les dépenses considérables nécessitées par l'occupation effective des territoires situés dans la boucle du Niger, dépenses qui étaient hors de proportion avec les ressources de la colonie.

Les taxes et droits sont indiqués ci-après :

TAXES DE CONSOMMATION

Un arrêté du 22 juin 1899 a fixé les taxes de consommation suivantes, perçues dans la colonie du Dahomey et dépendances, sur les marchandises dénommées ci-après, fabriquées dans la colonie ou provenant de l'extérieur :

1° Genièvre :

De 0° à 20° inclus, le litre........ 0.50
De 21° à 50° inclus, le litre....... 0.750

Au-dessus de 50°, augmentation proportionnelle de 0. 0150 par litre et par degré.

2° Alcoools, rhums, tafias et spiritueux de toute nature, en fûts ou tout autre emballage :

(Les dames-jeannes et les estagnons sont l'objet de dispositions spéciales).

Par hectolitre et par degré......... 0 fr. 90

3° Alcools, rhums, tafias et spiritueux de toute nature, en dames-jeannes ou en estagnons :

Les alcools, rhums, tafias et spiritueux de toute nature contenus dans des dames-jeannes et estagnons, seront soumis aux taxes des alcools, rhums, tafias et spiritueux en fûts, plus une surtaxe de 0 fr. 05 par litre.

Ceux contenus dans des bouteilles quadrangulaires imitant les bouteilles de genièvre subiront une surtaxe de 0 fr. 15 par bouteille.

4° Vins artificiels :

Le régime de l'alcool est applicable à tous les vins artificiels, c'est-à-dire ne résultant pas de la fermentation du raisin frais, de quelque façon qu'ils aient été obtenus.

5° Tabac :

Par kilogramme................. 0 fr. 50

6° Poudre :

Par kilogramme................. 0 fr. 50

7° *Fusils de traite :*

Par pièce...................... 2 fr. 00

Les armes de précision ne pourront être introduites dans la colonie qu'en vertu d'une autorisation spéciale et nominative du secrétaire général. Elles acquitteront le droit de 4 % ad valorem.

8° *Sel marin :*

Par tonne de 1.000 kilogrammes.... 6 fr. »

9° *Sel gemme :*

Par tonne de 1.000 kilogrammes... 14 fr. »

10° *Tissus de toutes provenances fabriqués dans la colonie ou provenant de l'extérieur :*

Par kilogramme................... 0 fr. 50

Les marchandises et denrées de toute nature, autres que celles dénommées ci-dessus, provenant de la colonie ou importées de l'extérieur, acquitteront une taxe à la consommation de 4 °/₀ ad valorem.

Ad valorem, pour cent............ 4 fr. »

La valeur sera déterminée d'après les prix portés sur les factures (frais de transport ou de fret compris s'il y a lieu), augmentés de 25 %.

Sont exemptées de la taxe de consommation, les marchandises et denrées énumérées ci-après :

Amandes de palme, animaux vivants, approvisionnements

destinés aux services publics et aux bâtiments de l'État, armes et munitions de guerre proprement dites, bois, fer, fontes et boulons pour constructions, charbon de terre, chaux, ciment, plâtre, pierres, sable, briques, ardoises et feutre pour couverture, verres à vitres, effets à l'usage des voyageurs, effets d'habillement, d'équipement pour les troupes et d'uniformes pour les fonctionnaires, emballage servant à l'exportation des marchandises, embarcations à vapeur ou autres, fruits frais et graines, fûts, futailles en bottes et en cercles, huile de palme, instruments aratoires, instruments de précision, de musique et de mathématiques, légumes frais, livres et registres imprimés, musique, étiquettes imprimées, machines à vapeur ou autres, chaudières à vapeur et pièces détachées de machines, maïs, manioc et ignames, matériel pour les services publics et de l'État, médicaments, monnaies ayant cours légal, noix de cocos et de kolas, objets mobiliers, ocres, tôles ondulées, clous à zinc et à feutre, ornements d'église et objets destinés au culte, outils, instruments d'art ou mécanique, poissons frais et viandes fraîches.

Droits de sortie du Dahomey et régime douanier des produits d'origine importés en France.

Il n'existe aucun droit de sortie au Dahomey sur les marchandises à l'exportation.

Les produits naturels ou fabriqués, originaires de la colonie et importés directement en France, sont soumis au droit du tarif minimum, sauf exceptions réglées par décret rendu en Conseil d'État.

Cette disposition est appliquée aux bois à construire ou d'ébénisterie et bois odorants, huile de palme qui sont admis en franchise, et aux cafés qui bénéficient de la détaxe de moitié du tarif métropolitain.

Les défenses d'éléphants, le caoutchouc et les amandes de palme sont exempts de droits à leur entrée en France.

Voici quelques chiffres relatifs au prix de revient des exportations coloniales en Europe.

Huiles de palme :

Prix d'achat moyen au Dahomey... 240 fr. » la tonne.
Fret du Dahomey en Europe....... 32. 50 —
Cours du 27 octobre 1899......... 570. » —

(Principaux débouchés : Marseille, Liverpool et Hambourg).

Amandes de palme :

Prix d'achat moyen au Dahomey... 140 fr. » la tonne.
Fret du Dahomey en Europe....... 27. 50 —
Cours du 27 octobre 1899......... 270. » —

(Principaux débouchés : Marseille, Liverpool et Hambourg).

Caoutchouc :

Prix d'achat sur le littoral, de 2 fr. 75 à 5 fr. le kilog., suivant la qualité.
Fret du Dahomey en Europe......... 40 fr. la tonne.
Cours de 8.000 fr. à 12.000 fr. la tonne.
(Principal débouché : Anvers).

Maïs :

Prix moyen d'achat au Dahomey..... 25 fr. la tonne.
Fret du Dahomey en Europe......... 35 » —
Cours à Marseille, de 90 fr. à 120 fr. la tonne.

Un commerçant Djedji et ses femmes

Droits d'ancrage des navires.

Ces droits sont de :

    1 fr. 00 par tonneau pour les bâtiments étrangers,
    0 fr. 50   —   —   français.

Ils ne sont perçus que dans les lagunes intérieures de la colonie, et ils sont dus pour chaque voyage par tous les navires de commerce français ou étrangers.

Tarif du Wharf de Kotonou.

    8 fr. par tonne à l'importation
et 6 fr.   —   à l'exportation.

Compagnies de navigation

La principale des compagnies de navigation qui assurent les transports entre la métropole et notre colonie du Dahomey est la Compagnie des *Chargeurs-Réunis*, dont le siège social est à Paris, 11, boulevard des Italiens.

Elle exécute depuis juillet 1889 un service maritime postal entre le Havre, Cherbourg, Bordeaux-Pauillac et nos différentes colonies de la côte occidentale d'Afrique. Ce service, qui n'était que de deux mois en deux mois, est devenu mensuel depuis le 11 août 1899, la compagnie des Chargeurs-Réunis ayant décidé de doubler son service postal par un service non subventionné.

La colonie du Dahomey se trouve donc reliée mensuellement avec le Havre et Bordeaux-Pauillac par les navires de cette compagnie (« Ville de Maranhao », « Ville de Maceio » et « Ville de Pernambuco ») qui, partant du Havre le 11 de chaque mois et de Bordeaux le 15, font escale successivement aux ports de Ténériffe, Dakar, Konakry, Grand-Bassam, Kotonou, Libreville, Cap Lopez, Loango et remontent la rivière Congo jusqu'à Matadi, d'où part le chemin de fer belge allant à Léopoldville.

Les retours ont lieu tous les mois par les mêmes points ; les navires touchent le 3 à Kotonou en retour.

Au point de vue du confortable et de l'installation, la compagnie des Chargeurs-Réunis ne laisse rien à désirer.

Prix des passages. — Les prix des passages sont les suivants :

	1re cl.	2e cl.	3e cl.
	fr.	fr.	fr.
Du Havre ou de Cherbourg à Kotonou.	945	810	360
De Bordeaux à Kotonou	900	765	315
De Sainte-Croix de Ténériffe à Kotonou.	855	675	270
De Dakar à Kotonou	495	360	180
De Konakry à Kotonou	405	290	145
De Grand-Bassam à Kotonou	160	110	55

Les enfants de passagers au-dessous de 1 an sont transportés gratuitement, ceux de 1 à 4 ans paient quart de place, et ceux de 4 à 12 ans, demi-place. A 12 ans et au-dessus les enfants paient place entière.

Pour les familles voyageant collectivement, il est accordé une réduction de 5 % sur le prix des billets.

Chaque passager de 1re ou de 2e classe a en outre droit sur ses bagages, à une franchise de poids de 200 kilog. ne dépassant pas 3/4 de mètre cube. Les passagers de 3e classe n'ont droit qu'à 100 kilog. ne dépassant pas 300 décimètres cubes. Pour les enfants, la tolérance est calculée sur le prix payé selon leur âge.

Taux de fret des marchandises et des produits entre le Dahomey et l'Europe.

Les taux de fret pour les marchandises solides et liquides sont les suivants :

Fret d'aller (par mètre cube ou tonne de 700 kilog). — Sels en sacs 25 francs. Ponchons en bottes, fûts démontés, cercles, 30 francs. Briques, carreaux, tuiles en caisses, charbons en sacs ou briquettes, 32 fr. 50 ; riz en sacs (le riz aux 1.000 kilog), chaux, ciments, fers bruts et matériaux de construction, 32 fr. 50 ; anisado en caisses, genièvres, alcools, tafias, savon, sel en barres ou en blocs, bois bruts et travaillés, 32 fr. 50 ; liqueurs, vins en caisses, bières, eaux minérales, vins en fûts, spiritueux, 35 francs ; biscuits, bougies, conserves, cordages, droguerie, épicerie, farine, peinture, 37 fr. 50 ; goudron et coaltar (sur le pont), 37 fr. 50 ; provisions, sucre et denrées coloniales, 37 fr. 50 ; colliers en verre, faïence, machinerie, outils, 40 francs ; pipes, poteries, ferronnerie, tabac, verrerie, perles, coutellerie, armes, 40 francs ; effets, étoffes, literie, mercerie, meubles, parfumerie, bimbeloterie, quincaillerie, tissus, cotonnades, 45 francs ; marmites (le mètre cube), 30 francs ; pétrole et acides (sur le pont), 55 francs ; poudre en barils, 60 francs ; bijoux, espèces, orfèvrerie, pierres précieuses, horlogerie (sur la valeur) 1/2 % ; embarcations, bateaux démontables (sur le pont), tarif à débattre ; dynamite, explosifs de toute nature, cartouches, amorces, douilles amorcées, tarif à débattre, et marchandises non dénommées à taxer par assimilation.

Les échantillons sans valeur sont taxés au tarif suivant :

Au-dessous de 5 kilog. et jusqu'à 5 décimètres........	15 fr.
De 5 à 25 kilog. ou de 5 à 25 décimètres...............	20 »
De 25 à 50 kilog. ou de 25 à 50 décimètres............	25 »
De 50 à 100 kilog. ou de 50 à 100 décimètres.........	30 »

Fret de retour (par mètre cube ou tonne de 1.000 kilog.). — Amandes de palme, coprahs, 27 fr. 50 ; huile de palme 40 francs ; bois d'ébène, 27 fr. 50 ; bois rouge, 27 fr. 50 ; bois d'acajou (pour les billes ne dépassant pas 1.500 kilog.) et d'ébénisterie, 40 francs ; graines de coton, 48 francs ; arachides, 35 francs ; fibres, cacao, café en grains, gingembre, poivre, 55 francs ; caoutchouc, gomme, cire, 66 francs ; cuirs et peaux, 68 francs ; ivoire (par kilo brut), 25 centimes ; marchandises non dénommées, 60 francs ; espèces et valeurs, or et argent, pierres précieuses (sur la valeur) 3/4 %.

Le minimum de fret est de 25 francs pour les colis mis à fond de cale et de 50 francs pour ceux lourds et encombrants allant sur le pont.

Les autres compagnies de navigation qui font le service de la côte occidentale d'Afrique sont la compagnie *Fraissinet*, de Marseille, la compagnie de *Navigation mixte*, de Marseille, la compagnie allemande *Wormann*, de Hambourg et les compagnies anglaises *British and African steam navigation Cº* et *African steam ship navigation Cº*, de Liverpool.

La plupart de ces compagnies sont très disposées à faire des rabais et à donner les plus grandes facilités aux voyageurs.

Le taux du fret est variable aussi suivant la compagnie et selon l'importance des chargements effectués.

CHAPITRE VIII

HYGIÈNE A OBSERVER DANS LA COLONIE

SOMMAIRE

Les maladies et leurs remèdes. — Habitations. — Nourriture. — Régime. — Équipement.

Les maladies et leurs remèdes.

Par son humidité constante et sa chaleur accablante, le climat du golfe de Bénin débilite fortement l'organisme et amène en peu de temps un affaiblissement général de la santé de l'Européen. Son pouls bat alors plus vite, une moiteur continuelle couvre son corps, ses digestions, rapides et sans aucun profit, sont incomplètes, la production de sa bile est abondante, l'homme s'énerve peu à peu et devient irritable pour un rien.

L'anémie et la fièvre guettent sans cesse le blanc et aucun n'en est exempt; mais on arrive par une hygiène bien comprise à mieux résister aux atteintes du climat.

L'anémie est due surtout à la débilité de l'estomac; elle apparaît au bout de quelques mois de séjour à la côte, la peau devient jaune, les oreilles sont pâles et transparentes, on *citronne*.

Pour combattre l'anémie et en atténuer les effets, il est bon de prendre périodiquement des fortifiants, des toniques, du quinquina, du fer, etc.

Si l'on veut retarder l'apparition obligatoire de la fièvre due au paludisme du pays, il faut avant tout être très sobre car le moindre excès se paie tôt ou tard.

Ses premières atteintes se font généralement sentir au bout d'un mois, rarement plus tard que trois ou quatre.

La fièvre débute d'abord par une courbature et une lassitude générales, des douleurs dans les articulations, un manque d'appétit, un dégoût de nourriture, un malaise qui va croissant. Ces symptômes sont accompagnés parfois de fortes migraines, de coliques et même de diarrhée très opiniâtre, mais l'indisposition ne se manifeste pas de la même façon chez les différents individus et tous les malades n'éprouvent pas les mêmes prodromes.

La fièvre vient graduellement; elle consiste d'abord en une sensation de froid, on grelotte puis l'on a chaud, l'on étouffe et finalement l'on rend de la bile. Les vomissements durent plusieurs heures, et plus ils sont abondants plus ils soulagent.

La violence des accès de fièvre dépend des tempéraments; leur durée est parfois de quelques heures seulement, comme elle peut être de plusieurs jours.

Pour atténuer les accès de fièvre il faut, dès que l'on éprouve un symptôme quelconque, prendre chaque jour, en deux fois, 80 centigrammes ou un gramme de sulfate de quinine délayé dans un demi-verre d'eau dans lequel on jette un cristal d'acide tartrique. De cette façon, le médicament agit presque instantanément; mais il faut l'absorber deux heures au moins avant le repas ou trois heures après, autrement il passe dans la digestion et reste sans effet.

Lorsque les indices de fièvre diminuent, on doit réduire la dose de quinine de 15 centigrammes par jour pendant plusieurs jours encore. Si, au contraire, les symptômes continuent, on portera la dose jusqu'à un gramme et demi, en deux fois, et on prendra au réveil un bon purgatif de sulfate de soude (50 grammes délayés dans de l'eau).

Il est inutile de prendre la quinine pendant l'attaque de fièvre ; elle ne doit être prise que comme remède préventif ou bien après l'accès, pour en prévenir le retour. Il est prudent de continuer à en absorber pendant plusieurs jours encore, mais en diminuant chaque fois la dose.

Pour mesurer la dose de quinine, les habitués savent que le contenu d'une feuille de papier à cigarette repliée à ses extrémités équivaut à un gramme.

Si la fièvre n'est pas trop fréquente, il est préférable de la laisser suivre son cours, car elle préserve d'autres maladies. Les vomissements et la transpiration qui en résultent soulagent toujours ; il est vrai qu'on reste un peu affaibli, mais l'appétit revient ainsi que le sommeil et l'on est tranquille pour quelque temps.

Plus l'anémie augmente, et moins l'on a de force pour résister aux atteintes de la fièvre, mais à la longue, la maladie n'apparaît plus que rarement ; c'est le cas des vieux côtiers qui, complètement anémiés, n'ont même plus la force d'être fiévreux.

Bien souvent aussi, il est bon de ne pas dédaigner les remèdes indigènes qui donnent parfois d'excellents résultats, au contraire des drogues d'Europe souvent avariées par l'humidité et la chaleur.

Les insomnies persistantes se combattent avec un peu de chloral.

Les infusions d'herbes du pays sont très curatives dans les

cas d'éruptions cutanées très fréquentes, résultant de l'excessive chaleur des tropiques.

Pour éviter les insolations, il est indispensable de porter en toutes circonstances le casque en liège. Une insolation est très mauvaise, et souvent elle est accompagnée d'un accès pernicieux de fièvre.

Dans ce cas, outre la quinine que l'on fait absorber au malade, il faut encore lui envelopper la tête de compresses froides constamment renouvelées pour arriver à faire diminuer la fièvre.

Les accès bilieux hématuriques sont combattus par de l'antipyrine absorbée à très haute dose; les cas en sont assez fréquents au Dahomey ainsi qu'à Lagos, c'est le mal du pays. L'alcoolisme prédispose à cette maladie, généralement mortelle.

Dans tous les postes français, les Européens sont assurés de trouver une boîte de médicaments périodiquement renouvelés, et les instructions nécessaires pour soigner les maladies ordinaires du pays.

Habitations.

Les habitations européennes doivent être isolées des cases indigènes et comporter un étage ou un rez-de-chaussée surélevé, autant pour éviter les rhumatismes et les douleurs provenant de l'humidité, que les rats, les serpents et les insectes qui pullulent dans le pays.

Quoique les voleurs ne soient pas à craindre, la maison doit être entourée d'une forte palissade ou d'un mur; néanmoins il est bon de ne jamais rien laisser traîner.

Comme il est très malsain de coucher dans une chambre close, il faut dormir avec fenêtres et portes ouvertes la nuit; les courants d'air auxquels l'on peut être exposé sont bien

(Phot. de M. l'Adm. Beurdeley.)

Servantes d'un négociant indigène de Porto-Novo.

atténués par la moustiquaire dont l'usage est indispensable aux colonies.

Il faut surtout éviter de faire de la lumière dans la chambre où l'on repose à cause des moustiques et autres insectes qui y seraient vite attirés et dont le bourdonnement seul est déjà désagréable.

Nourriture.

Dans les pays chauds, une nourriture substantielle est la base de la santé. Il faut surtout varier son ordinaire et prendre des aliments frais. Mais la sobriété est indispensable, aussi bien sous le rapport des aliments que de la boisson. L'on doit boire le moins possible et manger modérément. Se lever de table avec une pointe d'appétit est une excellente recommandation, car en ne surchargeant pas son estomac les digestions sont plus régulières, et, par suite, plus profitables.

Comme viande, l'Européen au Dahomey peut facilement se procurer du bœuf, du mouton, du chevreau et même du gibier s'il le commande aux indigènes.

Comme volailles, il trouve des poules, des canards, et, par suite, des œufs.

Quant au laitage, on consomme du lait concentré en boîte, dans les postes où l'on n'en trouve pas d'autre.

Les légumes européens sont communs sur la côte; dans toutes les localités, on trouve des plantes comestibles indigènes.

En outre, le pays offre à l'étranger une diversité de plats dont plusieurs ne sont pas dédaignés des gourmets.

On mange le cochon de lait, l'agouti, le jeune singe rôti, la queue du crocodile à la daube aux carottes, l'iguane qui a le goût du lapin, l'écureuil ou rat-palmiste, le rat d'amandes de

palme, les roussettes, énormes chauve-souris fructivores, des grosses sauterelles rôties, des escargots du pays, etc., etc...
Le python est un manger délicieux, fort prisé des mahométans.

Les conserves alimentaires importées dans la colonie s'achètent partout, mais il faut se méfier des boîtes avariées qui sont facilement reconnaissables à leur fond déformé, qui est convexe au lieu d'être plat, et dont le bombement provient des gaz qui se sont accumulés à l'intérieur.

Régime.

Malgré la chaleur qui règne aux colonies et l'anémie qui vous mine, il faut éviter de dormir après le repas du matin.

La sieste est une mauvaise habitude, contraire à la santé, et l'exercice à l'ombre est indispensable après manger pour obtenir une bonne digestion. On doit absolument réagir contre la somnolence qui vous gagne, car, autrement, on risque de n'avoir plus d'appétit pour le soir, et cependant il faut se nourrir si l'on veut résister au climat. Du reste, dès que la digestion est commencée, l'envie de dormir disparaît.

Celui qui se laisse aller au sommeil se réveille avec la bouche pâteuse, la tête lourde, des aigreurs d'estomac, et il reste indisposé pour toute la soirée.

Il est toujours très dangereux de sortir sans casque et surtout de séjourner au soleil pendant les heures les plus chaudes de la journée. Dès que l'on éprouve le moindre malaise après une sortie, avoir bien soin d'avaler un peu de quinine à titre de préventif contre la fièvre.

Quand on le peut, il est bon de se doucher au réveil, avant de prendre le café noir ou le thé chauds du déjeuner.

Le Dahomey.

Six ou sept heures de sommeil doivent être suffisantes ; l'on doit se coucher une ou deux heures après le repas du soir et se lever avec le jour ; c'est le moment le plus agréable, car l'air est alors d'une fraîcheur délicieuse.

En observant un pareil régime et les précautions sanitaires indispensables, on a beaucoup de chance de bien se porter au Dahomey, surtout si l'on conserve sa gaîté et que l'on sait se procurer quelques distractions. Mais il ne faut jamais avoir la nostalgie du pays, autrement l'on est perdu.

Après chaque séjour de deux ou trois années dans la colonie, il est prudent de venir se refaire la santé quelques mois en Europe. Une fois l'anémie disparue, on peut y retourner pour une nouvelle période de même durée.

Équipement.

L'essentiel, au Dahomey, est d'avoir de fortes chaussures, un peu de linge, des gilets de flanelle, des chaussettes.

Les tailleurs indigènes confectionnent à bon compte des habits avec les étoffes du pays.

Comme arme, un simple revolver suffit.

Un bon conseil à ceux qui seraient tentés de chercher la fortune au Dahomey, c'est de s'assurer au préalable d'une position quelconque, sinon ils s'exposeraient à la misère et à la maladie dès leur arrivée.

En se conformant à ce qui précède, ils reviendront un jour dans la mère patrie, satisfaits d'eux-mêmes et de l'emploi de leur temps.

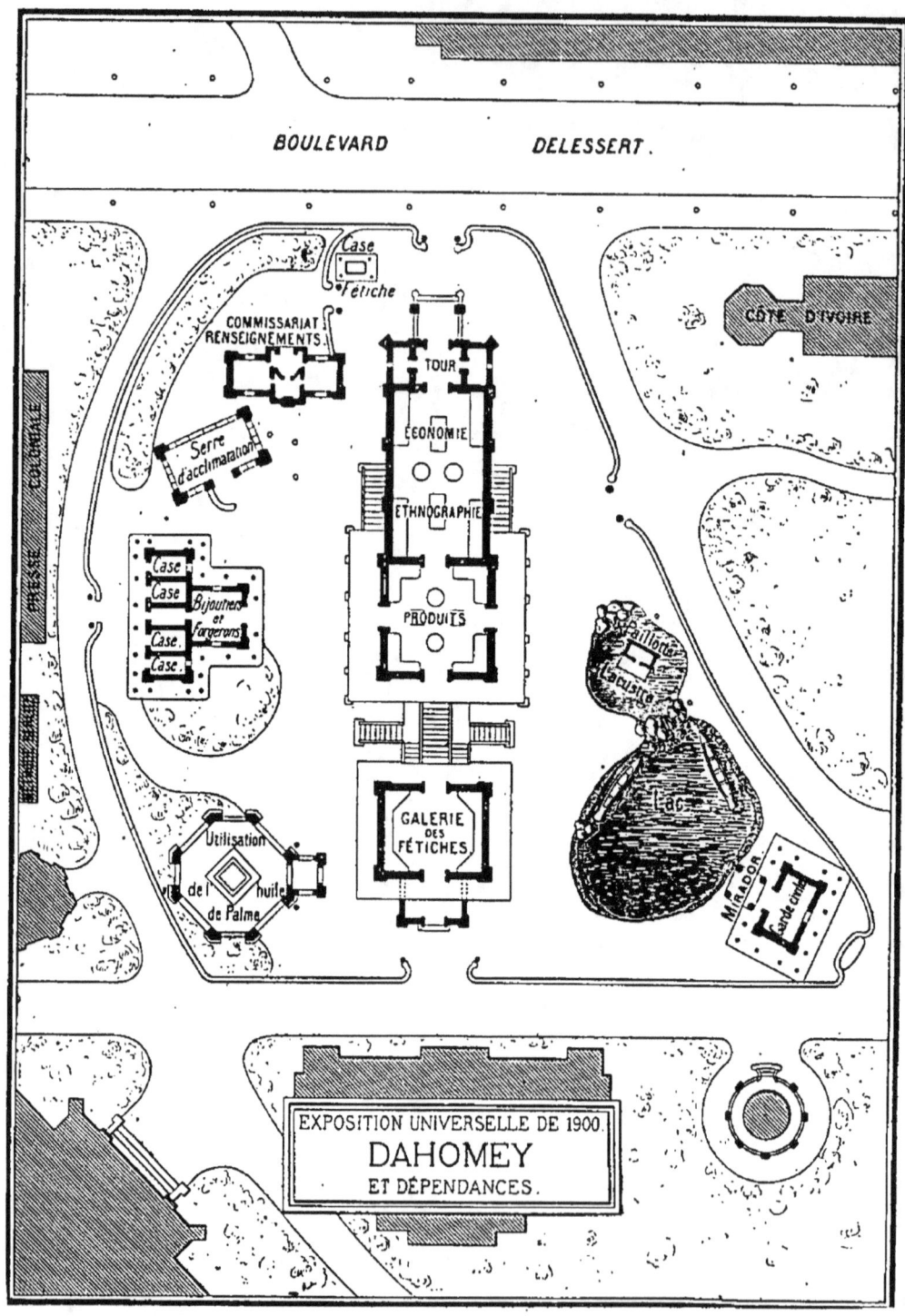

Plan général de l'Exposition du Dahomey.

CHAPITRE IX

LE DAHOMEY ET DÉPENDANCES A L'EXPOSITION DE 1900

SOMMAIRE

Inauguration de l'Exposition du Dahomey. — Description générale. — Indigènes. — Récompenses.

Inauguration de l'Exposition du Dahomey.

Le soin de préparer et d'organiser l'exposition du Dahomey et dépendances a été confié à MM. M. Béraud, ancien négociant au Dahomey, commissaire, et L. Brunet, secrétaire général du Comité du Dahomey et secrétaire du Syndicat de la Presse Coloniale, commissaire-adjoint, sous la haute direction de M. J.-Charles-Roux, délégué des Ministères des Affaires Étrangères et des Colonies à l'Exposition Universelle.

La tâche présentait quelque difficulté, le Dahomey, en raison de sa récente conquête, n'ayant jamais participé à une Exposition.

Pendant près de deux ans, M. L. Brunet s'est entièrement consacré à la mission qui lui avait été dévolue et il a su s'en acquitter à la satisfaction de tous.

C'est grâce au zèle et à l'initiative qu'il a déployés dans la partie active, dont il a toujours tenu à assumer seul toute la charge, que l'exposition du Dahomey et dépendances a pu être complètement achevée en temps voulu.

La confiance qui avait été témoignée à M. L. Brunet s'est trouvée ainsi pleinement justifiée.

Le 30 mars, au cours d'un grand banquet offert à tous ses collaborateurs de l'Exposition des Colonies et présidé par M. A. Picard, commissaire général de l'Exposition Universelle, M. J. Charles-Roux a pu dire, en parlant dans son discours de l'exposition du Dahomey : « Et ici je suis heureux de rendre hommage aux efforts persévérants du Commissariat du Dahomey qui est arrivé, je dois le dire, bon premier. »

Et l'exposition du Dahomey n'est pas parmi les moins importantes, ainsi qu'on en jugera par la description générale que l'on en trouvera plus loin.

Le 7 avril 1900, la section dahoméenne ouvrait officieusement ses portes à un certain nombre d'invités.

MM. J. Charles-Roux, Victor Ballot, M. Béraud, L. Brunet et L. Siffert, architecte, ont fait à leurs invités les honneurs de la section.

Parmi les personnalités présentes, MM. Etienne, le général Dodds, Saint-Germain, Haussmann, J.-L. Deloncle, Camille Guy, le général Chariot, président du Comité du Dahomey, etc., ainsi que la plupart des fonctionnaires du Commissariat Général de l'Exposition des Colonies, des Commissaires des autres Colonies, des collaborateurs de M. Brunet et des exposants.

Après la visite de l'exposition, M. Béraud a prononcé le toast suivant :

« Je vous remercie, Messieurs, au nom de mes collabora-
« teurs et au mien, d'avoir bien voulu assister à cette réunion.

« Nous sommes très flattés de nous voir entourés des plus
« fermes défenseurs de la cause coloniale : au premier rang,

« M. Etienne, qui a joué un rôle si importantdans la création
« et le développement de nos établissements africains et dont
« la grande et légitime influence se fait sentir dans toutes les
« questions qui intéressent l'expansion de notre pays au dehors.
« Je suis heureux de retrouver à ses côtés, aujourd'hui, deux
« de ses plus anciens et plus actifs collaborateurs, M. Hauss-
« mann et M. J.-L. Deloncle. Les situations enviées que le
« gouvernement de la République leur a confiées en dehors
« de l'administration coloniale n'ont pas fait oublier les ser-
« vices qu'ils y ont rendus.

« J'adresse à M. Charles-Roux, notre commissaire général,
« à M. Saint-Germain, notre directeur, au personnel du Com-
« missariat, l'expression de notre gratitude pour la bienveil-
« lance et l'appui qu'ils nous ont toujours prêtés en facilitant
« notre tâche et en aplanissant bien des difficultés adminis-
« tratives.

« Je remercie M. Jean Decrais, secrétaire général du minis-
« tère des Colonies, d'avoir bien voulu se joindre à nous, et je
« le prie de transmettre au ministre l'assurance de notre
« entier dévouement.

« Je suis véritablement heureux de saluer le général Dodds
« qui, lui aussi, nous a fait l'honneur d'assister à cette inau-
« guration.

« Je n'ai pas besoin, Messieurs, de rappeler les hauts faits
« du général auquel nous devons la conquête du pays de
« Béhanzin.

« Vous venez, Messieurs, de parcourir notre Exposition. Si
« nous avons pu réunir ici de si intéressants objets du Dahomey,
« nous le devons à son sympathique et distingué gouverneur
« M. Ballot.

« Le Dahomey a eu la bonne fortune, depuis que le Dahomey
« existe en tant que colonie française, d'avoir conservé le

« même chef qui l'a vivifié, transformé par son initiative tou-
« jours en éveil, par son esprit de réforme, par son habileté
« comme administrateur. »

« Les bienfaits de cette stabilité se font sentir par la prospé-
« rité du commerce, par le développement des ressources
« locales qui ont présenté, l'année dernière, un excédent de
« plus de 800.000 fr. »

« Ici nous en avons, sous une autre forme, un témoignage
« manifeste et bien fait pour étonner ceux qui connaissent les
« préjugés de l'ancien Dahomey. »

« A l'appel de M. Ballot, les fétiches du Dahomey, ces
« fétiches qui présidaient naguère aux sanglantes coutumes
« d'Abomey, ont traversé l'Océan pour venir assister à ces
« fêtes de la paix que la France célèbre cette année. »

« Vous les avez vus, alignés en grand nombre, ces fétiches
« qui ne devaient pas s'éloigner de la capitale de l'ancien
« Royaume. C'est à l'influence personnelle du gouverneur,
« à la confiance qu'il inspire qu'est dû ce résultat. M. Ballot
« a promis que les fétiches reviendraient intacts au pays natal :
« ils seront rendus fidèlement à ceux qui les attendent — non
« sans quelque anxiété peut-être — et ils apporteront aux
« populations primitives qui croient encore à leur pouvoir un
« redoublement d'attachement pour la France qui les a affran-
« chies en leur faisant aimer la liberté. »

« Je dois, Messieurs, remercier mes principaux collabora-
« teurs qui ont le plus contribué à la réussite de notre Exposi-
« tion : M. L. Brunet, commissaire-adjoint, pour son activité
« infatigable, son labeur et son dévouement de tous les ins-
« tants ; M. L. Siffert, architecte, qui a su si artistement dresser
« un plan d'ensemble représentant bien le style des construc-
« tions du Dahomey : la tour et la galerie des sacrifices, les
« demeures des anciens rois, et cela malgré les difficultés du
« terrain. »

Le Dahomey à l'Exposition Universelle de 1900.

L'entrée principale et la tour.

« Je leur adresse, Messieurs, mes plus vifs remerciements
« et je les recommande spécialement à la bienveillance de
« l'honorable M. Charles-Roux, notre distingué commissaire
« général. »

« Je lève mon verre à la prospérité de notre chère colonie
« du Dahomey, et à vous tous, Messieurs. »

M. Étienne, en quelques mots, félicite les commissaires de l'Exposition du Dahomey et rappelle l'œuvre féconde du gouverneur Ballot. Il adresse un salut au général Dodds et évoque le souvenir de sa brillante campagne.

M. le général Dodds remercie en excellents termes M. Étienne et tient à constater que les grands résultats déjà obtenus dans l'Afrique occidentale sont dus surtout et plus qu'à tout autre à M. Étienne lui-même, au grand colonial qui est le chef incontesté du parti de la plus grande France.

Avant de commencer la description de l'exposition du Dahomey, il est juste de rendre hommage à M. L. Giethlen, secrétaire, ainsi qu'à tous ceux qui ont été des collaborateurs dévoués et qui ont eu à cœur de s'associer à l'œuvre de vulgarisation et de propagande que la Colonie a voulu poursuivre par sa participation brillante à l'Exposition Universelle.

Description générale.

L'Exposition du Dahomey est située dans les jardins du Trocadéro, côté de Passy, près la rue Le Nôtre, en bordure du boulevard Delessert. Elle a pour voisinage immédiat les pavillons de la Côte d'Ivoire, de l'Inde et du Syndicat de la Presse coloniale.

La section forme un îlot de 2.115 mètres dont l'aspect est celui d'un village dahoméen, avec ses constructions imitant la « terre de barre » et recouvertes de chaume.

Un mur rustique, peu élevé et comme démoli tout exprès, l'entoure complètement d'une ceinture pittoresque.

L'architecte de la section, M. Louis Siffert, a su tirer un

Le Dahomey à l'Exposition universelle de 1900.

Pavillon principal et paillotte lacustre.

merveilleux parti du terrain, fortement incliné vers la Seine, et il a rendu la « couleur locale » avec une scrupuleuse exactitude.

Les deux principales constructions édifiées au centre ne

sont pas des reproductions fidèles de bâtiments dahoméens. Le souci artistique réclamait une « silhouette » se détachant franchement de l'ensemble des pavillons qui entourent le Dahomey. D'autre part, les exigences de la circulation nécessitaient des dispositions spéciales.

Le public a eu vite fait de baptiser la tour de 20 mètres qui surmonte l'entrée de « Tour des Sacrifices », se rappelant sans doute les pratiques barbares de Béhanzin, et la galerie qui abrite une table de sacrifices a été nécessairement appelée « Salle des Sacrifices ».

Si le public français connaît généralement peu la géographie, les histoires fantastiques et cruelles se fixent dans sa mémoire avec une extrême facilité. Il peut avoir oublié la situation géographique du Dahomey, mais il a gardé le souvenir de Béhanzin, qui goûte aujourd'hui à la Martinique les *douceurs* de l'exil.

Il est vrai de dire que la dernière campagne du Dahomey et la victoire du général Dodds ont laissé dans notre esprit une impression très vive, bien faite pour flatter notre orgueil national.

Si l'exposition du Dahomey a eu, dès le début, un immense succès de curiosité, c'est un peu à ces causes que nous le devons et le public s'est porté en masse au Trocadéro, attiré par le souvenir de Béhanzin, des fameuses amazones et du populaire général Dodds.

Ceux qui savent, ont voulu voir de près la figure que ferait le Dahomey à l'Exposition ; ceux-là connaissent la situation brillante de la colonie au point de vue agricole et économique, ils connaissent sa richesse et ils savent que c'est aux efforts du gouverneur Victor Ballot que l'on doit cette brillante situation.

En somme, le visiteur venu à l'Exposition du Dahomey,

qu'il soit simple curieux ou initié, n'a pas été déçu et il a reconnu que la colonie avait fait ce qu'on était en droit d'attendre d'elle, et son exposition occupe au Trocadéro, après celle de l'Indo-Chine, de Madagascar et de la Tunisie, la place la plus importante.

Le pavillon central, sorte de tata flanqué d'une tour très élevée, est composé de deux grandes salles principales.

Dans la petite pièce qui sert d'entrée, quelques sièges de cabécères et un comptoir où sont débités les ouvrages sur la colonie, des photographies et des cartes postales reproduisant des vues et des types du Dahomey, ainsi que des clichés pris à l'Exposition même.

La première salle est la plus grande. Parmi les collections ethnographiques dont elle est abondamment garnie, deux choses frappent immédiatement la vue. C'est d'abord, à droite, une carte du Dahomey de 3 m. 50 sur 2 mètres, occupant le milieu d'un panneau. Cette carte, d'une lecture facile, a été mise à jour d'après les documents les plus récents. Le tracé du chemin de fer, sur le point d'être construit, et qui doit aller de Kotonou au Niger français, y est indiqué. M. le Président de la République lors de sa visite au Pavillon s'est longuement arrêté devant cette carte sur laquelle il a suivi le tracé de la ligne.

A droite et à gauche, divers documents sont disposés. D'abord, la carte du chemin de fer, établie par la mission d'études dirigée par le commandant Guyon. La première carte gravée du royaume de Dahomé, dressée par Robert Norris, en 1790, puis une série réduite de toutes les cartes anciennes du Dahomey, depuis la première carte hollandaise de 1595 jusqu'à une carte anglaise du XIXe siècle.

Ces deux derniers documents sont dus aux recherches de M. A. Pawlowski.

Puis, sur un immense panneau, des renseignements et des statistiques dont les chiffres étonnent le visiteur qui verra avec quelle rapidité les affaires du Dahomey ont progressé, sous l'administration du gouverneur Ballot.

Nous reproduisons ci-contre, pour l'édification de nos lecteurs, cet important document.

Enfin, pour les philatélistes, un tableau des différentes émissions de timbres-poste.

La seconde chose qui sollicite immédiatement l'attention, c'est, couronnant plusieurs meubles, de grandes olives de verre contenant de l'huile de palme.

Les visiteurs, en voyant la large place réservée à ce produit, seront obligés de retenir que l'huile de palme, tirée du fruit du palmier à huile, constitue la principale richesse agricole de la colonie.

Les murs de cette salle sont recouverts d'armes de toutes sortes et d'objets anciens et modernes, vêtements, récades, coiffures, masques, etc., provenant des différentes régions du Dahomey.

Des étiquettes générales et des étiquettes spéciales pour les pièces les plus remarquables, renseignent le visiteur.

Une grande partie des envois de la colonie, réunis à Porto-Novo par les soins de M. Fonssagrives, administrateur des colonies, président du Comité local de l'Exposition, se trouve mélangée à la collection du général Dodds, riche en souvenirs de Béhanzin, et à celle du gouverneur du Dahomey, de l'administrateur Beurdeley, de MM. Paul Daumont, L. Brunet, de Tovalou Quenum, un notable indigène, etc.

A droite et à gauche, installés sur des estrades, les sièges et les fétiches royaux, appartenant au roi Ago-li-Agbo, récemment destitué.

Pour quiconque connaît le fanatisme des indigènes du

DAHOMEY ET DÉPENDANCES

Superficie : 210.000 kmq. | Population : 1.200.000 indigènes.

EXPLOITATIONS

INDIGÈNES :
Amandes et Huiles de palme
Coco (Coprah).
Caoutchouc.
Arachides.
Maïs
Karité.
Tabac.
Coton.
Cultures vivrières.

EUROPÉENNES :
Cacao.
Café.
Caoutchouc (plantations).

COMMERCE (1899)

Importations ..... 12.348.970 fr.
Exportations ..... 12.719.189 fr.
Total ..... 25.068.159 fr.

Les importations portent sur :
Boissons .... 4.553.980 fr.
Tissus .... 1.933.396 fr.
Monnaies......... 1.711.193 fr.
Ouvrages en bois. 263.240 fr.
Verres et cristaux.. 192.350 fr.
Tabacs............ 411.922 kil.
Poudre............ 142.315 kil.

BUDGET LOCAL (1899).

Recettes prévues............................ 1.960.834 fr.
Recettes réalisées .... 2.790.010 fr.

Excédent de recettes : 829.176 fr.

CONCESSIONS

Des concessions de terrains libres faisant partie du domaine de la colonie pourront être accordées gratuitement. Le Ministre est appelé à se prononcer sur l'acceptation ou le rejet de ces demandes qui devront être adressées au Gouverneur du Dahomey. En cas d'acceptation, les concessions seront provisoires pendant un an. (Arrêté du 10 juin 1890.)

Prix des Passages du Havre et de Bordeaux à Kotonou
(Chargeurs-Réunis)
1re classe............. 945 fr. — 900 fr.
2e classe............. 810 fr. — 765 fr.
3e classe............. 360 fr. — 315 fr.
Départs : le 11 du Havre (23 jours).
le 15 de Bordeaux (19 jours).

Fret au départ du Havre et de Bordeaux
(Chargeurs-Réunis)
Tonneau : au cube 1 mètre ; au poids, 700 kilos.
Boissons : 32.50 et 35 fr. le tonneau.
Tissus : 45 fr. le tonneau.
Échantillons : au-dessous de 5 kilog. 15 fr.
de 5 à 25 kilog. 20 fr.
de 25 à 50 kilog. 25 fr.
de 50 à 100 kilog. 30 fr.

Dahomey, cette exhibition de fétiches est surprenante, et leur présence à Paris est une preuve de la confiance dont jouit le Gouverneur auprès des noirs. M. Ballot a promis que tous ces objets vénérés par les féticheurs retourneraient intacts au Dahomey et cela a suffi.

Aussitôt l'Exposition fermée, ces animaux bizarres, cuirassés de fer blanc et de cuivre, retourneront à Abomey, où ils seront rendus à la vénération des féticheurs.

La série des sièges des rois qui se sont succédé sur le trône d'Abomey est complète, depuis celui de Dako-Donou, premier roi, jusqu'au siège de Ago-li-Agbo, successeur de Béhanzin.

Les plus intéressants sont ceux de Agonglo, septième roi, recouvert de feuilles d'argent, et de Guézo, huitième roi, qui repose sur quatre crânes humains.

A signaler parmi tant de choses, dont la plupart ont une histoire, et qui méritent toutes l'attention du visiteur, une superbe défense d'éléphant, appartenant au gouverneur Ballot et dont le poids dépasse 90 kilos.

Également deux tams-tams monstres, le mâle et la femelle, faisant partie de la jolie collection d'instruments de musique de M. le comte Louis d'Osmoy, administrateur des colonies.

Dans des vitrines plates, l'on peut admirer une importante collection de bijoux d'or, d'argent, de bronze et de verroteries, fabriqués au Dahomey.

Un certain nombre de ces bijoux est l'œuvre de O'Bassa, un bijoutier indigène qui fait partie du détachement envoyé à l'Exposition universelle.

Dans les autres vitrines, des armes et des petits objets divers sont exposés. Sur un plateau de velours blanc, les insignes des différents grades de l'ordre de l'Étoile noire sont présentés à côté de la médaille commémorative de la campagne du Dahomey et de la médaille coloniale.

Plusieurs panneaux de cette salle sont recouverts de nattes et de tissus du pays, pagnes de coton et de paille et de coton et paille mélangés, finement tissés, hamacs de Whydah, etc.

De l'examen attentif des documents et objets exposés dans cette première salle, ressort la démonstration géographique et

Le Dahomey à l'Exposition universelle de 1900.

Galerie des fétiches.

économique. Les spécimens ethnographiques y sont très abondants et les industries des indigènes du Dahomey largement représentées.

Avant de quitter cette salle, saluons les bustes en bronze du général Dodds et du gouverneur Ballot placés à droite et à gauche de la porte, et admirons celui du roi Toffa. Ces trois remarquables morceaux de sculpture sont dus au talent du statuaire Charles Perron, qui a obtenu une deuxième médaille au Salon de 1899.

Les murs de la seconde pièce, moins grande que la précédente, sont garnis de vitrines hautes.

L'intérieur du bâtiment répond à l'extérieur. Les meubles ont des formes bizarres, ils sont bariolés de peintures grossières et ornés de récades, de coupe-coupe et de masques dahoméens.

Dans les deux salles, courant tout autour, une curieuse frise peinte par Georges Garnier, à la manière naïve des indigènes du Dahomey, représente des scènes de la vie indigène.

Dans la première salle, nous avons vu la chasse, la pêche, le palabre, etc. ; dans celle-ci, nous remarquons la cueillette des noix de palme, la fabrication de l'huile de palme, les potiers, les tisserands et les ouvriers d'art.

Les produits du Dahomey occupent une place importante dans cette seconde salle.

La vitrine de gauche contient, dans de grands bocaux, des régimes du palmier à huile, dans un autre, des noix détachées de ces régimes, puis encore les amandes extraites de ces noix, et enfin, dans plusieurs récipients semblables à ceux qui sont disposés dans la salle, de l'huile de palme provenant, soit de la pulpe des noix de palme, soit des amandes de ces noix.

De l'oléine, de la glycérine, des bougies et des savons de toilette démontrent quelles sont les principales applications industrielles que l'huile de palme est susceptible de recevoir.

Les deux tableaux ci-contre, placés dans la vitrine, indiquent les quantités d'amandes et d'huile de palme exportées par la Colonie de 1891 à 1899.

AMANDES DE PALME

Exportations de la Colonie.

En 1891.................. 16.253.912 kilog.
    1892.................. 14.398.262 —
    1893.................. 20.322.755 —
    1894.................. 24.062.489 —
    1895.................. 21.177.719 —
    1896.................. 25.251.650 —
    1897.................. 12.875.442 —
    1898.................. 18.091.312 —
    1899.................. 24.850.982 —

HUILES DE PALME

Exportations de la Colonie.

En 1891..................   6.616.259 kilog.
    1892..................   4.751.675 —
    1893..................   7.499.726 —
    1894..................   8.318.117 —
    1895.................. 12.438.975 —
    1896..................   5.524.698 —
    1897..................   4.077.022 —
    1898..................   6.052.137 —
    1899..................   9.650.542 —

L'importance de ces produits est encore soulignée par des pancartes ainsi rédigées :

Les Grands Produits du Dahomey.

AMANDES DE PALME. — HUILES DE PALME.

Les autres produits exposés sont les arachides, le coprah, la kola, les noix de karité et le beurre que l'on en tire, le caoutchouc, le café, le cacao, l'indigo, le manioc, les piments, le poivre du pays (Atakou), le gingembre, plusieurs espèces de coton, un lot important d'ivoire, etc.

Le docteur Gouzien, l'éminent médecin en chef du Dahomey, à qui l'on doit la découverte si précieuse d'un remède efficace contre les accès bilieux hématuriques, a réuni dans une vingtaine de bocaux une collection très complète de plantes médicinales employées par les indigènes.

Des prélèvements ont été faits sur chaque échantillon par M. G. Linas, pharmacien-chimiste expert, dans le but d'étudier ces plantes dont la plupart semblent présenter un intérêt tout spécial.

Les principaux produits sont répétés dans une petite vitrine placée au centre de la salle, avec des échantillons de riz, de maïs blanc et jaune, de haricots, de mil blanc et rouge, de farine de manioc, etc., et d'antimoine de provenance du Haut-Dahomey.

Une autre vitrine, faisant pendant à la première, contient des instruments de précision à l'usage des explorateurs, exposés par la maison Guyard, Canary et Cie.

La vitrine de droite comprend, entre autres vêtements royaux, un costume complet d'apparat, en velours brodé or, tiré de la garde-robe du roi Toffa ; sur les bottes, les armes de Porto-Novo. Une couronne surmontée d'un lion et une tiare accompagnent le costume.

Dans cette même vitrine, de riches fétiches en or et en argent, appartenant au roi Ago-li-Agbo, la tunique de la généralissime des Amazones, et des bonnets de perles ayant coiffé Béhanzin, rapportés par le général Dodds.

La vitrine de l'angle de gauche contient des poteries, des armes et des objets de cuir travaillés à la manière arabe.

Dans celle qui lui fait face, sont exposés les travaux de vannerie, les bois sculptés, les objets de cuivre, etc.

Plusieurs centaines de photographies sont disséminées dans

Le Dahomey à l'Exposition Universelle de 1900.
Serre d'acclimatation.

les deux salles sur quatre pieds à pivots supportant chacun des cadres mobiles à double face.

Les collections de photographies rapportées par M. le gouverneur Ballot de ses explorations dans le Haut-Dahomey et au Niger, celles du commandant James Plé et de l'administrateur Beurdeley se font remarquer par leur intérêt.

Accrochées aux murs quelques jolies aquarelles, originaux de dessins parus dans l'*Illustration* au moment de la campagne.

Avant de quitter le pavillon central, le visiteur peut circuler sur les galeries qui l'entourent. Là, des spécimens des bois du pays : rocco, coker (ronier) et bois de fer. Des panneaux de marquetterie où ces trois essences combinées sont appliquées sur les murs extérieurs pour montrer le merveilleux parti que les industries du meuble et du parquet pourraient tirer des bois du Dahomey, à peu près inconnus en Europe.

Un escalier relie le pavillon central à un second bâtiment composé d'une salle de rez-de chaussée à galerie circulaire.

Si, pour la construction de ce pavillon, l'imagination de l'architecte a suppléé au manque d'éléments, le pittoresque n'y a rien perdu. Les galeries sont supportées par quatre gigantesques requins — le requin étant l'animal symbolique cher à Béhanzin. — Des serpents, évoquant le souvenir du temple de Zagnanado élevé au culte du serpent, en honneur au Dahomey, s'enroulent gracieusement autour des poutrelles qui soutiennent les galeries.

Ornant les quatre angles, d'immenses parasols de guerre de grands chefs ou cabécères aux étoffes multicolores jettent une note gaie sur cette salle où le public contemple, non sans effroi, une table de sacrifices! Un des parasols, en soie celui-là, appartenait à Béhanzin.

La table des sacrifices, placée au centre de la salle, est surmontée d'attributs symboliques ; elle est entourée d'une série de grands coupe-coupe de différentes formes, fichés en terre par le manche et de deux billots de bois de fer en Y.

Une multitude de fétiches en fer et en bois finissent de garnir cette salle.

Aux murs, des panneaux à parquet en bois du pays, des nattes tressées à Whydah et une superbe toile due au pinceau de M. Druard, élève de Bonnat, représentant notre protégé Toffa, roi actuel de Porto-Novo, dans son costume de gala, la poitrine barrée par le grand cordon bleu clair de l'ordre de l'Étoile-Noire.

Avant de procéder à la visite des nombreuses annexes, l'on entre dans une pièce formée par le sous-sol du pavillon central. Elle est occupée par l'exposition de la Compagnie Ouémé-Dahomey. C'est un peu la répétition des salles déjà visitées, armes, objets divers, ivoires, tissus et produits.

Une carte du Dahomey montre l'emplacement occupé par les territoires dont cette Compagnie est concessionnaire.

A signaler une profusion de tableaux, agrandissements photographiques très réussis de types et paysages dahoméens par M. Leroi.

Supporté par deux colonnes, un immense tableau occupe le milieu de la salle, il représente les plans du wharf de Kotonou, cette « porte » du Dahomey, construit par MM. Daydé et Pillé.

A gauche des bâtiments principaux une petite pièce d'eau sur laquelle est construite une habitation lacustre comme on en rencontre sur le lac Nokoué. Des filets de pêche sont accrochés à la paillotte.

L'eau de cette vasque s'écoule par des rochers dans un lac minuscule qu'elle alimente. La profondeur de celui-ci est, au milieu, d'environ quatre mètres, afin que les indigènes puissent y plonger au moment des grandes chaleurs.

Trois pirogues creusées dans des troncs d'arbres, munies de leurs pagaies se balancent doucement à la moindre brise sur ce petit lac où elles se trouvent un peu à l'étroit, l'emplacement n'ayant pas permis de faire plus grand.

Chaque pirogue mesure de 7 à 8 mètres et pèse environ 250 kilos. Ce sont ces embarcations qui sillonnent les lagunes et les fleuves de la colonie.

Une plage en miniature où s'ébattent, au soleil, les femmes indigènes, puis une paillote, flanquée d'un mirador, affectée au poste des gardes du Dahomey, terminent ce côté de la section du Dahomey dont la pointe se dirige vers l'exposition du Sénégal.

Dans l'angle opposé, près du pavillon de l'Inde, s'élève une grande paillote où un industriel de Roubaix, M. Victor Vaissier, livre au public des pains de savon dans la composition desquels l'huile de palme du Dahomey entre pour une grande part.

Les savonnettes sont frappées et préparées sous les yeux du public.

Elles sont présentées dans des boîtes portant une vignette représentant l'Exposition du Dahomey et le titre : *Transformation de l'huile de palme en savonnerie.*

Une notice sur l'huile de palme — récolte, fabrication et application — accompagne chaque boîte.

Cette démonstration industrielle est très intéressante.

Les murs du pavillon occupé par M. Victor Vaissier sont ornés d'armes, de fétiches et de photographies du Dahomey.

Une vitrine élégante, en forme de kiosque, est placée au milieu, elle contient des spécimens de tous les produits fabriqués par cette importante maison et plus particulièrement des essences dont quelques-unes portent des étiquettes d'extraits du Dahomey.

En face, et placée devant le pavillon du Syndicat de la

Presse coloniale, une grande paillote est réservée aux ouvriers indigènes.

Les bijoutiers occupent une pièce carrée où ils confectionnent des bijoux d'or et d'argent et des objets de cuivre.

A l'extérieur, les tisserands exercent leur petite industrie à l'abri du chaume et confectionnent, à l'aide de leur métiers primitifs, des tissus où les fils de coton se mélangent à l'alfa.

A côté, une serre où se retrouve encore l'originalité dont tous les bâtiments de M. Siffert sont empreints.

Deux immenses serpents en gardent la porte, enroulant gracieusement leurs volutes autour d'un vase qui en garnit le faîte.

Dans cette serre, dont la charpente a été construite par M. Ozanne, exposant, et le chauffage installé par M. Lebœuf, la maison Vilmorin, Andrieux et Cie y essaie l'acclimatation des spécimens de la flore du Dahomey ainsi que des plantes susceptibles d'y réussir, telles certaines variétés de caoutchouc, de café et de cacao.

En remontant la pente, l'on revient au point de départ, c'est-à-dire vers l'entrée principale du boulevard Delessert.

Au niveau de cette entrée, une autre paillote a été édifiée en façade, près d'un bouquet de beaux arbres, au milieu d'un massif d'arbustes.

Cette petite construction, reproduction exacte d'une case dahoméenne, est surmontée du pavillon tricolore. Sur un panneau rustique se lit : « Dahomey et dépendances : Direction », c'est ici le bureau.

Un petit mur protège le bureau contre la foule des curieux. C'est aussi par là que l'on accède à la paillote où travaillent les ouvriers indigènes.

La paillote où est installé le bureau se compose de deux petites pièces. Le bureau proprement dit est à droite. La pièce de gauche est affectée aux échantillons.

Les échantillons sont de deux sortes. D'abord les produits de la colonie dont des spécimens sont exposés dans les vitrines et que certains visiteurs pourront examiner là de plus près sur leur demande.

La seconde catégorie comprend les articles de provenance européenne d'un usage courant au Dahomey et dont on n'a vu que quelques types dans la grande vitrine des produits, notamment une abondante collection de tissus, depuis le simple calicot jusqu'au velours broché.

Des pièces entières dans chaque genre indiquent la manière de plier et de présenter la marchandise au goût des indigènes.

Les prix de vente dans les pays d'origine et les droits auxquels sont soumis ces tissus à l'entrée dans la colonie sont portés sur chaque échantillon.

Il en est de même pour les alcools, les liqueurs, les armes de traite, etc.

Tissus et alcools sont presque tous de provenance anglaise et allemande.

Nos industriels, nos négociants, sont invités à prendre connaissance de ces références, et nous espérons qu'ils en profiteront, car il faut que l'indigène du Dahomey s'habitue à connaître les produits français auxquels il aura vite donné la préférence sur ceux de Manchester ou de Hambourg.

Des publications très complètes contenant d'abondants renseignements sur la colonie sont débités au public à des prix insignifiants.

Voilà, fixée dans ces quelques notes, la visite rapide de l'exposition du Dahomey, exposition complète et bien comprise d'où le visiteur, quel qu'il soit, conservera le souvenir et dont il pourra tirer, s'il le désire, des renseignements profitables.

M. L. Brunet.   Dr E. Binet.   (Phot. J. Beau.)
Groupe de Dahoméens à l'Exposition Universelle de 1900.

Indigènes.

L'intérêt offert par l'exposition du Dahomey est encore rehaussé par la présence d'un détachement de 26 indigènes qui achèvent de donner à la section son caractère local, déjà si original par ses constructions.

Cette exhibition ethnographique a le charme d'être absolument neuve.

On a vu en France de soi-disant Dahoméens, provenant en réalité du Togo allemand ou du Lagos anglais, mais on ne connaissait pas encore le type véritable du Dahoméen.

Ces indigènes, soldats et artisans, envoyés à l'Exposition par le gouvernement local du Dahomey, n'ont donc absolument rien de la banalité des troupes de noirs que des barnums promènent à travers l'Europe et qui pratiquent la mendicité. Le Dahoméen n'est pas mendiant et l'on pourra s'en convaincre à l'Exposition où jamais l'on ne verra un noir demander.

Ceux-ci sont principalement de races Nago et Djedji, c'est-à-dire du Bas-Dahomey.

La petite troupe est composée de dix hommes de la garde civile indigène du Dahomey, dont la plupart, anciens tirailleurs haoussas, ont fait partie de nos dernières expéditions coloniales et notamment de celle de Madagascar ; sept artisans, bijoutiers, tisserands et vannier, et de cinq femmes et quatre boys.

A titre de curiosité nous en donnons les noms :

Garde civile :

Bakary, brigadier; Emilio, sous-brigadier et sa femme Syé; Abougou, Adéribibé, Alabi, Amoussou, Atéko et sa femme Alimatou; Fachénya, Oyeindé, Oyétoundé et sa femme Amabou.

Artisans :

Aoussou, bijoutier, et son boy Samuel; O'Bassa, bijoutier, sa femme Efryèque et son boy Comoran; François Martin, bijoutier, et son boy Adébéla; Bakary, tisserand, Mama, tisserand et son fils Aïla; Osseni, tisserand et sa femme Fatoma, et Doté, vannier.

Quelques-uns de ces indigènes ont fréquenté les missions catholiques et comprennent le français, très peu le parlent; seul, le sous-brigadier Emilio parle et lit assez couramment. Les trois tisserands, marabouts musulmans, n'en connaissent pas un mot.

Un boy, Samuel, parle et écrit convenablement l'anglais.

Pendant leur séjour à Paris les Dahoméens suivent les cours de l'Alliance française et de la Méthode Berlitz.

Rien n'est d'ailleurs négligé pour les instruire et les amuser afin qu'ils emportent dans leur pays un bon souvenir de la patrie adoptive et qu'ils propagent leurs impressions qui ne peuvent manquer d'être excellentes.

Chaque semaine un jour est consacré aux visites à l'Exposition et aux promenades dans Paris ; M. Brunet, qui s'occupe spécialement du détachement avec une grande sollicitude, les accompagne toujours.

La petite troupe excite naturellement sur son passage un vif succès de curiosité, et les badauds s'amusent de l'étonnement de ces grands enfants qui manifestent leur joie et leur surprise avec force gestes et exclamations bruyantes.

Au Trocadéro, le succès des Dahoméens est considérable ; les gardes civils, de très bonne tenue, le partagent avec les ouvriers qui confectionnent sous les yeux du public des bijoux bizarres finement travaillés et des pagnes patiemment tissés.

Les femmes rient et s'amusent au bord de la pièce d'eau et

dansent quelquefois au son des tams-tams sur lesquels les gardes au repos tambourinent consciencieusement en cadence.

Les danseuses ne s'arrêtent que pour fuir devant l'objectif qui les guette. — C'est une manie que les amateurs photographes ne trouvent pas toujours à leur goût.

Les bijoutiers, au besoin forgerons, sont habiles et fabriquent des bijoux d'or et d'argent et des objets en cuivre assez curieux qu'ils ont la faculté de vendre au public. Tous les ouvriers travaillent pour leur compte.

Les gardes sont chargés de la police de la section dahoméenne et ils observent très sérieusement la consigne ; ils reçoivent ici leur solde ordinaire, c'est-à-dire 1 fr. 25 par jour.

Le soir, à la fermeture du pavillon, tous les noirs sont conduits chez eux, dans le logement que M. Brunet leur a fait installer d'une manière aussi confortable que possible, à proximité du Trocadéro.

Le Bastion 57, dont ils occupent le quatrième étage de l'aile droite, est situé boulevard Lannes ; une zone boisée très étendue l'environne et lui amène un air pur.

Les indigènes de Madagascar envoyés à l'Exposition habitent le même bâtiment.

L'aménagement ne laisse rien à désirer : cuisines spacieuses, lavabos, salles de douches, infirmerie, etc., rien n'y manque.

La nourriture est saine et abondante.

Le détachement dahoméen est placé au Bastion sous la surveillance de M. Cabarroques, brigadier des douanes du Dahomey, qui a été chargé de l'amener à Paris.

Tous les matins les gardes civils sont exercés par M. Paul Langlois, garde principal de 1re classe du Dahomey, également attaché à la section.

Trois fois par semaine, le Docteur E. Binet, l'éminent médecin-adjoint de l'Hospice National des Quinze-Vingts, qui a

(Phot. J. Beau.)
Détachement de la garde civile indigène du Dahomey à l'Exposition Universelle de 1900.

spécialement étudié les maladies des races noires, visite les Dahoméens.

Arrivés à Paris le 20 avril, il y a eu au début quelques rhumes sans gravité et les malades sont devenus de plus en plus rares en même temps qu'apparaissait la chaleur.

Les Dahoméens sont tous de santé robuste, ils sont résistants, et le bonheur de se trouver à Paris suffirait à leur faire oublier les maux dont ils seraient atteints.

Récompenses.

Des différents Jurys qui ont examiné son exposition particulière le Dahomey a obtenu 49 récompenses.

Ce résultat est merveilleux si l'on considère le nombre insignifiant d'exposants. C'est le Comité local de Porto-Novo qui a fait tous les frais, aussi a-t-il obtenu 32 récompenses à lui seul. Les principaux produits de la Colonie ont reçu un grand prix, et plusieurs médailles d'or et d'argent.

M. Pascal, le distingué gouverneur par intérim qui a dirigé, à Porto-Novo, la préparation de l'Exposition, a obtenu une médaille d'or de collaborateur, et M. Jean Fonssagrives deux médailles d'argent.

Le succès obtenu auprès des Jurys compétents qui ont examiné les produits dahoméens est la consécration de la participation brillante du Dahomey à l'Exposition Universelle de 1900. M. le gouverneur Ballot et son principal collaborateur M. Pascal peuvent être fiers de ce résultat.

Nous nous sommes étendus peut-être un peu longuement dans cette description, nous arrêtant à une foule de petits détails. Il nous a cependant paru intéressant de faire une monographie complète qui pourra servir de document pour l'avenir.

L'AVENIR DU DAHOMEY

CONCLUSIONS

Par les statistiques rassurantes et pleines d'espoir qui sont exposées dans les chapitres qui précèdent, on a pu se rendre compte que la situation générale de notre jeune colonie est des plus satisfaisantes, et que le Dahomey est assurément une acquisition heureuse pour la mère-patrie.

Ces brillants résultats sont dus à l'héroïque général Dodds, le vainqueur de Béhanzin, et au gouverneur Victor Ballot, l'habile organisateur du pays.

Par la conquête, accomplie par une poignée de braves savamment dirigés, nous avons délivré des peuplades douces et intelligentes de leur monarque sanguinaire; des cruels sillons ouverts par la guerre jaillit maintenant une admirable floraison de civilisation, de progrès et de paix. Ce ne sont pas là les seuls effets de notre généreuse intervention. L'occupation du pays nous ouvrait en même temps les routes du Niger que M. Ballot et ses hardis collaborateurs ont su si habilement couper à nos voisins, Anglais et Allemands.

Mais il ne suffisait pas d'avoir opéré la conquête de la colonie, il fallait aussi en tirer parti et savoir la rendre féconde par sa mise en valeur. Cette organisation est l'œuvre personnelle de M. Victor Ballot et il a le droit d'en être fier.

Sous son intelligente et sage administration, le pays s'est modifié peu à peu; les chemins se sont améliorés, des routes se sont ouvertes vers l'intérieur, un wharf a été construit à Kotonou, un réseau de plus de deux mille kilomètres de lignes télégraphiques sillonne la colonie, reliant entre eux tous les postes et assurant les communications avec le Niger et le Soudan français, enfin une voie ferrée destinée à relier l'Océan au Niger, est en cours d'exécution. Tout en procédant à ces importants travaux d'utilité publique, la colonie acquérait une brillante situation financière. Les hordes pillardes du Dahomey se sont transformées, comme par enchantement, en un peuple paisible, facilement dirigeable, porté au travail et au négoce, et aujourd'hui les plus farouches des guerriers de Béhanzin sont nos plus dévoués auxiliaires pour la garde et le maintien de l'ordre dans la colonie.

Par ses productions variées et abondantes décrites plus haut, le Dahomey est de nature à rémunérer convenablement les capitaux employés à les exploiter.

L'avenir économique de la colonie paraît donc magnifique et il fait naître de grands espoirs ; ils se réaliseront certainement le jour où, grâce à l'ouverture du trafic du chemin de fer de pénétration, les riches produits du mystérieux continent noir viendront affluer sur nos marchés et dans nos ports. A l'huile de palme viendront s'ajouter la gomme, le caoutchouc, le beurre végétal, l'ivoire, les fourrures et bien d'autres richesses encore ignorées. Les transactions deviendront alors de plus en plus importantes entre l'hinterland et la côte, et la prospérité du pays sera assurée pour toujours.

Ce n'est donc pas seulement une œuvre de conquête et de pacification qui a été accomplie au Dahomey, c'est aussi, et ce sera surtout désormais, une œuvre de colonisation et d'exploitation.

Les années qui viennent seront capitales pour notre colonie. Si les principes qui y ont été appliqués ont déjà porté de bons fruits, c'est à la longue seulement qu'ils donneront des résultats décisifs. Ces résultats ne sont d'ailleurs ni lointains ni problématiques. Ils sont, dès maintenant, prévus et escomptés. Il appartient au Gouvernement par sa fermeté, à l'esprit public par son initiative, d'en presser la réalisation et d'en étendre la portée.

Le Dahomey sera alors la plus florissante de nos colonies africaines, et la France aura prouvé, une fois de plus, que son génie colonisateur est aussi fécond que celui de ses concurrents.

Mais pour atteindre ces résultats merveilleux, il faut, dans les vastes pays récemment soumis à notre influence, des colons et des négociants pour amener au travail les indigènes et pour utiliser le colossal capital humain qu'offrent les races noires.

Nous n'avons eu d'autre but en publiant cet ouvrage, et nous nous croirons amplement dédommagés de nos peines si, par nos efforts, nous parvenions à décider quelques-uns de nos compatriotes à aller tenter la fortune au Dahomey.

**Composition du Conseil d'administration
de la colonie du Dahomey et dépendances
à la date du 1ᵉʳ janvier 1900**

MM. Victor Ballot, gouverneur, *Président*;
P. Pascal, secrétaire général, *membre*;
J. Sacoman, trésorier-payeur, *membre*;
Fonssagrives, administrateur colonial, *membre*;
Le docteur Gouzien, chef du service de Santé, *membre*;
Robaglia, chef du service des douanes, *membre*;
Montaignac, négociant, *membre titulaire*;
A. Olivier, négociant, *membre titulaire*;
Paraïso, propriétaire, *membre titulaire*;
Baudry, négociant, *membre suppléant*;
J. Armandon, négociant, *membre suppléant*;
Badou, négociant, *membre suppléant*;
Molex, chef du secrétariat du Gouvernement, *secrétaire-archiviste*.

Liste des notables commerçants français, étrangers et indigènes de la colonie.

A PORTO-NOVO :

Boucher. — Towalou-Quenum.

Boulangers. — Armandon, Campos (Ag.), Towalou.

Négociants français. — Armandon père et fils, Fabre (Cyprien) et Cie (Montaignac, agent général), Lambotin, Layet de Gastaud et Cie, Mante frères et Borelli de Régis aîné (Baudry, agent général), Maurice Olivier, Armand et Cie (Deleuze, agent).

Négociants étrangers. — Gottschalk et Cie, Holt et Welsh, Konigsdorfer, Ungebauer (C.), Viétor, Walkden (John), Witt et Busch.

Négociants indigènes. — Angelo, Badou (V.), Campos (A. G. de), Paraïso, Tertuliano Monteiro, Pombo.

A ABOMEY-CALAVI :

Négociants français. — Fabre (Cyprien et Cie), Mante frères et Borelli de Régis aîné.

Négociants étrangers. — Goedelt (C.), Holt et Welsh.

A AGOUÉ :

Négociant français. — Macaulay.

Négociants créoles. — D'Almeida, Garcia, Diogo, Medeiros (J.), Missi, Pinto (J.), Régo Santos (F.), Thomas, Ventura, Hayé (J.)

A AVRÉKÉTÉ :

Négociants français. — Fabre (Cyprien) et Cie, Mante frères et Borelli de Régis aîné.

A GODOMEY :

Négociants français. — Fabre (Cyprien) et Cie, Mante frères et Borelli de Régis aîné.

A GRAND-POPO :

Négociants français. — Bernard (A. V.) et Cie, Fabre (C.) et Cie, Mante frères et Borelli de Régis aîné, Gomez.
Négociants étrangers. — Goedelt (C.), Viétor (J.-K.), Rustico (E.), Trangott, Sölhier et Cie, Wolber et Zimmermann, J. Akernburn, Althof, Medeiros et Cie.
Négociant indigène. — Tévi Agbomé.

A KOTONOU :

Négociants français. — Armandon père et fils, Fabre (C.) et Cie, Mante frères et Borelli de Régis aîné, P. Layet de Gastaud et Cie.
Négociants étrangers. — Goedelt (C.), Walkden et Cie, Konigsdorfer.
Négociant indigène. — Badou (V.).

A WHYDAH :

Négociants français. — Fabre (C.) et Cie, Mante frères et Borelli de Régis aîné, H. Layet et Cie, Witt.
Négociants étrangers. — Goedelt (C.), Viétor et Cie.
Négociants indigènes. — Julio de Medeiros et Cie, Nicolas Rego, Gonsalvez, Germano da Souza, d'Oliveira frères, d'Almeida frères, Taglia.

A SAVI :

Négociants français. — C.-F. Fabre et Cie.
Négociant indigène. — César de Médeiros.

A ALLADA :

MM. Saudemont et Thierry, planteurs.

A SAGON-ZAGNANADO :

Négociants français. — Armandon père et fils, Saudemont et Cie.

Négociant étranger. — Ungebauer.

A DOGBA, KÉTOU et dans les territoires de OUÉRÉ et des ADJAAS :

Compagnie française de l'Ouémé-Dahomey.

BIBLIOGRAPHIE

Albéca (Alexandre Librecht d'). La France au Dahomey. Paris, 1895.

V. Ballot. Le chemin de fer du Dahomey. Paris, 1900.

Bouche (abbé Pierre). La Côte des Esclaves et le Dahomey. Paris, 1885.

L. Brasier et L. Brunet. Les ordres coloniaux français. Paris, 1898

Chaudoin (E.). Trois mois de captivité au Dahomey. Paris, 1891.

Courdioux (abbé). Les missions catholiques. Lyon, 1875.

La Dépêche coloniale. Paris,

Féris (docteur). Archives de médecine navale, 1879.

Foà (Edouard). Le Dahomey. Paris, 1895.

Fonssagrives (capitaine). Au Dahomey. Souvenir des campagnes de 1892-1893. Paris, 1894.

Fonssagrives (Jean). Notice sur le Dahomey. Paris, 1900.

Henrique (Louis). Les colonies françaises (La Guinée). Paris, 1890.

Journal officiel de la Colonie du Dahomey et dépendances.

Migeon (J.). Nouvel atlas illustré des Colonies françaises et des pays de protectorat. Paris, 1900.

Nicolas (Capitaine Victor). L'expédition du Dahomey en 1890. Paris, 1893.

Nouveau Larousse illustré. Paris, 1899.

Paimblant du Rouil (capitaine). Valeur des Haoussas. Paris, 1894.

La politique coloniale illustrée. Paris, octobre 1895.

Pawlowski (A.). Bibliographie raisonnée des ouvrages concernant le Dahomey.

Revue coloniale du ministère des colonies. Paris, 1899.

Revue de géographie. Octobre 1895.

Notes, manuscrits et journaux divers.

TABLE DES GRAVURES

CONTENUES DANS L'OUVRAGE

Pages.

1. M. Victor Liotard, Gouverneur du Dahomey et dépendances.
2. Passage de la barre... 9
3. La barre et le wharf de Kotonou............................ 13
4. Les bords de l'Ouémé... 17
5. Paysage de la banlieue de Porto-Novo.................... 25
6. Types Krowmen... 35
7. Quartier des factoreries à Porto-Novo.................... 48
8. Le prince Ymavô, ancien ministre de Béhanzin, entouré d'une partie de ses femmes et de ses enfants........ 52
9. Le prince Koudokoué, ancien ministre des finances de Béhanzin... 57
10. Agoli-Agbo, roi d'Abomey; Toffa, roi de Porto-Novo; Gi-Gla, roi d'Allada... 73
11. Gi-Gla, roi d'Allada.. 82
12. Chef de village de la banlieue de Porto-Novo.......... 89
13. Femmes allant à la corvée d'eau............................ 95
14. Princesse Bodjia, fille du roi d'Abomey.................. 97
15. M. le général A. Dodds... 105
16. Officiers de la colonne expéditionnaire................... 113
17. En hamac... 121
18. Tam-tam devant le fort français à Whydah............. 131
19. Poste de douanes d'Adjara, près la frontière anglaise de Lagos... 139
20. Béhanzin à la Martinique...................................... 147
21. M. le gouverneur Victor Ballot............................... 173

22	Le gouvernement à Porto-Novo....................	183
23	Le secrétariat général à Porto-Novo................	191
24	La douane à Porto-Novo...........................	195
25	Baribas travaillant au tracé d'une route entre Parakou et Carnotville.................................	207
26	Kayoma — La case du résident....................	213
27	Un peuhl des environs de Parakou.................	225
28	La place du marché à Kayoma (Borgou)............	230
29	Sur le Niger, entre l'île de Roufia et Boussa...........	234
30	Élèves de la Mission catholique de Zagnanado.........	244
31	Médaille commémorative de l'expédition du Dahomey (face et revers)................................	247
32	Étoile noire du Bénin. Croix de chevalier et officier....	248
33	— Croix de commandeur..........	250
34	— Plaque.................	252
35	Jeune femme Mina...............................	254
36	Femme Mina....................................	268
37	La belle Efryéqué................................	275
38	Famille indigène dans la brousse....................	285
39	Jeune femme d'Abomey...........................	295
40	Fatouma, haoussa originaire de Cano................	309
41	Indigènes du Yorouba.............................	321
42	Mulâtresse de Whydah............................	337
43	Musulmans Nagots...............................	349
44	Musulman Yorouba...............................	361
45	Fabrication de l'huile de palme.....................	369
46	Un coin du grand-marché de Porto-Novo.............	374
47	Le marché de la poterie à Adjara...................	385
48	Femmes Minas (vêtues)...........................	400
49	Femmes Minas (dévêtues).........................	401
50	Beybé..	409
51	Strophantus et son contre-poison...................	415
52	Commerçant indigène de Porto-Novo................	437
53	Équipe de Kroumen dans une factorerie de Porto-Novo	453
54	Traitant Djedje et sa famille.......................	473
55	Servantes d'un négociant indigène de Porto-Novo......	495
56	Plan général de l'exposition du Dahomey.............	500
57	Le Dahomey à l'Exposition Universelle de 1900. — L'entrée principale et la tour.....................	505

58	Le Dahomey à l'Exposition Universelle de 1900. — Pavillon principal et paillotte lacustre..................	507
59	Le Dahomey à l'Exposition Universelle de 1900. — Galerie des fétiches........................	513
60	Le Dahomey à l'Exposition Universelle de 1900. — Serre d'acclimatation...........................	517
61	Groupe de Dahoméens à l'Exposition Universelle de 1900	523
62	Détachement de la garde civile indigène du Dahomey à l'Exposition Universelle de 1900.................	527

TABLE DES MATIÈRES

Pages.

Avant-propos.

M. Victor Liotard, Gouverneur du Dahomey et dépendances.

Chapitre premier. — Géographie du Dahomey............ 1

La Côte des Esclaves et le Dahomey. — Situation géographique du Dahomey et limites. — Aspect de la côte. — La barre. — Passage de la barre. — Le wharf de Kotonou. — Physionomie générale du pays. — Les lagunes et leur formation. — Hydrographie. — Orographie. — Géologie. — Routes et voies de communication. — Chemins de fer. — Lignes télégraphiques. — Climatologie. — Saisons. — Température. — Pluies. — Vents. — L'harmattan. — Tornades. — Maladies du pays. — Le ver de Guinée. — La puce chique. — Population. — Villes principales du Dahomey. — Postes militaires.

Chapitre II. — Histoire du Dahomey.................... 53

Les origines du Dahomey. — Les rois de Dahomey. — Leur règne. — Histoire de Porto-Novo. — Historiques des autres États composant le Dahomey. — Relations du Dahomey avec la France et les puissances européennes. — Traité du 1er juillet 1851. — Traité du 19 mai 1868. — Traité du 19 avril 1878. — Les événements de 1890 et les origines de la guerre.

Chapitre III. — La conquête du Dahomey............... 107

L'armée dahoméenne. — 1re expédition du Dahomey (1890). — Arrangement du 3 octobre 1890. — 2e expédition du Dahomey (1892). — Prise d'Abomey. — 3e expédition du Dahomey (1893-1894). — Capture de Béhanzin.

Chapitre IV. — Organisation du Dahomey. — Missions d'exploration. — Missions religieuses. — Médaille commémorative. — L'ordre de l'Étoile noire du Bénin......... 175

Organisation du Dahomey et divisions administratives du pays. — Gouvernement et administration. — Finances. — Impôts indigènes. — Service du Trésor. — Douanes. — Postes et télégraphes. — Travaux publics. — Flottille. — Ports et rades. — Service de santé. — Justice. — Instruction publique. — Troupes. — Garde indigène. — Police. — Imprimerie du gouvernement. — Missions d'exploration et prise de possession de l'hinterland du Dahomey : 1re Mission du gouverneur Ballot. — Missions du commandant Decœur et du lieutenant Baud. — 2e Mission du gouverneur Ballot. — Mission de l'administrateur principal Alby. — Mission des lieutenants Baud et Vermeersch. — Mission du commandant Toutée. — Missions Bretonnet et Baud. — Soulèvement des Baribas et annexion du royaume de Nikki au Dahomey. — Missions de délimitation du Dahomey : Mission Plé. — Mission Crave. — Mission Toutée. — Historique des missions religieuses : catholiques, protestantes, musulmanes. — Médaille commémorative de l'expédition du Dahomey. — Médaille coloniale. — L'ordre de l'Étoile Noire du Bénin.

Chapitre V. — Ethnographie des peuples du Dahomey. Mœurs et coutumes. — Religion 255

Les nègres de la Côte des Esclaves. — Caractères physiques et moraux. — Tatouages. — Vêtements et parures. — Le costume. La coiffure. — Le chapeau. — Ornements et bijoux indigènes. — Propreté des noirs. — Habitations. — Mobilier et ustensiles de ménage. — Nourriture des indigènes et préparation des aliments. — Industries locales et cultures. — Foires et marchés. — Monnaies. — Numération des noirs. — Division du temps. — Rôle du bâton au Dahomey. — Attributs et marques de dignité du roi et des cabécères. — Langues et idiomes. — La monarchie au Dahomey et l'administration indigène. — Obligations imposées aux Européens par les autorités dahoméennes. — État social des noirs. — Le noir en famille. — Naissance. — Mariage. — Deuil et funérailles. — Relations sociales. — Jeux. — Musique. — Chants et danses. — La traite des noirs. — Les esclaves au Dahomey. — Religion. — Le fétichisme. — Culte des serpents. — Féticheurs et féticheuses. — Sacrifices humains et autres. — Fêtes des coutumes.

Chapitre VI. — Productions du Dahomey. Flore et faune... 365

Les productions du Dahomey. — Le palmier à huile. — Huile et amande de palme. — L'huile de palme dans l'industrie. — Le kolatier et sa noix. — Le cocotier. — Bois de construction. — Le ronier ou palmier à éventail et autres. — Le caoutchouc. — Huile coprah. — Indigo. — Maïs. — Manioc. — Arachides. — Le karité ou arbre à beurre. — Mil. — Riz. — Haricots. — Coton. — Tabac. — Igname. — Ricin. — Cacao et vanille. — Café. — Vigne et blé. — La canne à sucre. — Le bambou. — Fourrage. — Chaux et potasse. — Antimoine. — Sel marin.

Flore. — Plantes alimentaires, tinctoriales, médicinales, textiles, industrielles et cultures comestibles.
Faune. — Mammifères. — Animaux domestiques. — Oiseaux. — Reptiles. — Insectes. — Poissons. — Mollusques. — Crustacés. — Arachnides.
Matière médicale du Dahomey.

Chapitre VII. — Agriculture, Industrie, Commerce........ 419

Agriculture. — Mode de culture indigène. — Mise en valeur de la colonie. — Jardin d'essai et ferme du service local. — Considérations générales : La terre. — La propriété. — Concessions territoriales. — La main-d'œuvre. — L'outillage. — Les capitaux. — Voies de transport. — L'élevage du bétail. — Cultures européennes. — Situation agricole de la colonie.

Industrie. — L'avenir industriel. — Coût de la main-d'œuvre indigène. — Prix moyen de revient des matériaux sur le littoral.

Commerce. — La troque des noirs. — Factoreries. — Mouvement commercial. — Importations. — Le commerce des tissus. — Exportations. — Statistiques diverses. — Mouvement de la navigation dans les différents ports de la colonie. — Tarifs divers. — Taxes. — Taxes de consommation. — Droits de sortie du Dahomey et régime douanier de France. — Droits d'ancrage et tarif du wharf de Kotonou. — Compagnies de navigation. — Prix des passages. — Taux de fret.

Chapitre VIII. — Hygiène à observer dans la colonie...... 491

Les maladies et leurs remèdes. — Habitations. — Nourriture. — Régime. — Équipement.

Chapitre IX. — Le Dahomey et dépendances à l'Exposition Universelle de 1900............................ 501

Inauguration de l'Exposition du Dahomey. — Description générale. — Indigènes. — Les récompenses.

L'avenir du Dahomey et conclusions..................... 529

Composition du Conseil d'administration de la colonie au 1ᵉʳ janvier 1900.................................... 532

Liste des notables commerçants français, étrangers et indigènes de la colonie.................................... 533

TABLE DES MATIÈRES

Bibliographie...................................... 536
Table des gravures contenues dans l'ouvrage............. 537
Carte générale du Dahomey et dépendances............. 537

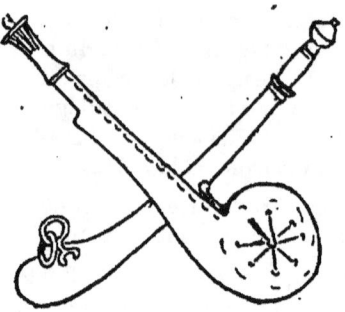

www.ingramcontent.com/pod-product-compliance
Lightning Source LLC
Chambersburg PA
CBHW070834230426
43667CB00011B/1788